Köhler

Biografische Theaterarbeit

Kulturelle Bildung vol•16

Eine Reihe der BKJ – Bundesvereinigung Kulturelle Kinder- und Jugendbildung, Remscheid (vertreten durch Hildegard Bockhorst und Wolfgang Zacharias) bei kopaed

Kulturelle Bildung setzt einen besonderen Akzent auf den aktiven Umgang mit künstlerischen und ästhetischen Ausdrucksformen und Wahrnehmungsweisen: Von Anfang an und lebenslang. Sie umfasst den historischen wie aktuellen Reichtum der Künste und der Medien. Kulturelle Bildung bezieht sich zudem auf je eigene Formen der sich wandelnden Kinderkultur und der Jugendästhetik, der kindlichen Spielkulturen und der digitalen Gestaltungstechniken mit ihrer Entwicklungsdynamik.

Entsprechend der Vielfalt ihrer Lernformen, Inhaltsbezüge und Ausdrucksweisen ist Kulturelle Bildung eine Querschnittsdisziplin mit eigenen Profilen und dem gemeinsamen Ziel: Kultur leben lernen. Sie ist gleichermaßen Teil von Sozial- und Jugendpolitik, von Kunst- und Kulturpolitik wie von Schul- und Hochschulpolitik bzw. deren Orte, Institutionen, Professionen und Angebotsformen.

Die Reihe „Kulturelle Bildung" will dazu beitragen, Theorie und Praxis Kultureller Bildung zu qualifizieren und zu professionalisieren: Felder, Arbeitsformen, Inhalte, Didaktik und Methodik, Geschichte und aktuelle Entwicklungen. Die Reihe bietet dazu die Bearbeitung akzentuierter Themen der ästhetisch-kulturellen Bildung, der Kulturvermittlung, der Kinder- und Jugendkulturarbeit und der Kulturpädagogik mit der Vielfalt ihrer Teildisziplinen: Kunst- und Musikpädagogik, Theater-, Tanz-, Museums- und Spielpädagogik, Literaturvermittlung und kulturelle Medienbildung, Bewegungskünste, Architektur, Stadt- und Umweltgestaltung.

Norma Köhler

Biografische Theaterarbeit zwischen kollektiver und individueller Darstellung

Ein theaterpädagogisches Modell

www.kopaed.de

Norma Köhler, Dr. phil., geb. 1974. Studium der Kulturwissenschaften und ästhetischen Praxis und Theatre in Education in Hildesheim und Utrecht. Von 2003 bis 2008 tätig als wissenschaftliche Mitarbeiterin im Arbeitsbereich Theaterpädagogik/Darstellendes Spiel und im Studiengang Performance Studies an der Universität Hamburg. Seit 2009 beschäftigt als Vertretungsprofessorin für Theaterpädagogik an der Fachhochschule Dortmund. Die Publikation wurde 2008 als Dissertation am Fachbereich Kulturwissenschaften und ästhetische Kommunikation der Universität Hildesheim eingereicht.

Bibliografische Information Der Deutschen Nationalbibliothek
Die Deutsche Nationalbibliothek verzeichnet diese Publikation in der Deutschen Nationalbibliografie; detaillierte bibliografische Daten sind im Internet über http://dnb.ddb.de abrufbar

ISBN 978-3-86736-316-7

Titelbild: © André Lützen (aus der Produktion „Portraits 360 sek")

Druck: Kessler Druck+Medien, Bobingen

Pfälzer-Wald-Str. 64, 81539 München
Fon: 089. 688 900 98 Fax: 089. 689 19 12
e-mail: info@kopaed.de Internet: www.kopaed.de

Vorwort von Wolfgang Sting

Dass im Theater Geschichten aus dem Leben erzählt und Lebensfragen thematisiert werden, dass seit den Arbeiten des Regieteams Rimini Protokoll sog. „Alltagsexperten" von ihren spezifischen Lebens-, Berufs- und Alltagserfahrungen auf der Bühne berichten und dass in der Theaterpädagogik biografische Themen und Sichtweisen der Spielerinnen und Spieler in Szene gesetzt werden, ist nicht mehr neu. Aber dass mit der vorliegenden Publikation von Norma Köhler der Themenkomplex „Biografische Theaterarbeit" zugleich aus theaterwissenschaftlicher und theaterpädagogischer Perspektive evaluiert wird, stellt eine Bereicherung dar für den Fachdiskurs der Theaterpädagogik und der Kulturellen Bildung.

Mit Bezug zu den Arbeiten von Geesche Wartemann (2002), Annemarie Matzke (2005) und Ute Pinkert (2005), die den aktuellen Forschungsstand der Theaterpädagogik mit ihren thematischen Schwerpunkten wie „Theater der Erfahrung", „Formen szenischer Selbstinszenierung" und „Transformationen des Alltags" mitprägten, entwickelt Norma Köhler in der Verbindung von theaterwissenschaftlicher Analyse und theaterpädagogischer Forschung ein didaktisches Modell biografischer Theaterarbeit, das den Zusammenhang von Kunst und Leben betont und als Handreichung für zukünftige theaterpädagogische Praxis dienen soll. Anders als die 2009 erschienene Studie „Biografisches Theater in der Schule" von Maike Plath, die sich als Praxisreflexion schulischer Theaterarbeit versteht, stellt Norma Köhler die Situations- und Interaktionsbedingtheit des biografischen Gestaltungsprozesses heraus, indem individualisierende und kollektivierende Arbeitsverfahren thematisiert werden.

Das innovative Potential des Ansatzes zeigt sich darin, dass erstens die Theatralisierung und Inszenierung von Biografien auf der Bühne sowohl als künstlerische als auch als pädagogische Prozesse untersucht und zweitens für die Analyse Beispiele aus der Freien Theaterszene und der Theaterpädagogik nebeneinander gestellt werden. So werden exemplarisch sechs Inszenierungen – drei aus der Freien Szene und drei der Theaterpädagogik – in ihren unterschiedlichen ästhetischen Produktionsformen vergleichend analysiert und systematisch auf die jeweiligen Lernmöglichkeiten für die beteiligten Spielerinnen und Spieler untersucht.

Norma Köhler gelingt es den Bogen zu spannen von einer ersten Positionsbestimmung der Theaterpädagogik „vom Leben zur Kunst" bis zur Entwicklung einer in der biografischen Theaterarbeit herausgestellten erweiterten Programmatik, die durch ihre lebensweltliche Orientierung und Lernchancen „von der Kunst zum Leben" führen möchte.

Mit der Dreidimensionalität von Biografie als Prozess, Produkt und Potential (vgl. Schulze) und „Biografizität" (Alheit) als Lebensführungskompetenz markiert sie die systematische und inhaltliche Intention des Untersuchungsmodells. In einem präzisen Überblick wird anschaulich gemacht, dass über Soziokultur und Avantgardebewegung zwei Entwicklungslinien biografischer Theaterarbeit zu beobachten sind. Auch heute sind zwischen Theaterpädagogik und Freier Szene Berührungspunkte, aber auch Unterschiede in Zielsetzung und Anspruch festzuhalten „zwischen Vermittlungsanspruch und der Suche nach neuen Gestaltungsverfahren", wie es Norma Köhler ausdrückt. Prägnant skizziert sie Bezugspunkte des Biografischen zwischen theaterpädagogischem Lehrlings- und Altentheater sowie Realitätsspielen und „Neuem Dokumentartheater" (Roselt) der Freien Szene. Kollektive und individuelle Darstellung, Wir- und Ich-Bezug dienen als Unterscheidungskategorien, über die sich differenziert inhaltliche und produktionsspezifische Merkmale zuordnen lassen. Im Analyseteil werden die sechs Beispielproduktionen nach den Kategorien Materialsammlung, Rollengestaltung und Stückentwicklung differenziert untersucht.

Die Erkenntnisse der Produktionsanalysen werden als „Folgerungen für die Theaterpädagogik" gebündelt. In diesem zentralen Kapitel formuliert Norma Köhler ein erweitertes Selbstverständnis der Theaterpädagogik, wonach biografische Theaterarbeit als Lebenskunst mit „doppeltem Lernpotential" gefasst wird. Der Begriff „ästhetische Minimaldifferenz" wird als Schlüsselbegriff etabliert, der als Wahrnehmungserfahrung zwischen Alltag bzw. Biografie und Darstellung letztlich Lern- und Bildungsmöglichkeiten vermittelt. Handlungspraktisch wird abschließend ein Katalog von schlüssig begründeten Spielleitungskompetenzen wie u.a. Begeisterungsfähigkeit, Interesse am Menschen, Sensibilität, Motivationsfähigkeit, ästhetische Reflexionsfähigkeit zusammen gestellt.

Die Arbeit von Norma Köhler leistet so einen wichtigen Beitrag zur theoretischen Fundierung und praktischen Ausdifferenzierung der jungen Handlungswissenschaft Theaterpädagogik. Als sehr aufschlussreich erweist sich der Forschungsansatz, Projekte und produktionsästhetische Verfahren der Freien Szene und der Theaterpädagogik vergleichend gegenüber zu stellen. Dabei überzeugt besonders, wie sich über den Begriff Minimaldifferenz sowohl die gestalterischen Prozesse als auch die ästhetischen Erfahrungen der Spielerinnen und Spieler als Lernerfahrungen beschreiben lassen.

Insgesamt zeigt sich die Publikation anschlussfähig an aktuelle Fragen und Positionen der Kulturellen Bildung mit ihrem Akzent auf Lebenskunst. Das macht die vorliegende Arbeit sowohl für Kultur-, Theater- und Erziehungswissenschaftlerinnen und -wissenschaftler als auch für Pädagoginnen, Pädagogen und Kulturschaffende im Bereich der Kulturellen Bildung und der künstlerischen Projektarbeit lesenswert.

Wolfgang Sting

Danksagung

Die Auseinandersetzung mit biografischer Theaterarbeit hat mich während meines Studiums der Kulturwissenschaften und Ästhetischen Praxis (Universität Hildesheim), meiner Tätigkeit als Theaterpädagogin sowie als wissenschaftlicher Mitarbeiterin des Studiengangs Performance Studies und im Arbeitsbereich Theaterpädagogik/Darstellendes Spiel (Universität Hamburg) stets begleitet und ist durch diese Kontexte maßgeblich bereichert worden.

Mein ausdrücklicher Dank gilt Prof. Dr. Wolfgang Sting für sein Vertrauen und die inspirierenden Gespräche, die mich aus theaterpädagogischer Fachperspektive immer wieder angeregt und herausgefordert haben. Meine große Verbundenheit und mein Dank gelten auch Prof. Dr. Hajo Kurzenberger für die intensiven fachlichen Auseinandersetzungen aus theaterwissenschaftlicher Perspektive. Zudem danke ich Prof. Dr. Geesche Wartemann für ihre konstruktive Kritik.

Da diese Untersuchung auf Produktionsanalysen basiert, gilt mein Dank auch allen Theatermachern und Akteuren, die im Laufe dieser Arbeit ihre Erwähnung finden. Für Anregungen danke ich Dr. Christoph Scheurle und für Hilfestellungen Robin Spätling. Mein besonderer Dank gilt zudem Elisabeth Helmstetter, meiner Schwester und meinen Eltern, die mich insbesondere in der Phase der Fertigstellung der Arbeit unterstützt haben. Vor allem aber danke ich Sabrina Schneider, die es mir ermöglicht hat, auch intensive Arbeitsphasen mit Zuversicht, Gelassenheit und Freude zu erleben.

Norma Köhler

Inhaltsverzeichnis

I Vom Leben zur Kunst

In der Literatur erfreuen sich gegenwärtig Autobiografien und Biografien großer Beliebtheit, in der Bildenden Kunst erlangen Selbstportraits und Portraits hohe Publikumswirksamkeit, und in Kino und Fernsehen gewinnen Filme über die Lebensgeschichten von großen Persönlichkeiten an Popularität. Innerhalb des allgemeinen Biografie-Booms fällt auf, dass nicht nur das Leben von Berühmtheiten von Interesse ist. Doku-Formate im Fernsehen in denen Menschen *wie Du und Ich* Einblicke in ihr Leben gewähren oder in Umbruchphasen ihrer Biografien begleitet werden, verstärken den Trend einer *Popularität des Jedermann*. Auch im Theater nimmt das lebensgeschichtliche Erzählen zu. War es vormals größtenteils die Theaterpädagogik, die Menschen mit ihren Biografien auf die Bühne brachte, lösen sich zunehmend die Grenzen zum professionellen Theater auf, indem immer mehr RegisseurInnen[1] der Freien Szene so genannte Alltagsexperten auf die Bühne bringen (vgl. Behrendts 2003; Malzacher 2007).

Von der Vielfalt der lebensgeschichtlich orientierten Medien sowie deren mannigfaltigen Darstellungsformen und Inszenierungsstrategien erwartet der Rezipient nicht nur, Authentizität zu erfahren, sondern auch beobachten und nachvollziehen zu können, wie ein Mensch die Aufgabe bewältigt, sein Leben künstlerisch darzustellen, beziehungsweise wie Künstler das Leben eines Mitmenschen in Szene setzen. An diese Haltung knüpft die vorliegende Arbeit an. Sie konzentriert sich jedoch auf die Theaterkunst und hier explizit auf die Inszenierungsverfahren, in denen *Menschen von Nebenan* auf der Bühne stehen. Die vorliegende Arbeit richtet sich an produktionsorientierten Verfahren aus, d.h. sie nimmt nur solche Inszenierungen in den Blick, in denen Aufführungen entwickelt und öffentlich präsentiert werden. Namentlich handelt es sich bei den produktionsanalytischen Betrachtungen um Produktionen des Jugendclubs ‚Die Zwiefachen' von der Schaubühne am Lehniner Platz in Berlin, des Volkshochschultheaters ‚Alt und Jung' aus Hildesheim, der ‚Jungen Bühne Bonn', des Regiekollektivs ‚Rimini Protokoll', der Formation ‚Lubricat' (beide aus Berlin) und des belgischen Regisseurs Michael Laub mit einer Auftragsarbeit am Schauspielhaus Hamburg.[2]

Beim Vergleich produktionsorientierter biografischer Arbeitsweisen sind vor allem Gestaltungsanteile, Leistungen und Lernmöglichkeiten des Akteurs von Interesse. Die Fokussierung auf den Biografieträger und seine Darstellung entspringt dabei dem theaterpädagogischen Blickwinkel, aus dem heraus diese Arbeit verfasst wurde.

Ansatz- und Zielpunkt der vorliegenden Untersuchung ist das Selbstverständnis der Theaterpädagogik. Sie beinhaltet bereits in ihrem Namen ein Spannungsverhältnis zwischen künstlerischer Produktion und Vermittlungsbemühung. Die Verbindung zwischen den Begriffen Theater und Pädagogik verweist darüber hinaus auch auf den Zusammenhang von Kunst und Leben (vgl. Dewey 1988, engl. Orig. 1934). Vor dem Hintergrund, dass dieser Zusammenhang den Forschungen zur kulturellen und

1 Im Folgenden wird aus pragmatischen Gründen in der Verwendung von Begriffen wie Regisseur, Spielleiter, Künstler, Autor, Darsteller, Akteur, Spieler, Experte, Teilnehmer, etc. nur die männliche Form verwendet, d.h. die weibliche Form ist gedanklich in den jeweiligen Begriff integriert.

2 Hintergrundinformationen zu den Produktionen finden sich in Anhang A und unter II.2.

ästhetischen Bildung stets immanent ist, besteht das Anliegen dieser Arbeit darin, einen Beitrag zum Diskurs um mögliche Prioritäten und Prämissen in der Durchführung theaterpädagogischer Projekte zu liefern. Mit einem Modell biografischer Theaterarbeit entwickelt sie eine integrative Position biografisch-ästhetischen Lernens und steuert so einen Beitrag zu einem Selbstverständnis der Theaterpädagogik bei, das zwischen Kunst- und Lebensweltorientierung[3] vermittelt.

Theaterpädagogischer Kontext

In der theaterpädagogischen Praxis stehen seit den 1990er Jahren zunehmend ästhetische Maßstäbe im Vordergrund. Die Zielsetzung von Projektgruppen besteht darin, Kunst zu produzieren und sie öffentlich darzubieten. Für derartige Ansätze, die das Theater so ernst nehmen wie die professionellen Theatermacher, hat sich der Begriff der produktionsorientierten Theaterpädagogik etabliert (vgl. Sting 2005b, 348ff.). In produktionsorientierten Projekten durchlaufen die Teilnehmer den gesamten Prozess professioneller Theaterarbeit von der dramaturgischen Konzeption bis zur Aufführung und lernen die spezifischen Gestaltungsmittel und die Formensprache des Theaters kennen. Das ästhetische Lernen[4] ist dabei nicht nur als Ausbildung eines Fachwissens zu verstehen. Produktionsorientierte Theaterpädagogik ist getragen von der Grundhaltung, dass sie die umfassende Fähigkeit schult, „ästhetische Phänomene, Prozesse und Produkte in ihrer Wirkung und Inszeniertheit zu verstehen, mit ihnen reflexiv kritisch und produktiv gestalterisch umzugehen, um damit wiederum ästhetische Kommunikation initiieren zu können" (Sting 2003a, 12). Die künstlerische Praxis wird heute also als Weg zur Ausbildung der generellen ästhetischen Kompetenz verstanden, sich in der Mediengesellschaft zurechtzufinden.

Bevor sich dieses Selbstverständnis in der Theaterpädagogik durchsetzte, war die künstlerische Gestaltungsarbeit in theaterpädagogischen Projekten kaum von Interesse, nur selten wurden Aufführungen vor Publikum angestrebt (vgl. Weintz 1999, 279ff.). Noch in den 1970er und den 1980er Jahren diente Theater, oft verkürzt als Rollenspiel, ausschließlich als Instrument um soziale Kompetenz einzuüben und persönliches Wachstum bei den Teilnehmern zu initiieren. Der Fokus lag auf Gruppendynamik und Interaktionsprozessen. In den 1970er Jahren stand dabei die gesamte Arbeit unter dem Ziel der politischen Mobilisierung und der Emanzipation bestimmter Gesellschaftsgruppen. Als Reaktion auf die zunehmenden Individualisierungsprozesse der Gesellschaft verlagerten sich in den 1980er Jahren die Ziele dann zu einer Orientierung auf „quasi-therapeutische, subjektive Auseinandersetzung mit der eigenen Biografie und dem näheren Umfeld" (Weintz 1999, 282). Pointiert lässt sich damit festhalten, dass sich im Verlauf der letzten 40 Jahre die Aufmerksamkeit der Theaterpädagogik von der Sozialdimension (Interaktion) auf die Sachdimension (künstlerisches Produkt) verlagert hat.

3 Der Begriff Lebenswelt geht auf Edmund Husserl zurück, als einer allen Deutungen vorausliegenden Welt, wie sie dem Bewusstsein des erlebenden Subjekts gegeben ist (vgl. Husserl 1954). Alfred Schütz hat die Idee Husserls aufgegriffen und die allgemeinsten Wesensmerkmale, typischen Grundstrukturen und Deutungsschemata als alltägliche Aneignungsprozesse beschrieben (Schütz/Luckmann 2003). In diesem Sinne ist die Lebenswelt als Alltagswelt dem Bereich der Kunst entgegenzustellen, sich die wiederum mehr oder weniger dezidiert reflektierend und schöpferisch mit dieser auseinandersetzen kann.

4 Zur vertiefenden Auseinandersetzung mit dem Begriff des ästhetischen Lernens vgl. Hentschel, 1996a und 2003a.

Entscheidend für die Positionierung der produktionsorientierten Theaterpädagogik ist, dass sie mit dem Prioritätenwechsel vom „Primat des Sozialen zum Primat der Ästhetik" von Beginn der 1990er Jahre an, keine Abkehr von den sozialen Lernzielen markiert hat (ebd., 11). Im Gegenteil: „Theater wirkt nur, indem es Theater ist" (Hoffmann 1990, 25) befand Christel Hoffmann und fügte hinzu, dass keine theaterpädagogische Konzeption einer Aufführung erzieherischen Wert verleihe, wenn diese Erziehung ihren Wert nicht über das ästhetische Vergnügen beziehe. Kunstorientierung wurde als Weg erkannt, mit dem die eigene allzu vertraute Erfahrungswirklichkeit im Spiel transformiert, erweitert, überschritten und damit reflektiert und so soziales Lernen in ästhetischer Orientierung erst fruchtbar gemacht werden kann (vgl. Kurzenberger 1991, 26). Das Postulat, „Theaterpädagogik ist eine Kunst" (Sting 1997, 25) steht somit für einen integrativen Gedanken und eine Synthese des Zusammendenkens sozialen und ästhetischen Lernens. Markiert durch die Auseinandersetzung mit der Kunstform Theater, gemeinsamer Gestaltungsarbeit, Aufführung und Konfrontation mit Öffentlichkeit, fundiert produktionsorientierte Theaterpädagogik somit bis heute ein Selbstverständnis, das „nur im künstlerischen Tun, in der Konzentration auf den künstlerischen Gestaltungsprozess (...) die bildungsrelevanten und sozialen Dimensionen des Theaterspiels entfalten" (ebd.) lässt.

So plausibel die Forderung nach einer Synthese von sozialer und ästhetischer Dimension eines Theaterprojekts ist, werden dennoch im ersten Jahrzehnt des neuen Jahrtausends Debatten geführt, die die Fragen nach dem Verhältnis von Theater und Pädagogik, ästhetischer und sozialer Orientierung neu aufleben lassen.[5] Die Rufe nach der Vermittlung von *social skills* werden wieder lauter und gleichzeitig wird vor einer erneuten Instrumentalisierung des Theaters gewarnt und Theaterpädagogik als ästhetische Bildung stark gemacht (vgl. Hentschel 2007a). Die neue und bewusste Aufmerksamkeit für das Soziale kann aber auch mit der Erfahrung zusammenhängen, dass eine vornehmlich künstlerische Orientierung durchaus auch eine Kehrseite hat, insofern als sie die Lebensweltorientierung aus dem Blick verlieren kann. In traditioneller, dramenzentrierter Theaterarbeit sind die Biografien der Darsteller allenfalls indirekt relevant. Auch bei postdramatischen, formalästhetischen Spielformen und Inszenierungsstrategien kann die Anbindung an die Lebenswelt der Akteure verloren gehen, insbesondere wenn sie nicht mit persönlichem Gehalt gefüllt, sondern lediglich als abstrakte und moderne Gestaltungsmittel einstudiert werden (vgl. Ritter 2003, 16 ff.). Ein wichtiger Bestandteil des sozialen Lernens könnte dann verschenkt werden: die selbstreflexive Auseinandersetzung des Akteurs mit seiner eigenen Herkunft, seiner gegenwärtigen Befindlichkeit und der persönlichen Zukunft (vgl. Nickel 2005, 65). Erinnert ist mit dieser Argumentation an einen Hinweis von Rainer Treptow, der in einem Aufsatz zur Jugendkulturarbeit bereits Anfang der 1990er Jahre darauf aufmerksam machte, dass im Zuge der Ästhetisierung besonders darauf zu achten sei, die Differenz von künstlerischer Aufgabenstellung und Lebenswelt der Teilnehmer kultureller Bildungsangebote nicht zu groß werden zu lassen, wenn man „das soziale Projekt des erweiterten Kulturbegriffs [nicht] verspielen" (Treptow 1991, 240) will.

---

5 So z.B. im Rahmen der Fachtagung des Bundesverbands Theaterpädagogik (BUT) 2008 in Remscheid (25.4.-27.4.2008) mit dem Titel: „Mehr als die Summe zweier Teile. Zum Selbstverständnis der Theaterpädagogik."

Diese Gedanken bündelnd, plädiert die vorliegende Untersuchung für ein theaterpädagogisches Selbstverständnis, in dem die Biografien der Akteure konzeptionell in das Zentrum der Theaterarbeit gestellt und mittels ästhetischer Gestaltungsmittel vor Publikum in Szene gesetzt werden. Beziehungen, Verhalten, Motive und Gefühle der Darsteller werden in dieser Projektform explizit verhandelt und mittels ästhetischer Formen, Choreografien und szenischen Bildern zu Aufführungen verdichtet.

Eine so verstandene biografische Theaterarbeit teilt das zuvor skizzierte Selbstverständnis einer künstlerischen und produktionsorientierten Theaterpädagogik, macht aber die Lebensweltorientierung der Darsteller zur Prämisse künstlerischer Auseinadersetzung. So zeigt die vorliegende Arbeit mit einer Modellentwicklung anhand von künstlerisch und produktionsorientierten Praxisbeispielen, inwiefern durch den Ansatz, Teilnehmerbiografien statt Dramenvorlagen zu inszenieren, Biografiearbeit und Theaterarbeit identisch sind, und das soziale Potential von ästhetischer Orientierung in besonderem Maße ausgeschöpft werden kann.

Zugrunde liegt dabei die Annahme, dass sich in jeder Form von künstlerisch orientierter Theaterarbeit für den Akteur eine Differenzerfahrung ergeben kann. Das heißt, dass schon durch die Verabredung, bzw. die Entscheidung, Kunst zu produzieren, beim Darsteller eine Differenz zur alltäglichen Wahrnehmungshaltung evoziert werden kann (vgl. Hentschel 2007a, 7f.; Pinkert 2005b, 33). Der Ort eines biografischen Theaterprojekts wird somit als ein „extraterritorialer Bezirk" (Hahn 2000, 105) angesehen, der die Selbstthematisierung des Projektteilnehmers mit einer „ästhetischen Einstellung"[6] (Jauß 1991, 34) verbindet und so zu einer differenten, weil ästhetischen Form der Biografiegenerierung macht. Damit lässt sich die Zielperspektive der Untersuchung zuspitzen – und zwar mit der erkenntnisleitenden Fragestellung – durch welche Spezifik sich diese Differenzerfahrung im biografischen Theater mit ihren besonderen Organisations- und Gestaltungsformen auszeichnet. Geht man – wie im allgemeinen Diskurs um (ästhetische) Bildung verbreitet – weiter davon aus, dass Differenzerfahrung eine zentrale Vorraussetzung für Lern- und Sinngebungsprozesse darstellt[7], ist mit dieser auch der Weg geebnet, spezifischen Lernmöglichkeiten der Spieler nachzuspüren. Wenn die vorliegende Arbeit sich in diesem Sinne den Lernerfahrungen von Spielern in biografischer Theaterarbeit widmet, ist dabei zu berücksichtigen, dass hier nur ein Modell mit einem „utopischen Charakter"[8] (Hentschel 2003a, 11) entworfen werden

6 Jauß führt in Anlehnung an Luckmann aus: „Wenn für den Menschen in allen Gesellschaften die Möglichkeit des Abstands vom eigenen Handeln darin angelegt ist, dass er auch im naiven Alltagsleben über Alternativen des Handelns verfügt, dass sich seine Rollen wechselseitig relativieren können und dass er sich im Bruch zwischen Alltag und anderen Sinnbereichen (wie Traum, Religion, Wissenschaft, [also auch Kunst, Anm. N.K.]) als rollenunabhängiges Wesen Selbst zu erfahren vermag, kann ihn über diese Möglichkeit hinaus die ästhetische Einstellung in ein Gegenüber zur Rolle bringen, das ihn vom Zwang und der Routine alltäglicher Rollen spielerisch freisetzt. Dieser innere Abstand entspringt der ästhetischen Einstellung des Spiels, freiwillig tun zu können, was man sonst im Ernst tun muß – eine Einstellung, die der Rilke-Vers: *so dass wir eine Weile hingerissen / das Leben spielen nicht an Beifall* denkend ekstatisch überhöht (Jauß 1991, 34).

7 Nach Bernhard Waldenfels lässt sich bspw. argumentieren, dass sich „Sinn als Differenzgeschehen artikuliert, indem etwas erscheint, es von einem anderen abweicht oder sich vor einem Hintergrund abhebt, so wie es auch für jemanden gilt, der sich aus einem sozialen Feld heraushebt" (Westphal 2004, 38f.). „Sehen lernen heißt, dass man lernt, Differenzen zu sehen, und das gilt für alles Lernen" (Waldenfels 2000, zit. n. Westphal 2004, 39).

8 Mit dieser Terminologie folgt die Untersuchung dem Gedanken von Hentschel, dass die ‚Versprechungen des Ästhetischen' „sich und ihr Fortbestehen (...) selbst [legitimieren] (...), wo sie ihre prinzipielle Uneinlösbarkeit, ihren utopischen Charakter betonen" (Hentschel 2003a, 11).

kann. Dieses bindet die Möglichkeit von Erfahrungsgewinnen immer an „Selbsttätigkeit, Selbstreflexion und Selbstbildung der Adressaten" (Weintz, 1999, 83). So geht die vorliegende Untersuchung davon aus, dass „Theaterarbeit (...) keine Veranstaltung oder Methode [ist], die irgendwelche Lernerfolge garantiert" (Sting 1995, 29). Aus der Analyse verschiedener Gestaltungs- und Darstellungsweisen wird vielmehr hergeleitet, wie sich Erfahrungsmöglichkeiten konstituieren könnten, bzw. welche Erfahrungen zu vermuten sind.[9]

Diskursanbindungen und Eingrenzung des Untersuchungsfelds

Bündelt man die bisher genannten Zugänge zur Modellentwicklung zu einer fachspezifischen Fragestellung der Theaterpädagogik, so folgt die vorliegende Arbeit der Aufforderung Ulrike Hentschels, die in Anlehnung an Klaus Mollenhauer der ästhetischen Bildung primär die Aufgabe zuweist, „die spezifische Materialität einer Kunstform und damit die besonderen Erfahrungsmodi des Subjekts herauszuarbeiten" (Hentschel 1996a, 69). Während Mollenhauer und Hentschel diese Aufgabe im Hinblick auf die unterschiedlichen Kunstformen Bildende Kunst, Musik und Theater formuliert haben, wird diese Aufforderung hier weiter gefasst. Denn mit dem Fokus auf den biografischen Ansatz geht es darum, die Beschaffenheit, die Eigentümlichkeit und die Erfahrungsmodi eines bestimmten Genres (bzw. einer bestimmten Spielart innerhalb) der Theaterkunst[10] zu ermitteln.

Damit steht die Untersuchung ganz im Kontext aktueller Anforderungen der theaterpädagogischen Forschung, die erörtert, ob „es innerhalb der Spielformen des Theaters Besonderheiten in der ästhetischen Erfahrung" (Westphal 2004a, 16) gibt. Sie untermauert und beantwortet die übergeordnete Frage, „welche ästhetischen Erfahrungen und Bildungsprozesse (...) wie durch Theaterspielen vermittelt" (Sting 2005b, 350) werden.[11] In diesem Sinne liefert die vorliegende Arbeit einen Beitrag zu einer weiteren Ausdifferenzierung verschiedener Spielarten innerhalb der Theaterkunst. Dabei wird konkret eine Spannbreite dramaturgischer Möglichkeiten zwischen kollektivierenden und individualisierenden Verfahren (vgl. I.2) in biografischer Theaterarbeit aufgezeigt und verallgemeinernd die spezifische Wirkungsästhetik mit seinen Lernmöglichkeiten für die beteiligten Spieler erörtert.

In der Darstellung biografisch-ästhetischer Theaterpraxis verfolgt die vorliegende Untersuchung neben einer kulturwissenschaftlichen Perspektive eine praxisbezogene Zielsetzung. Mit didaktischem Fokus ist sie bewusst auch als Orientierungshilfe bzw. Handlungsmodell für Theaterpädagogen konzipiert, die Teilnehmerbiografien auf der Bühne in Szene setzen

9 Damit wird allerdings nicht ausgeschlossen, dass die Ergebnisse dieser Untersuchung auch als Lern- und Bildungsprozesse messbar wären. Dieser Schritt wird im Rahmen dieser Arbeit nicht vollzogen, denn hierfür müssten Parameter qualitativer Forschung in den Blick genommen werden – und zudem bliebe (mit Mollenhauer) die Frage offen, ob es überhaupt möglich ist, die spezifischen Erfahrungen der künstlerischen Gestaltungstätigkeit zu evaluieren (vgl. Hentschel 2003a, 11).

10 Da es Mollenhauer ausschließlich um die Vermittlung klassischer Kunst geht (vgl. Westphal 2004a, 15ff.), verlässt die Arbeit damit bereits den Bezug zu ihm, denn der biografische Ansatz steht einem klassischen Kunstbegriff schon deshalb programmatisch entgegen, weil er gänzlich auf eine Textvorlage verzichtet. Diese Arbeit will den Begriff der Erfahrung als offener und weiter verstanden wissen als Mollenhauer. Während er Wahrnehmung und Erfahrung hierarchisch trennt und an kognitive Reflexionsleistung bindet, wird hier auch die phänomenologische Erziehungswissenschaft einbezogen, die die leiblich-sinnliche Wahrnehmung bereits als Erfahrung auffasst (vgl. ebd.).

11 Auch Hentschel nimmt im Kontext des allgemeinen Reality-Trends weitere Differenzierungen vor (vgl. Hentschel 2005).

möchten. Die Untersuchung verortet sich dabei in einer modernen Form didaktischer Forschung, in der es „nicht mehr darum [geht], Normen unterrichtlichen Handelns aufzustellen, sondern zu untersuchen, was im Feld jeweils geschieht" (Hansmann 2003, 77). So werden die strukturellen Anforderungen und konkreten Handlungsbedingungen für die Akteure anhand von realen Probenprozessen analysiert und in dramaturgische Schlüsselkriterien überführt. Diese wiederum werden dann auf ihre immanenten Lernmöglichkeiten hin befragt.

Insgesamt liegt die Aufmerksamkeit weniger auf der Problematisierung der Theaterform, sondern in der Suche nach Chancen und Handlungsorientierungen für Spielleiter. Dass bedeutet nicht, dass in der Untersuchung mögliche Problematiken in biografischer Theaterarbeit vernachlässigt werden. Sie werden in der Diskussion allerdings bewusst konstruktiv genutzt und in notwendige Spielleitungskompetenzen transferiert (vgl. IV.3). Bedacht wird dabei, dass unter Theaterpädagogen heute neben Befürwortung teilweise eine Skepsis gegenüber biografiezentrierten Theaterverfahren vorherrscht, biografische Theaterarbeit mit therapeutischen Methoden gleichgesetzt oder mit Befürchtungen von Entblößungsszenarien belegt wird (vgl. Plath 2009, 25). Mit den genauen Beschreibungen von Produktionsprozessen, der Modellentwicklung und der Erarbeitung von Spielleitungskompetenzen werden diesen Vorbehalten somit alternative Strategien und Sichtweisen gegenübergestellt.

Motiviert wurde die vorliegende Arbeit vor allem durch aktuelle Forschungsarbeiten innerhalb der Theaterwissenschaften. Seit dem Jahrtausendwechsel gibt es bereits einige Publikationen, die sich mit der expliziten Darstellung von Alltagserfahrung in einer künstlerisch theatralen Form beschäftigen. Geesche Wartemann hat, die Grenzen zwischen Theaterpädagogik und dem professionellen Theater auflösend, Authentizitätsforderungen und -darstellungen im zeitgenössischen Theater unter dem Begriff „Theater der Erfahrung" (Wartemann 2002, 1) erörtert. Annemarie Matzke hat in produktionsanalytischer Betrachtung die Performativität des Darstellungsprozesses als Herausforderung für den Akteur ausdifferenziert und verschiedene Formen von „Selbst-Inszenierungen" (A.M. Matzke 2005a, 1) beschrieben. Wie die genannten Arbeiten fragt auch die vorliegende Untersuchung nach Gestaltungsweisen und Wirkungsästhetik einer Theaterform, die programmatisch dicht an den Selbst- und Weltverhältnissen der Akteure bleibt. Da sie sich dabei explizit in den theaterpädagogischen Kontext stellt und den Darsteller und seine Lernmöglichkeiten in den Fokus rückt, versteht sie sich vor allem als Ergänzung zu der Forschung von Ute Pinkert, die sich in ihrer Untersuchung zu „Transformationen des Alltags" (Pinkert 2005b, 1) mit der Sichtbarmachung von Alltagserfahrung auf der Bühne und deren Bedeutung für die Akteure auseinandersetzt. Während Pinkert einen historischen Vergleich theaterpädagogisch relevanter Konzeptionen vornimmt, basiert die Modellentwicklung in der vorliegenden Arbeit auf einem Vergleich zeitgenössischer Produktionsverfahren seit den 1990er Jahren, in denen sich die Produktionsorientierung in der Breite theaterpädagogischer Praxis durchgesetzt hat.

Exemplarisch werden hier die theaterpädagogischen Produktionen ‚Herzliches Beileid' der Gruppe ‚Alt und Jung' (Hildesheim 1991), ‚Freundschaft' von den ‚Zwiefachen' (Berlin 2000) und ‚Ein Haufen Heimat' der ‚Jungen Bühne Bonn' (2001) betrachtet.[12] Da zeitgleich biografiebezogene Inszenierungen von so genannten „echten Menschen" (Roselt 2007, 28)[13]

12 Zu den Begründungszusammenhängen für die Auswahl der Produktionen vgl. I.2.

13 Die Bezeichnung „echte Menschen" hat sich für theaterfremde und -unerfahrene Personen, die mit ihren Ausdrucksweisen und persönlichen Geschichten auf der Bühne stehen, vor allem im Darstellungsdiskurs der Freien Szene durchgesetzt (Roselt 2007, 28f.; Behrendt 2003).

in der Freien Szene des professionellen Theaters[14] zunehmend populär sind, werden auch solche als theaterpädagogisch relevante Verfahren mitberücksichtigt. Ausgewählt wurden hier die Produktionen ‚Deadline', produziert von ‚Rimini Protokoll' (Berlin/Hamburg 2003), ‚Café Dutschke' mit der Formation ‚Lubricat' unter der Regie von Dirk Cielslak (Berlin 2002) und ‚Portraits 360 sek.' unter der Regie von Michael Laub (Hamburg 2001).

Der wesentliche Unterschied in Abgrenzung zu der Untersuchung von Pinkert liegt im fokussierenden Blick auf die in Szene gesetzten Biografien der Teilnehmer. Dabei ist zu bedenken, dass es sich bei den Begriffen Alltag und Biografie jeweils um „die Beziehung zwischen dem Subjekt und dem sozialen Raum, verstanden als ‚Ereignisbereich des täglichen Lebens' (Elias) (...) und der ‚Welt des Jedermann' (Berger)" (Pinkert 2005b, 38) handelt.[15] Der Begriff Biografie verweist in Abgrenzung zu dem weiten Terminus des Alltags jedoch auf eine spezifische Perspektivierung dieses Verhältnisses, denn Biografie ist als Lebensbeschreibung konkret mit der Reflexion eigener Wachstums- und Entwicklungsprozesse verknüpft und darüber mit der Frage nach der eigenen Identität verbunden. Als Narration von Lebenserfahrung bezieht sich Biografie auf Erinnerungen, Zukunftsvorstellungen und Wertvorstellungen des Subjekts – gründend auf den Fakten des Lebenslaufs, auf dessen Basis Lebensgeschichtliches entwickelt wird (vgl. Schulze 1993c, 174ff.).[16]

Die Entscheidung, den Begriff Biografie in den Fokus der Untersuchung zu stellen, ist neben der Beobachtung gegenwärtiger Theaterpraxis u.a. durch die Auseinandersetzung mit aktuellen Aufsätzen innerhalb der Theaterpädagogik und der Theaterwissenschaft entstanden. Der Terminus spielt in Kritiken und wissenschaftlichen Abhandlungen zu aktuellen Inszenierungen seit einigen Jahren eine überaus wichtige Rolle. Er findet oft Verwendung, wenn in Aufführungsanalysen die „Verschachtelung inszenierter Vorgaben und tatsächlicher Lebenszusammenhänge" (Roselt 2006, 31) beschrieben oder die „Wiederentdeckung des Dokumentarischen" (Nickel 2006, 31) im Theater konstatiert wird. Dann ist in der Beschreibung der Inszenierungstrategien die Rede vom Spiel mit „biografischen Versatzstücken" (Klein/Sting 2005, 14), der „Einbeziehung der individuellen Biografie" (Wenzel 2006, 31) oder dem „Spiel mit biografischen Fakten und eigenen Geschichten" (A.M. Matzke, 2005b, 96). Die „nachhaltige Beschäftigung (...) mit den eigenen Biografien der Darsteller" (Roselt 2006, 31) wird als Inszenierungsstrategie verstanden und Biografie als auszustellendes Material für szenische Darstellungen bezeichnet (vgl. A.M. Matzke 2005, 5 und Roselt 2005e, 52). Genauer erörtert und aufgeschlüsselt wurden Formen der Biografiearbeit auf der Bühne kaum.[17] Unerforscht blieb bisher, wie und mit welchen Erfahrungspotentialen für den Akteur in einzelnen Theaterproduktionen auf die Biografie des Darstellers zugegriffen wird, was im Probenprozess als Biografie

14 Gegenwärtig ist eine zunehmende Begriffsverwirrung zur Kennzeichnung des Arbeitsfeldes ‚Freie Szene' zu verzeichnen, was nicht zuletzt darauf verweist, dass Grenzen zwischen zuvor klar abgrenzbaren Bereichen (Stadt- und Staatstheaterbetrieb, Freie Szene und auch Theaterpädagogik) längst verwischen (vgl. A.M. Matzke 2006c). Der Begriff ‚Freie Szene' steht hier also für das Arbeitsfeld, das auch als ‚Off-Theater' bezeichnet wird, seine Unabhängigkeit betont und sich im Kontext experimenteller und postdramatischer Ästhetik der Suche nach neuen Gestaltungsweisen verschreibt, auch wenn es teilweise in Stadt- und Staatstheatern produziert wird.

15 Vgl. Pinkert 2005b, 38ff.

16 Einen vertiefenden Überblick zu den unterschiedlichen Dimensionen und Betrachtungsmöglichkeiten von Biografie gibt Schulze (2006, 37ff.).

17 Wichtige Ansätze, die in der vorliegenden Arbeit mitberücksichtigt werden, bieten Roselt (2005e und 2006), sowie Brandstetter (1998 und 1999).

generiert, wie sie bearbeitet und an das Publikum vermittelt wird. Diese Lücke soll mit der vorliegenden Arbeit geschlossen werden. Da die Bezeichnung Biografisches Theater allerdings ein weites Assoziationsfeld aufmacht, werden zur Eingrenzung des Untersuchungsfelds folgende Ansätze nicht berücksichtigt:

>> Dramenzentrierte Produktionen, die mit der so genannten „authentischen Rollenbesetzung" (Kurzenberger 1998, 61) auf die Lebenswelt der Darsteller verweisen[18] bleiben in der vorliegenden Arbeit unberücksichtigt. Prämisse biografischer Theaterarbeit, wie sie hier analysiert wird, ist es, die Akteure nicht zu besetzen, sondern mit ihnen gemeinsam ihre Rollen erst zu entwickeln. Dazu gehört eine Eigenproduktion zu erarbeiten, die sich nicht an dem Leitfaden einer vorgegebenen Geschichte orientiert,[19] sondern eigenständig dramaturgische Lösungen für die Stückentwicklung zu finden.

>> Eine Abgrenzung zu Projekten der Performance Art begründet sich darin, dass die Akteure in den ausgewählten Produktionen einen Probenprozess durchlaufen. Eine dezidiert performative Ästhetik, die ausschließlich improvisierte Ereignisse situativer Selbstthematisierung ausstellt, zeichnet somit keines der Produktionsbeispiele aus. Ausgeschlossen wird allerdings nicht, dass es in den Inszenierungen keine Überschneidungsmerkmale mit dem Genre Performance (Art) gibt, die vor allem schon deshalb naheliegen, da in beiden Ansätzen keine Dramentexte, sondern die soziale(n) Lebenswelt(en) der Akteure als vorrangiger Referenzpunkt der Darstellung fungieren.[20]

>> In den 1970er Jahren etablierten sich mit Augusto Boal und seinem Theater der Unterdrückten und in den 1980er Jahren mit Jonathan Fox und seinem Playback Theatre auch Formen der theatralen Biografiearbeit, die im Kontext der Untersuchung ebenfalls irrelevant sind. Denn sie stellen Methoden dar, die entweder mit Problemlösungsstrategien für die Darsteller verknüpft sind oder dezidiert auf deren Selbsterfahrung abzielen, anstatt vorrangig eine künstlerische Gestaltungsästhetik und Produktionsorientierung zu verfolgen. In der vorliegenden Arbeit interessiert

---

18 Hajo Kurzenberger bezeichnet mit dem Terminus die Strategie, bei einer Drameninszenierung durch die geschickte Rollenbesetzung (oftmals auch von Laien), auf eine absichtsvolle Doppelung der Wirklichkeitsebenen Kunst und soziale Realität zu setzen und eine darstellungstheoretisch interessante Wirkung zu erreichen: „Die so genannte authentische Rollenbesetzung behauptet eine nicht oder nur eingeschränkt durch artistische Verwandlungskompetenz getragene Darstellung. Die Person des Darstellers und die Figur werden einfach identisch gesetzt. (...) Hier verschränken sich die soziale und die theatrale Mimesis. Denn ausgestellt wird (häufig) der soziale Körper und die Privatheit von Nichtschauspielern" (Kurzenberger 1998, 61).

19 Vgl. bspw. die Inszenierung des Obdachlosentheaters ,Ratten 07' nach der Dramenvorlage von Georg Büchners ,Woyzeck', analysiert von Geesche Wartemann (1998 und 2002).

20 Die Zusammenhänge des Begriffs und Genres Performance mit dem Phänomen biografischer Theaterarbeit wäre an anderer Stelle sicherlich sinnvoll und produktiv zu erörtern, wird in der vorliegenden Arbeit aber bewusst vermieden, da die Mannigfaltigkeit der Begriffsverwendung Performance einer umfassenden Erörterung bedürfte, die den Rahmen der Arbeit sprengen und ihren Fokus verschieben würde. Dennoch sei darauf hingewiesen, dass Performance aktuell als szenische Kunstform über unterschiedlich akzentuierte Positionen beschrieben wird und in unterschiedlicher Weise Verbindungslinien sozialer und ästhetische Praxis akzentuiert (vgl. Klein/Sting 2005, 16). Geht man wie Klein und Sting davon aus, dass es „verkürzt ist, Präsenz als reine Anwesenheit, als Ausstrahlung, als Physis oder unmittelbare Körperlichkeit verstehen zu wollen, wie dies alltagssprachlich geschieht und auch in der Tanzsprache gängig ist" und versteht Präsenz als etwas, dass sich „(...) immer als Abwesendes zeigt" (ebd.), ist die Verbindung zur Reflexion und Repräsentation von alltäglicher Lebenswelt und Biografie hergestellt. Vor diesem Hintergrund ist biografische Theaterarbeit also durchaus unter den Performancebegriff zu subsumieren.

Biografiearbeit weniger als Instrument, sondern mehr in ihrer künstlerischen Umsetzung und Verdichtung zu einem Theaterstück.[21]

>> Mit der Prämisse, biografisches Theater als ein Genre zu verstehen, das einen künstlerischen und produktionsorientierten Anspruch hat, bleiben in der vorliegenden Arbeit auch therapeutische Theaterverfahren unberücksichtigt, denn im Kontext der Theatertherapie werden mit einer biografiebezogenen Programmatik selten Aufführungen entwickelt und stattdessen heilsame Wirkungen in das Zentrum der Theaterarbeit gestellt (vgl. Sting 2005b, 348f.; Neumann 2008).

Da das Modell mit Hilfe von Produktionsanalysen veranschaulicht wird, rücken die Arbeitsfelder der Theaterpädagogik und der Freien Szene in das Blickfeld, denn sie zeichnen sich – wie oben bereits erwähnt – aktuell durch eine Vielzahl produktionsorientierter biografischer Inszenierungsweisen aus.[22] Auch wenn innerhalb der Arbeit damit eine Unterscheidung zwischen zwei Produktionshintergründen vollzogen wird, geht es nicht darum, ein Verfahren als pädagogisch wertvoller als das andere darzustellen. Auch soll keine Grenze zwischen den beiden Arbeitsfeldern der Theaterpraxis aufgebaut werden, die in einzelnen Spielstätten und im Selbstverständnis vieler Theatermacher längst aufgelöst ist.[23] Da die vorliegende Arbeit einer theaterpädagogischen Perspektive folgt, wäre es allerdings nicht angemessen, Produktionen der professionellen Avantgarde unter theaterpädagogische Projekte zu subsumieren, ohne die jeweiligen Traditionslinien und Begründungszusammenhänge zu berücksichtigen (vgl. II).

Aus einem anderen Blickwinkel argumentiert findet die Entscheidung, trotz eines theaterpädagogischen Untersuchungsinteresses nicht nur theaterpädagogisch verortete, sondern auch Projekte der Freien Szene in die Untersuchung zu integrieren, ihre Begründung zudem in „dem Selbstverständnis, dass sich Theaterpädagogik immer auch mit neuen Erscheinungen des Theaters auseinandersetzen soll, sich an ihm orientiert, ohne es zu imitieren" (Hentschel 2005, 132). Die Arbeit beschäftigt sich zudem ausschließlich mit Theaterproduktionen, in denen (auch) nichtprofessionelle Darsteller agieren. Es rücken nur solche Produktionen in den Fokus, in denen jeweils ein Ensemble gegründet wird und sich Arbeitsorganisation vorfinden, in denen zwischen Spielleitung bzw. Regie und Ensemble zu trennen ist.

---

21 Damit verbunden ist eine Umkehr der Zielperspektive: Während das Theater der Unterdrückten und das Playback Theatre ihre Methoden ausgehend von sozialen Lernzielen entwickeln, wird hier über die produktionsästhetischen Mittel von Theaterinszenierungen nach den immanenten Lernmöglichkeiten für die beteiligten Spieler gesucht.

22 In beiden Zusammenhängen fanden in den letzten Jahren es mehrfach Festivals statt, die biografiebezogene Eigenproduktionen zeigten; im Bereich der Theaterpädagogik bspw. Das Festival ‚Theater über Leben' in Hannover (Schauspiel Hannover 2003) und im Bereich der Avantgardeszene das Festival ‚Simple Life' in Berlin (HAU 2004).

23 Die Spielstätte Kampnagel in Hamburg ist bspw. nicht ausschließlich der künstlerischen Avantgardeszene vorbehalten. Regelmäßig finden dort theaterpädagogische Veranstaltungsreihen (Schultheaterfestivals etc. mit avantgardistischen Ansprüchen statt. Außerdem ist dort ein Jugendclub (‚Skampis') ansässig, der wechselnd von Künstlern der Freien Szene geleitet wird – jeweils mit dem Anspruch, innovative Darstellungsformen zu entwickeln. Die Gruppe ‚Hajusom', die dort vielfach inszeniert, versteht sich ebenfalls als professionelle Theatergruppe und der Avantgarde zugehörig, obwohl sie kontinuierlich und ausschließlich mit Theater-Laien arbeitet, sich durch soziales Engagement auszeichnet und ihre Finanzierungsstruktur theaterpädagogischer Projektorganisation gleicht (www.hajusom.de, letzter Zugriff: 15.5.2008).

1 Biografie auf der Bühne

Synonym zu der Bezeichnung biografische Theaterarbeit werden die Begriffe theatrale Biografiearbeit, biografischer Ansatz, biografisches Projekt und biografische Produktion verwendet. Gemeint sind damit jeweils Produktionsverfahren, die die eigenen Lebensgeschichten der Darsteller inhaltlich und konzeptionell in das Zentrum der Theaterarbeit rücken. Bedenkt man, dass in jeder Form theatraler Darstellung, auch in der literarischen Drameninszenierung, der Darsteller seine Persönlichkeit einbringt, werden in der vorliegenden Arbeit nur Produktionen beleuchtet, die im Dienst der Selbstdarstellung stehen, d.h. die das dichotome Verhältnis von Rollen- und Selbstdarstellung, wie es im traditionellen, dramenzentrierten Theater vorherrscht, programmatisch umkehren.

Das hier gezeigte Modell biografischer Theaterarbeit geht zudem nicht von einem Skript einer vor Probenbeginn verfassten (Auto-)Biografie aus; ebenso wenig verlangt es eine ausgeprägte literarische Kompetenz der Darsteller. Vorgestellt werden Verfahren, in denen potenziell jeder Mensch, der ein kohärentes Ich-Gefühl besitzt, d.h. über ein funktionierendes autobiografisches Gedächtnis[24] verfügt, als Akteur denkbar ist.

Biografie als Prozess, Produkt und Potential

Nach Theodor Schulze ist Biografie als „Prozess, Produkt und Potential" zu betrachten (Schulze 1993b, 33).[25] Die Dreidimensionalität dieses Verständnisses stellt das Fundament der vorliegenden Untersuchung dar. Sie hat die Systematik der Modellerarbeitung inspiriert und lässt die Fragehorizonte der Untersuchung konkretisieren, in dem diese drei Dimensionen gedanklich auf die Theaterarbeit übertragen werden.

1. Mit dem Verständnis von Biografie als Prozess ist auf den Umstand verwiesen, dass Lebensgeschichten immer unabgeschlossen, nicht fertig und offen für Veränderungen sind. Der Prozesscharakter von Biografie beinhaltet damit auch die Möglichkeit des Subjekts, seine Biografie zu einem gewissen Grad immer wieder neu entwerfen und umschreiben zu können. Auch wenn die Fakten des Lebenslaufs fixierbar sind, ist den aktuellen Gedächtnistheorien zufolge zu berücksichtigen, dass „Gedächtnisinhalte (...) nicht (...) als bereits encodierte Informationen abzurufen [sind, sondern] im gegenwartsabhängigen Prozess der Erinnerungsbildung erzeugt werden" müssen (Assmann nach Wartemann 2002, 46). Damit sind Biografien durch unterschiedliche Selektionsprozesse strukturiert

24 Vgl. vertiefend zur Ausbildung des autobiografischen Gedächtnisses: Welzer 2002, 91ff.

25 Schulze kennzeichnet mit dieser Aussage Biografie als Lerngeschichte und Bildungsschicksal und fundiert damit den lerntheoretischen Ansatz pädagogischer Biografieforschung (Schulze 1993b, 31ff.) Dieser besteht nach Schulze aus einer Mehrzahl von programmatischen Entwürfen, welche sich auf die subjektive Seite von Biografie konzentrieren, und hinter denen folgende Begriffe von Lernen stehen: „Lernen als innere Erfahrung" (Maurer 1981, 110), als „Aufbau von Lebenssinn" (ebd.) und "Ich-Erfahrung" (ebd.), als „Ausbildung und Aufrechterhaltung persönlicher Identität" (Schulze, 1993c, 195), als „lebensgeschichtliches Lernen" (ebd.), als „biografische Selbstreflexion" (Gudjons u.a., 1986) und als perspektivische „biografische Konstruktion" (Hermann 1987), als „Ich-Konstruktion" (Baacke, 1986) (vgl. Schulze 1993a, 34). Die hier vorliegende Arbeit schließt vor allem an einen Bildungsbegriff an, der Verantwortung für die eigene Lebensführung als Fähigkeit zur Biografizität beschreibt (vgl. Alheit 1990, 1993, 1995, 2000 und 2002). Dabei handelt es sich ebenfalls um einen biografisch orientierten Theorieansatz der Erziehungswissenschaft mit soziologischem bzw. sozialisationstheoretischem Fundament (vgl. Schulze 1993b, 25ff.; 2006).

und als variabel gefärbte Rekonstruktionen zu betrachten. Der Soziologe Alois Hahn spricht in diesem Zusammenhang von unterschiedlichen Biografiegeneratoren und macht damit darauf aufmerksam, dass es „eben einen Unterschied [macht], ob das Leben im religiösen, gerichtlichen, medizinisch-therapeutischen, beruflichen, privaten, wissenschaftlichen oder ästhetischen Zusammenhang thematisiert wird" (Hahn 1987, 16). Entsprechend wird in der vorliegenden Arbeit ein biografisches Theaterprojekt als ästhetischer Biografiegenerator aufgefasst, mit dem der Darsteller sich in einen Reflexions- und Konstruktionsprozess begibt. Auf das Untersuchungsinteresse der vorliegenden Arbeit bezogen, schließt sich unter dieser Prämisse die Überlegung an, auf welche Art und Weise im Theater biografische Konstruktionsprozesse organisiert und vollzogen werden können – vom Probenbeginn mit seinen ersten Improvisationen über die szenische Arbeit bis zur Aufführung.

2. Die Produktdimension von Biografie verweist auf die gesammelten Lebenserfahrungen des Subjekts und dem daraus resultierenden Biografieentwurf, wie er vor anderen sichtbar gemacht wird. Unterschiedliche Vorbereitungs- und Bearbeitungszeiten können hinter einem Biografieprodukt stehen, bevor die Darstellung öffentlich gemacht wird. Außerdem kann die Biografiedarstellung in unterschiedlichen Formen gestaltet sein, denkt man bspw. an ein Bewerbungsschreiben und eine mündliche dargebotene Erzählung, in der wir über spontane „narrative Verknüpfung, Selektion und Akzentuierung (...) das Bild unseres Selbst im Fluss der Zeit'" (Wardetzky 2004, 196) konstruieren. Mit Blick auf die Künste erweitern sich die Gestaltungsmöglichkeiten biografischer Darstellung. Literarische Autobiografien und Selbstportraits aus der Bildenden Kunst sind als Produkte veräußerter Lebensgeschichten und Identitätsentwürfe bekannt und in der Vielfalt ihrer Stilmittel schon vielfach analysiert worden (vgl. bspw. Schneede 2004, Pfisterer/Roosen 2005 und Wagner-Egelhaaf 2005).[26] Vor diesem Hintergrund stellt sich für die Modellentwicklung die Frage, welcher Gestaltungsmittel sich Biografiedarstellung in einem biografischen Theaterprojekt bedient? Unterschiedliche Grade und Formen der Darstellung zwischen Improvisation und schauspielerischem Handwerk, solistischen und chorischen Formen, zwischen Mitteilungsansprüchen und ausgestellten Wahrnehmungsexperimenten rücken damit in den Fragehorizont.
3. Das Potential von Biografie verweist auf „Emotionen, Motivationen, Orientierungen und Deutungsmuster, [die eine] Art Reservoir von Kräften und Impulsen" (Schulze 2006, 43) bilden. Jeder Biografieentwurf kann also Möglichkeiten zur Bewusstwerdung, Bestätigung oder Erweiterung des eigenen Selbst- und Lebenskonzepts enthalten. Dabei gilt aus pädagogischer Sicht als entscheidend, über die Bedingungen, Voraussetzungen, Ansprüche und Probleme der biografischen Gestaltung in der

26 Bemerkenswert ist in diesem Zusammenhang, dass die Kunstpädagogik sich bereits verstärkt mit biografiezentrierten Verfahren beschäftigt und entsprechende didaktische Modelle entwickelt hat, siehe bspw. Blohm, Manfred (Hg.) (2002): Berührungen und Verflechtungen – Biografische Spuren in ästhetischen Prozessen, Köln: Salon; Sabisch, Andrea (2007): Inszenierung der Suche. Vom Sichtbarwerden ästhetischer Erfahrung im Tagebuch. Entwurf einer wissenschaftskritischen Grafieforschung, Bielefeld: Transcript; Zeitschrift Kunst und Unterricht (2004): Biografieren, Material Kompakt, Heft 280, Friedrich Verlag; Kunst und Unterricht (2004): Biografieren, Heft 281, Friedrich Verlag; Blohm Manfred et al (Hg.) (2006): Über Ästhetische Forschung. Lektüre zu den Texten von Helga Kämpf-Jansen, München: Kopäd; Kämpf-Jansen, Helga (2001): Ästhetische Forschung. Wege durch Alltag, Kunst und Wissenschaft. Zu einem innovativen Konzept ästhetischer Bildung. Köln: Salon.

Moderne aufgeklärt zu sein, um reflexiv und eigenverantwortlich damit umgehen zu können (vgl. Schulze 2006, 49). Diese Kompetenz, Regie für die eigene Lebensführung übernehmen zu können, hat vor allem Peter Alheit vielfach als „Fähigkeit zur Biographizität" (Alheit 1990, 1993, 2000 und 2002) beschrieben.[27] Auf die Künste bezogen führt dies zu der Fragestellung, ob und wie sich eine solche Kompetenz zur Biografizität innerhalb eines künstlerischen Gestaltungsprozesses für den Darsteller offenbaren kann. Dabei scheint es naheliegend, dass eben diese Kompetenz zur Biografizität mit den Ansprüchen der eingangs erwähnten „ästhetischen Kompetenz" (Sting, 2003a, 11) zusammengebracht werden kann, die wiederum als Lernziel der produktionsorientierten Theaterpädagogik proklamiert wird (vgl. Kapitel Vom Leben zur Kunst). In Aussicht steht damit eine doppelte Lernmöglichkeit, die an dieser Stelle bewusst weder weiter differenziert noch definiert, sondern erst im Laufe der Arbeit entdeckend-offen durch präzise Praxisbeschreibungen erörtert wird.

Biografie als Ästhetisierungsprozess

Um die Produktionswege biografischer Theaterarbeit zu beschreiben und das Modell zu konstruieren, wird die metaphorische Formel *vom Material zum Stück* als Wegskizze genutzt. Der Materialbegriff erscheint als Metapher innerhalb der Modellentwicklung insofern sinnvoll, als auch in Seminaren zur biografischen Arbeit – wie z. B. in der Erwachsenenbildung vom „Material des biografischen Arbeitens" gesprochen wird (Ruhe 2007, 18), genauso wie in der Biografieforschung biografische Interviews etc. das Forschungsmaterial darstellen (vgl. Schulze 1993a). Die Terminologie entspricht aber auch gegenwärtiger theaterpädagogischer Literatur – in der Beschreibung von experimenteller Theaterpraxis – oft modifiziert als „Rohmaterial" (Hentschel 2007b, 28; Jücker/Overkamp 2002,16; Nickel 2005, 96) und damit als „vorkünstlerische Spielform" (Sting 1997, 26) bzw. Material mit „Entwurfscharakter" (Weintz 1999, 197), um zu kennzeichnen, dass die Darbietung noch nicht als Gestaltungsergebnis, sondern als Spielvorlage und Basis für weitere geleitete, modellierende Improvisationen interessiert.[28] Die Terminologie entspricht zudem der Arbeitskategorie „Generative Technik" (Sting, 2003b, 73) aus der in England etablierten Methode des Devising Theatres. Dort werden

27 Als biografisch orientierter Theorieansatz mit soziologischem bzw. sozialisationstheoretischem Fundament hat sich dieser Terminus in der Erziehungswissenschaft als Lernziel durchgesetzt (vgl. Schulze 1993b, 25ff.). Er wird von anderen Erziehungswissenschaftlern aufgegriffen, teilweise modifiziert und innerhalb von didaktischen Konzepten zur Biografiearbeit in Gruppen produktiv gemacht. Heidi Behrens-Cobet und Norbert Reichling bezeichnen Biografizität bspw. als „Fähigkeit, Organisator und Interpret des eigenen Lebens zu sein und verstehen sie als ernst zu nehmende Schlüsselqualifikation in der Bildungsarbeit (1997, 24).

28 Mit einer materialorientierten anstelle einer dramenzentrierten Arbeitsweise sind in biografischer Theaterarbeit auch Verbindungen zu einem „performativ-kontextuellen Kunstbegriff" nahe liegend (vgl. Pinkert 2005a, 75ff.). Biografische Theaterarbeit kann allerdings – wie gezeigt werden wird – nur in Ansätzen mit einer „performativen Ästhetik" (Sting, 2004) in Verbindung gebracht werden, die sich durch die Betonung und Aufdeckung der Kulissenhaftigkeit, die Betonung des einmaligen Aufführungsereignisses im *Hier und Jetzt* durch direkte Publikumsinteraktion und ausgestellte, improvisierte Sprechakte auszeichnet. Im Verständnis der vorliegenden Arbeit betont biografische Theaterarbeit immer auch einen ausgiebigen Proben- Bearbeitungs- und Verdichtungsprozess des biografischen Materials. Sie hält zudem an der Idee der Rolle, bzw. der Figur fest, die von manchen Theaterpädagogen, die konsequent Performances erarbeiten, teilweise programmatisch aufgelöst wird (vgl. bspw. Lange 2006a 123ff.).

„Material und Stoffe (...) ausgehend von variablen *starting points* wie Themen, Stichworte, Bilder, Musik, Geräusche, Artefakte, Erfahrungen selbst generiert durch Improvisation, Kreatives Schreiben, Formaufgaben, Recherche oder Interview" (ebd.).

Übertragen auf eine biografische Programmatik lässt sich die künstlerische Arbeitsweise folgendermaßen spezifizieren: Die „starting points" (ebd.) der Theaterarbeit sind Erinnerungen, Befindlichkeiten, Meinungen, Anliegen, Gedanken, Anekdoten, Geschichten und Selbstbilder der Akteure, die als biografisches Material generiert, somit sichtbar gemacht und als Arbeitsgrundlage genutzt werden.

Die generative Technik des Devising-Ansatzes eröffnet zudem Perspektiven für Biografiedarstellungen, die über schriftliche Texte und mündliche Erzählungen hinausgehen: Improvisation und Formaufgaben verweisen auf szenische Symbolisierungsweisen und körperlichen Ausdruck, anhand derer biografische Erfahrungen dargestellt werden können. Aufgabenstellungen, wie sie hier als Recherche und Interview kategorisiert werden, verweisen auf journalistische Tätigkeiten, womit auch Tonaufnahmen, Fotografien und ggf. filmische Einspielungen aus dem sozialen Umfeld der Akteure als biografisches Material denkbar sind. Aus dem Kontext der Oral History sind so genannte Erinnerungskoffer bekannt, die die Spielleiter mit zur Probe bringen, um über Alltagsgegenstände Anlass zu biografischen Darstellungen zu geben (vgl. Wartemann 2002, 144). Knüpft man an diesen Gedanken an, sind in der Umkehr auch persönliche Objekte, die die Akteure selber mitbringen als biografisches Material verwendbar. Ein Inszenierungsprozess der auf der generativen Technik des Devising Theatres und einem offenen Materialbegriff fußt, erinnert in einem derart organisierten Modell biografischer Theaterarbeit gleichsam an eine Baustelle: Rohmaterial wird bearbeitet, daraus werden einzelne Bausteine (Bewegungsmuster, Texte etc.) entwickelt, diese wiederum zu Segmenten zusammengefügt (Sequenzen, Szenen) und schließlich zu einer Architektur (Inszenierung) verwoben.[29] Ausgehend davon, dass die Modellentwicklung so mit dem Selbstverständnis der Wegskizze vom Material zum Stück strukturiert wird, ist dabei allerdings einschränkend zu sagen, dass sich nicht alle weiteren Kategorien, die im Ansatz des Devising Theatres[30] vorausgesetzt werden, konsequent erfüllt werden müssen. Während der Devising-Ansatz bspw. mit der *Kollaboration* eine konsequent

29 Der Materialbegriff ist in der theaterpädagogischen Forschung noch nicht tiefergehend erschlossen worden. Er ist mit unterschiedlichen Konnotationen belegt. Pinkert macht in diesem Zusammenhang darauf aufmerksam, dass aus der Gegenüberstellung von so genannten vorkünstlerischen und künstlerischen Materialien die Abwertung spezifischer, speziell performativer Verfahren einhergehen könne (vgl. Pinkert 2005b, 133). Eine Unterscheidung zwischen etwas offen Gesuchtem und etwas Modifiziertem scheint jedoch in dem hier zu entwickelnden Stufenmodell sinnvoll. Das heißt nicht, dass sich das improvisierte (Roh)material hinsichtlich der Wirkungsästhetik vom Gestaltungsergebnis in der Aufführung unterscheiden muss: Es ist als bewusst gestaltetes Material dann allerdings im Gruppenkontext reflektiert und in eine konzeptionelle Gesamtstruktur eingebettet worden, womit für den Spieler im Noch-Einmal-Machen (in der Arbeit mit dem gefundenem Material) eine zielperspektivische Gestaltungsabsicht enthalten ist, die sich von der freien und offenen Improvisation unterscheidet .

30 Zum Ansatz des Devising Theatres vgl. vertiefend Sting (2003, 73f.): Das sich im Devising Theatre „artikulierende Theaterverständnis hat sich als Gegenbewegung zum hierarchisch strukturierten Literaturbetrieb herausgebildet (...). [Es] formuliert kein ästhetisches Stil- oder Formprinzip, sondern versteht sich als eine künstlerische Arbeitsweise, die sich (...) über ihre zentralen Arbeitskategorien charakterisieren lässt" (Sting 2003, 73). Bei diesen Arbeitskategorien handelt es sich um: *Kollaboration, Offene Dramaturgie- und Prozessorientierung, Generative Techniken, Komposition und Multiperspektivität, Reflexion* und *Produktion* (vgl. ebd).

gemeinschaftliche Arbeit hinsichtlich der dramaturgischen Aufgaben fokussiert, ist dies kein Anspruch, der vorausgesetzt, sondern allenfalls in der vergleichenden Analyse der Produktionsbeispiele entdeckt werden kann.

Auf den Darsteller bezogen rückt vor dem Hintergrund der Stückentwicklung zudem der Ästhetisierungsvorgang *von der Person zur Figur* in das Zentrum der Analyse. Wenn Biografie als Material für Stückentwicklungen genutzt wird, ist man gegebenenfalls verleitet, sich von der Vorannahme, dass auf der Bühne Rollen gespielt und Figuren gezeigt werden, zu verabschieden. Gerade im Bereich der Performance Art gibt es Positionen, die „Alternativen zur Verkörperung einer Figur propagieren und Präsenz und Liveness an deren Stelle setzen" wollen, um „Raum zu schaffen, in dem Leben erprobt und erlebt werden kann" (Klein/Sting 2005, 16).[31] Die vorliegende Untersuchung geht allerdings davon aus, dass, auch wenn es im biografischen Theater nicht um Verwandlung bzw. das Verkörpern von literarischen Rollen geht, in den Produktionsprozessen dennoch Figuren entstehen – als Konstrukte, die sich aus einem spezifischen Verhältnis von individuellem Darsteller, Darstellungsaufgabe und Zuschauerwahrnehmung konstituieren (vgl. Roselt 2005a, 115). Im Gegensatz zu einem Theaterstück nach einer literarischen Vorlage, in dem beispielsweise die Gesellschaft einer vergangenen Epoche repräsentiert wird, wird hier somit die Lebenswelt[32] mit seinen Strukturen als Bezugspunkt der Repräsentation angesehen, wobei im Arbeits- und Probenprozess die soziale in die theatrale Mimesis überführt wird.

Entscheidend ist dabei, dass im Unterschied zum dramenzentrierten Theater die Figuren dem Akteur nicht durch ein Skript vorgegeben sind, sondern erst durch zu findendes Material in biografischer Selbstthematisierung und gemeinsamer Reflexion innerhalb des Ensembles entwickelt und konturiert werden. Die Rollenaufgaben mögen dem Darsteller aus seinem Alltagshandeln vertraut sein und sind, wenn sie auf das vorhandene Ausdrucks- und Bewegungspotential der Spieler rekurrieren, gleichermaßen als soziologische und ästhetische Rollen zu betrachten (vgl. Jauß 1993, 216ff.). Eben diese Spezifik leitet auch die vorliegende Analyse und Modellentwicklung: Die Fragen nach Biografiegenerierung, -bearbeitung, -darstellung und den damit verbundenen Lernmöglichkeiten werden methodisch auf den Gestaltungsvorgang bezogen, durch den im biografischen Theater eine Person zu einer Figur wird. Gefragt wird somit, nach den vielfältigen Möglichkeiten, „mit der eigenen Person [zu] agieren und dabei sich selbst und seine Ansichten deutlich zu machen" (Nickel 2006, 31).[33]

Dargestellt werden die Produktionswege *vom Material zum Stück* und *von der Person zur Figur* durch die chronologische Aufteilung des Probenprozesses in drei Stufen:

---

31 Die Autoren verweisen auf Baz Kershaw (1999): The Radical in Performance. Between Brecht and Baudrillard, London/New York: Routledge u. Peggy Phelan (1993): Unmarked. The Politics of Performance, London/New York Routledge, S.146ff. Außerdem verweisen sie auf das Konzept ‚Liveness' nach Philipp Auslander (1999): Liveness. Performance in a Mediatized Culture, London/New York Routledge u. Fabiao, Eleonora/Lepecki, André (2005): Out of Order: Local Provocations to Performance. In: Gabriele Klein (Hg.), Stadt. Szenen. Künstlerische Produktionen und theoretische Positionen, S.177-189.

32 Vgl. Schütz/Luckmann (2003).

33 Damit wird davon ausgegangen und gezeigt, dass Rollen- und Figurendarstellung im biografischen Theater nicht aufgegeben werden, sondern lediglich anders organisiert sind (vgl. A. M. Matzke 2005a S. 21ff. u. 88ff.). Unterschiedliche Grade und Formen der Darstellung zwischen fokussierter Präsenz und Liveness und stilisierten Darstellungsformen sind dabei möglich – wie auch in der Schauspielpädagogik.

>> Die Materialsammlung (III.1), in der erste Texte und szenische Ideen improvisatorisch eingebracht werden,
>> die Rollengestaltung (III.2), in der die Darstellungsaufgabe für die Akteure auf der Basis des eingebrachten Materials modifiziert und geprobt wird, sowie
>> die Stückentwicklung (III.3), in der die daraus entstandenen Darstellungsleistungen und Szenen dramaturgischen Zusammenhang zu einer Inszenierung montiert werden.

Innerhalb der einzelnen Stufen werden jeweils die Gestaltungsmittel und Übungen der Produktionen vergleichend dargestellt und so auf ihre dramaturgischen Schlüsselkriterien hin untersucht. Diese wiederum dienen dazu, im Anschluss an die vergleichende Beschreibung der Verfahrensweise die damit verbundenen Lernmöglichkeiten ebenfalls vergleichend zu erörtern, bevor sich die Analyse der jeweils folgenden Stufe widmet.

2 Untersuchungsdimensionen biografischen Theaters

Obwohl der Darsteller mit seinen Lernerfahrungen im Zentrum des Untersuchungsinteresses steht, verweist die Bezeichnung *biografische* Theaterarbeit anstelle von *auto*-biografischer Theaterarbeit, auf die Bedeutsamkeit der Interaktionspartner innerhalb des Ensembles.[34] die die Sinn- und Bedeutungszuschreibungen der Erzählenden und Agierenden mit beeinflussen (vgl. Schulze 1993b, 32). Die Interaktionsbedingtheit von Biografiedarstellung spiegelt sich in den schöpferischen Prozessen einer künstlerischen Theaterarbeit. Hajo Kurzenberger hat das Theater vielfach als soziale Kunstform par excellence beschrieben, und vor allem auch auf die Notwendigkeit hingewiesen, diese Besonderheit im Hinblick auf Produktionsprozesse als elementar zu berücksichtigen (vgl. Kurzenberger 2006a und 2006b). In der vorliegenden Arbeit wird deshalb bei der Betrachtung der theatralen Biografiearbeit den Interaktionsstrukturen der Gemeinschaftskunst eines miteinander spielenden Ensembles besondere Aufmerksamkeit geschenkt. Verschiedene Dimensionen von Kollektivität und Individualität, die in einem biografischen Theaterprojekt wirksam werden, werden dabei – wie nachstehend ausgeführt – als Voraussetzungen ins Kalkül genommen:

1. Im Selbstverständnis der vorliegenden Arbeit besteht für die Modellentwicklung jeder Arbeitsschritt einer Theaterproduktion aus Interaktionsprozessen, die zu einem Großteil kollektiv organisiert sind. So stellt die theatrale Biografiearbeit in Gruppen immer eine kollektive Arbeitsform dar, da alle beteiligten Akteure sich in die Stoffgenerierung einbringen, was für die Stückentwicklung eine demokratische Autorschaft bedeutet. Dabei hat jeder Darsteller einerseits die Freiheit, individuelle Vorlieben einzubringen, andererseits persönliche Grenzen abzustecken und auf der Grundlage der Konzeption zu entscheiden, welche Erinnerungen und Ideen er verfolgen möchte. Streng genommen bezieht sich die Kollektivität des Arbeitsprozesses

34 Allerdings wird teilweise der Selbst-Bezug (Auto) der Darsteller von den Theatermachern, der hier beleuchteten Produktionen betont. Barbara Gronau, Dramaturgin der Produktion ‚Café Dutschke' spricht von der „autobiografischen Arbeit" (Gronau 2006, 17); Das Theater ‚Junge Bühne Bonn' orientiert sich seinerseits an der so genannten autobiografischen Methode nach Marcel Cremer (vgl. Gäbler 2003).

aber nur auf die Biografiegenerierung und -darstellung und nicht auf die künstlerische Ausrichtung und dramaturgische Arbeit innerhalb eines Theaterprojekts. Auf einer übergeordneten Ebene agiert in den meisten Fällen doch immer die Spielleitung bzw. Regie[35], die die Konzeption entwirft, Aufgabenstellungen entwickelt, den Akteuren damit eine Matrix der biografischen Kommunikation und Darstellung vorgibt, Zwischenergebnisse selektiert und Anregungen zur Weiterarbeit gibt. Hinsichtlich der Arbeitsorganisation lässt sich also durchaus von einem Hierarchiegefälle zwischen der Spielleitung und dem Ensemble sprechen. Das wiederum ist im theaterpädagogischen Kontext keineswegs negativ zu sehen, geht man doch davon aus, dass, wie Wolfgang Nickel formuliert, dem Spielleiter die unumgängliche Aufgabe obliegt, die Akteure in theaterpädagogischen Prozessen begleitend zu führen und Inszenierungsstrategien zu vermitteln (vgl. Nickel 2005, 138ff.).

2. Festzuhalten ist gleichsam, dass die Leitung durch die spezifischen Aufgabenstellungen und die grundsätzliche Organisation der Zusammenarbeit, die Interaktionsprozesse und in biografischer Theaterarbeit dezidiert auch die Erinnerungsarbeit innerhalb des Ensembles maßgeblich beeinflusst. Maurice Halbwachs hat in den 1920er Jahren die Verwobenheit des individuellen mit dem kollektiven Gedächtnis herausgearbeitet. Er hat gezeigt, dass sich der Mensch immer auf der Grundlage von sozialen Bedingungen erinnert. Es gibt also kein individuelles Gedächtnis, das unabhängig von spezifischen Funktionen und Gruppenzugehörigkeiten gedacht werden kann. Jedes einzelne Gedächtnis bildet einen Ausblickpunkt auf das kollektive Gedächtnis einer Gruppe (vgl. Halbwachs 1985). Das kollektive Gedächtnis umfasst dabei ein weitläufiges gesellschaftliches System (Kultur) vor seinem geschichtlichen Horizont und lässt sich vielfach ausdifferenzieren. Das bedeutet bspw., dass sich in einer pluralistischen Welt für den Einzelnen vielfältige Gruppenzugehörigkeiten und Erfahrungsräume finden lassen (Familie, Schule, Sportverein, beruflicher Kontext, Freundeskreise etc.).[36] Es lässt sich also von vielen unterschiedlichen Gedächtnisstrukturen sprechen, die beim einzelnen Menschen aktiviert werden können – abhängig von der Zahl und Intensität seiner Sozialisationserfahrungen in unterschiedlichen Gruppenzusammenhängen. Die Folgerungen für die Möglichkeiten der Konzeptentwicklung und Strukturierung eines biografischen Theaterprojekts liegen damit auf der Hand: In einem biografischen Theaterprojekt kann die biografische Kommunikation unterschiedlich akzentuiert werden. Entscheidend sind die Faktoren der Ensemblezusammenstellung (Aus welchen Lebenszusammenhängen kommen die einzelnen Akteure? Welche Funktionen nehmen sie in der sozialen Realität ein?) und die darauf aufbauenden konzeptionellen Entscheidungen (Welche biografiebezogenen Aspekte werden in der Theaterarbeit zentral gesetzt? Welche Funktion wird den Darstellern in der Stückentwicklung zugeschrieben?). Je nach Konzeption der Theatermacher können beim Darsteller in der biografischen Kommunikation darüber

35 Die Begriffe Regie und Spielleitung werden hier synonym verwendet, auch wenn die Theatermacher der Freien Szene sich strikt als Regisseure bezeichnen.

36 So ist auch das Theaterprojekt ein Ort, an dem die Gruppe durch die gemeinsame Theatererfahrung ein gemeinsames Gedächtnis ausbildet. Diese Perspektive lässt Verknüpfungen mit dem so genannten *memory talk* zu, wie er anhand von Familienzusammenhängen häufig dargestellt wird: Menschen entwickeln und memorieren gemeinsame Anekdoten und Begründungszusammenhänge und erstellen so ein korrespondierendes Denkmuster und Wertesystem (vgl. Welzer 2002).

hinaus Übereinstimmungen oder Divergenzen zwischen Gedächtnisnarrativen und Wirklichkeitsdeutungen betont werden. So kann das Ziel der Inszenierung darin bestehen, das Ensemble als Einheit geteilter Werte und Deutungsmuster oder aber als Individuen mit unterschiedlichen Weltzugängen zu präsentieren. Kurzum: In einem biografischen Theaterprojekt können unterschiedliche Gedächtnisstrukturen in variablen Bezügen fokussiert werden. Für die Modellentwicklung rückt so der einzelne Darsteller als „Schnittpunkt sozialer Kreise" in den Blick (Hahn 2000, 28).[37] Dabei wird die markante Gegenüberstellung unterschiedlicher Strategien interessant. Ausgehend von der Frage, ob die Teilnehmer in einem biografischen Theaterprojekt auf einen gemeinsamen „sozialen Kreis" rekurrieren oder mit der Biografiearbeit auf verschiedene soziale Kreise, also auf jeweils separate „kleine soziale Lebenswelten" (Hitzler/Hohner 1995, 382) [38] Bezug genommen wird.

3. Da es in jedem biografischen Theaterprojekt mit den o.g. Prämissen immer auch um die die Auseinandersetzung mit Erinnerungskultur[39] geht, sind ebenfalls ideologiekritische Fragen aufgeworfen. Bertolt Brecht, der in seiner Theaterarbeit immer wieder das Verhältnis von Individuum und Kollektiv thematisiert hat, appellierte wiederholt an die notwendige Reflexion von Machtverhältnissen, bis hin zu seiner „Rede von der Ideologiezertrümmerung" (Brecht nach Steinweg 1995, 43ff.). Seine Mahnungen geben entscheidende Hinweise auch für die Organisation und Reflexion von biografischen Theaterprojekten – und zwar hinsichtlich der Strukturierung der Erinnerungskultur durch die Vorgaben des Spielleiters. Ausgegangen wird hier davon, dass ein biografisches Theaterprojekt niemals einen so maßgeblichen Einfluss auf das Selbstbild der Akteure hat, dass langfristige und habitualisierte Deutungsmuster und eingeübte Verhaltensweisen komplett verändert würden. Außerdem bleiben für den Darsteller auch während des Projekts neben der Theatergruppe andere soziale Felder bestehen, in denen er weitere und divergierende Selbstthematisierungsprozesse durchläuft. Dennoch ist in einem Theaterprojekt, in dem die Spielleitung Strukturen der Biografiearbeit vorgibt, immer auch die Frage nach der Mündigkeit des Darstellers und seinem Gestaltungsanteil gestellt. Wenn seitens der Regie bestimmte Normen, Deutungen und Erinnerungsstrukturen unreflektiert vorausgesetzt – und die Akteure durch manipulative Aufgabenstellungen zu gemeinsamen oder kontrastiven Aussagen hingeführt werden, wäre ein solches Projekt ideologiekritisch zu hinterfragen. Weitergedacht lässt sich die Möglichkeit der (unbewussten) Manipulation aber auch positiv wenden, dann nämlich, wenn die Spielleitung biografische Individualisierung oder Kollektivierung als konzeptionelle Zielsetzungen und Perspektiven der ästhetischen Erinnerungsarbeit transparent macht. Eine Entscheidung für eine

37 Hahn bezieht sich in seiner Abhandlung zu „partizipativen Identitäten" (Hahn 2000, S.13-80) auf Georg Simmel (1958): Die Kreuzung sozialer Kreise. In: Ders., Soziologie, 4. Aufl., Berlin, S.305-344

38 „Kleine soziale Lebens-Welten heben sich im System individueller lebensweltlicher Relevanzen thematisch, interpretativ und motivational als Korrelate spezifischer Interessen und Interessenbündel ab. Diesen Korrelaten eignen jeweils spezifische, sozial vordefinierte Zwecksetzungen an, die der einzelne seinen Relevanzen entsprechend, mehr oder minder nachdrücklich internalisiert; d.h., die Gültigkeit dieser sozialen Zwecksetzungen *für ihn* korreliert mit dem Ausmaß seiner Identifikation mit dem jeweils vorfindlichen Sinnsystem. Die kleine soziale Lebens-Welt also eines wie auch immer identifizierbaren sozialen Typus ist ganz einfach die Welt, wie er sie typischerweise erfährt" (Hitzler/Hohner 1995, 382).

39 Vgl. vertiefend zum Begriff der Erinnerungskulture(n): Erll (2005, 34ff.).

pointiert individualisierende oder kollektivierende Erinnerungs- und Theaterarbeit fördert nicht nur die Stringenz der Dramaturgie, sondern ebenfalls den reflektierten Verständigungsprozess innerhalb des Ensembles, deren Mitglieder ihre Ideen und Erinnerungen vor dem Hintergrund einer Ich- oder Wir-Perspektive selektieren. Theater als Ort der Erfindung und Reflexion lässt dann lustvoll Kollektivierungen und Individualisierungen in der Biografiearbeit als Arbeitsperspektive und Spielhaltung[40] einnehmen. Auf einer Metaebene kann dann im Brechtschen Sinne zudem das Verhältnis von Individuum und Kollektiv beleuchtet werden, eben weil es vor Darstellern und Zuschauern spielerisch und pointiert transparent gemacht wird. Für die vorliegende Untersuchung führen diese Vorüberlegungen zu der Erkenntnis, dass es sinnvoll ist, die Modellentwicklung mit der anschließenden Diskussion um notwendige Spielleitungskompetenzen zu erweitern (vgl. IV.3).

3 Methodisches Vorgehen und Aufbau der Untersuchung

Dadurch, dass das Modell „biografischer Theaterarbeit zwischen kollektiver und individueller Darstellung" (Titel) durch eine vergleichende Produktionsanalyse von sechs biografischen Theaterprojekten theoretisiert wird, versteht sich die vorliegende Arbeit in einem übergeordneten Sinn als Beispiel praktischer Theaterwissenschaft (vgl. Kurzenberger 1998a, 8ff.) und als Beitrag zu einer gegenstandsbezogenen Theoriebildung (vgl. Hiß 1990). Sie macht sich bewusst das Wechselverhältnis zwischen Theorie und Praxis als ein Verhältnis von „Inspiration und Korrektiv" zu Nutze (Hiß 1990, 66). Die hier vorgenommenen Produktionsanalysen tragen zur Klärung von Gestaltungsverfahren und spezifischen Lernmöglichkeiten der Darsteller in biografischer Theaterarbeit bei, während umgekehrt die Interpretation derselben durch die kulturwissenschaftliche Hermeneutik inspiriert wird. Die zugrunde liegenden wissenschaftlichen Bezüge sind dabei breit gefächert und aufgrund des Untersuchungsinteresses interdisziplinär ausgerichtet. Sie beziehen sich neben aktuellen theaterwissenschaftlichen und -pädagogischen Positionen[41], vor allem auf Diskurse gegenwärtiger pädagogischer und sozialwissenschaftliche (Biografie-)Forschung.[42] Teilweise werden auch aktuelle Positionen kunst- und literaturwissenschaftlicher Hermeneutik mitberücksichtigt.[43]

40 Spielhaltung wird hier als innere Einstellung zur Theaterarbeit verstanden.

41 Es werden Diskurse und Positionierungen von den 1970er Jahren bis heute berücksichtigt, die auf einen erweiterten Theaterbegriff rekurrieren und sich mit theatralen Verfahren der Theaterpädagogik und der Freien Szene beschäftigen.

42 Vor allem die Positionen von Schulze (1993a/b/c, 2002, 2006) und Alheit (1990, 1992, 1993, 1995, 2000, 2002, 2003) fundieren die Arbeit in pädagogischer Perspektive. Hahn (1987, 1988, 1993, 1995, 1995 u. 2000), Goffman (1969), Jauß (1991 u. 1993), Hitzler/Hohner (1988, 1995) und Schütz/Luckmann (2003) stellen die Bezugspunkte bei der Auseinandersetzung mit den Strukturen der Lebenswelt dar. Aufbauend auf die Gedächtnistheorie von Halbwachs (1985 u. 1991) werden Positionen von Aleida Assmann (1996 u. 1999), Jan Assmann (1992) und ebenso neue Ergebnisse der Hirnforschung (Welzer 2002) berücksichtigt.

43 Die kunsthistorische Perspektive bezieht sich vor allem auf Pfisterer/Rosen (2005), sowie Schneede (2004). Die literaturwissenschaftliche Perspektive bezieht sich auf Wagner-Egelhaaf (2005). Vgl. in Verbindung mit geschichtlicher Perspektive Erll (2005).

Um einen Einstieg in die vergleichende Produktionsanalyse zu finden und die Auswahl der Inszenierungen zu begründen, werden zunächst in historischem Zugriff die Arbeitszusammenhänge der Theaterpädagogik und der Freien Szene skizziert (II). Die jeweiligen Traditionslinien und Begründungszusammenhänge biografischer Theaterarbeit werden dabei auf zentrale Aspekte einer möglichen Differenzierung zwischen kollektivierenden und individualisierenden Darstellungs- und Arbeitsverfahren untersucht. Ausgehend hiervon wird die vorgenommene Auswahl nach Vergleichskriterien systematisiert und werden die jeweiligen Produktionshintergründe transparent gemacht (II.1-3).

Im anschließenden Hauptteil der Untersuchung werden die Gestaltungsverfahren der Inszenierungen vorgestellt und auf die ihnen immanenten Lernmöglichkeiten für die Darsteller untersucht (III). Im Sinne der gegenstandsbezogenen Theoriebildung praktischer Theaterwissenschaft wird hier das Analysematerial um eine Vielzahl nicht-wissenschaftlicher Texte „zur Frage des Konzeptes, der Textfassung, zu Inszenierungsalternativen, zu Probenzwischenergebnissen, aber auch zur Organisation und Verfasstheit der Arbeit, (...) Probenauswertung und Probenkritik“ (Kurzenberger 1998a, 13)[44]. Mit vielen Beteiligten (Regisseuren und Spielern) wurden Interviews geführt (vgl. Anhang), zudem fließen Videomitschnitte der Proben und/oder Aufführungen sowie einem Publikumsgespräch als Grundlage für die Beschreibung der Verfahren in die Beschreibung ein. Wissenschaftlich verfasste Abhandlungen der Theatermacher über ihre Arbeit und Verweise auf Theatertheorien werden ebenfalls berücksichtigt.

Methodisch wird bei der Darlegung der Produktionsprozesse an das Verfahren der „dichten Beschreibung“ nach Clifford Geertz angeknüpft (Geertz 1987). Im Gegensatz zu „dünnen Beschreibungen“ (ebd.), in denen nur Fakten gesammelt werden, setzt sich die „dichte Beschreibung“ (ebd.) zum Ziel, zur Darstellung kultureller Phänomene und Ereignisse die komplexen ineinander verwobenen Vorstellungsstrukturen herauszuarbeiten (vgl. ebd.). Übertragen auf die Analyse der Produktionsbeispiele bedeutet das, dass die Inszenierungen als kulturelle Ereignisse verstanden und hier jeweils so strukturiert und beschrieben werden, dass Produktionsintention und Einschätzungen der Theatermacher (Regie, bzw. Spielleitung, Spieler) jeweils transparent gemacht und zueinander ins Verhältnis gesetzt werden. Ein Selbstverständnis wird dabei in Anlehnung an Geertz gleichsam vorausgesetzt: „Die Untersuchung von Kultur mit seinem dynamischen Charakter ist ihrem Wesen nach unvollständig. Und mehr noch, je tiefer sie geht, desto unvollständiger wird sie“ (Geertz 1993, 41), formuliert Geertz. Das heißt, dass auch die von der Forscherin vorgenommenen Selektionen und Prioritätensetzungen, Zuschreibungen und Erkenntnisse nur eine relative Größe darstellen. So wird beschrieben, was die Theatermacher (Regisseure und Darsteller) in der ästhetischen Sphäre biografischer Theaterprojekte tun, und zwar so, dass die „vielleicht unvermeidlichen normativen Implikate des Beschreibungs-Vokabulars sichtbar und revisionsfähig bleiben“ (Mollenhauer 1996, 18).

Die produktionsanalytische Modellentwicklung bedeutet dabei:

---

44 Bei den theaterpädagogischen Produktionen liegen Projektdokumentationen vor. Bei den Produktionen der Freien Szene wurden narrative Interviews mit den Darstellern und den Regisseuren und/oder Dramaturgen durchgeführt, die im Anhang der Untersuchung einzusehen sind.

- >> eine Abstraktion in der sprachlichen Darstellung der theatralen Gestaltungsweisen, fokussiert auf ein vergleichendes Frageinteresse,
- >> dass die Produktionen durchaus unter anderen Gesichtspunkten zu analysieren wären und die biografiezentrierte Ästhetik nur eine von vielen möglichen Betrachtungsweisen darstellt,
- >> dass bei der Interpretation und modellierten Struktur des Probenverlaufs die Übereinstimmung mit den Regisseuren und Spielleitern nicht zwingend ist, und
- >> dass eine Ausrichtung auf die Erarbeitung von dramaturgischen Schlüsselkriterien ausgerichtet ist, die dem interessierten Theaterpädagogen als Inspiration für die eigene Praxis dienen können.

Im Anschluss an die vergleichende Produktionsanalyse wird das solchermaßen entworfene, facettenreiche Modell nach Folgerungen für die theaterpädagogische Praxis und Theoriebildung befragt (IV). Ein erster Zugriff resümiert abstrahiert von den Produktionsbeispielen einen dramaturgischen Leitfaden für Praktiker und stellt verallgemeinerbare Kriterien für die Organisation eines Produktionsprozesses in biografischer Theaterarbeit heraus (IV.1). In einem zweiten Zugriff wird die ästhetisch-stilistische und bildungsrelevante Besonderheit biografischer Theaterarbeit zusammengefasst und erläutert (IV.2). Mögliche Problemstellungen, die bei biografischer Theaterarbeit in didaktischer Perspektive zu berücksichtigen sind, werden zum Anlass genommen, konkrete Spielleitungskompetenzen für biografische Theaterprojekte zu formulieren (IV.3).

Der Schlussteil (V) begibt sich schließlich auf eine Metaebene: Dabei wird die Relevanz des Modells für die theaterpädagogische Praxis beleuchtet (V.1), werden Argumente des Für und Wider der unterschiedlichen Verfahren austariert und weitergedacht (V.2). Zuletzt schließt das Ergebnis der Arbeit an die einführenden Überlegungen zu einem zeitgemäßen theaterpädagogischen Selbstverständnis an und fasst zusammen, wie die Synthese sozialer und ästhetischer Orientierung mit biografischer Theaterarbeit gelingen kann (V.3).

II Biografische Theaterarbeit zwischen Kollektivierung und Individualisierung

Eine explizit biografische Programmatik ist innerhalb der Theaterkunst keine neue Erfindung. So experimentierte bereits Jacob Moreno in den 1920er Jahren mit Formen biografischen Theaters vor Publikum, bevor er daraus seine therapeutischen Methoden des Sozio- und Psychodramas entwickelte (vgl. Leutz 1974). Eine umfassende historische Abhandlung zu biografischer Theaterarbeit würde den Rahmen der Arbeit sprengen, dennoch macht es Sinn, im Zuge des Untersuchungsinteresses (kollektiven und individuellen Dimensionen in biografischer Theaterarbeit auf die Spur zu kommen) Traditionslinien und Begründungszusammenhänge der Arbeitsfelder der Theaterpädagogik und der Freien Szene herauszustellen.

Dabei ist zu konstatieren, dass spätestens seit den 1970er Jahren, vor dem Hintergrund der allgemeinen Erweiterung des Theaterbegriffs und der soziokulturellen Bewegung, die explizite Selbstthematisierung vor Publikum eine etablierte Alternative zur klassischen Drameninszenierung ist. Da hier beide zur Disposition stehenden Arbeitsfelder ihre Bezugspunkte verorten (vgl. Sting 2005b; Stenzaly/Waldmann 1992) werden folgend – wenn auch in zwingend schlaglichtartiger Verkürzung – kollektive und individuelle Dimensionen (vgl. I. 2) künstlerischer Biografiearbeit dieser Zeit ausgelotet, um sie zur Begründung der Produktionsauswahl nutzbar zu machen.

Emanzipation sozialer Gruppen in der Soziokultur

Viele biografische Theaterprojekte entstanden in der soziokulturellen Bewegung der 1970er Jahre. Sie waren von dem emanzipatorischen Gedanken einer „Kultur von allen für alle" (Hoffmann 1979) getragen und verstanden sich als Sprachrohr von Randgruppen. Als Wurzeln gegenwärtiger biografischer Theaterprojekte können vor allem Inszenierungen mit Lehrlingen und alten Menschen gelten, die in diesem Kontext entstanden sind und in denen sich durch das Anknüpfen an ihre Themen und Ausdrucksformen künstlerische Spielformen entwickelten, in denen „immer wieder eine geradezu körperliche Kenntnis des Lebens aufleuchtete" (Ritter 2003, 27). Biografische Lehrlingstheaterprojekte fanden meist im Zusammenhang politischer Bildungsarbeit statt und proklamierten für sich, die vorhandenen Dynamiken zu verstärken und die spezifische Klassenidentität der Akteure auf der Bühne zum Sprechen zu bringen (vgl. Praml 1993 u. 2005; Maier 2005). Theaterprojekte dienten bspw. als Alternative zum Streik und so wurde gleichsam im Brechtschen Sinne der proletarische Gestus der Arbeiterklasse verstärkt und als überschüssige Energie einer sozialen Gruppe eindrucksstark und ambitioniert in Szene gesetzt (vgl. Praml 1993). Die Altentheater waren im Kontext der Oral History-Bewegung als Geschichtsschreibung *von unten* berühmt (vgl. Wartemann 2002, 136ff.). Als Generation, die den Zweiten Weltkrieg miterlebt hatte, vermittelten die Ensembles der Alten in ihren biografiezentrierten Aufführungen gezielt ihre Lebenserfahrungen an die nachfolgende Generation – immer auch um die Entstehungsbedingungen und Konsequenzen von Krieg aus ihrer Perspektive zu reflektieren und zu vermitteln, um einer Wiederholung entgegenzuwirken.[45]

Auch regional-historische Geschichtsschreibung wurde vielfach von alten Menschen über die Bühne vermittelt, wenn sie als Nachbarschaftsgruppen das Leben in ihrem Wohnviertel in Aufführungen thematisierten. Starke Impulse gingen hier vom ‚Age Exchange Theatre' in London aus, wo auch das erste internationale Altentheater-Festival eröffnet wurde (vgl. ebd. 135).

In welcher Weise und Vielfalt hier auch gearbeitet wurde, als spezifisch lässt sich festhalten, dass die soziokulturelle Bewegung stark von politisch engagierten Spielleitern ausging, die gezielt auf Menschen zugingen, die durch besondere soziale Aspekte und Rahmenbedingungen bereits miteinander verbunden waren. Meist waren es solche Gruppen, denen in den öffentlichen Debatten zu wenig Aufmerksamkeit oder Anerkennung geschenkt wurde. Ihre Verbundenheit untereinander zu stärken und sie als gesellschaftliche Teilhabe künstlerisch produktiv zu machen, erscheint paradigmatisch und verweist mit einem emanzipatorischen Anspruch auf eine stark kollektivierende Dimension der biografischen Theaterarbeit, auch wenn die Einzelnen jeweils ihre individuelle Lebensgeschichten einbrachten (vgl. Praml 1993, Schweitzer 2006, Bittner 1996). Ziel war meist die Auseinandersetzung und Vermittlung einer eindeutig decodierbaren sozialen Nachricht an ein Publikum, wobei die Regisseure ihre Aufgabe vor allem darin sahen, aus der biografischen Kommunikation mit den Akteuren in künstlerisch-literarischer Strukturierung Stückvorlagen zu entwickeln, die sich, auch wenn sie meist aus szenischen Collagen zusammensetzten, wie im klassischen, dramenzentrierten Theater an inhaltlicher Chronologie und Spannungsbögen orientierten (vgl. ebd.).[46]

Vereinzelung als Thema der Avantgarde

Neben der soziokulturellen Bewegung etablierten sich in den 1970er Jahren die szenisch-avantgardistischen Kunstformen des Tanztheaters und der Performance Art. In Bildender Kunst oder Tanz ausgebildet, entdeckten manche Künstler theatrale Verfahren als Ausdrucksform und verbanden Erzählformen und performative Szenarien mit der Thematisierung der eigenen Biografie. Im Tanztheater ist Pina Bausch zur bekanntesten Repräsentantin eines biografiezentrierten Verfahrens avanciert, indem sie einzelne Darsteller „Bruchstücke ihrer Lebensgeschichten" (Schlicher 1999, 114) erzählen ließ. Die besondere Verfahrensweise bestand hier darin, einzelne Protagonisten mit biografischen Fragmenten zusammenhangslos nebeneinander zu stellen, um die „Gefühlsarmut und Unverbundenheit verlorener Subjekte" (ebd.) zu zeigen. Innerhalb der Performance Art entwickelte sich das Genre der so genannten autobiografischen Performances, deren Vertreterinnen Cheri Gaulke, Meredith Monk, Laurie Anderson,

45 Im Fokus der Aufmerksamkeit stand dabei nicht nur das Publikum. Die Theaterinstitutionen verschrieben sich teilweise auch ausdrücklich der Ermöglichung einer versöhnlichen Lebensbilanz der alten Menschen, deren kollektiv erlebte Schicksalsschläge szenisch aufgearbeitet und einer erfolgreichen Lebensrevision unterzogen werden sollten, um den Darstellern zu Gesundheit und Ausgeglichenheit zu verhelfen (vgl. Wartemann 2002, 143; Schweitzer 2006).

46 Vgl. auch www.stut.nl und www.pamschweitzer.com (letzter Zugriff 1.11.2009).

Ulrike Rosenbach und andere sich mit ihren gestaltungsästhetischen Experimenten selbst auf die Bühne stellten und die Frage nach Identität und Authentizität problematisierten (vgl. Brandstetter 1998 u. 1999; Goldberg 1996, 172ff.).

Wie auch in den Theaterprojekten der Soziokultur waren in der künstlerischen Avantgarde vielfach politische Zielsetzungen mit den biografisch orientierten Projekten verbunden, dennoch bekam das gestaltungsästhetische Experiment als solches immer auch einen besonderen Stellenwert. Gemein war den Avantgardekünstlern das Abgrenzungsbedürfnis gegenüber dem konventionellen Kunstverständnis, in dem sie ausgebildet waren. Sie orientierten sich an der Kunstgeschichte, um diese als Avantgarde weiterzuentwickeln. Derartige Inszenierungsformen wurden deshalb auch unter den Begriff des Experimentellen Theaters[47] subsumiert. Zu dessen Hauptcharakteristika gehört gemäß Peter Simhandl „die radikale Infragestellung der überlieferten Formen und damit des Erwartungshorizonts der Zuschauer sowie das Erproben neuer Mittel und damit die Einübung neuer Sehweisen" (Simhandl 1992, 336). Die Performer und Theatermacher trennten sich in diesem Sinne vielfach nicht nur von der Konvention, sich an Stückvorlagen zu orientieren, sie experimentierten, wenn sie in Ensembles arbeiteten, teilweise auch mit neuen Organisationsformen der Zusammenarbeit, lösten die Trennung von Regie und Darstellung weitestgehend auf und agierten auch in der Bühnensituation mit geteilter Verantwortung für die Aufführung oft improvisierend nebeneinander (vgl. ebd.). Die viel besprochene Performanceserie ‚Education of a girlchild' (1972) beispielsweise, in der Meredith Monk und andere Perfomerinnen in einer mehrstündigen Collage spielerisch ihren jeweils persönlich-biografischen Hintergrund reflektierten, ist in diesem Sinne ein exemplarisches Beispiel, war sie doch aufgrund ihrer inszenatorischen Bauweise in keiner Weise anschlussfähig an Theatertraditionen. Rose-Lee Goldberg spricht von einer

> „hourlong collage, each scene like a mosaic, built of movement and sound and motifs that are fragmented and arranged in sort of threedimensional poetry, with scenic shifts seeming to parallel the characters psychic states. The sensibility is visual, spatial, and rhythmic, the effect a portrait of women and a panoramic view of their travels" (Goldberg 1997, 50).

Alle beteiligten Performerinnen entwickelten dabei „enlargements of themselves" (ebd.), indem jede jeweils die anderen kontrastierend „her own familial, childhood, social and ethnic backgrounds" (ebd.) nutzte. Lesbar ist sie als individuelle biografisch-künstlerische Arbeit Einzelner mit der Betonung auf personalen Aneignungs- und Verarbeitungsprozessen gesellschaftlicher Strukturbedingungen in verschiedenen sozialen Feldern.

47 Festzuhalten ist, dass bei der Beschreibung und Kategorisierung avantgardistischer Inszenierungen, die im Zusammenhang eines erweiterten Theaterbegriffs und der Kollaboration von Künstlern unterschiedlicher Disziplinen in den 1979er Jahren entstanden sind, je nach Fachrichtung unterschiedliche Begriffe und Beschreibungskriterien entwickelt wurden, auf die hier nicht näher eingegangen werden kann. Wichtig für die vorliegende Untersuchung sind allein die schlaglichtartige Verortung biografischer Theaterarbeit in ihren Traditionslinien und die Gegenüberstellung von avantgardistischen und soziokulturellen Begründungszusammenhängen.

Biografisches Theater in der Theaterpädagogik und der Freien Szene

Wie gezeigt stehen sich mit den Projekten der Soziokultur und der Avantgarde seit den 1970er Jahren zwei historische Traditionslinien biografischer Theaterarbeit gegenüber. Die soziokulturellen Begründungszusammenhänge zeichnen sich dabei verstärkt durch einen Vermittlungsanspruch aus, mit dem immer auch eine Gruppenorientierung verbunden ist. Dem stehen die Projekte der Avantgarde gegenüber, die sich verstärkt durch die Suche nach neuen Gestaltungsverfahren kennzeichnen lassen und dabei vielfach das Thema gesellschaftlicher Individualisierung darstellerisch akzentuierten.

Nachstehend werden die Spuren dieser Akzentuierungsmöglichkeiten in den Arbeitsfeldern der Theaterpädagogik und der Freien Szene verfolgt, um herauszuarbeiten, inwiefern sie sich wiederfinden lassen und gleichsam verändert haben.[48]

Bezug Theaterpädagogik

Die Theaterpädagogik hat sich als Arbeits- und Berufsfeld dezidiert aus der soziokulturellen Bewegung entwickelt (vgl. Sting 2005b). Die Tätigkeitsfelder der Theaterpädagogik sind im weitesten Sinne die außerschulische Bildungsarbeit, die so genannten Jugendclubs an Theatern und teilweise auch die Allgemeinbildenden Schulen mit dem Unterrichtsfach Darstellendes Spiel (vgl. Hentschel 2005, 131ff.).[49] Einhergehend mit zunehmenden Vernetzungsleistungen und Institutionalisierungen von Projekten hat sich das Selbstverständnis der Theaterpädagogik über die Jahrzehnte von vorrangig sozial orientierten Lerndimensionen hin zu ästhetischer Bildung verlagert (vgl. I). Willi Praml, der sich selbst rückblickend als Theaterpädagoge[50] bezeichnet, stellt in diesem Zusammenhang auch aus seiner Perspektive klar: „Diese als Theater agierende Forschungsarbeit hatte ihre Grenzen irgendwann. Da ging es dann um die Frage der Professionalisierung" (Praml 2005, 277). Sein Kollege Scotch Maier ergänzt übereinstimmend, dass „die Kunst immer notwendiger [wurde], auch von der Spielweise her wurde es [das Theater, Anm. N.K.] immer mehr Kunst, (...) immer barocker, lustvoller" (Maier 2005, 400).[51] Während

48 Vorausgeschickt sei dabei, dass es sich auch hier nur um eine schlaglichtartige Abhandlung handeln kann, mit der verallgemeinerbare Entwicklungen in der Breite aktueller Theaterpraxis skizziert werden. Das heißt im Umkehrschluss, dass sich in einem der genannten Arbeitsfelder auch Beispiele für die jeweils anderen Begründungszusammenhänge und Akzentuierungen in biografiezentrierten Theaterprojekten finden lassen könnten. Für die vorzunehmende Produktionsauswahl und Modellentwicklung steht aber gerade ein bündelnder Zugriff im Vordergrund, um von hier ausgehend die Produktionsauswahl und die Strukturierung der vergleichenden Analyse im Modell zu begründen.

49 Es gibt nicht nur produktionsorientierte Theaterpädagogik, sondern auch die Formen szenischer Vor- und Nachbereitungen von Inszenierungen an Stadt- und Staatstheatern oder Workshops ohne den Anspruch, eine Präsentation zu erarbeiten (vgl. Hentschel 2005, 131f.).

50 Damals gab es das Berufsfeld der Theaterpädagogik im expliziten Sinne noch nicht. Die ersten Projekte führte Praml im Kontext eines Pfadfinderverbandes durch. Praml hat im Jahr 2000 eine Dozentur für Theater- und Kulturarbeit (Theaterpädagogik) angenommen (vgl. Praml 2005, 270ff.).

51 Interessant ist aus der aktuellen Perspektive, dass sich die Begriffe Kunst und Professionalisierung, wie sie von Praml und Maier genutzt werden, eindeutig auf das klassische Theater und traditionelles, schauspielerisches Handwerk beziehen, wohingegen die Fragen, was Kunst ist und was professionelles Arbeiten auszeichnet, in den theaterpädagogischen Diskursen heute sehr viel breiter diskutiert wird (so bspw. auf dem Symposium: „Theater probieren. Probenprozesse im Theater mit Kindern und Jugendlichen" an der Universität Hildesheim 6/2009).

sich für die Begründer der biografischen Spielformen im Kontext der Soziokultur mit einer zunehmenden Entpolitisierung und Individualisierung der Gesellschaft die biografiebezogenen Spielweisen verbrauchten, gibt es aktuell viele andere Theaterpädagogen, die in ihrer Arbeit noch oder wieder verstärkt explizit an die Lebensgeschichten der Akteure anknüpfen. Sie sehen Kunst und Professionalisierung nicht im Widerspruch zur Biografiearbeit und finden auch bzw. gerade in einer zunehmend individualisierten Gesellschaft Zielgruppen, die sich für eine gemeinsame Biografiearbeit als Grundlage für die Stückentwicklung interessieren.

So wird der biografische Ansatz nach wie vor besonders häufig mit Seniorengruppen[52] erprobt. Teilweise wird die Programmatik einer „Theaterarbeit aus Erfahrungen" (Bittner/Kaiser 2003, 318) mit dem Altentheater sogar gleichgesetzt. Allerdings sehen sich die Theatermacher thematisch längst nicht mehr nur der Oral History verpflichtet. Gerade durch das fortgeschrittene Alter der Akteure und die damit verbundenen vielfältigen Lebenserfahrungen dieser Zielgruppe ergeben sich besonders viele Anknüpfungspunkte für biografische Theaterprojekte. Oftmals wird das Altern selbst als gemeinsames Thema aller Beteiligten als Ausgangspunkt für die szenische Arbeit genutzt. Es gibt aber auch andere biografische Aspektierungen[53], wie die Lebensumstände in der Heimunterbringung, Überwindung von Einsamkeit und Kontaktsuche sowie Liebe und Sexualität im Alter (vgl. Lang 2003, 17ff. u. 2006, 150ff.).

Auch in Theatergruppen, deren Teilnehmer sich durch gemeinsame Lebensschicksale oder -hintergründe auszeichnen, wird häufig der biografische Ansatz gewählt, wie etwa bei den etablierten Behindertentheatern ‚Thikwa'[54] und ‚Ramba Zamba' (beide aus Berlin), sowie dem Theater ‚TheatREALE'[55] aus Koblenz. Das Gefängnistheater ‚AufBruch JVA Tegel', das Obdachlosentheater ‚Ratten 07' (beide aus Berlin)[56] und das Theaterensemble ‚Wilde Bühne' (Stuttgart)[57], das sich aus ehemalig drogenabhängigen Menschen zusammensetzt, schöpfen vielfach ihr inhaltliches und kreatives Potential aus den gemeinsamen Lebenshintergründen der Ensemblemitglieder.

Typisch erscheint der biografische Ansatz aktuell aber auch in interkulturellen und generationsübergreifenden Projekten, also dort, wo sich zwei Gruppen mit unterschiedlichen Lebenshintergründen zur Theaterarbeit zusammenfinden. Hier wird der Austausch über jeweilige Sichtweisen der Gruppen als Ausgangspunkt genutzt und vor Publikum ausgestellt. Ensembles, die sich mit dieser Programmatik etabliert haben, sind das intergenerationelle Theater ‚Alt und Jung' und das Türkisch-Deutsche-Theater (‚TDT'),

52 Thomas Lang spricht von einer so genannten Szene des Altentheaters: "In Köln im dortigen ‚Werkstatt Theater', das auch das (...) 'Welt Altentheater Festival' ausrichtet, sind aktive Gruppen mit Älteren zu finden, in Bremen in Bürgerhäusern und Volkshochschulen, u.a. ‚Die Knitterfreien', und seit vielen Jahren in Berlin das ‚Theater der Erfahrungen', (...) wie die (...) ‚Spätzünder', ‚Graue Zellen', ‚Ostschwung', ‚Die Herzschrittmacher' und ‚Rheumas Töchter'. Eine eigene Bühne ist eingerichtet in Mühlheim an der Ruhr durch das dortige ‚Theater Spätlese' mit den ‚Mühlheimer Seniorentheatertagen', weitere Gruppen sind (...) in Braunschweig ‚Altweibersommer', in Lingen (...) ‚Restrisiko', und in Hildesheim ‚Alt und Jung', mit dem zukunftsweisenden Konzept, mehrere Generationen in eine Gruppe zu integrieren" (Lang 2006, 154).

53 Vgl. Bittner/Kaiser (1996 u. 2003; Wartemann 2002, 135ff.).

54 Vgl. www.thikwa.de (letzter Zugriff 5.5.2007).

55 Vgl. Burk (2004).

56 Vgl. www.ratten07.de (letzter Zugriff 5.5.2007).

57 Vgl. Kern (1997).

beide in Hildesheim ansässig. Hier wiederum scheint das Postulat der Soziokultur, sich Randgruppen als Sprachrohr zu verpflichten, noch gültig zu bleiben, sich gar in einer Vielfalt unterschiedlicher Zielgruppenensembles auszudifferenzieren. Inwiefern hier gemeinsame Belange der Akteure auf der Bühne wirksam werden, lässt sich nur am Beispiel prüfen. So ist die Aufführung einer sogenannten Randgruppen-Inszenierung heute längst kein Garant mehr für politische Agitation. Andererseits basiert die Gründung von Zielgruppentheatern oft noch auf einem Programm, das auf kollektive Belange setzt und diese aufklärerisch an das Publikum vermitteln möchte. Das zuletzt genannte Theater ‚TDT' aus Hildesheim formuliert das in seiner Selbstdarstellung so:

> „Anlässlich der fremdenfeindlichen Angriffe in Mölln, Hoyerswerda und anderswo wollte die Gruppe einen Raum schaffen, um künstlerisch ‚über das Verhältnis von Einheimischen und Fremden' nachzudenken, indem sie die ‚Probleme und Möglichkeiten des Zusammenlebens' darstellten (Sebastian Nübling, Gründer des TDT, 1990)".[58]

Mit diesem Ziel wurden bereits zwölf Produktionen gezeigt, in denen Integration direkt auf der Bühne behandelt wurde (vgl. ebd.).[59]

Eine verhältnismäßig junge Tradition haben biografische Theaterprojekte mit heterogenen Theaterensembles, in denen durch die Gruppenkonstellation nicht von Beginn der Projektarbeit an eine gemeinsame Perspektive gegeben ist. In solchen Gruppen, die meist durch offene Ausschreibungen zusammenkommen, wird in der Regel ein Thema vorgegeben, das einen Rahmen für die biografische Auseinandersetzung bietet. Im Bereich der außerschulischen Kulturarbeit ist zum Beispiel die ‚Junge Bühne Bonn' für eine solche Vorgehensweise bekannt.[60] Ihre Produktion ‚Täglich Seife' (2005) beschäftigte sich mit dem Thema Schönheit; das Thema Heimat war der Bezugspunkt für die Entwicklung eines Theaterstücks, das später unter dem Titel ‚Ein Haufen Heimat' (2001) aufgeführt wurde. Vielfach entwickeln auch Jugendclubs an Theatern und Schulprojekte Theaterstücke, die sich an „den Themen und sozialen Ausdrucksformen der Spieler orientieren" (Sting, 2003d, 23) und diese explizit sichtbar machen. Dass biografische Theaterarbeit gerade auch ohne einen so genannten Randgruppenbezug und offensichtliche Problemorientierung initiiert wird, ist dabei zweifelsfrei einem allgemein konstatierten Reality-Trend und den damit einhergehenden Authentizitätsforderungen geschuldet (vgl. Wartemann 2002, 2). Gleichzeitig sind solche Projektausrichtungen im Kontext ästhetischer Bildungsbemühungen auch dafür prädestiniert, sich als Akteur unkonventionellen Darstellungsweisen anzunähern und so auch eigene Klischeevorstellungen von Theater zu überwinden. Schließlich sind „Teilnehmer von Theaterprojekten (...) häufig Menschen, die mit (...) Theater bisher sehr wenig in Kontakt gekommen sind, weder im praktischen, noch im theoretischen Bereich" (Wenzel 2006, 24). Gerade in der Synthese, und damit ganz im Sinn der vorliegenden Arbeit, sehen sie die Möglichkeit, den Akteuren „die Umgestaltung von realer Lebens-

58 Zitiert nach Theaterhaus Hildesheim, www.theaterhaus-hildesheim.de (letzter Zugriff: 1.9.2009).

59 Vgl. www.theaterhaus-hildesheim.de (letzter Zugriff: 1.9.2009).

60 Allerdings hat sich das Ensemble zwischenzeitlich auch anderen Zielen gewidmet (vgl. www.theaterhaus-hildesheim.de) (letzter Zugriff: 1.9.2009). Das erscheint plausibel – gerade wenn ein Gruppenzusammenhang eines Ensembles über mehrere Produktionen besteht, kann von den Darstellern eine wiederholte Akzentuierung auf einen biografiezentrierten Ansatz mit der jeweils selben Fokussierung von Spielern und Zuschauern auch als abwechslungslos und entsprechend langweilig empfunden werden.

erfahrung zu theatraler Verdichtung nachvollziehbar zu machen" (ebd. 28). Oftmals wird der biografische Ansatz aus Sicht der Praktiker zudem als effizienterer Einstieg in die Theaterarbeit angesehen als dies bei einer konventionellen Drameninszenierung möglich wäre. So erklärt Uta Plate, Theaterpädagogin an der Schaubühne am Lehniner Platz in Berlin und Leiterin des dort ansässigen Jugendclubs, dass sie „den Spielern keinen Text aufzwingen [will], mit dem sie dann krampfhaft umzugehen versuchen, wie pubertierende Mädchen mit den Stöckelschuhen ihrer Mütter" (Plate nach Mayer 2000, 3). Auch Maike Plath, Lehrerin für das Unterrichtsfach Darstellendes Spiel, hat sich bei ihrer derzeitigen Tätigkeit an einer Hauptschule in Berlin-Neukölln für „den biografischen Ansatz entschieden, weil den Akteuren jegliche Erfahrung mit literarischen oder dramatischen Texten fehlte. Die Theatergruppe wäre durch eine dramatische Vorlage überfordert, wenn nicht sogar abgeschreckt worden" (Plath 2005, 104).

Die Begründungen dieser Theaterpädagogen stellen sich vordergründig ganz anders als die politisch und emanzipatorisch motivierten Argumentationen der genannten Vorgänger dar, indem sie vor allem auf erfolgreiches ästhetisches Lernen setzen. Die Aufmerksamkeit für gruppendynamische Prozesse und gesellschaftskritische Auseinandersetzung bleibt dennoch ein immanent wirksamer Bestandteil ihrer Arbeit. Uta Plate, Theaterpädagogin an der Schaubühne in Berlin, achtet zum Beispiel darauf, Beziehungen „nach innen" bewusst so zu gestalten, dass „eine Position bezogen wird, für die die Gruppe Verantwortung übernimmt" (Plate 2005, 36). Angesprochen ist hier eine gemeinsame Haltung[61] gegenüber einem gesellschaftlichen Phänomen oder einer Fragestellung, auf die sich gemeinsam verständigt wird (vgl. ebd.; Köhler 2008). Gültigkeit erhält diese Aussage auch bei der Gestaltung einer gelingenden Lernatmosphäre. In der theaterpädagogischen Literatur und unter Praktikern wird dem Kennenlernen im Sinne eines Zusammenwachsens der Gruppe, ganz unabhängig von welcher Theaterform die Rede ist, eine große Bedeutung zugesprochen. Mit diesem Sinn wird auch eine Vielzahl so genannten Kennenlern- und Aufwärmübungen belegt (Rellstab 2000; Hilliger 2006, 43 ff.).[62]

Bezug Freie Szene

Spielstätten der Freien Szene sind vor allem die Sophiensäle, das Ballhaus Ost und das HAU (Hebbel am Ufer) in Berlin, Kampnagel in Hamburg, das FFT in Düsseldorf und der Mousonturm in Frankfurt. Zunehmend halten die experimentell ausgerichteten Theatermacher aber auch Einzug in die Nebenspielstätten der traditionellen Stadt- und Staatstheater, wie beispielsweise den Malersaal des Schauspielhauses Hamburg (vgl. A.M. Matzke 2006c). Der Verweis auf persönliche Lebenshintergründe wird seit den 1990er Jahren besonders bei Künstlern wie Jochen Roller, Xavier LeRoy, Eszter Salamon, den Gruppen ‚TwoFish', ‚Gob Squad', ‚Showcase Beat Le Mot' und ‚She She Pop' sichtbar. Um darauf hinzuweisen, dass schauspielerisches Handwerk, wie es in Schauspielschulen vermittelt wird, dabei für das Spiel keinerlei Bedeutung hat, be-

61 Der Begriff Haltung wird hier als innere Einstellung zu einem Sachverhalt verstanden.

62 Vgl. zur Bedeutung der Gruppe im theaterpädagogischen Kontext auch Martens, Gitta (1998): Kreative Gruppenprozesse in kommunikativen und sozialen Feldern: Supervision und Gruppenpädagogik. In: Lippert, Elinor (Hg.), Theater spielen. Bamberg: Buchner, S. 90-105.

zeichnen sich viele Theatermacher der Freien Szene provokatorisch auch als Dilettanten. Annemarie Matzke führt dafür folgendes Argument als Begründung an:

> „Auch wenn sich im zeitgenössischen Theater die Kategorien zur Bewertung schauspielerischer Darstellung auflösen, existieren weiterhin bestimmte Standards, an denen die schauspielerische Darstellung gemessen wird – beispielsweise eine Sensibilität gegenüber dem Text, eine verständliche Stimme oder ein besonderes Sprach- oder Körpergefühl. Dieses Können wird in den Ausbildungsgängen der Schauspielschulen vermittelt und zeichnet einen professionellen Schauspieler aus. Gegenüber einem solchen Anspruch sind die Darsteller in den szenischen Selbst-Inszenierungen Laien" (A.M. Matzke 2005a, 232).

Das Spiel mit der eigenen Biografie ist damit aber keineswegs als cleverer Trick zu verstehen, mit dem die Performer ihren Dilettantismus zu kaschieren gedenken. Das Dilettantische wird in den biografischen Realitätsspielen geradezu gesucht, ausgestellt und damit ein Trend des Nicht-Perfekten begründet (vgl. Roselt 2006 und Pinkert 2007). Gerade die Bezugnahme auf die eigene Biografie erweist sich als idealtypisch, um Nicht-Perfektion auf die Bühne zu bringen, denn die persönliche Lebensgeschichte ist, im Gegensatz zu einer Textvorlage, nicht manifest, sondern eher fragil und nie fertig oder vollständig (vgl. Roselt 2006, 31f.). Die Gruppe ‚She She Pop' hat deshalb auch das Inszenierungs-Prinzip der so genannten „Instant-Biografien" (A.M. Matzke 2005b, 93) begründet. Es bedeutet, dass die Darstellerinnen[63] in einem transparent gehaltenen Regelwerk vor und mit den Zuschauern in einer spontanen Dramaturgie mit Erinnerungsfragmenten spielen und so im Laufe jeder Aufführung jeweils unterschiedliche biografische Figuren entstehen lassen (vgl. A.M. Matzke 2005b). Die Verfahren der Theatermacher bleiben damit einer stark individuellen Biografiedarstellung, wie sie in der Avantgardebewegung etabliert wurde, verpflichtet. Anders als allerdings in der Breite theaterpädagogischer Produktionen, wo die biografische Kommunikation am Anfang eines Produktionsprozesses zum Anlass genommen wird, sich über korrespondierende Positionen und ähnliche Lebenserfahrungen zu verständigen, erarbeiten die Akteure der Freien Szene durch ihr offenes Regelsetting solistische[64] Darstellungsexperimente unterschiedlicher Biografiedarstellungen die intendiert zufällig im Moment der Aufführung entstehen und ihren Gewinn gerade in der spontanen Kontrastsetzung zu den Mitspielerinnen sehen.

Das so genannte Nicht-Perfekte einerseits und der Dilettantismus andererseits erscheinen in der gegenwärtigen Freien Theaterszene aber nicht nur als Arbeitsprinzip, mit dem sich die Theatermacher selbst in Szene setzen, sondern als solches, mit dem Künstler seit den 1990er Jahren vermehrt echte Laien[65] als Darsteller in die Projekte

---

63 Dass hier explizit die weibliche Form genutzt wird, verweist auf die Tatsache, dass ‚She She Pop' vor allem aus Frauen besteht.

64 Solistisch ist in diesem Zusammenhang als Synonym für einzeln zu verstehen, bedeutet aber nicht zwangsläufig, dass die Darsteller allein auf der Bühne agieren. Die Darstellungsaufgabe ist vielmehr individuell auf den einzelnen Darsteller abgestimmt. In diesem Zusammenhang könnte man pointiert auch von einer Protagonistenzentrierung sprechen, die einer Gruppenorientierung gegenübergestellt werden kann.

65 In der vorliegenden Arbeit werden die Begriffe *Laie*, *Nicht-Profi* und *Amateur* synonym gebraucht: Sie charakterisieren Darsteller ohne nennenswerte Vorerfahrung bzw. fachbezogene Ausbildung. Diesen werden die Begriffe *Profi*, *Schauspieler* und *Performer* gegenübergestellt. Sie verweisen auf Darsteller mit ausgeprägten Vorerfahrungen auf schauspielerischem und/oder theoretischem (konzeptionellem, rezeptivem, dramaturgischem) Gebiet, die (in den Produktionen der Freien Szene) teilweise gemeinsam mit den Laien auf der Bühne agieren. Übergeordnet wird von *Darstellern*, *Akteuren* und *Spielern* gesprochen.

integrieren, und damit Menschen, die im Gegensatz zu den professionellen Dilettanten, in theaterrezeptiver, -theoretischer, -konzeptioneller und dramaturgischer Hinsicht völlig unbedarft sind. Gegenüber diesen Laien im ursprünglichen Wortsinn bleiben die Theatermacher der Freien Szene auch als Schauspiel-Dilletanten dennoch Experten: Sind sie doch meist Theaterwissenschaftler, Kulturwissenschaftler oder zumindest erfahrene Theaterzuschauer, informiert über aktuelle Fachdebatten und entsprechend ambitioniert, mit ihren Inszenierungen ihren praktisch-künstlerischen Beitrag zu den aktuellen Darstellungs- und Theatralitätsdiskursen beizutragen. Wenn diese Künstler der gegenwärtigen Avantgarde also echte Laien in Szene setzen, lassen sie diese (das Wortspiel weiterführend), wiederum als „Experten des Alltags" (Dreysse/Malzacher 2007,1) auf der Bühne erscheinen.

Gerade in diesem Zusammenhang werden die Produktionen für das vorliegende Untersuchungsinteresse interessant, arbeiten doch hier die Theatermacher der Freien Szene mit derselben Klientel wie die Theaterpädagogen – und doch wie zu vermuten steht, mit anderen Absichten. Längst handelt es sich dabei nicht mehr nur um ein randständiges Phänomen. So stellt Eva Behrendt in ihrem Jahresrückblick der Freien Theaterszene 2003 passend fest:

> „Als hätte nicht nur der Schauspieler, sondern auch der selbstbewusste Performer und die geniale Dilettantin in der Hauptrolle ausgedient, standen verwirrend häufig Laien auf der Bühne, (...) als Spezialisten (...) in eigener Sache, die meist thematisch gruppiert, Auskunft über sich selbst, ihren Beruf oder ihre Passion geben" (Behrendt 2003, 52).

Bekannte Regisseure der Avantgardeszene, die mit nicht-professionellen Darstellern als „Spezialisten in eigener Sache" arbeiten (ebd.), sind bspw. Helgard Haug, Stephan Kaegi und Daniel Wetzel, die sich als Regieteam ‚Rimini Protokoll'[66] zusammengeschlossen haben. Michael Laub, Dirk Cieslak (‚Lubricat')[67], Constanza Macras und die Regiepartner Hannah Hofmann und Sven Lindholm (‚Hofmann & Lindholm')[68] arbeiten ebenfalls häufig mit Nicht-Profis und auch das bereits erwähnte Performancekollektiv ‚She She Pop' hat seine Performance ‚Live! Eine Selbstdarstellung' (2002) mit Laien inszeniert.[69] Oft verweist der Titel der Inszenierung auf die Ensemblezusammensetzung und Themenstellung der Theaterproduktionen. So setzt das Stück mit dem Titel ‚Aspiranten' (‚Hofmann und Lindholm') jugendliche Schulabgänger und damit Anwärter auf berufliche Eingliederung in Szene;[70] die Inszenierung ‚Café Dutschke' (‚Lubricat') lässt Zeitzeugen der so genannten 68er-Generation zu Wort kommen;[71] in dem Stück ‚Deadline' (‚Rimini Protokoll'), das sich mit dem Thema Tod beschäftigt, lassen Darsteller ihr berufliches Fachwissen (als Grabsteinmetz oder als Krankenschwester in der Pathologie) einfließen.

Vororganisiert sind die Produktionen – wie in der Theaterpädagogik – durch produktionsspezifische und dramaturgische Setzungen, die die Konzentration auf bestimmte

66 Vgl. Dreysse/Malzacher 2007; www.riminiprotokoll.de (letzter Zugriff 18.5.2008).

67 Vgl. www.lubricat.de (letzter Zugriff 18.5.2008).

68 Vgl. www.gebenundnehmen.de (letzter Zugriff 18.5.2008).

69 Inszeniert am DT Göttingen mit Schauspielern und anderen Angestellten des Theaters, allerdings kann dies nur als Ausnahme gewertet werden, vgl. www.sheshepop.de (letzter Zugriff 18.5.2008).

70 Vgl. www.gebenundnehmen.de (letzter Zugriff 18.5.2008).

71 Vgl. www.lubricat.de (letzter Zugriff 18.5.2008).

Aspekte der biografischen Kommunikation zwischen den Akteuren steuern. So gibt es vorgegebene Themen als Bezugspunkt für die Biografiearbeit (‚Lubricat': ‚Zornige Menschen'; ‚Rimini Protokoll': ‚Deadline'; ‚Sabenation'; ‚100% Berlin'), intergenerationelle Begegnung zwischen Gruppen (‚Lubricat': ‚Cafe Dutschke') oder Ensembles, deren Mitglieder auf denselben Sozialraum rekurrieren und diesen als Bezugspunkt für eine Inszenierung nutzen (Michael Laubs Portraitserien: ‚Portraits 360 sek.', Constanza Macras[72] Inszenierungen ‚Scratch Neukölln' 2004 und 2008). Auffällig ist, dass die Ensembles die Darsteller im Gegensatz zu den meisten theaterpädagogischen Produktionen oft casten und dabei vielfach auf die Körperlichkeit, den Habitus und die Individualität der Bewerber achten. Entsprechende Originalität gilt bspw. als Auswahlkriterium, als sich das Regieteam ‚Rimini Protokoll' zur Ensemblezusammenstellung bei der Produktion ‚Deadline' für Hans-Dieter-Illgner als Darsteller entscheidet, aufgrund seiner Funktion als

> „Ex-Bürgermeister einer kleinen Gemeinde am Rhein, deren Kasse er saniert hat, indem er ein neuartiges Krematorium eingerichtet hat und einen Friedhof daneben, auf dem man sich auch auf Arten beerdigen lassen kann, die sonst von den Friedhofsordnungen der Gemeinden nicht gestattet werden – im eigenen Mausoleum, unter einem Baum, oder einem Denkmal" (Wetzel 2006a, 98).

Vor allem wird der Darsteller aber aufgrund seiner imposanten Körperlichkeit gecastet, die für die Regisseure dem allgemeinen Bild einer Bürgermeistergestalt entspricht und auf der Bühne gut in Kontrast zu anderen Darstellern zu setzen ist: bspw. einer zierlichen Russin, die zum Lebensunterhalt als Violinistin auf Beerdigungen spielt und einer sportlich und robust wirkenden jungen Präparatorin der Pathologie aus Berlin (vgl. Anhang A und B). Bemerkenswert ist bei den Produktionen der Freien Szene, dass in den Zeitungsannoncen, mit denen die Akteure rekrutiert werden, teilweise verschwiegen wird, dass Darsteller gesucht sind. Bei der genannten Produktion ‚Deadline' (‚Rimini Protokoll') inserierte das Regieteam bspw., dass das „Deutsches Schauspielhaus (...) Menschen [sucht], die beruflich etwas mit dem Tod zu tun haben" (Wetzel 2006a, 98). Die Anzeige sollte explizit Menschen ansprechen, die sich als Informanten für Hintergrundwissen verstanden (vgl. Anhang B). Für Daniel Wetzel von ‚Rimini Protokoll' war es so auch keinerlei Manko, dass ein Kandidat erst „als der Anruf wegen des Vertrages kam, (...) begriffen [hatte], dass wir keine Beratung wollten, sondern ihn auf der Bühne" (Wetzel 2006a, 98).

Plausibel wird an diesem Beispiel, dass die jüngeren Produktionen der Freien Szene, in denen nicht-professionelle Darsteller auf der Bühne agieren und Lebensgeschichtliches preisgeben, bereits einer eigenen Sparte zugeordnet werden: dem „neuen Dokumentartheater" (Roselt 2006 u. Evert 2005). So wird auf das dokumentarische Theater verwiesen, das Erwin Piscator in den 1920er Jahren begründete und das von Peter Weiss und anderen in den 1960er Jahren weiterentwickelt wurde.[73] Während sich „bei diesen Vorläufern [...] der dokumentarische Charakter stets auf Informationen, Bilder und Texte"(Roselt 2004, o.S.) bezog, sind es in den aktuellen

72 Vgl. www.dorkypark.org (letzter Zugriff 18.5.2008).

73 Piscator montierte damals aus „authentischen Reden, Aufsätzen, Zeitungsausschnitten, Aufrufen, Flugblättern, Fotografien und Filmen seine dokumentarischen Theaterstücke zusammen – den höchsten Bekanntheitsgrad erlangte seine historische Revue ‚Trotz alledem' über Krieg und Frieden. Peter Weiss arbeitete in den 1960er Jahren intensiv mit historischem Text- und Bildmaterial zu Themen wie Naziherrschaft, Judenverfolgung und Kommunistenhetze" (Brauneck 1989, 278).

Formen des biografischen Theaters die Experten, Betroffenen oder Zeitzeugen selbst, die den Regisseuren über „ihre Körper und Geschichten (...) dokumentarisches Material“ (ebd.) bieten. Die Regisseure werden gleichsam zu Dokumentatoren, indem sie biografische Versatzstücke ihrer Darsteller fragmentieren und ordnen – oftmals mit dem Anspruch, die Herstellung von Authentizitätseffekten im Sinne einer vermittelten Unmittelbarkeit[74] spielerisch offenzulegen (vgl. Cieslak, Anhang E; Laub, Anhang I; Schipper, Anhang J). Teilweise lehnen sich die Theatermacher auch direkt an das boomende Phänomen der Dokumentarserien und Reality-Shows im Fernsehen an (vgl. Cieslak, Anhang E).[75] Zu vermuten ist in diesem Zusammenhang einmal mehr, dass eine transformierende Adaption von Inszenierungsweisen aus dem Fernsehen auf das Theater mit einer solistischen Protagonistenzentrierung einwirkt. Allerdings kann nur eine Produktionsanalyse das am Beispiel belegen.

Begründungszusammenhänge der Produktionsauswahl

Aufgrund der oben dargelegten Traditionslinien und Begründungszusammenhänge geht die vorliegende Untersuchung davon aus, dass durch einen Vergleich von biografischen Produktionsverfahren aus den beiden Arbeitsfeldern Theaterpädagogik und Freie Szene eine Spannbreite zeitgenössischer Verfahren abgebildet werden kann. Aus der Betrachtung ergeben sich folgende zentrale Aspekte, die die Auswahl der Produktionen und die Modellentwicklung begründen:

1. Ausgehend von den originären Ansprüchen einer aufklärerischen, emanzipatorischen und politischen Bildungsarbeit in den 1970er Jahren finden sich in der aktuellen Theaterpädagogik verstärkt Produktionsformen, die auf eine kollektive Gruppendynamik setzen. Sie stellen solche „Erinnerungen an Ereignisse und Erfahrungen [in den Vordergrund], die die größte Anzahl ihrer Mitglieder betreffen“ (Halbwachs 1985, 25) und rekurrieren auf parallele Deutungsmuster, Werte und Normen. Somit thematisieren die theaterpädagogischen Produktionen die einzelnen Biografien der Ensemblemitglieder in einem Wir-Bezug[76], um – auch wenn die emanzipatorischen Ziele zunehmend einer Orientierung am ästhetischen Lernen weichen – gesellschaftliche Fragen als Gruppe in kollektivierender Biografieinszenierung zu thematisieren.
2. Ausgehend von der originär protagonistisch[77] orientierten Arbeitsweise des Experimentellen Theaters der 1970er Jahre, das subjektive Aneignungsprozesse kultureller

74 Vgl. Wartemann (2002).

75 Dirk Cieslak: „Na gut, wenn mir jetzt jemand sagt, das ist wie RTL 2 dann sage ich, nein, das stimmt nicht, er soll sich das noch mal angucken. Wenn jemand sagt, das ist wie Arte, dann ja, dann bin ich einverstanden. Denn Fernsehen ist ja auch nicht gleich Fernsehen“ (Cieslak, Anhang E).

76 Der Begriff Wir-Bezug ist von Harald Welzer inspiriert, der in seiner Abhandlung zum kommunikativen Gedächtnis diesen Terminus nutzt um Gedächtnisleistungen von Familien zu beschreiben (Welzer 2002, 102). Welzer bezieht den Ausdruck allerdings auf die Entwicklung gemeinsamer Erinnerungen, die zu nahezu identischen Erzählungen führen. Die vorliegende Untersuchung bezieht den Terminus statt auf gemeinsam erlebte Vorgänge auf Erinnerungen, die hinsichtlich ihrer Deutungsmuster und artikulierten Befindlichkeiten Parallelen aufweisen, bzw. auf ähnliche Erinnerungen, die auf einen typischen Selbst- und Weltzugang der Gruppe hinweisen.

77 Hier verstanden als Fokussierung auf eine autobiografische, solistische Gestaltungsarbeit.

Sachverhalte ausstellte, bleibt auch die Avantgarde seit den 1990er Jahren in der Arbeit mit Nicht-Profis verstärkt an der Individualität einzelner Personen interessiert. Viele Produktionsformen der Freien Szene fokussieren die Vielfalt „kleiner sozialer Lebenswelten" (Hitzler/Hohner 1995, 382) und stellen individuelle Lebensstile der Ensemblemitglieder kontrastierend nebeneinander. Sie thematisieren so die einzelnen Biografien jeweils in einem Ich-Bezug und zeichnen sich in der Gesamtschau dadurch aus, dass sie sich in individualisierender Biografieinszenierung einer gemeinsamen Nachricht an das Publikum entziehen.

3. Genauso wie sich Inszenierungsstrategien in biografischer Theaterarbeit unterscheiden, sind auch die Lernmöglichkeiten für die Akteure differenzierungswürdig. Sie fordern entweder eine synthetisierende Integration eigener Lebensgeschichten in den Gruppenzusammenhang heraus oder ermuntern verstärkt zu individueller Profilbildung gegenüber den anderen Ensemblemitgliedern und ihren Lebensgeschichten. Ästhetisches und biografisches Lernen lässt sich in biografischer Theaterarbeit damit zwischen Partizipations- und Distanzierungsmöglichkeiten für den Darsteller unterschiedlich spezifizieren (vgl. Hahn 2000, 24).

1 Biografische Perspektivierung zwischen Wir- und Ich-Bezug

Um die o.g. Vorüberlegungen für die Modellentwicklung produktiv zu machen, werden in der vorliegenden Untersuchung exemplarisch drei theaterpädagogische Produktionen und drei Produktionen der Freien Szene zur Analyse der Produktionsprozesse einander gegenübergestellt, die jeweils durch prägnante dramaturgische Setzungen bestimmt sind und somit die eindeutige Differenzierung verschiedener biografischer Spielweisen zwischen einem biografischen Wir- und einem biografischen Ich-Bezug ermöglichen. Die drei Produktionen der folgenden Übersicht sind aufgrund ihrer Diskurszuordnungen, ihrer Produktionsbedingungen, sowie der Berufsbiografien der Theatermacher eindeutig der Theaterpädagogik zuzuordnen. Sie werden als Produktionsbeispiele für Wir-bezogene Biografieentwürfe betrachtet.[78] Die in Übersicht 2 genannten Produktionen sind dem Arbeitsfeld der Freien Szene zuzurechnen. Sie werden als Ich-bezogene Biografieinszenierungen vorgestellt.

Alle Produktionen haben eine beachtliche Reputation durch Auszeichnungen, Einladungen zu Festivals oder große Presseresonanz erlangt.[79] Sie können als vorbildhaft und innovativ gelten und damit als Studienobjekte, die es näher zu erforschen und in ein didaktisches Modell zu transformieren lohnt. Die Priorität bei der Auswahl der Beispiele liegt dabei mehr auf prägnanten Vergleichsmöglichkeiten hinsichtlich der Biografiegenerierung, -bearbeitung und -vermittlung, als auf dem größtmöglichen

78 Die Produktionsauswahl begründet sich zwar durch die historische Skizze und die o.g. Thesen, beansprucht im Umkehrschluss aber nicht verallgemeinerbare Rückschlüsse für die Arbeitsweisen in den jeweiligen Arbeitsfeldern. Die Verfasserin schließt somit nicht aus, dass die hier zu zeigenden Verfahrensweisen sich nicht auch im jeweils anderen Arbeitszusammenhang finden lassen. Die prägnante Analogsetzung von Theaterpädagogik und Wir-Bezug, bzw. Freie Szene und Ich-Bezug ist vereinfacht und dient somit vorrangig als Strukturierungshilfe für die Modellentwicklung.

79 Vgl. Anlage A, dort findet sich ebenfalls eine Auflistung der Namen aller an den Produktionen Beteiligten und weitere Informationen zu Regisseuren.

Biografischer Wir-Bezug	**Freundschaft** eine Produktion des Jugendclubs Die Zwiefachen, produziert im Jahr 2000 an der Schaubühne am Lehniner Platz in Berlin. Regie: Uta Plate
	Ein Haufen Heimat eine Produktion der Jungen Bühne Bonn, produziert im Jahr 2003 im Kulturzentrum Brotfabrik in Bonn. Regie: Tina Jücker und Claus Overkamp
	Herzliches Beileid eine Produktion des Volkshochschultheaters Alt und Jung, produziert im Jahr 1991 in der Kulturfabrik Löseke in Hildesheim. Regie: Frank Matzke und Friederike Fetting

Übersicht 1:
Produktionsbeispiele biografischer Theaterarbeit der Theaterpädagogik

Biografischer Ich-Bezug	**Portraits 360 sek.** eine Produktion mit Angestellten des Schauspielhauses Hamburg, produziert im Jahr 2002 im Malersaal am Schauspielhaus Hamburg. Regie: Michael Laub
	Deadline eine Produktion mit Menschen, die beruflich mit dem Tod zu tun haben, produziert im Jahr 2003 im Neuen Cinema des Schauspielhauses Hamburg. Regie: Helgard Haug, Stefan Kaegi und Daniel Wetzel (Rimini Protokoll)
	Café Dutschke eine Produktion mit Senioren und professionellen Darstellern, produziert im Jahr 2002 in den Sophiensaelen in Berlin. Regie: Dirk Cieslak (Lubricat)

Übersicht 2:
Produktionsbeispiele biografischer Theaterarbeit der Freien Szene

Aktualitätsbezug. Die Auswahl bildet eine zeitliche Spannbreite von einem Jahrzehnt ab und beginnt bei der Sichtung und Auswahl der Produktionen seit den 1990er Jahren, weil sich zu dieser Zeit mit der ästhetischen Bildung der Theoriekontext der Theaterpädagogik durchgesetzt hat, auf dem die Untersuchung fußt. Bezüge zu aktuellen Verfahren der letzten Jahre werden im Laufe der vorliegenden Arbeit immer dann hergestellt wenn sie der Erweiterung des Modells dienen.

Die Auswahl der theaterpädagogischen Produktionen berücksichtigt, dass sie in jeweils unterschiedlichen theaterpädagogischen Kontexten erarbeitet wurden, um die Varianz der Verfahren über verschiedene Produktionshintergründe noch zu vergrößern. Bei dem Jugendclub ‚Die Zwiefachen' handelt es sich um ein Ensemble, das an einem professionellen Staatstheater (der Schaubühne am Lehniner Platz in Berlin) ansässig ist und sich durch einen expliziten Randgruppenbezug auszeichnet. Die ‚Junge Bühne Bonn', beheimatet im Kulturzentrum ‚Brotfabrik', ist hingegen eine Institution außerschulischer Kultur- und Bildungsarbeit in Bonn, die sich an alle theaterinteressierten Jugendlichen richtet, allerdings vornehmlich Schüler aus der gymnasialen Oberstufe erreicht. Das Theater ‚Alt und Jung' stellt ein Ensemble dar, das an die Volkshochschule Hildesheim angegliedert ist und aus einer heterogenen Mischung junger Erwachsener und Senioren besteht, die zur Zeit der Produktion bereits seit mehreren Jahren zusammenarbeiten. Bei den ausgewählten Produktionen der Freien Szene, die über einen biografischen Ich-Bezug definiert werden, sind die Ensembles zumeist kleiner als bei den theaterpädagogischen Produktionen, die sich auf einen biografischen Wir-Bezug ausrichten. Ein wesentlicher Unterschied ist hier hinsichtlich der Ensemblezusammensetzungen zu markieren. So vergrößert sich die Varianz der Produktionsbedingungen durch die Berücksichtigung verschiedenster Mischkonstellationen zwischen Laien und Profis. In dem Stück ‚Cafe Dutschke' (Sophiensäle Berlin) stehen vier Laien und vier professionelle Darsteller gemeinsam in einem gleichberechtigten Mischverhältnis auf der Bühne. In dem von Michael Laub inszenierten Stück ‚Portraits 360 sek.' (Malersaal vom Schauspielhaus Hamburg) sind die Laien in der Minderheit und agieren mit solistischen Einlagen zwischen den Darbietungen der Profis auf der Bühne und in dem dritten Stück, der Produktion ‚Deadline' (Neues Cinema, Schauspielhaus Hamburg) von ‚Rimini Protokoll' besteht das Ensemble, genau wie bei den theaterpädagogischen Produktionen, wiederum ausschließlich aus Laien.[80]

Die unterschiedliche Organisation der Ensemblegründungen in den beiden Arbeitsfeldern entspricht bereits der jeweiligen Akzentuierung auf einen biografischen Wir- bzw. Ich-Bezug. Eine offene Ausschreibung, die bei allen hier zur Disposition stehenden theaterpädagogischen Produktionen den Beginn der Projektarbeit auszeichnet, legt

80 Die Auswahl der Produktionen der Freien Szene wurde auf solche Inszenierungen beschränkt, in denen immer auch Laien, teilweise neben Profis, mitwirken. Damit ist implizit gewährleistet, dass die Verfahren hinsichtlich der darstellerischen und dramaturgischen Anforderungen einem Laien zuzutrauen und zumutbar sind. Sie können hinsichtlich der Darstellungsformen als Inspiration für die theaterpädagogische Praxis erschlossen werden, ohne dass weitere Transferüberlegungen geleistet werden müssen. Möglichkeiten für die erfolgreiche Vermittlung von Lernzielen müssten erst geprüft werden. So hat die vorliegende Arbeit nicht die Intention, den Produktionen der Freien Szene theaterpädagogische Qualität zuzusprechen. Sie dienen lediglich der gestaltungsästhetischen Betrachtung, die erst in der Theoretisierung und Modellierung in Bezug auf mögliche Lernmöglichkeiten evaluiert wird – wobei hier immer davon ausgegangen wird, dass der Spielleiter spezielle Kompetenzen benötigt (vgl. IV.3).

einen biografischen Wir-Bezug nahe. Wenn grundsätzlich jeder Spieler willkommen ist, der sich mit der Ausschreibung identifizieren kann, wird die Ensemblebildung bereits hier in die Verantwortung der entstehenden Gruppe gelegt: Die Teilnehmer lernen sich bei gemeinsamen Terminen kennen, treffen Verabredungen und gehen Verbindlichkeiten ein um sich bewusst zu einer sozialen Einheit zu formieren. Bei einem Casting, das die Ensemblezusammensetzung bei den genannten Produktionen der Freien Szene begründet, korrespondiert das gewählte Verfahren mit dem intendierten Ich-Bezug in der theatralen Biografiearbeit: Der einzelne Interessent wird hier bereits in eine Situation gebracht, in der er sich profiliert darstellen, sich empfehlen, ggf. auch gegen andere durchsetzen muss.

2 Biografische Fokussierungen

Bei jedem der hier ausgewählten Produktionsbeispiele steht zu Beginn der Theaterarbeit nicht nur eine biografische Perspektivierung zwischen Ich- und Wir-Bezug fest, auch eine biografische Fokussierung strukturiert die Arbeitsausrichtung. So lassen sich die Darsteller durch die Konzeptionen der Spielleiter und Regisseure allesamt als Experten für ausgewählte Aspekte des sozialen Alltagsleben in der Gesellschaft betrachten. Für die vorzunehmende Modellentwicklung stellen diese Fokussierungen auf bestimmte Aspekte der biografisch-theatralen Arbeit ebenfalls Kriterien dar, die den sinnvollen Vergleich auf der Grundlage des Untersuchungsinteresses ermöglichen und ebenfalls die Produktionsauswahl begründen. Jeweils zwei der sechs untersuchten Produktionen stehen für

- einen abgesteckten Sozialraum (‚Freundschaft'/‚Portraits 360 sek.')
- ein vorgegebenes Thema (‚Ein Haufen Heimat'/ ‚Deadline')
- die Begegnung zwischen verschiedenen sozialen Gruppen (‚Herzliches Beileid'/ ‚Café Dutschke') als Ausgangspunkt und Fokus ihrer Theaterarbeit.
- Auswahl und Vergleich der Produktionen werden damit nicht nur hinsichtlich einer weiten Auffächerung verschiedener Zugangsmöglichkeiten zur theatralen Biografiearbeit produktiv. Dadurch, dass das jeweilige Betrachtungspaar immer aus einer Produktion der Freien Szene und einer Produktion der Theaterpädagogik zusammengesetzt ist, lassen sich auch Querverbindungen zwischen den einzelnen Inszenierungen herstellen und Kontraste in den Inszenierungsweisen stärker pointieren.
- Die beiden Inszenierungen, die den Biografiebezug jeweils an einem Sozialraum festmachen, sind die Produktionen ‚Freundschaft' und ‚Portraits 360 sek.'. Der Sozialraum manifestiert sich hier jeweils über Gemeinsamkeiten in den Lebensläufen der Darsteller. Bei der erstgenannten Produktion leben alle Mitglieder des Ensembles in betreuten Wohnprojekten und so wird für die Inszenierung ‚Freundschaft' das Leben in dieser besonderen Wohnsituation zur Grundlage und Fokussierung der Theaterarbeit. In dem Stück ‚Portraits 360 sek.' wird der gemeinsame Ort der Berufsausübung aller Ensemblemitglieder als Fokus für das biografische Theaterprojekt genutzt: Alle Akteure sind in den unterschiedlichsten Funktionen am Schauspielhaus Hamburg tätig, ob als Putzfrau, Chauffeur, Schauspieler, Statist oder Billeteur.

Produktionen der Theaterpädagogik / **Produktionen** der Freien Szene	**Freundschaft** Die Zwiefachen	**Ein Haufen Heimat** Junge Bühne Bonn	**Herzliches Beileid** Alt und Jung
Portraits 360 sek. Michael Laub	Sozialraum		
Deadline Rimini Protokoll		Thema	
Café Dutschke Lubricat			Intergenerationelle Begegnung

Übersicht 3:
Biografische Theaterproduktionen und ihre dramaturgische Fokussierung

>> Die Produktionen ‚Ein Haufen Heimat' und ‚Deadline' wählen ein vorgegebenes Thema als biografischen Bezugspunkt: Die ‚Junge Bühne Bonn' (‚Ein Haufen Heimat') legt das Thema Heimat als Ausgangspunkt fest und schreibt es für Interessierte aus, die sich mit dem Thema beschäftigen möchten. Das Regieteam ‚Rimini Protokoll' (‚Deadline') rückt das Thema Tod in das Zentrum der Theaterarbeit und gründet mit Menschen, die aus verschiedenen persönlichen oder beruflichen Blickwinkeln thematisch passende Erfahrungen zu erzählen haben, ein Ensemble (vgl. II.1).

>> Die intergenerationelle Begegnung zwischen zwei sozialen Gruppen wird von den Produktionen ‚Herzliches Beileid' und ‚Café Dutschke' zentral gesetzt. Bei beiden Produktionen handelt es sich um gemischte Ensembles, in denen Darsteller im Alter von etwa 30 Jahren mit ca. 60 bis 70-jährigen Senioren gemeinsam auf der Bühne agieren. Bei beiden Produktionen wird die Theaterarbeit zusätzlich jeweils durch eine Themenstellung fokussiert: Bei der Produktion ‚Cafe Dutschke' wird der Rückblick auf „50 Jahre bundesrepublikanische Wirklichkeit" (Programmzettel ‚Café Dutschke', Sophiensaele Berlin) in das Zentrum der Theaterarbeit gerückt, womit die Älteren zu den Befragten und die Jüngeren zu den Fragern und Kommentatoren werden. Bei der Produktion ‚Herzliches Beileid' wird das Thema Tod zum biografiezentrierten Bezugspunkt. Da sich die letztgenannte theaterpädagogische Produktion auf dasselbe Thema bezieht, das mit ‚Deadline' auch bei einer Produktion der Freien Szene (‚Rimini Protokoll') im Mittelpunkt steht, ergibt sich eine zusätzliche Querverbindung für die vergleichende Betrachtung der beiden Arbeitsfelder bzw. der Verfahren biografischer Theaterarbeit.

3 Zur Funktion des Darstellers

Die Fokussierung auf bestimmte soziale Aspekte der biografischen Kommunikationssitation und die Entscheidung für einen biografischen Wir- oder Ich-Bezug sind nicht nur wichtige Prämissen für die Modellentwicklung, sie stellen als konzeptionelle Ausgangspunkte der Theaterarbeit auch entscheidende Hinweise für die Akteure zu Beginn des Theaterprojekts dar. Aus der Entscheidung für eine kollektivierende oder individualisierende Perspektive und ihre Verknüpfung mit einer inhaltlichen Fokussierung ergibt sich eine Matrix, aufgrund derer der Darsteller seine Funktion hinsichtlich der theatralen Biografiearbeit im jeweiligen Projekt erschließen kann: Er kann einschätzen, welche Aspekte seiner Lebensgeschichte angesprochen werden, er weiß, aus welchem Blickwinkel, mit welcher Grundhaltung und in welcher Hinsicht er biografisch tätig werden soll. Eine biografische Fokussierung und Perspektivierung stellen als dramaturgische Prämissen die entscheidenden Rahmenbedingungen dar, aufgrund derer sich der Akteur für oder gegen die Teilnahme an dem jeweiligen Theaterprojekt entscheidet.

Funktionen in den theaterpädagogischen Inszenierungen

1. Bei der Produktion ‚Freundschaft' handelt es sich um die erste Inszenierung des Jugendclubs ‚Die Zwiefachen' an der Schaubühne in Berlin. Von Beginn an ist klar, dass die psychosoziale Befindlichkeit von Jugendlichen aus problematischen Lebensverhältnissen zum Fokus der Theaterarbeit wird und ihren Gruppenzusammenhalt begründen soll. Gezielt werden Jugendliche aus betreuten Wohnprojekten angesprochen. Ihnen wird von der Leitung signalisiert, dass sie als Gruppe Gleichgesinnter, die in betreuten Wohnprojekten lebt, „etwas [zu] erzählen [habe], was noch nie gehört wurde" und somit als wichtige Erfahrung an die Öffentlichkeit weiterzugeben sei (Plate nach Mayer 2000, 3). Die Arbeit mit Biografien soll in besonderem Maße erfüllen, was die Schaubühne an der neuen Dramatik besonders schätzt: „Neue Stimmen, (...) geboren aus dem Schmerz der Beobachtung der Welt, in der man lebt, nicht aus dem Denken heraus, sondern aus dem Sehen und Hinhören" (Schaubühne am Lehniner Platz, 1999). Die Teilnehmer des Theaterprojekts wissen so zu Beginn, dass sie als Spezialisten ihrer Randgruppenstigmatisierung so genannter benachteiligter Jugendlichen betrachtet werden. Wer sich bereit erklärt teilzunehmen, wird auf das gemeinsame Ziel eingestimmt, sich mit der zu entwickelnden Theaterproduktion gegenüber stereotypen Klischees und den von der Öffentlichkeit entgegengebrachten Vorurteilen zu behaupten. Zusätzlich wird der Gruppe vermittelt, dass sie für eine erfolgreiche Produktion eine „soziale Einheit" (Plate 2007, 55) werden müsse, „die sich stützt und stärkt, gemeinsame Verabredungen trifft, die Auseinandersetzungen hat und Wege findet, Konflikte zu lösen" (ebd.).[81]

81 „Die Theatergruppe wählt dann einen Standpunkt, von dem aus sie ihre Ideen und Inhalte in der Aufführung zum Ausdruck bringt" (Plate 2005, 37).

2. Das Theater ‚Alt und Jung', das als theaterpädagogisches Projekt an der Volkshochschule Hildesheim[82] entstanden ist, sucht mit der Produktion ‚Herzliches Beileid' den Dialog zwischen den Generationen zum Thema Tod. Das Thema bietet sich aufgrund der Gruppenzusammensetzung für die Leiter als Fragestellung geradezu an. Durch die explizit gesuchte intergenerationelle Begegnungssituation bei der Ensemblegründung sind das Altern und die Vergänglichkeit Themen, mit denen die Projektteilnehmer unausweichlich konfrontiert sind. Frank Matzke, Mitbegründer und Leiter des Ensembles, beschreibt es als „zentrale Arbeitsausrichtung der Projektarbeit (...) solchen Erfahrungen [nachzuspüren], denen oft ausgewichen wird" (F. Matzke 2003, o.S.). Dass das Tabuthema Tod dafür geradezu prädestiniert ist, zeigt die Tatsache, dass die Leiter das Thema zur Stückerarbeitung in den Jahren zuvor der bestehenden Gruppe mehrfach vorgeschlagen haben und die Idee immer zurückgewiesen wurde (vgl. Fetting 1998 u. Anhang M). Jetzt ist die Gruppe bereit. Sie weiß, dass das Thema als bewusst aufgegriffenes Tabu zwar individuellen Mut fordert, gewinnt gleichsam aber eine gemeinsame Perspektive bei der Einlassung auf die Theaterarbeit, deren Grundlage für alle Beteiligten die anvisierte Vermittlung einer gemeinsamen „sozialen Nachricht" (F. Matzke 2003, o.S.) an das Publikum ist.
3. Die ‚JungeBühneBonn' entwirft für ihre Produktion ‚Ein Haufen Heimat' eine öffentliche Ausschreibung für interessierte junge Menschen, die zum Thema Heimat eine biografische Theaterproduktion erarbeiten möchten. Mit dem Ziel, eine „reizvolle Mischung aus Alten und Neuen" entstehen zu lassen, richten sich Tina Jücker und Claus Overkamp, die Leiter der Produktion, für die Themenfindung einerseits nach den artikulierten Interessen der bestehenden Ensemblemitglieder, andererseits nach den lokalen Produktionsbedingungen und den zu erwartenden Zuschauerinteressen (vgl. Jücker/Overkamp 2002, 14). Gemäß dem Motto des ‚Kultursommers Rheinland Pfalz' 2001, in dessen Rahmen die Aufführungen der Inszenierung geplant ist, entscheidet sich das Leitungsteam bezüglich der biografischen Ausrichtung für das Thema Heimat. Für die jugendlichen Teilnehmer bietet das Thema als vielperspektivisch konnotierter Begriff Anschlüsse zur Auseinandersetzung mit der deutschen Geschichte sowie die Möglichkeit, den eigenen Lokalpatriotismus und die persönliche Bedeutung von Heimat zu befragen.

Funktionen in den Produktionen der Freien Szene

1. Das Regieteam ‚Rimini Protokoll' interessiert sich bei seiner Produktion ‚Deadline', wie das Theater ‚Alt und Jung', für das Thema Tod. Allerdings besteht das Ziel hier weniger darin, Darsteller zu finden, die sich durch besonderen Mut auszeichnen, sich dem Tabu in gemeinsamer und sozialpsychologischer Betrachtung anzunähern. Bei ‚Rimini Protokoll' sind eher formale Interessen entscheidend für die Themenwahl, die sich grundsätzlich auf die Theatralitätsstrukturen des Alltags beziehen: „Wir

82 Es handelt sich bei dem Theater ‚Alt und Jung' um eine langjährig bestehende Gruppe, die ebenfalls offen für Neuzugänge ist. Die Leiter der Produktion ‚Ein Haufen Heimat' sind mittlerweile im akademischen Bereich der universitären Lehre tätig. Derzeit leitet Julia Hermann das Ensemble (vgl. www.tfn-online.de) (letzter Zugriff 18.5.2008).

sehen die Bühne als gesellschaftlichen Raum. Dabei interessiert uns die Frage, wie viel Theater sich in unserem Alltag verankert. Hat sich da nicht etwas umgekehrt und das eigentlich interessante ‚Theater' passiert auf der Straße? Wir widmen uns theatralen Mechanismen, die zunächst außerhalb der Institution Theater stattfinden. Letztlich ist Bühne dort, wo man symbolisch Eintritt erhält" (Wetzel 2006b, 25). Beerdigungszeremonien, medizinische Vorlesungen zum Thema Pathologie, Sterbehospize, Krematorien, Friedhöfe und der Leichenschmaus gehören für die Regisseure zu solchen alltäglichen Inszenierungsformaten. Für die Konzeption zur Produktion ‚Deadline' stehen so Institutionen und Menschen im Fokus, „die zum Existenzerhalt, den zur Sache gewordenen Mensch pietätvoll aus der Welt schaffen" (Programmzettel ‚Deadline'). Das Casting zu Auswahl der Darsteller richtet sich so auch an Menschen, für die der Tod zum Alltag gehört, die mit diesen Institutionen vertraut und somit Experten zum Thema sind. Mehrere Annoncen in unterschiedlichen Tageszeitungen werden geschaltet und das Interesse ist dementsprechend groß. Es finden mehrere Auswahl-Runden, in denen sich unterschiedlichste „Profis im Umgang mit dem Tod" (ebd.) vorstellen, statt. Die potentiellen Darsteller sollen aus unterschiedlichen Berufsfeldern kommen, um das Thema facettenreich zu inszenieren: Gerichtsmediziner, Krematoriumsmitarbeiter, Steinbildhauer, Sterbebegleiter, Trauerfloristen, Mitarbeiter von Entrümplungsfirmen und Friedhofsmusiker (vgl. ebd.). Entscheidend für die Aufnahme in das Projekt sind darüber hinaus das bereits vorhandene spezifische Wissen zum Thema und markante Merkmale im sprachlichen, mimischen und gestischen Ausdruck (vgl. Anhang B).

2. Auch bei der Produktion ‚Portraits 360 sek.' steht ein Konzept, das auf kontrastive Zugänge zur Auseinandersetzung mit den beruflichen Lebenshintergründen der Darsteller setzt, im Zentrum der Konzeption. Hier handelt es sich um eine Auftragsproduktion des Schauspielhauses Hamburg unter der Intendanz von Tom Stromberg an den belgischen Regisseur Michael Laub. Die künstlerische Motivation bei der Produktion besteht darin, ein theatrales Portrait über das Schauspielhaus Hamburg zu zeichnen. Dies soll über die biografische Darstellung einzelner Menschen, die dort arbeiten, entwickelt werden. „Was kommt dabei raus, wenn Schauspielerinnen und Schauspieler aufgefordert werden, sich selbst zu portraitieren?" wird hier auf dem Programmzettel gefragt (Programmzettel ‚Portraits 360 sek.', Schauspielhaus Hamburg). Weil die Arbeit mit den angestellten Schauspielern des Hauses aber nicht ausreicht, um ein komplettes Bild der Institution zu entwerfen, arbeitet Michael Laub „sowohl mit professionellen Darstellern als auch Mitarbeitern (...), die noch nie auf der Bühne standen und die er zum Auftreten verführt" (ebd.). Die Idee hinter diesem biografischen Zugriff ist die Überzeugung, dass die „Berufe der Leute, die hier arbeiten, (...) sich so stark auf die Lebensweise aus[wirken], dass sich aus ihren Portraits zwangsläufig das Bild des Hauses ergibt" (Laub, Anhang I). In dieser Aussage des Dramaturgen zeigt sich, dass die Arbeit stark visuell ausgerichtet ist. Das Ziel des Regisseurs Michael Laub ist es, aus den Vorschlägen der Schauspieler „komische, lustige, erschreckende und immer berührende und einmalige ‚lebendige Bilder' in einem Zwischenraum von Theater, Tanz, Performance und bildender Kunst [zu inszenieren], getreu dem Motto ‚If it looks good it makes sense', dem Leitsatz des bilderstarken Theaters Laubs" (Programmzettel ‚Portraits 360 sek.', Schauspielhaus

Hamburg). Um das Ensemble zusammenzustellen, wird ein Schreiben an alle Angestellten des Schauspielhauses aufgesetzt, in dem Interessenten an der Umsetzung dieser Konzeption aufgefordert werden, sich zu bewerben. Die Auswahl der Darsteller richtet sich danach, inwiefern sie bereits im Casting „packende, intime Bilder" (Schipper, Anhang J) als Stellvertreter des Schauspielhauses zeigen. Ziel ist es dabei immer, „etwas Besonderes von einem Menschen" (ebd.) zu erfahren. Anders als den professionellen Schauspielern ist den Nicht-Profis die Zusage für die Teilnahme am Projekt sicher. Eine Putzfrau, der Chauffeur des Intendanten, ein Statist und ein Billeteur werden so in das Ensemble aufgenommen.

3. Dirk Cieslak, Regisseur des Ensembles ‚Lubricat', erinnert sich wie folgt an die Entstehungsphase seiner Produktion ‚Cafe Dutschke' in den Sophiensaelen in Berlin: „Wir haben gesagt, wir wollen einen Abend machen mit 60-jährigen (...), wir wollen etwas über deutsche Wirklichkeit erzählen und wir wollen das machen mittels biografischen Materials" (Cieslak, Anhang E). Professionelle Ensemblemitglieder, zumeist etwa 30 Jahre alt, werden gecasteten Mitgliedern der „Generation 60 Plus" (Programmheft) gegenübergestellt, um ein Stück im Sinne einer „theatralen Versuchsanordnung der Erinnerung" (ebd.) zu entwickeln.[83] Diese Versuchsanordnung gehört zu einer der drei Produktionslinien[84] von ‚Lubricat'. Unter dem Titel „Forschungen in der Wirklichkeit basiert [das Konzept, Anm. N.K.] auf der gemeinsamen Arbeit von Laien und Darstellern [als ausgebildeten Darstellern, Anm. N.K.], wobei die Laien, deren Leben, Lebensgeschichten, Tätigkeiten, Erfahrungen oder Situation bestimmend für das Thema des Abends sind" (‚Lubricat'[85]). Das Ziel der Produktion ist die Entwicklung eines Dialogs zwischen den Generationen, wobei die künstlerische Vision wie folgt beschrieben wird: „Aus Schlagerstars, Weltreisen, Teenagerblusen und Bewusstseinsschulungen wächst das Bild einer Zeit, die uns heute nur noch als Summe kultureller Ablagerungen zur Verfügung steht. Die Lebensläufe der so genannten ‚Kriegskinder' liefern einen Einblick in das soziale und politische Spektrum der vergangenen fünfzig Jahre – ohne doch in irgendeiner Weise als geschlossene Biografien mit Authentizitätsanspruch zu fungieren" (ebd.). Zur Rekrutierung der Darsteller werden auch hier Zeitungsannoncen geschaltet. Die Mehrheit der Darsteller wird jedoch im Bekanntenkreis der Theatermacher gefunden. Zentral für die Auswahl der Darsteller ist, wie in den zuvor genannten Konzeptionen der Freien Szene, die Betonung der „Eigenheit oder die Fremdheit eines Menschen", wobei darauf geachtet wird, „die Leute nicht [zu] verraten" (Gronau 2006, 17). Das Ziel ist, „sie ernst zu nehmen" und zu zeigen, dass Menschen auf der Bühne sind, die „eine ganz bestimmte Weltsicht" (ebd.) haben. Im ‚Cafe Dutschke' sollen sich so „die vier ‚Kriegskinder' Ina, Ingrid, Renate und Peter – die Generation der heute Sechzigjährigen – zusammen mit vier jungen

83 www.lubricat.de (letzter Zugriff 2.11.2007).

84 „Wir haben drei Produktionslinien für die Schauspielformation ‚Lubricat' entwickelt: Agenturstücke, Forschungen in der Wirklichkeit und Überschreibungen. Die drei Produktionslinien unterscheiden sich im konkreten Arbeitsansatz, in der praktischen Arbeitsweise und in der thematischen Orientierung, bzw. verschieben hier die Schwerpunkte und Perspektiven" (www.lubricat.de) (letzter Zugriff 2.11.2007).

85 www.lubricat.de (letzter Zugriff 2.11.2007). Es ist ein Produktionskonzept, das ‚Lubricat' zum ersten Mal mit dem Projekt ‚Cafe Dutschke' umgesetzt hat. Weitere Produktion derselben Linie sind bspw. ‚Zornige Menschen' (2007) und ‚Goldener Boden' (2008).

Schauspielern auf eine Suche nach den Spuren von fünfzig Jahren westdeutscher Wirklichkeit" (‚Lubricat')[86] begeben. Für die Laiendarsteller ist dabei klar, dass sie als Zeitzeugen mit je unterschiedlicher Sichtweise gefordert sind, um spielerische Zugänge zu dem zu eröffnen, „was als Geschichte diskursiviert wird" (ebd.).

Fokussierung / Perspektivierung	Sozialraum	Thema	Intergeneratio-nelle Begegnung
Ich-Bezug	**Stellvertreter für einen Ort** Portraits 360 sek.	**Alltagsexperten** Deadline	**Zeitzeugen und Nachgeborene** Café Dutschke
Wir-Bezug	**Spezialisten in der Reflexion sozialer Gruppen-zugehörigkeit** Freundschaft	**Erforscher eines sozial-politischen Diskursfeldes** Ein Haufen Heimat	**Bearbeiter eines Tabus** Herzliches Beileid

Übersicht 4:
Konzeptionelle Ausrichtungen und Funktionszuweisungen für die Darsteller

Für die Modellentwicklung fächern sich zwischen unterschiedlichen **biografischen Fokussierungen** und **biografischen Perspektivierungen** in den Konzepten exemplarisch verschiedene Inszenierungsstrategien und künstlerische Visionen für biografische Theaterarbeit auf (vgl. Übersicht 4). Bei der biografischen Fokussierung auf einen **Sozialraum**, der den Darstellern vertraut ist, stehen in der Modellerarbeitung exemplarisch Menschen, die denselben Arbeitsort teilen und damit Stellvertreter für diesen sind, Jugendlichen aus betreuten Wohnprojekten gegenüber, die sich als Spezialisten sozialer Randgruppenzugehörigkeit reflektieren. Bei der Fokussierung der Theaterarbeit auf ein **Thema** stehen sich Alltagsexperten im Umgang mit dem Tod und Erforscher sozialpolitischer Aspekte zum Thema Heimat gegenüber. Bei den Konzeptionen, die auf eine **intergenerationelle Begegnung** setzen, interessieren einerseits die Begegnungen und Diskurse zwischen Zeitzeugen der so genannten 68er-Zeit und ihren Nachgeborenen und andererseits die gemeinsame Annäherung von Jung und Alt an das Tabuthema Tod in sozialpsychologischer Perspektive. Die Stellvertreter für einen Ort, die Alltagsexperten sowie der Zusammenschluss der Zeitzeugen und Nachgeborenen streben in ihrer Biografiegenerierung, -bearbeitung und -darstellung dabei jeweils individuelle Biografientwürfe an und orientieren sich somit an einer **Ich-bezogenen** Arbeitsausrichtung. Die Spezialisten in der Reflexion sozialer Gruppenzugehörigkeit, die Erforscher eines sozialpolitischen Diskursfeldes und die Bearbeiter eines Tabus begehen kollektive biografische Forschungsunternehmungen um **Wir-bezogene**, korrespondierende Biografieentwürfe theatral zu erarbeiten.

86 www.lubricat.de (Zugriff: 1.9.2009).

Alle Ensembles stehen vor dem Hintergrund ihrer jeweils unterschiedlichen Inszenierungsabsichten vor derselben Aufgabe: Ihre Biografien müssen als biografisches Material voreinander und miteinander generiert werden – um darauf aufbauend Rollen gestalten, Szenen erarbeiten und diese zu einem Stück verdichten zu können. Für die Spielleiter und Regisseure gilt es, die Probenstruktur zu organisieren und Aufgabenstellungen zu entwickeln. Das im folgenden Teil entwickelte Modell stellt entsprechende Arbeitswege und Verfahren vor.

III Gestaltungsverfahren und Erfahrungsmöglichkeiten
Produktionsbeispiele von ‚Alt und Jung', ‚Die Zwiefachen', ‚Junge Bühne Bonn', ‚Lubricat', Michael Laub und ‚Rimini Protokoll'

1 Biografische Materialsammlung

1.1 Kollektive Spurensuche

Wie in theaterpädagogischen Kontexten traditionell üblich, führen die Theaterpädagogen der hier ausgewählten Inszenierungen ihre gesamte Produktionsarbeit und damit auch die biografische Spurensuche ausschließlich in Gruppentreffen durch.[87] Bei der Produktion ‚Freundschaft' finden in den ersten sechs Monaten einmal wöchentlich gemeinsame, vierstündige Proben statt. Bei der ‚Jungen Bühne Bonn' und dem Theaterensemble ‚Alt und Jung' sind die gemeinsamen Proben zeitlich nicht so intensiv angelegt, dennoch werden auch hier regelmäßige Treffen verabredet, zu denen stets alle Teilnehmer erscheinen. Über die Routine und die Verbindlichkeit, die sich so etablieren können, ist damit ein erster Schritt für die Entstehung eines gruppendynamischen Wir-Gefühls angelegt. Mehrere Probenwochenenden, bei der ‚Jungen Bühne Bonn' verbunden mit einer gemeinsamen Reise und Übernachtung in einem Freizeitheim, verstärken die angestrebte Gruppenbildung. Für die Theatermacher ist es zentral wichtig, zwischen allen Beteiligten gegenseitiges Interesse und einen respektvollen Umgang untereinander zu etablieren. Denn nach Ansicht der Theaterpädagogen ist „etwas von sich zeigen und erzählen (...) nur möglich, wenn ein Prozess der Vertrautheit in der Gruppe einsetzt" (Jücker/Overkamp 2002, 14). Gerade zu Beginn der Probenarbeit wird immer wieder die „soziale Qualität der Annäherung" (Plate 2005, 36) hervorgehoben.

Bei der Materialsammlung erscheint den Spielleitern je nach biografischer Fokussierung eine vorsichtigere oder direktere Vorgehensweise sinnvoll. Das Leitungsteam des Projekts ‚Herzliches Beileid' nimmt insbesondere Rücksicht darauf, dass „gerade bei strittigen oder tabuisierten Themen, wie zum Beispiel dem Tod (...) zunächst tiefe Skepsis und Abwehr [bestehen]" und achten darauf, Hemmschwellen vorsichtig abzutragen, „um TeilnehmerInnen zum Erinnern und Erzählen zu bewegen" (Fetting 1998, 253).

Der Vermittlung eines Gruppengefühls unter den Teilnehmern sind auch Aufwärm-Übungen (so genannte Warm-Ups bzw. Warming-Ups) dienlich, die „erste Berührungen mit anderen Körpern entstehen" lassen, sowie den bewussten „Blickkontakt mit dem Gegenüber" (Jücker/Overkamp 2002, 14) ermöglichen. Die Aufwärm-Spiele bieten als gruppendynamische Übungen aber auch eine Stärkung der Kooperationsbereitschaft und führen dazu, vertrauens- und lustvoll nach gemeinsamen, biografischen Erfahrungen zu suchen (vgl. ebd.).

87 Dass dies ein übliches Verfahren innerhalb theaterpädagogischer Projektarbeit ist, beschreibt bspw. Pinkert (2005b, 52); zur vertiefenden Auseinandersetzung mit dem Stichwort Gruppe im theaterpädagogischen Kontext vgl. bspw. Marx 2003, 130ff.

Gruppengespräche und kollektives Brainstorming

In der Zusammenschau der Produktionsbeispiele lässt sich feststellen, dass der Fokus bei den Aufgaben zur biografischen Materialsammlung zunächst auf der rein sprachlichen Auseinandersetzung liegt. Um miteinander ins Gespräch zu kommen werden Anlässe gestaltet. Das Ziel ist es, Gedanken und Erinnerungen auszutauschen, um gemeinsam Interessensgebiete und inhaltliche Positionierungen zu finden (vgl. Gäbler 2003, 35). Die Ausgangspunkte für Gespräche sind vielfältig. Bei der Produktion ‚Freundschaft' sind es bspw. die Filme „Kurz und schmerzlos" (Akin, 1998) und „Absolute Giganten" (Schipper, 1998), die die Teilnehmer gesehen haben und die für sie zur konzeptionellen Ausrichtung der Theaterarbeit passen, da sie beide Geschichten von jugendlichen Protagonisten erzählen, die sich gegen gesellschaftliche Konventionen richten und ihren Platz zum Leben suchen. In der Produktion ‚Herzliches Beileid' wird unter anderem das gemeinsame Lesen der literarischen „Todesfuge" (Celan, 1945) als Anlass genommen, in die biografiezentrierte Kommunikation einzusteigen. Auch Lieder werden von Darstellern und Spielleitern mitgebracht und auf ähnliche Weise thematisiert.

Während in der Produktion ‚Ein Haufen Heimat' gemeinsam nach Liedern gesucht wird, die den Heimatbegriff thematisieren, werden bei der Produktion ‚Freundschaft' die Akteure nach Musikstücken befragt, die für sie ihr Lebensgefühl wiedergeben. Einige Popsongs wie bspw. „I've got the Power" (Snap, 1990) oder Punkrocksongs wie „Do what I say" (Clawfinger, 2000) dienen außerdem als Anlass, einander ausgelöste Empfindungen und Erinnerungen zu beschreiben. Bedenkt man, dass Lieder als „enkulturative Symbole (...) innerhalb eines Kultur- und Subkulturkreises das Erleben und Verstehen bedeutungstragender Zeichen" (Mastnak nach Braun 2001, 148) verbinden, bieten sie leicht Zugang zu korrespondierenden Gefühlsbeschreibungen und Erfahrungsberichten, die untereinander ausgetauscht werden.[88]

Bei den ‚Zwiefachen' (‚Freundschaft') und dem Theater ‚Alt und Jung' (‚Herzliches Beileid') erweist es sich als vergleichsweise einfach, korrespondierende Geschichten, Erinnerungen, Gefühle und Gedanken zu sammeln und zu notieren. Über das Betreute Wohnen sind die Jugendlichen der Produktion ‚Freundschaft' ohnehin durch Gemeinsamkeiten verbunden: Sie alle haben Familienhintergründe, aus denen sie sich aufgrund vielschichtiger psychosozialer Schwierigkeiten lösen mussten und leben nun in Projekten mit sozialarbeiterischer Betreuung, wo sie alle vor der Herausforderung stehen, sich bereits im Alter von 15 oder 16 Jahren in größtmöglicher Selbstständigkeit zu üben. Auch bei der Produktion ‚Herzliches Beileid' ist es vergleichsweise einfach, Gemeinsamkeiten zusammenzutragen. So fordert die Auseinandersetzung zum Thema Tod bei den Projektteilnehmern zwar schnell die persönliche Betroffenheit heraus, gleichzeitig werden meist universelle Ängste und grundlegende, existentielle Fragen mit diesem Thema angestoßen die alle Ensemblemitglieder miteinander teilen.

Eine größere Spannbreite biografischer Anknüpfungspunkte ist von vornherein mit dem Thema Heimat verbunden, das bei der Produktion ‚Ein Haufen Heimat' (‚Junge Bühne Bonn') im Fokus steht. Hier ist die Form der Frage- und Gesprächsführung dem angestrebten Wir-Bezug zuträglich. So wählen die Theaterpädagogen bewusst den

88 Mastnak zählt als Beispiele auf: „Hymnen und Kirchenlieder, Totenglocken und Karfreitagsratschen, Festfanfaren und Rauschgiftsongs (...)" (Mastnak nach Braun 2001, 148).

Plural, wenn sie Thesen als Gesprächsanlass in den Raum stellen. Immer geht es um die Befragung der *gemeinsamen* Heimat, die die Suchbewegung der Akteure insofern beeinflusst, als dass für ihre Antworten somit ein Referenzrahmen etabliert wird, der in welcher Art und Weise auch immer einen gewissen Grad möglicher Allgemeingültigkeit erkennen lassen soll. Die jungen Akteure werden so auch aufgefordert, Gegenstände mitzubringen, „die etwas über unsere [!] Heimat erzählen" (Jücker/Overkamp 2002, 16). Die gesammelten Objekte (ein Eimer voll Erde, Kinderspielzeug, Kleidung usw.) werden im Probenraum verteilt und dienen im gemeinsamen Brainstorming dazu, Erinnerungsanlässe zu vielen vergleichbaren Erfahrungen herzustellen. Darüber hinaus entwickeln die Spielleiter im Projekt ‚Ein Haufen Heimat' eine Gesprächsstruktur nach vorgegebenen Regeln:

> „Wir haben mit geschlossenen Augen im Kreis gesessen und uns an unsere Kindheitsheimat erinnert. Wie eine Bildbeschreibung haben wir die Umgebung erfasst. Eine Person begann z.B. von der Schaukel im Garten zu erzählen. Eine andere erinnerte sich an den Obstbaum im Garten und führte die Geschichte auf ihre Weise fort" (Jücker/Overkamp 2002, 18).

Wie hier deutlich wird, geht es bei der Aufgabenstellung um das Fortsetzen *einer* Geschichte und das beschreibende Zusammenfügen zu *einem* Bild. Daher ist die Selektion bzw. Konstruktion der biografischen Fragmente so organisiert, dass sich eine Synthese und Integration des Eigenen in das Gemeinsame vollziehen kann; die Akteure einem sich gemeinsam entwickelnden Orientierungsmuster folgen, nach dem sie assoziativ passende Erinnerungen beitragen. Eine andere Aufgabe derselben Produktion zu einem Brainstorming lautet: „Schreibe ganz schnell 30 Begriffe auf, die dich an Deine Kindheit/Jugend erinnern" (ebd.). So entsteht eine Sammlung, die unter anderem folgende Begriffe beinhaltet: „(...) Sonntäglicher Kirchgang/Im Wald spazieren/Mama/Trulla/Tante Käthe/Opa/Oma/Weihnachtsbaum (...)" (ebd. 17). Dadurch, dass die Spielleiter in den Brainstormings auf Schnelligkeit und Spontaneität setzen, rücken verstärkt solche Gedanken der Teilnehmer in den Vordergrund, die statt komplexer Nuancen der subjektiven Erfahrungen tradierte Deutungsmuster betonen. Hierbei ist zwar die Gefahr der oberflächlichen Verkürzung gegeben, andererseits wird im Interesse der Inszenierung zusammengetragen, was im kollektiven Gedächtnis allgemein unter dem Heimatbegriff subsumiert wird.

Fremdtexte als Metapher und Anlass für Kommentare

Parallel zu den ersten Gesprächen und Brainstormings suchen die Leitungsteams der hier betrachteten theaterpädagogischen Produktionen in Jugendbüchern und Märchen, in Filmen und Hörspielen oder Zeitungsartikeln nach inhaltlichen Entsprechungen zu den sich abzeichnenden Themenschwerpunkten. Die Akteure werden aufgefordert, darin Passagen zu entdecken, die direkt an ihre Lebenserfahrungen anknüpfen. Biografisches Material besteht hier also nicht aus eigenen, selbst formulierten Sätzen, weder schriftlich noch mündlich. Stattdessen werden literarische Stellvertreter gesucht. Die fiktiven Figuren der jeweiligen Geschichten dienen den Akteuren als Folien oder Metaphern für ihre eigenen Befindlichkeiten. Zum Einen ist diese Methode als Schutzmechanismus zu verstehen, der zum Beispiel bei der Produktion ‚Herzliches

Beileid' dazu dient, die negativen Empfindungen, die mit dem Thema Tod verbunden sein können, über Literatur zur Sprache zu bringen, ohne unangenehme Erinnerungen an die eigenen, persönlichen Geschichten unmittelbar und direkt erzählen zu müssen (vgl. F. Matzke, Anhang M). Zum Anderen ist die Literaturrecherche eine geschickte Maßnahme, um den angestrebten biografischen Wir-Bezug zu vertiefen: Indem die Akteure Texte auswählen, mit denen sie sich allesamt identifizieren können, werden ihre jeweils individuellen Erinnerungen mit fremden, verbal fixierten Situationen kurzgeschlossen und verallgemeinert. Die literarischen Texte bringen in pointierter Weise zum Ausdruck, was die biografische Befindlichkeit aller Akteure ausmacht (vgl. Fetting 1998, 256).

Bei der Produktion ‚Herzliches Beileid' macht unter anderem der Kleistsche Todesmonolog („Nun, oh Sterblichkeit bist Du ganz mein") aus dem Drama „Prinz Friedrich von Homburg" (Kleist, 1811), der für die Spieler in einem ungewohnten Sprachstil verfasst ist, „das scheinbar Fremde des Dichtertextes auf neue, eigene Weise verständlich" (Fetting 1998, 256) und ermöglicht es, eigenen Anteilen tabuisierter Todessehnsucht einen Ausdruck zu verleihen. Ebenso verhält es sich mit einem Auszug aus Milan Kunderas Roman „Die Unsterblichkeit" (Kundera 1990), der den Selbstmordversuch einer Frau beschreibt, in dessen kuriosem Verlauf sie ihren Lebenswillen wiederentdeckt (vgl. F. Matzke 2004).

Bei der Produktion ‚Ein Haufen Heimat' werden, um die sozialpolitische Ausrichtung der Konzeption zu verstärken, weniger literarische Texte als vielmehr Zeitungsartikel gesammelt, die „von Krieg, Vertreibung und Folter (...) erzählen. (...) Fakten über Völker und kleine Geschichten von Einzelschicksalen" (Jücker/Overkamp 2002, 18) kommen darin vor. Interviews mit Verwandten und Bekannten als Zeitzeugen des 2. Weltkriegs werden durchgeführt, zu denen die Darsteller wiederum persönliche Kommentare entwickeln. So werden viele persönliche Texte für die Inszenierung gesammelt, die ihre eigenen Ängste widerspiegeln.

Bei der Produktion ‚Freundschaft' werden am Märchen „Die kleine Meerjungfrau" von Hans-Christian Andersen Parallelen zum Leben der Darsteller festgemacht: Der Text erzählt davon, wie die kleine Seejungfrau das erste Mal an die Wasseroberfläche schwimmt. Die Aufbruchstimmung, die hier thematisiert wird, spiegelt für die Jugendlichen aus den Wohnprojekten erinnerte Gefühle wider, mit denen sich alle identifizieren können. Schreibend verbinden sie die Metapher mit verschiedenen Erinnerungen ihrer ursprünglichen Familiensituationen, indem sie daran anknüpfen, dass das Wasser in den Untiefen des Meeres noch ganz dunkel ist, der Weg zur Wasseroberfläche weit, die ersten Sonnenstrahlen, die dennoch zu erkennen sind, Mut zum Weiterschwimmen machen (vgl. Köhler 2008, 259ff.).

Improvisierte Gruppenszenen

Als der erste Gruppenzusammenhang hergestellt ist, gibt es bei allen hier beleuchteten theaterpädagogischen Produktionen neben Gesprächen und Niederschriften den „weiterführenden Versuch, über die Spielimprovisation einen sinnlichen Bezug zum Thema (...) herzustellen" (F. Matzke 2003, o.S.), in dem Sprechen, Handeln, Einfühlung sowie der Ausdruck von Emotionen und Bewegungsimpulsen zusammen kommen.

Ziel ist es, sich als Spieler auf die Bühne zu begeben und spontan und mit vollem Körpereinsatz in einer figürlichen Darstellung (mit oder ohne Sprache) zu agieren. Es geht um „das ungebundene, spontane Spiel mit nur geringen Vorgaben und ohne festgelegten Handlungsfaden und mit unerwartetem Ausgang" (Weintz 1999, 197), wie es für Improvisationen[89] im Theater üblich ist. Aufgrund des angestrebten Wir-Bezugs sind die Übungen so angelegt, dass die Gruppe gemeinsam agieren soll, bzw. alle Spieler dieselbe Aufgabe bekommen.

Als dankbarer Ansatzpunkt für Gruppenimprovisationen erscheinen bei der Produktion ‚Ein Haufen Heimat' die Klischees zum Heimatbegriff, da sie im Hinblick auf die biografische Fokussierung (der sozialpolitischen Auseinandersetzung zum Thema Heimat) einen ersten, unverfänglichen Zugang bieten. Jücker und Overkamp laden deshalb zu „einem gemeinsamen Heimatabend" (Jücker/Overkamp 2002, 15) ein. Die Spieler bekommen dazu vorbereitend die folgende Hausaufgabe:

> „Bringe ein Dir bekanntes Heimatlied mit. Begleite Dich zum Lied auf Deinem Instrument, so wie es Dir möglich ist. Erfinde ein kurzes Gedicht, einen kurzen Text über Heimat, den Du vorträgst" (ebd.).

Als die Spieler zur Probe kommen, ist der Bühnenraum mit Bierbänken und -tischen ausgestattet. Vor dieser Kulisse präsentieren die Teilnehmer ihre musikalischen Darbietungen und halten ihre Vorträge. Im Anschluss daran werden in einem gemeinsamen *Spielmannszug* einzelne Teile aus den Gedichten, Texten und Liedern in gemeinsamer Darstellung fragmentarisch miteinander verbunden. Die Probe geht dabei in eine gemeinsame Feier über, während der sich auch Szenen fröhlicher Gruppenstimmung etablieren, die als so genannte Standbilder oder Skulpturenbilder im Spiel mit der Kulisse fixiert und mit in die Materialsammlung aufgenommen werden.

Bei der Produktion ‚Herzliches Beileid' wird in Gruppenimprovisationen bei gesellschaftlichen Ritualen angesetzt. So beschäftigt „sich die Gruppe mit bekannten und gebräuchlichen Formen des Trauerns und Beileid Bezeugens" (Fetting 1998, 255). In einer Gruppenimprovisation wird „vorgegeben, die Kondolenzformel ‚Herzliches Beileid' vor einem imaginären Spiegel auszuprobieren" (ebd.). Beklemmung und Unbeholfenheit werden dabei als kollektive Befindlichkeit generiert (vgl. ebd.). Schließlich führt die Szene in angeleiteter Improvisation zu weiteren szenischen Bildern und Gesten, verbunden mit neuen Gefühlslagen, die durch die Gruppendynamik entstehen: Denn dadurch, dass alle in den Spiegel schauen, nehmen sie „ihre eigene Künstlichkeit wahr, lach[t]en erstaunt, zum Teil zum ersten Mal, über die chorische Verdichtung von veräußerlichtem Beileid" (ebd.). Beim mehrmaligen Wiederholen erwächst eine immer größere Lust „am Zerspielen dieser bis dahin eigentlich als normal erlebten Haltung. Aus der Improvisation entwickelt sich zaghaft ein immer ausgelassenerer Tanz, der schließlich mit einem absurden Kleidertausch" (ebd.) endet.

---

89 Wichtig für die vorliegende Untersuchung ist die Unterscheidung zwischen verschiedenen Graden der Improvisation, auf die auch die Begriffe der freien und geleiteten Improvisation verweisen. So wird deutlich, dass diese ersten Improvisationen in der Materialsammlung frei und offen in der Aufgabenstellung sind. In der anschließenden Phase der Rollengestaltung, in der das Material wieder aufgenommen wird, werden auf der Grundlage des Materials neue, engere Improvisationsaufgaben gestellt, die immer ein bestimmtes Ergebnis anstreben, also stärker von der Regie geleitet und von einer verabredeten Zielperspektive gesteuert sind.

Bei der Produktion ‚Freundschaft' bieten ausgewählte Emotionen (wie Sehnsucht, Glück, Traurigkeit und Wut) den Jugendlichen Anknüpfungspunkte zur biografischen Materialsammlung. Die biografische Ausrichtung auf die eigene psychosoziale Entwicklung und Emanzipation aus problematischen Lebenszusammenhängen bietet sich an, gehasste Sätze der Teilnehmer als Spielanlass zu nutzen: Alle Spieler gruppieren sich im Halbkreis um eine fiktive Zielscheibe. Danach wird jeder aufgefordert, sich an einen persönlich gehassten Satz zu erinnern. Die Sätze werden anschließend nacheinander und gemeinsam auf die imaginierte Zielscheibe gerichtet gesprochen oder gerufen. Improvisationen zu verschiedenen Tempi, Rhythmen, Stimmungen, Lautstärken und Körperhaltungen schließen sich an. Freiwillige stellen sich als Zielscheibe zur Verfügung und suchen im Spiel nach Möglichkeiten, das Satzgewitter zu beenden. Als Material entsteht so eine Sammlung von Sätzen und chorischen Bewegungsszenen. Im Anschluss wurden die Spieler aufgefordert, als Hausaufgabe ausgehend von den szenischen Erlebnissen assoziativ Geschichten mit einem biografischen Bezug aufzuschreiben. Dass diese nicht nur thematische Verbindungslinien zwischen den Akteuren offenbaren und miteinander korrespondierende Aussagen liefern, erweist sich nach der gemeinsamen gruppendynamischen Erfahrung als plausibel und ist der Produktion im Sinne der Regisseurin nur zuträglich.

Improvisierte Partnerszenen

In zwei der drei theaterpädagogischen Produktionen werden in Partnerimprovisationen auch dialogische Szenen produziert. Angeknüpft wird dabei an die Methode der (re)konstruierenden Rollenspiele, einem Verfahren, das sich in der Theaterpädagogik der 1980er Jahre etabliert hat und bei dem „subjektive oder soziale Probleme/Konflikte nach- bzw. dargestellt" (Weintz 1999, 191) werden.[90] Während die Rollenspiele damals genutzt wurden, die dargestellten Probleme im anschließenden Gespräch zu reflektieren und gemeinsam spielerisch zu bearbeiten, dienen sie in den hier gezeigten biografischen Produktionsprozessen einzig als weiterer Bestandteil der Materialsammlung. Bei den Partnerimprovisationen entsteht im Gegensatz zu einer Gruppenimprovisation für das einzelne Subjekt jeweils mehr Spielraum, den konkreten, eigenen Erinnerungsbildern nachzuspüren. Dennoch werden auch diese Szenen von den Partnern mit gestaltet. Bedenkt man, dass Interaktion „ein Feldgeschehen zwischen zwei oder mehr Personen" bezeichnet, „das darin besteht, dass jeder vom anderen eine Wirkung erfährt" (Wilhelm et al 2004, 198), sind auch diese Szenen von dem Input eines Spielpartners[91] gespeist. Die Personen stehen sich bildlich gesehen in den Interaktionen nicht gegenüber, sondern beeinflussen sich gegenseitig.

90 Solche Aufgaben stehen in der Tradition der 1980er Jahre. Damals wurde das Rollenspiel allerdings „als subjektive Auslegungen von objektiven Handlungsregeln und Erwartungsstrukturen" verstanden und genutzt; bzw. als Rollentraining zum Ausfüllen von Rollen bzw. Aufbau kritischer Distanz zu Rollen, oder als Kommunikations- und Problemlösungstraining, sowie als Form der Selbsterfahrung (Fritz nach Weintz 1999, 320). In den hier genannten biografischen Theaterproduktionen ist diese Arbeitsweise lediglich als Visualisierung einer erinnerten Szene zu betrachten.

91 Das heißt, „Interaktionspartner befinden sich nicht in einer volldefinierten Situation, sondern sie bilden diese Situation unter anderem durch ihre Interaktion und sie haben zusammen eine gewisse Freiheit in der Situationsbildung" (Wilhelm 2004, 198).

In der Produktion ‚Freundschaft' wird unter dem Titel *Nervige Situationen* eine Partner-Improvisation vorgegeben. Die Teilnehmer finden sich dafür jeweils zu zweit zusammen. Einer der beiden Akteure bekommt den Auftrag, den typischen Verlauf einer Situation zu erzählen, die er schon mehrmals erlebt hat. Das kann ein Erlebnis sein, in das der Spieler selbst involviert war, wie zum Beispiel der wiederkehrende Konflikt mit der Mutter oder dem Lehrer; es ist aber auch möglich, eine Begebenheit zu beschreiben, die wiederholt beobachtet worden ist, wie zum Beispiel ein Streitgespräch zwischen den Eltern. Dann bekommen die Partner Zeit, um die nervige Situation auf der Bühne darstellerisch nachzuerzählen. Der Mitspieler wird dabei von der Leitung explizit aufgefordert, sich mit seinem erdachten Rollenwissen und seinen Interpretationen in die biografische Situation des Partners einzubringen. Wenn die Szene zu wenig mit der eigenen biografischen, erinnerten Situation des Erzählers zu tun hat, gilt es, die Szene zu korrigieren. Ziel ist es, einen Kompromiss zu finden, der für beide Akteure stimmig ist. Anschließend werden die Rollen in dieser Partnerübung gewechselt. Jedes Paar erarbeitet auf diese Weise zwei Szenen rekonstruierter Ereignisse. Abschließend werden alle Ergebnisse der Gruppe vorgespielt und von zuschauenden Jugendlichen protokolliert.

Bei der Produktion ‚Herzliches Beileid' werden in Partnerimprovisationen Szenen erinnert und rekonstruiert, in denen die Darsteller mit dem Thema Tod konfrontiert waren. Dies sind Dialoge mit todkranken Menschen aus dem Verwandten- oder Bekanntenkreis oder Szenen, die den Umgang mit dem Verlust eines nahen Menschen thematisieren.

Meditationen und Phantasiereisen als Schreib- und Erzählimpuls

Eine letzte Aufgabenkategorie der Materialsammlung, die sich bei allen betrachteten Produktionen der Theaterpädagogik finden lässt, sind Meditationsübungen und Phantasiereisen. Bei der Produktion ‚Freundschaft' wird eine Übung durchgeführt, die explizit den biografischen Einschreibungen in das so genannte Körpergedächtnis folgt. Ziel ist es, die Binarität zwischen Leib und Bewusstsein zu überwinden, Prägungen sozialer Kräfte wahrzunehmen, vor allem auch durch die Konzentration auf Emotionen und darauf, das so genannte Unbewusste in das Bewusstsein zu transportieren.[92] So werden die Teilnehmer aufgefordert, ihre Körperformen auf großen Folien zu skizzieren. Dazu legt sich eine Person auf die Folie, während eine zweite die Körperumrisse des Partners nachzeichnet. Im Anschluss legen sich alle Jugendlichen in ihre Körperskizze. Uta Plate leitet eine meditative Phantasiereise an, durch die die Teilnehmer angeregt werden, über ihre vergangenen Lebensjahre nachzusinnen. Anschließend wählen die Jugendlichen für jedes Jahr das persönlich wichtigste Ereignis und fühlen nach, in welchem Teil des Körpers es abgespeichert ist. Die Erinnerungen werden in knappen Beschreibungen in den skizzierten Körperteil geschrieben. Danach erinnern sich die Jugendlichen, in ihren Körperhüllen liegend, ihrer Narben[93], die daraufhin ebenfalls in die Körperfolien eingezeichnet werden. Anschließend wählt jeder Spieler jeweils eine Narbe oder ein Ereignis aus und schreibt eine Geschichte dazu auf.

92 Vgl. vertiefend Hahn 2000, 353 ff.

93 Es bleibt dabei im Ermessen der Akteure, ob es sich um körperliche oder seelische Narben handelt.

Auch in der Produktion ‚Herzliches Beileid' wird eine Phantasie-Reise angeleitet, um den Akteuren persönliche Gedankenspiele zu ermöglichen. Hier geht es allerdings nicht um Rückerinnerungen an Erlebtes, stattdessen wird der „Zustand des Anders- oder Nicht-seins" (Fetting 1998, 256) sinnbildlich als Zugreise vorgeführt. Diese führt „an einen unbekannten Ort, fern von der realen Welt", um bei den Darstellern die „Vorstellungswelt zum Thema Tod" zu aktivieren (ebd.). Hier werden im Gegensatz zu der genannten Meditationsübung bei der Produktion ‚Freundschaft', bei der das Ensemble im Anschluss an die Traumreise Geschichten schriftlich ausformuliert, diese mündlich vorgetragen und von den Leitern transkribiert. In beiden Fällen entstehen so, wie die Leiter der Produktionen berichten, „ (...) sehr persönliche Texte, die die Gefühls- und Vorstellungswelt der SpielerInnen (...) sichtbar" (ebd.) machen.

In der Produktion ‚Ein Haufen Heimat' wird die meditative Übung wiederum nicht im Probenraum sondern an einem Probenwochenende in der Natur durchgeführt. Dort lautet die Aufgabe: „Finde eine Geschichte aus Deiner Kindheit, die für Dich Heimat ausdrückt" (Jücker/Overkamp 2002, 15). Nachdem jeder einen Ort auf dem Gelände im Freien gefunden hat, an dem er die eigene Geschichte erzählen will, wird jeweils ein Ritual durchgeführt, das die Spielleiter wie folgt beschreiben:

> „Auf einer Wanderung, die schweigend gemacht wird, führt uns die Person, die ihre Geschichte erzählen möchte, zu ihrem Ort. Dort angekommen, verbindet sie sich die Augen, um sich ganz auf die eigene Geschichte zu konzentrieren und sich nicht von den Blicken der anderer irritieren zu lassen. Man ist ganz bei der eigenen Geschichte" (Jücker/Overkamp 2002).

Bei all diesen Übungen werden so vielfältige Geschichten gesammelt und doch sind sie jeweils anschlussfähig an die der anderen, weisen Übereinstimmungen auf und bedienen sich ähnlicher Erzähl- und Deutungsmuster[94], unterscheiden sich von der inhaltlichen Substanz[95] her nur wenig und lassen sich als einander ergänzende Bruchstücke einer Gemeinschaft lesen.

94 So wie die Geschichten aus der Produktion ‚Ein Haufen Heimat' allesamt Aspekte aus der Natur aufgreifen, sind die Geschichten der Produktion ‚Herzliches Beileid' jeweils durch die Beschreibung einer zeitlichen Bewegung charakterisiert (Zugfahrt), mit der die Akteure ihre Vorstellungswelt zum Thema skizzieren. Die Geschichten aus der Produktion ‚Freundschaft' sind bei der Niederschrift von wichtigen Erlebnissen wiederum durch die in der Meditation fokussierte Körperorientierung stark auf detaillierte Beschreibungen von Empfindungs- und Gefühlszuständen angelegt.

95 Dass sich alle Akteure bei den Meditationsübungen am selben Ort (in der Natur, oder im Probenraum) befinden, führt außerdem dazu, dass die jeweilige räumliche Atmosphäre, die Gruppenstimmung und sogar das Wetter die Auswahl und Darstellung bzw. die Deutung der Erinnerung bei allen Beteiligten entsprechend einfärbt (vgl. Fuchs-Heinritz 2000, 52f. und A. Assmann (zu den äußeren Stabilisatoren der Erinnerung) 1996 u. 1999). Zudem ist zu bedenken, dass alles, was in dieser schon weit fortgeschrittenen Phase der Materialsammlung produziert wird, von den Teilnehmern vor dem Hintergrund der bisherigen Proben und somit mit dem Bewusstsein erzählt und aufgeschrieben wird. So versuchen sie auch aktiv die Beiträge anschlussfähig an das bisher gesammelte Material zu entwickeln, um eine gemeinsame Arbeitsgrundlage für die Stückentwicklung zu finden.

Selektion des Materials nach Themenblöcken

Bei allen theaterpädagogischen Produktionen zeigt sich eine mannigfaltige biografische Materialausbeute in Form kleiner Erzählungen[96], fragmentarischer Artikulation gegenwärtiger Befindlichkeiten, faktischen Wissens, sowie Meinungen und Erinnerungen.

Sie liegen zumeist als selbst verfasste oder von den Leitern protokollierte Textfragmente vor. Aber auch ausgewählte Fremdtexte als metaphorische Verweise auf persönliche Belange und Emotionen bilden, wie gezeigt, einen Bestandteil des gesammelten Materials. Ebenso dienen erste improvisierte Szenen, szenische Standbilder, Bewegungsmuster, Gesten oder ganze Handlungsvollzüge als Material zur Weiterarbeit. Hierbei genügt den Leitern die Notation von Stichpunkte als Erinnerungsstütze, um zu einem späteren Zeitpunkt wieder an die Abläufe, die im Gruppengedächtnis vorhanden sind, anzuknüpfen.

Weil die Aufgabenstellungen der kollektiven Materialsammlung immer eine Komponente beinhaltet, die das Gemeinsame fokussiert (bzw. das Individuelle im Hinblick darauf, inwiefern es im sozialen Kontext entsteht und zu einer Wir-Biografie des Ensembles verallgemeinert werden kann), ergeben sich am Ende der Materialsammlung in jeder Produktion zur jeweiligen biografischen Fokussierung im Gruppenprozess inhaltliche Schwerpunkte, die für alle Projektteilnehmer passend erscheinen – und gleichsam für jeden von ihnen biografisch fundiert sind.

In einer Dramaturgiesitzung am Ende der biografischen Materialsammlung suchen die Beteiligten der einzelnen Produktionen nun jeweils eine dramaturgische Ausrichtung, die einen Plot fokussiert, mittels derer eine gemeinsame theatrale Botschaft vermittelt werden kann. Dabei bedienen sich die Theatermacher jeweils dem Ordnungsprinzip der klassischen Dreiteilung (Anfang, Mitte, Ende). Dienlich ist für sie – wie nachstehend gezeigt – dabei die Kategorisierung nach untergeordneten Themenblöcken, mit denen sich die Akteure vertiefend auseinandersetzen wollen.

>> Bei der Produktion ‚Freundschaft' beschreiben viele Materialien die Problematik, die eigene Familie oder auch das Heimatland zu verlassen. Andere Texte und Darbietungen artikulieren aktuelle Probleme in der neuen Lebenssituation der Jugendlichen in den betreuten Wohnprojekten. Viele Szenen und Äußerungen beschreiben die Lebensmotivation der Jugendlichen, die sie aus ihren Freundschaften ziehen. Nach gemeinsamen Überlegungen wird für den Stückablauf schließlich eine chronologische Ordnung im Sinne eines Lebenslaufs festgelegt. Drei Themenfelder werden unter den Schlagwörtern *Unterdrückung*, *Ausbruch* und *Freundschaft* abgesteckt und den drei zeitlichen Perspektiven einer Biografie (Vergangenheit, Gegenwart und Zukunft) zugeordnet: Die erste Kategorie der *Unterdrückung* bezieht sich auf das biografische Material, das die Vergangenheit der Darsteller thematisiert und von unterschiedlichsten Formen psychischer und physischer Gewalt erzählt. In der

96 Vgl. Brandstetter 1999, 38: Sie nutzt die Formel der *kleinen Erzählungen* in Verweis auf Jean-Francois Lyotard (in Ders. La condition postmoderne, Paris 1979) in Gegenüberstellung zu den *großen Erzählungen* (grand recits) der Geschichte und zeigt in ihrer Abhandlung zum „Geschichte(n) Erzählen im Performance/Theater der neunziger Jahre" auf, dass diese Erzählungen nicht „den Überblick über ein (Lebens-)Ganzes" geben (Brandstetter 1999, 38).

zweiten Kategorie *Ausbruch* wird der Kampf in der Umbruchsituation thematisiert, in der sich die Akteure befunden haben, als sie ihre Kindheit durch die Flucht von zu Hause auch räumlich verließen und sich in einem neuen Umfeld der Wohnprojekte behaupten mussten. Die dritte Kategorie thematisiert *Freundschaft* perspektivisch als Familienersatz, denn in der Solidarität mit Gleichgesinnten finden die jungen Darsteller Vertrauen und Sicherheit.

>> Die Dreiteilung, die für die Produktion ‚Ein Haufen Heimat' gefunden wird, orientiert sich weniger an einer zeitlichen Ordnungsstruktur, sondern ist in drei unterschiedlich weite Perspektiven unterteilt. Heimatthematisierungen werden hier im engen Zugriff auf das Familienleben, dann im Hinblick auf lokale Begebenheiten und schließlich global betrachtet unterschieden. Tina Jücker und Klaus Overkamp berichten von der Einteilung in folgende Bereiche: Der Bereich *eigener Heimatgedanken* bezieht sich auf Aspekte der Geborgenheit und schöne Erinnerungen an die Kindheit. Ein weiterer thematisiert das *Klischeebild Heimat*. Die dritte Kategorie der *Heimatlosigkeit* versammelt Material, das sich mit Ängsten und Gefahren auseinandersetzt bzw. Aspekte widerspiegelt, die sich weitestgehend auf die deutsche Geschichte und die aktuelle Tagespolitik beziehen (vgl. Jücker/Overkamp 2002, 16ff.). Die Leiter der Produktion ermöglichen es mit der Selektion und der Entscheidung für Unterthemen auch hier dem Ensemble, eine klare Haltung formulieren zu können und schaffen damit eine Basis, auf der das Theaterstück aufbauen kann (vgl. Gäbler 2003). Alle Darsteller wissen, was sie „interessiert und bewegt, was ihr persönlicher Anknüpfungspunkt zum Thema ist; sie können [nun] auf der Bühne Haltung beziehen, wissen, was sie mit dem, was sie darstellen wollen, möchten" (Jücker/Overkamp 2002,14). Dazu gehört die Darstellung fröhlicher Heimatdünkelei, die sie im ironisierenden Zugriff zeigen wollen, ebenso wie die Angst vor Krieg als auch der hoffnungsvolle, utopische Entwurfs eines toleranten und respektvollen Umgangs der Menschen untereinander (vgl. ebd., 17ff.).

>> Bei der Produktion ‚Herzliches Beileid' werden bei der Selektion des Materials ebenfalls „bestimmte Blöcke angepeilt" und es gilt, in dem „großen Spektrum an Material" nach „der Substanz" zu suchen (F. Matzke, Anhang M). Die Dreiteilung, die hier gefunden wird, hat eine Ordnung, in der verschiedene zeitliche Perspektiven und unterschiedlich enge oder weite Lebensbezüge einander ergänzen. In einer ersten Kategorie wird Material zusammengefasst, das rückblickend eigene *Erinnerungen an Verlustsituationen* thematisiert, sich somit auf Erfahrungen im engen Familien- und Bekanntenkreis bezieht. Die zweite Kategorie Trauerfeier steht unter einem weiteren Blickwinkel, ist an die gegenwärtige Perspektive gebunden, aus der heraus *Beerdigungszeremonien* und sonstige Rituale sowie typische, gesellschaftskonforme Umgangsformen mit dem Tod beleuchtet werden. Die dritte Kategorie thematisiert *Vorstellungen vom Tod,* ist damit auf die Zukunft ausgerichtet und versammelt Material mit einer visionären Tendenz. Den gemeinsamen Vermittlungsanspruch gegenüber dem Publikum sieht das Ensemble bei der Produktion ‚Herzliches Beileid' darin, den Tod stärker in die Öffentlichkeit zu rücken. Denn der Tod, so stellt sich für die Gruppe in ihrer biografischen Auseinandersetzung heraus, erweist sich noch immer als ein gesellschaftliches Tabuthema: „Kinder gehen wunderbar damit um – die sagen, der ist jetzt tot, na gut, die verarbeiten das ganz anders, aber ab einem gewissen Alter

fängt man an, ganz anders damit umzugehen, und ich kann nur aus meiner eigenen Erfahrung sagen, ich habe mich grundsätzlich dagegen [gegen die Beschäftigung mit dem Thema Tod] gewehrt" (Spielerin, Anhang M). Was eine Spielerin hier als persönliche Haltung formuliert, wird von allen Ensemblemitgliedern, gleich ob jung oder alt geteilt. So beschließen sie, dem Zuschauer „eine Skala von Vorstellungen, Meinungen, Gedanken, Phantasien" (Fetting, Anhang M) anzubieten, die zwar „keine durchgehende Farbe" (ebd.) haben, aber „bestimmte Schlaglichter auf dieses Thema" (ebd.) werfen sollen – als Annregung und Animation für die Zuschauer, sich auch selbst mit dem Tod vertiefend auseinanderzusetzen. Keineswegs soll dabei moralisiert oder schockiert werden. Es geht darum, „weiter unten an[zu]fangen – es einfach zur Sprache [zu] bringen" (ebd.). Diese Absicht hat dennoch einen aufklärerischen Impetus, gewachsen aus der persönlichen und lebensweltbezogenen Auseinandersetzung mit dem Thema Tod. Denn wichtig ist den Spielern, voreinander und vor den Zuschauern einen positiven, angstfreien Ausblick zu formulieren. Angestrebt wird dabei, anderen Mut zur Auseinandersetzung mit dem Thema Tod zu machen (vgl. Spielerin, Anhang M).

1.2 Individuelle Spurensuche

Die hier betrachteten Theaterproduktionen der Freien Szene führen mit einer individualisierenden Materialsammlung verstärkt Einzelproben in ihrer Produktionsarbeit durch. Deshalb gibt es kaum Verständigung auf gemeinsame Werte zwischen den Akteuren untereinander. Auch wenn mehrere Darsteller miteinander in Kontakt kommen, wird darauf geachtet, keine gleichmacherische Stimmung aufkommen zu lassen. Gerade damit Kontraste zwischen den Persönlichkeiten der Darsteller und ihren jeweiligen Tagesstimmungen erhalten bleiben, werden bei den Produktionsverfahren in individueller Spurensuche keine so genannten Warm-Ups durchgeführt:

> „Wir sind das Anti-Aufwärmtheater. Die Temperatur der Leute, wenn sie hier hinkommen, ist sehr interessant. Diese Transformation in so einem homogenen ‚Ich-versteh-dich-auch-sehr-gut-Theaterkörper' ist einfach widerlich. Warum etwas wegmassieren? (...) Das sind Erfahrungen, die wir aus der Theaterpädagogik als Narben haben" (Wetzel, Anhang B).

Die zugespitze Bemerkung des Regisseurs Wetzel (‚Deadline') macht deutlich, dass es der Gruppe ‚Rimini Protokoll' bei der Materialsammlung weder um das Vereinheitlichen noch um ein Neutralisieren oder eine spezifische Gruppendynamik geht. Auch wenn es den Regisseuren wichtig ist, zu einem gewissen Grad Vertrauen aufzubauen, geht es ihnen im Wesentlichen jedoch um das Einlassen des Darstellers auf eine Art Abenteuer (vgl. Wetzel 2006a). Bei den Produktionen der Freien Szene bleiben die Gemeinsamkeiten des Ensembles somit darauf beschränkt, sich den Aufgabenstellungen der Theatermacher zu öffnen.[97]

97 Diese Haltung wird allerdings unterschiedlich stark vertreten: Bei ‚Café Dutschke' gibt es zu einem späteren Zeitpunkt bspw. eine Trennung von Musikproben und Materialsammlung. Das gemeinsame Musizieren steht hier der auf Kontrastierung angelegten Biografiegenerierung gegenüber (vgl. Cieslak, Anhang E).

Alternativ zu dem von theaterpädagogischer Seite formulierten Anspruch der „sachlichen Auseinandersetzung" (Gäbler 2003, 35), die zu einer gemeinsamen Haltung führt und zu einer eindeutig decodierbaren sozial-theatralen Nachricht verdichtet werden kann, liegt hier der Fokus auf den subjektiven, persönlichen und kontrastiven Standpunkten und Ausdrucksweisen der Darsteller. Diese sollen ohne Gruppengespräche zur Verständigung (im Sinne von Einigung und Synchronisierung biografischer Erfahrungen), sondern eher durch Zuhören, Zusehen und mittels gegenseitiger Zuschreibungen eingebracht werden. Die Diskurs- und Kommunikationsfähigkeit, die in den kollektiven Verfahren relevant ist, findet in der individualisierenden Ausrichtung ihr Pendant in der wechselseitigen Beobachtung der unterschiedlichen Persönlichkeiten bei den ersten Zusammenkünften. Diese Haltung manifestiert sich bei ‚Rimini Protokoll' in dem Ausdruck „Schwämmchenphase" (Meyer-Sievers, Anhang D), mit dem das Regiekollektiv in seiner Theaterarbeit die Stufe der Materialsammlung bezeichnet und in der auch alle eingebrachten Ideen von Seiten der Darsteller zunächst „wertfrei aufgenommen" (ebd.) werden. Wenn die Regisseurin Helgard Haug der Produktion ‚Deadline' sagt, dass der Einstieg in die Probenarbeit für sie zunächst nicht viel mehr bedeutet, als dass „man langsam anfängt und versucht, so viel Zeit wie möglich mit den Darstellern zu verbringen" (Haug, Anhang B), ist das eine Setzung, die für alle hier beleuchteten Produktionen der Freien Szene geltend gemacht werden kann. Dennoch lassen sich auch hier für den Verlauf der Materialsammlung verschiedene Arbeitskategorien herausstellen:

Selbstbeschreibungen

Bei allen hier beleuchteten Produktionen der Freien Szene gibt es Aufgabenstellungen, die am ehesten als Selbstbeschreibungen[98] zu kennzeichnen sind. Eine Laiendarstellerin der Formation ‚Lubricat' formuliert diese Aufgabe wie folgt:

> „Es war so, dass wir einzeln eingeladen wurden, vor dieser Gruppe der Schauspieler und der Macher (...) und man sollte flüssig aus seinem Leben erzählen" (Reader, Anhang F).

Zur Produktion von ‚Café Dutschke' werden neben den Erzählberichten verstärkt auch Tagebücher und andere Dokumente (Familienbücher, Zeugnisse) als biografisches Material genutzt. Wer keine Aufzeichnungen besitzt, wird aufgefordert, Erinnerungen aufzuschreiben und mitzubringen: "Ich habe dann teilweise nachts bis drei oder vier Uhr hier gesessen und meine Erinnerungen aufgeschrieben" erinnert sich einer der Akteure (Fieback, Anhang H). Der Besuch von Orten, wie z.B. Museen, Sportplatz, Kino (zu Vorstellungen mit Filmen aus den 1950er Jahren), die den Darstellern bekannt sind, bietet den Regisseuren ebenfalls Anlässe, die Akteure zur biografischen Spurenverfolgung anzuregen. Auch wenn manche Darsteller in dieser Phase gemeinsame Unternehmungen durchführen, wird hier jedoch immer klar darauf verwiesen, dass diese als Animation dienen sollen, um sich an kontrastive, eigene und einmalige kleine Geschichten und Anekdoten zu erinnern.

98 Vgl. zur Begriffsverwendung auch Brandstetter 1998 u. 1999. Während Brandstetter *Selbstbeschreibungen* im Theater der neunziger Jahre in ihren Analysen von Produktionen der Freien Szene an eine ironische Distanz koppelt, ist der Terminus bei den hier zur Disposition stehenden Produktionen gültig für ernsthafte und Identität stiftende Erzählungen der Akteure, wie sie auch im Alltag biografischer Kommunikation gepflegt werden (vgl. Brandstetter 1999, 36).

Für die Produktion ‚Deadline' lädt die Präparatorin ein Mitglied des Regieteams in die Gerichtsmedizin ein und macht hier die Erfahrung, ihren Arbeitsplatz als Erzählanlass und damit zum Bezugspunkt der Materialsammlung zu machen. Auch werden bei ‚Rimini Protokoll' Filmaufnahmen in den Wohnungen der Darsteller als Form der Selbstbeschreibung gemacht. Diese werden unter der Fragestellung: *Was hinterlasse ich, wenn ich mal nicht mehr bin?* durchgeführt (vgl. Anhang B u. C). So suchen sich die Darsteller einen Ort in ihrer Wohnung aus, von dem aus dann in einem 360-Grad-Winkel eine Videoaufzeichnung gemacht wird.

Die Darsteller in den Theaterprojekten der Freien Szene werden zum Teil, wie auch in den theaterpädagogischen Produktionen, aufgefordert, persönliche Gegenstände mitzubringen. Im Unterschied zur kollektiven Spurensuche in den theaterpädagogischen Produktionen werden die Gegenstände hier allerdings nicht als Anlass zum Gruppengespräch, sondern zur individuellen Selbstbeschreibung genutzt. Bei der Produktion ‚Deadline' wird jeder Darsteller aufgefordert, *etwas mitzubringen, das er anderen Menschen hinterlassen möchte* (vgl. Anhang C). Die Akteurin Alida Schmidt, die von Beruf Präparatorin ist, entscheidet sich bspw. für ihre Echsen:

> „Ich hatte ein paar Echsen, gestorbene Echsen im Glas, die ich mal gekauft hatte, und die habe ich mitgebracht. Denn ich hab Schlangen, Spinnen und Amphibien und die sind für mich sehr wichtig und da wurde natürlich nachgefragt. Weil es mir sehr frisch in Erinnerung war, habe ich halt erzählt, dass meine beiden Teppichpythons gestorben sind und dass ich die immer noch in meinem Kühlschrank gelagert habe" (ebd.).

Eine weitere Variante, mit der Selbstbeschreibungen initiiert werden, zeigt sich in der Aufgabenstellung der Produktion ‚Portraits 360 sek.', in der die Darsteller gebeten werden, *Selbstinterviews* zu führen. Von Interesse sind hier nicht nur die Antworten, sondern vor allem auch die gestellten Fragen. Um diese zu erarbeiten, bekommen die Akteure Zeit, sie in Ruhe zu Hause zu entwickeln. Die Fragen, die sich die Akteure ausdenken, aufschreiben und schließlich bei der Dramaturgie einreichen, werden ihnen in einer der darauffolgenden Probe gestellt und die Antworten, die jetzt mündlich dargeboten werden, transkribiert.

Da der Regisseur Michael Laub angekündigt hat, dass die Fragen und Antworten der Akteure sich nicht unbedingt auf das Schauspielhaus Hamburg beziehen müssen und sich seiner Meinung nach die Berufstätigkeit so stark auf sie auswirke, „dass ihre Portraits zwangsläufig ein Bild des Hauses ergeben" (Laub, Anhang I), fällt die Varianz der Fragen und Antworten recht groß aus. Der Chauffeur des Intendanten, Wolfgang Kremer, macht sein Hobby der klassischen Musik zum Thema. Er fragt sich: „Hast Du eine Sammelleidenschaft? Welche? Wie bist Du dazu gekommen? Wie organisierst Du das? Wie bezahlst Du diese Leidenschaft?" (Probendokumente ‚Portraits 360 sek.'). Er stellt damit kaum einen Bezug zum Schauspielhaus her, außer über den Zusammenhang, dass „das Schauspielhaus als Arbeitgeber „freilich seine Sammelleidenschaft (mit-) finanziert" (Kremer, Videoaufzeichnung ‚Portraits 360 sek.'). Ursula Semmelhack, Reinigungskraft am Schauspielhaus Hamburg, verzichtet ganz auf einen Zusammenhang zu ihrer Arbeitsstelle. Sie lässt sich nach dem Verhältnis zu ihren Eltern fragen, wie auch nach ihren liebsten Reisezielen, ihrer Leidenschaft für Musicals und dem Lieblingsort für ihre Beerdigung (vgl. Probenunterlagen ‚Portraits 360 sek.'). Der Billeteur Alfred

Nierhörster knüpft hingegen sehr explizit an den Ort seiner Berufsausübung an, fragt nach seinem Aufgabenfeld im Schauspielhaus – um bspw. stolz davon berichten zu können, dass er in 28 Berufsjahren nur zwei Tage krank war (vgl. Videoaufzeichnung ‚Portraits 360 sek.'). Wiebke Puls, professionelle Schauspielerin des Ensembles, stellt mit der Fokussierung auf ihren Körper in ihren Fragen zwar in gewissen Sinne einen Bezug zum Schauspielhaus ist her, da ja der Körper einen zentralen Aspekt ihrer Berufsfunktion auszeichnet, dennoch führen sie auch von ihr als Repräsentatin des Schauspielhauses weg: „Was denkst du über plastische Chirurgie? (...) Würdest du dich als modebewusst einschätzen? (...) Magst du Frauenmagazine? (...) Was bedeutet Theater für dich?" (Probenunterlagen ‚Portraits 360 sek.')

Fremdbeschreibungen

Neben den Selbstbeschreibungen wird biografisches Material in den Produktionen der Freien Szene auch über Fremdbeschreibungen generiert. Das übereinander Reden und Beobachten, Interpretieren und Kommentieren wird hier zum spielerischen Arbeitsprinzip erklärt. Dies zeigt sich besonders anschaulich bei einer weiterführenden Aufgabenstellung zu den eingebrachten Gegenständen der Produktion ‚Deadline'. Denn nicht nur der Eigentümer der bereits erwähnten Sammlung von Objekten erzählt hier etwas über seinen Gegenstand, auch für die anderen Beteiligten sind die Gegenstände Inspirationsquelle und Gedankenanstoß biografisierender Zuschreibung. Die bereits erwähnte Spielerin Alida Schmidt erinnert sich wie folgt:

> „Hans Dieter Illgner (...) hatte eine Mappe mit. Ich habe noch nicht mal geguckt, was drin ist, aber ich habe gedacht: O.k., die kann ich ja mal mitnehmen und dann sagen was mir dazu einfällt. Was dieser Mensch, in diesem Fall mit der Mappe, hinterlassen möchte. Mir ist Folgendes eingefallen: Wenn jemand etwas in eine Mappe packt, ist er ein ordentlicher Mensch und hatte wahrscheinlich auch viele Aktivitäten, die er ordnen muss. Ein Trauerredner hatte meine Echsen mitgenommen und die Vermutung angestellt, dass das jemand ist der vielleicht den Traum hat, noch exotische Länder zu sehen oder so" (Schmidt, Anhang C).

Während sich bei der Produktion ‚Deadline' im Verlauf der Proben sukzessiv alle Akteure untereinander auf der Grundlage eines persönlichen Gegenstands interpretierend beschreiben, entwickelt die Theaterformation ‚Lubricat' das Prinzip so genannter *Patenschaften*. Die professionellen Darsteller fungieren dabei als „Erinnerungspartner" (Cieslak 2006, 17) für die Laien-Darsteller, das heißt, sie sind „zunächst dazu da, die Laien kennen zu lernen und zu unterstützen" (ebd.). Dabei reicht die Patenschaft bewusst auch über den Theaterrahmen hinaus. Die Darsteller machen gemeinsame Unternehmungen mit den nicht-professionellen Akteuren, besuchen sie zu Hause, lassen sich Fotos und Erinnerungsgegenstände zeigen und machen bei diesen Treffen auch selbst Foto- und Filmaufnahmen. Jeweils ein oder zwei Schauspieler der Gruppe beobachten und interpretieren jeweils einen der nicht-professionellen Darsteller als Zeitzeugen der vergangenen Bundesrepublik. Die entstandenen Filme, genau wie die Interviews und die ersten Eindrücke sind dabei wiederum immer auch Ausgangspunkt für die professionellen Schauspieler, schriftliche, musikalische oder szenische Kommentare zu entwickeln.

Szenische Solo-Improvisationen

Auch in den Inszenierungen der Freien Szene schreiben und erzählen die Darsteller allerdings nicht nur von sich oder übereinander, sondern es werden hier ebenfalls, wie in der Theaterpädagogik auch, zu einem späteren Zeitpunkt darstellerische Improvisationsaufgaben gestellt. Die einzelnen Darsteller werden bei ‚Lubricat' zunächst zum Singen von für sie bedeutsamen Liedern, aber auch zum Vortanzen ihnen bekannter Tanzschritte (bspw. von Volkstänzen, die in den Heimatorten der Darsteller getanzt wurden) aufgefordert. Wer ein Instrument beherrscht, wie der Akteur Peter, wird zum Musizieren aufgefordert (vgl. Videoaufzeichnung ‚Café Dutschke').

Anstelle von Gruppen- und Partner-Improvisationen, wie sie in den theaterpädagogischen Verfahren erläutert wurden, sind die Improvisationen in den Produktionen der Freien Szene vermehrt solistisch angelegt. Sie beziehen sich auf den einzelnen Darsteller, der sich profilieren und in Szene setzen soll. Vermieden werden hier konsequent zentrale Elemente klassischen Rollenspiels. Anstatt Erinnerungen (re)konstruierend (nach)zuspielen, Situationen zu zeigen, besteht das Ziel vielmehr darin, routinierte Handlungen und Alltagsgesten fragmentarisch vorzuführen, um die eigene Erzählung mit körperlicher Darstellung zu verbinden und zu unterfüttern. Bei ‚Rimini Protokoll' entstehen derartige Darstellungsaufgaben meist abgeleitet von Stichwörtern aus den vorangegangenen *Selbstbeschreibungen*: Die Präparatorin, die in ihrer Jugend Ballettunterricht genommen hat, wird aufgefordert, verschiedene Balletthaltungen einzunehmen und zu halten. Auch die Art und Weise, wie in der Pathologie die Schnitte zur Untersuchung von Leichen gesetzt werden, demonstriert sie nacheinander. Der Steinmetz bringt Arbeitsmaterial auf die Bühne, beklebt einen Steingrabstein mit Elementen und meißelt ein Datum hinein.

Bei dem Stück ‚Portraits 360 sek.' gibt es die Besonderheit, dass auch die Solo-Improvisationen nicht vom Regisseur initiiert und angeleitet werden. Es handelt sich wie bei den hier initiierten *Selbstinterviews* um eine weitere offene Aufgabe an die einzelnen Akteure, für sich ganz allein in Hausarbeit ein theatrales Selbstportrait zu entwerfen. Die professionelle Schauspielerin Wiebke Puls berichtet:

> „Wenn ich mich recht erinnere, dann hat Michael Laub die Aufgabe gestellt, sich selbst darzustellen, also ihm eine Sammlung an Material anzubieten, aus der man dann eine Nummer basteln könnte, (...) er würde selektieren und mit uns gemeinsam ausfeilen, was interessant für die Bühne ist. Und er hat gesagt, es kann etwas sein, was (...) sechs Minuten lang ist. Es kann aber auch Material von drei Stunden sein. Es war uns völlig frei gestellt, wie wir uns darstellen wollen, mit welchen Mitteln und wie viele Mittel wir wählen" (Puls, Anhang K).

Mira Bartuschek, zur Zeit der Produktion ebenfalls professionelles Ensemblemitglied des Schauspielhauses Hamburg, bringt viele verschiedene Gegenstände, Kleidungsstücke und Videos mit, die für sie von Bedeutung sind. Ein „in allen Ecken kramen" (ebd.), das die Darstellerin der Regie vorschlägt, wird so auf der Bühne zum Improvisationsprinzip erklärt. Die Putzfrau Ursula Semmelhack wiederum erzählt in ihrem theatralen Selbstportrait Anekdoten zu den einzelnen Bühnenbildern, die sie bisher aufräumen und säubern musste. Außerdem berichtet sie, wie sie ihren Mann am

Schauspielhaus kennen gelernt hat, und demonstriert ihr Geschick beim Putzen der großen Bühne – begleitet von ihrer Lieblingsmusik. Bei Puls rückt wieder der Körper, wie in ihrem *Selbstinterview*, in das Zentrum ihrer Aufmerksamkeit. In Erinnerung an die Erarbeitung ihres *theatralen Selbstportraits* erläutert sie folgende Überlegungen im Zugang zur Aufgabenstellung:

> „Was ist denn ein markanter Zug an mir, von dem ich finde, dass der zur Sprache kommen sollte, wenn ich mich selber beschreiben sollte? Das erste was mir einfiel, (...) waren erst mal die Mängel (...) und (...), dass mir gesagt wurde, dass vieles an mir hässlich sei. (...) Ein gravierender Punkt war, (...) diese Hormontherapie von der ich da auch spreche, dieses Riesenwachstum. Die Tatsache, immer viel zu groß zu sein und dieses Wachstum einzudämmen mit Hormonen, das hat meinem Leben (...) eine entscheidende Richtung verliehen, die sich im Nachhinein (...) auch als produktiv herausstellt, aber es gab auch eine lange Zeit, in der das alles ganz schrecklich war" (Puls, Anhang K).

Aus der Erinnerung an ihre Kindheit und Jugend entwickelt sie einen Text in Form eines stichwortartigen Lebenslaufs, entscheidet sich, ein Playback zu dem Lied „Mit 17" von Jasmin Bonin zu singen und bietet die ganze Szene in einem Bühnenbild dar, welches an Settings des Reality-TV erinnert, da sie hinter einer Milchglaswand als Schattenriss und mit verzerrter Stimme spricht.

Rechercheaufgaben zu individuellen Erlebnissen

Das Regieteam ‚Rimini Protokoll' gibt den Darstellern in der Phase der Materialsammlung auch Rechercheaufgaben zu individuellen Erlebnissen in der Lebenswelt, die sie sammeln sollen. Sie werden aufgefordert, den Theaterrahmen zu verlassen und in der Alltagsrealität etwas zu unternehmen, was im weitesten Sinne mit dem Thema Tod zu tun hat, damit die Erfahrungen für die Arbeit auf der Bühne genutzt werden können. Mit jedem Darsteller werden verschiedene Aufgabenstellungen verabredet: Der Steinmetz beispielsweise beginnt mit der Betreuung eines Todkranken in einem Sterbehospiz, der sich auch auf die Zeitungsannonce zu Darstellersuche gemeldet hatte und aufgrund ärztlicher Empfehlungen nicht am Projekt teilnehmen konnte. Außerdem nimmt er gemeinsam mit den Regisseuren an einer Seebestattung teil.[99] Der ehemalige Bürgermeister wiederum nimmt Kontakt mit einem so genannten Medium auf, das über eine Zeitungsannonce gefunden wird und versucht darüber mit toten Verwandten oder Bekannten in Verbindung zu treten. Ein weiterer Darsteller, der Event-Manager und Trauerredner, beschäftigt sich anhand einer Computersoftware mit der Logistik des Friedhofs Ohlsdorfs in Hamburg und begleitet Angestellte des Friedhofs dabei, ein Grab auszuheben. Die Darsteller erweitern hier ihr Spezialistentum durch die Auseinandersetzung mit einem bestimmten Teilaspekt des Themas Tod, für das sie ja bereits aus anderen Gründen als Experten gecastet wurden. Als die Rechercheergebnisse niedergeschrieben bzw. als mündliche Darbietung in die Materialsammlung

99 Helgard Haug von ‚Rimini Protokoll' erinnert sich: „Bei der Seebestattung war Hilmar Jesse (Steinmetz) dabei, weil der Herr Stade [der Sterbenskranke aus dem Hospiz, Anm. N.K.] gesagt hat, er würde gern eine Seebestattung machen wollen. Und dann war klar, im besten Fall nimmt man gleich jemanden mit, mit dem man dann gleich daran weiter arbeiten kann. Es ist gut, wenn man vor Ort ist" (Haug, Anhang B).

eingebracht werden, erweist sich dieses Verfahren als sehr produktiv, denn neben dem faktischen Wissen, das dort im Wesentlichen zusammenkommt, färbt die Verknüpfung mit dem bisherigen Erfahrungshorizont der Darsteller die Geschichten immer auch durch persönliche Bezüge und Stellungnahmen aus dem eigenen Berufskontext heraus interpretativ ein (vgl. Videoaufzeichnung ‚Deadline').

Selektion des Materials nach formalen Ordnungsprinzipien und inhaltlicher Varianz

In den Produktionen der Freien Szene sprechen die Regisseure und Dramaturgen bereits während der Phase der Materialsammlung, meist in Abwesenheit der Akteure, untereinander darüber, was bzw. welche Geschichten, Gesten etc. der Darsteller für die Theaterarbeit interessant sein könnten. Während in den theaterpädagogischen Produktionen parallele Erinnerungen und Erfahrungen zwischen den Darstellern evoziert und dankbar aufgenommen werden, um gemeinsame Unterthemen zu finden, erscheinen Ähnlichkeiten in Inhalt und Darstellungsstil des biografischen Materials in den Produktionen der Freien Szene eher als Manko. Bei einander ähnelnden Geschichten, Ausdrucksweisen und Bewegungsqualitäten der Darsteller wird am Ende der Materialsammlung so immer nur eine Version derselben ausgewählt. Bei der Produktion ‚Portraits 360 sek.' wird in der Materialauswahl „immer das genommen [was Regisseur und Dramaturg] am Stärksten [finden:] vom Eindruck, oder wo es vielleicht am Weitesten [geht], oder wo es am meisten mit dem Menschen zu tun" (Schipper, Anhang J) hat. Neben der gezielten Kontrastsetzung bei der Auswahl des Materials besteht die Dramaturgiesitzung am Ende der Einstiegsphase zugleich in der Suche nach formalen Ordnungsstrukturen, die die Ausrichtung der Weiterarbeit steuern können.

>> Bei der Inszenierung ‚Portraits 360 sek.', in der es konzeptionell um Repräsentanten eines Ortes geht, dienen theoretische Überlegungen zum Phänomen Portrait als Entscheidungshilfe bei der Selektion des biografischen Materials. So ist das Kriterium für die Auswahl hier immer mit dem Ziel verbunden, Portraits zu zeigen: „Die Frage, die ich mir immer gestellt habe, war: Ist das, was jetzt gerade läuft, ein Portrait? Dann war die nächste Frage: Was macht ein Portrait aus? Ein wunderschönes künstlerisches Bild? (...) Oder gibt es welche, die auf einer sehr persönlichen, intimen Ebene etwas preisgeben?" (Schipper, Anhang J). Die größte Faszination liegt für die Entscheidungsträger dabei gerade in der Suche nach biografischem Material, das „nicht (...) den originären (...) Absichten der Darsteller" entspricht (ebd.): „Wir haben oft andere Momente gewählt, als die, womit sich die Darsteller präsentieren wollten", berichtet der Dramaturg der Produktion (ebd.). Außerdem kommt es jeweils zu starken Kürzungen des biografischen Materials. „Jeder Schauspieler hat vielleicht hundertmal mehr vorgeschlagen als das, was man da sieht" (ebd.), erläutert Schipper die starke Selektion. Interessant ist, dass bei der Produktion ‚Portraits 360 sek.' insbesondere zwei Gedanken die Auswahl lenken: Einerseits wird in Anlehnung an eine Ausstellungskonzeption in der Bildenden Kunst die Selektion des Materials innerhalb der *theatralen Selbstportraits* mit der Aufgabe eines Kurators gleichgesetzt,

der darüber nachdenkt, welche biografischen Fragmente er zu einer Ausstellung zusammenstellt (vgl. Laub, Anhang I). Andererseits bezeichnen sich Regisseur und Dramaturg bei ihrer Auswahl bewusst „oft als Theaterjournalisten" (Schipper, Anhang J). Damit spielen sie gezielt auf die journalistische Vorgehensweise an, wobei sie die Inszenierungsverfahren, die ihnen aus Dokumentarfilmen, Home-Movies und journalistischen Portraits bekannt sind, auf die Theatersituation übertragen wollen (vgl. Programmzettel ‚Portraits 360 sek.'). Das Medium der Fotografie wird schließlich für sie zur stärksten Metapher bei der Sondierung des Materials. Laub beschreibt das Fotoportrait für die Inszenierung „in diesem speziellen Fall als ein sehr relevantes Medium" (Laub, Anhang I), da es eine besonders große Spannbreite der Darstellungsmöglichkeiten eröffnet: „Ich habe viele großartige Portraits von Leuten gesehen, die sich dessen nicht bewusst waren, dass sie fotografiert wurden (...) und das radikal andere Extrem komplett gestellter Fotos von einem guten Fotografen, (...) als eine völlig eingerahmte Sache" (ebd.).

>> Für das Regieteam ‚Rimini Protokoll' geht es bei der Auswahl des biografischen Materials zunächst um die Suche nach „klassischer Bühnenpräsenz" (Wetzel, Anhang B). Das biografische Material wird daraufhin überprüft, welche „Form von Theater" die einzelnen Akteure von vornherein mitbringen (ebd.). Entscheidend ist für die Regisseure hier vor allem die Unterschiedlichkeit der Ausdrucksformen, „was diese Verve angeht, auf der Bühne zu stehen" (Wetzel, Anhang B). Bei jedem Darsteller wird jeweils anhand des eingebrachten Materials jeweils eine eigene, passende theatrale Ausdrucksform benannt. „Da ist Hans-Dieter mit seiner Bürgermeistervergangenheit, der hat (...) einen ganz bestimmten Stil drauf. (...) Alida Schmidt hat auch ne Form von Theater dabei, indem sie wahrscheinlich spricht, wie sie vor Studenten spricht, also Vorlesungen hält" (Wetzel, Anhang B). So werden vorrangig Szenen und Erzählungen gewählt, in denen diese Theatralität offenbar wird. Falls bei einem der Darsteller im Sprechduktus keine „Form von Theater" (Wetzel Anhang B) auszumachen ist, können auch „Theatralitätshandicaps formformale Anstöße" (ebd.) geben. Als bei dem Steinmetz kein „überzeugender Sprachstil" (Haug, Anhang B) zu entdecken ist, besinnt sich das Regieteam darauf, dass er ja ein „Mann der Schrift" (ebd.) ist. Seine biografischen Narrationen werden deshalb mit der dramaturgischen Überlegung ausgewählt, sie für die Aufführung durch schriftliche Kommentare auf Pappschildern, Videoeinspielungen und Diaeinblendungen zu ersetzen (vgl. Anhang B). Neben der Suche nach einer jeweils eigentümlichen Theatralität des Einzelnen ist für die Materialauswahl bei der Produktion ‚Deadline' ein zweites Entscheidungskriterium wichtig: Die Regisseure versuchen bei jedem Darsteller „zwei Spuren zu verfolgen" (Haug, Anhang B). Dabei geht es ihnen immer darum, „ihr Expertentum mit der Person" (Kaegi, Anhang B) zu verbinden, d.h. etwas, was jemand aus fachlicher Kompetenz sagen kann, „wieder an den Menschen heranzuholen" (ebd.). Das fachliche Wissen, das die Präparatorin durch Erfahrungen im Präparationssaal erlangt hat, wird mit dem persönlichen Thema des „Aufhebens von Tod" verbunden, von dem sie in der Phase der biografischen Materialsammlung berichtete und das „bei ihr eben so weit [geht], dass sie bis zu ihrem eigenen Körper Überlegungen anstellt, was wäre, wenn sie diese Tätowierung abnehmen (...) und ihrer Schwester weitervererben würde" (Haug, Anhang B). Der

ehemalige Bürgermeister wird vorrangig als Krematoriums- also Flammariumserfinder gesehen. Mit seiner Erinnerung an ein Begräbnis eines Amtskollegen, von der der Akteur ausschweifend und anschaulich zu berichten weiß, wird nach Ermessen des Regieteams seine persönliche Seite in die Inszenierung integriert (vgl. ebd.) Dem Steinmetz wiederum wird „eine zweite Biografie zur Seite gestellt" (Haug, Anhang B), indem er als „Begleitperson zu Herrn Stade" (ebd.) betrachtet wird – dem Sterbenskranken, der sich ebenfalls als Interessent für die Projektteilnahme gemeldet hatte und fortan regelmäßig vom Steinmetz besucht wird.

>> Bei der Produktion ‚Café Dutschke' entscheiden sich die Theatermacher zunächst für eine klare Zuordnung von einem Profi zu einem Laien, die auch auf der Bühne in der Aufführungssituation sichtbar gemacht werden soll. Jeder Laie bekommt so für die Produktion „einen aktiven Erinnerungspartner (...) als Forscher und Moderator (...) auch als Medium und Performer der Biografien" (‚Lubricat'[100]) an die Seite gestellt. Bei der Auswahl des Materials wiederum ist es Cieslak wichtig, „allen [Darstellern, Anm. N.K.] ihren Platz einzuräumen" (Cieslak, Anhang E), d.h. die Verhaltensmuster in der Begegnungssituation und den thematischen Schwerpunkt ihres biografischen Material immer von „Eigensinn und (...) Persönlichkeit der Darsteller" (ebd.) abzuleiten. Um die jeweiligen individuellen Spuren markanter herausarbeiten zu können, wird bei Berichten, Anekdoten, Erzählungen und anderen Darbietungen zu einzelnen Details vertiefend nachgefragt. Teilweise sollen die Akteure die entsprechenden Erinnerungen als Hausaufgabe aufschreiben. Der Lehrer erinnert sich: „Ich hab dann nachts bis drei oder vier Uhr teilweise hier gesessen und dann haben wir uns mit Dirk hingesetzt und dann hat er gesagt, jetzt wird das theatermäßig umgeschrieben" (Fieback, Anhang H). Bei der Selektion des biografischen Materials ist immer auch die passende Darstellungskompetenz ein entscheidender Faktor, der mitberücksichtigt wird. Der nach den Proben gewonnene Eindruck von den Laien führt die Regie zur Suche nach Wegen, die die Akteure zu beschreiten in der Lage sind (vgl. Cieslak, Anhang E). Man hat gesehen, „wie die in der Probe so sind" und daraufhin „Wege gesucht, was sie wohl machen können" (Cieslak, Anhang E). Die gesuchte Stimmigkeit ist für ihn immer eine Frage der Souveränität und Sicherheit auf der Bühne.

1.3 Selbstthematisierung als Ensembleleistung

Fragt man auf der Grundlage der vorangestellten Verfahren biografischer Materialsammlungen nach den Lernmöglichkeiten für den Darsteller, lässt sich für alle Produktionen Folgendes konstatieren: Eine biografische Materialsammlung fordert eine Reflexionsleistung der eigenen Person mit ihren biografischen Erfahrungen, ihren Meinungen und Befindlichkeiten heraus. Durch die künstlerische Betätigung und die Präsentation erster Selbstentwürfe ist für die Akteure immer auch eine Rückwendung auf die eigenen

100 www.lubricat.de (letzter Zugriff: 10.10.2006). Das entsprechende Konzept für Forschungen in der Wirklichkeit „basiert auf der gemeinsamen Arbeit von Laien und Darstellern und fokussiert den Laien thematisch und praktisch als Vertreter sozialer Gruppen (Communities)" (ebd.) (letzter Zugriff: 10.10.2006).

Wahrnehmungs- und Denkmuster verbunden. Um diese Reflexionsleistung näher zu fassen, bietet sich der Begriff der Selbstthematisierung an, und zwar in dem Sinne, dass die Darsteller vor oder mit anderen ihr gegenwärtiges Selbstkonzept entwerfen und veräußern, und somit für sich selbst zum Gegenstand der Betrachtung machen.

Auch außerhalb eines Theaterprojekts bewegen sich Menschen zeitweise in Strukturen biografischer Kommunikation. „Biografische Thematisierung ist ein besonderer Typ der alltäglichen Kommunikation, mit der Orientierungsrahmen geschaffen und gesichert werden, d.h. sie ist eine der alltagspraktischen Grundlagen der Sozialwelt" (Kohli 1981, 502). Zumeist wird biografische Reflexion im Alltag aber

> „erst dann notwendig, wenn die Orientierungsfunktion institutionalisierter Ablaufmuster für die Lebensplanung und Lebensbewältigung nicht ausreicht, oder (...) der Ablaufplan nicht eingehalten werden kann (...). Es sind Krisen – oder weniger dramatisch: die Widersprüche, Unstimmigkeiten und Leerstellen – der selbstverständlich gegebenen Schemata der Wirklichkeitskonstruktion, die eine Thematisierung durch das Subjekt erzwingen" (Kohli nach Siebers 1996, 45).

In einem Theaterprojekt basiert die Selbstthematisierung jedoch nicht auf einer Desorientierung, auf Krisen oder Leerstellen im Bezug auf die eigene Sozialwelt. Sie ist vielmehr durch die Entscheidung motiviert, an einem Theaterprojekt teilzunehmen und sich dort mit der eigenen Person unter einem vorgegebenen Aspekt spielerisch auseinanderzusetzen.

Indem der Einzelne dort für ihn neuen und auch fremden Menschen begegnet, entsteht zudem ein besonders großer, neuer Freiraum der Selbsterkundung. Es gibt noch keine gewachsenen Beziehungsstrukturen und

> „so können beispielsweise Umarbeitungen von Lebensgeschichten (neue Interpretationen von Lebenserfahrungen und Selbstbildern) nicht zurückgewiesen werden (So kenne ich Dich gar nicht, das ist mir fremd, aber sonst bist du doch immer so und so)" (Fuchs-Heinritz 2000, 53f.).

Die besondere Umwelt[101] eines Theaterprojekts bietet den Projektteilnehmern „einen aus dem pragmatischen Leistungs- und Nutzenkontext heraus gelösten Ort" (Plate 2005, 37). Gewisse Regeln anderer Lebensrealitäten sind dabei außer Kraft gesetzt und neue und andere Regeln werden gleichsam etabliert: Lassen sich alle Beteiligten auf die Idee und das Wagnis Theater zu machen ein, kann so eine Freiheit entstehen, sich lustvoll aus Wahrnehmungs- und Handlungsroutinen zu lösen, um sich bewusst für neue Herangehensweisen an die eigene Lebensgeschichte und damit für veränderte Wahrnehmungen zu entscheiden. In jeder biografischen Spurensuche eines Theaterprojekts besteht für die Darsteller somit die Chance, ihr Selbstbild und ihre Erinnerungen neu zu entdecken, inspiriert durch Aufgabenstellungen und Mitspieler. Eine Laiendarstellerin der Produktion ‚Café Dutschke' von ‚Lubricat' erinnert sich wie folgt an die Materialsammlung:

> „Das hatte zur Folge, dass ich auch selber (...) freundlicher hingeguckt habe. Und auch mal so ein bisschen distanzierter. Ich hab' ein bisschen zurückgezoomt und geguckt. Wenn man sich so durch das Leben wurschtelt, dann hat man ja gar nicht das Gefühl, als hätte man tolle Sachen gemacht." (Busse, Anhang G)

101 Schulze spricht im Zusammenhang des lebensgeschichtlichen Lernens von Umwelten, „die die Lebenswelt zergliedern – in private und öffentliche Räume; kultiviertes und wildes Gelände, Territiorien, Verkehrsadern, Sperrbezirke, Nischen und Verstecke (...)" (Schulze 1993c, 208).

Einer positiven Grundstimmung der Teilnehmer ist dabei zuträglich, dass die Darsteller in den analysierten Produktionen ihr biografisches Material jeweils ohne literarischen Anspruch generieren können und es nicht darum geht, einen kohärenten Lebenslauf auf der Bühne abzubilden. Es geht lediglich um den Entwurf von Fragmenten, von Teilaspekten der eigenen Biografie.

Außerdem machen die Akteure die Erfahrung, dass sich die Regisseure, selbst wenn eine Idee oder eine Darstellung brüchig oder unlogisch erscheint, immer die Zeit zum Zuhören und Zuschauen nehmen. So entsprechen die Materialsammlungen den Vorraussetzungen, die auch in nicht-künstlerischen biografiezentrierten Projekten der Erwachsenenbildung für den Einstieg in die gemeinsame Arbeit propagiert werden: „Es gibt keinen Widerspruch, Korrektur oder ‚Wahrheitsliebe'. Stattdessen offene Ohren, respektierende Bejahung und einfühlende Anfrage" (Ruhe 2007, 12). Jedes noch so einfache Detail, jede beliebige Facette, die der Akteur ins Spiel bringen möchte, interessiert.

Die jeweilige biografische Fokussierung und Perspektivierung ermöglichen es, einen neuen Blick auf das eigene Leben zu richten und so einen produktiven Einfluss auf die Selbstthematisierung zu nehmen: Die Betrachtung eines spezifischen Sozialraums, ein vorgegebenes Thema oder die fokussierte intergenerationelle Begegnung geben klare Strukturen vor und ermöglichen Reflexion, die in anderen, alltäglichen Zusammenhängen kaum Platz finden würde. Für den einzelnen Akteur können so auch immer neue Interpretations- und Verbindungsmöglichkeiten von Erinnerungen (gedankliche Verknüpfungen) deutlich werden, die zuvor noch nicht ersichtlich waren.

Gerade die Art der Selbstreflexion, die über die bekannten Formen des alltäglichen biografischen Erzählens (memory talk) hinausgeht, stiftet den Darstellern neue Zugänge zu ihren Selbst- und Weltbildern und ihren soziokulturellen Gedächtnisprozessen. „Die Arbeit reicht von Tanz bis Gesang, von Schreiben bis Improvisieren und bietet ihnen Chancen" (Plate 2007, 55), Erinnerungsspuren auf ungewöhnlichen Pfaden zu beschreiten. Durch spielerische und körperorientierte Improvisation ist „eine hohe Affinität zu unbewussten Impulsen [gegeben,] in [der] sich das Spiel mit der Einbildungskraft mit Hilfe nicht-begrifflicher, vieldeutiger Symbolsprachen relativ frei entfalten kann" (Weintz 1999, 131)[102]. Unterschiedliche Zugänge zur biografischen Spurensuche wie Rechercheaufgaben, Schreiben und Improvisationen kommen den individuellen Vorlieben der Spieler entgegen. Jeder findet einen Zugang, der ihm besonders liegt, macht mit Aufgabenstellungen, die ihm ungewohnt und fremd erscheinen, neue Erfahrungen.

Selbstthematisierung als Integrationsprozess

In einer kollektiven Spurensuche, wie sie in den vorangegangenen Kapiteln anhand der theaterpädagogischen Produktionen gezeigt wurde, vollzieht sich der Erfahrungs-

102 In unserer heutigen Gesellschaft werden zwar Person und Körper nicht zwangsläufig als Einheit verstanden. Doch verweist der Soziologe Alois Hahn mit der Rückbesinnung auf archaische Gesellschaften auf zahlreiche Wechselwirkungen zwischen Körperlichkeiten und Seelenkräften, die ineinander schwingen (vgl. Hahn, 2000, 353 ff.). Auch Gebauer u. Wulf zeigen auf, dass „(Selbst) Wahrnehmungen (...) nicht nur diskursiv, sondern vor allem mimetisch gewonnen [werden], als ein nichtbegriffliches Wissen im Medium körperlicher Handlungen" (Gebauer/Wulf 1998, 65).

austausch dabei verstärkt zwischen den Projektteilnehmern untereinander bzw. dem gesamten Ensemble miteinander. Das „sozial ausgerichtete Bedürfnis nach Auseinandersetzung, Widerspiegelung, Akzeptanz und Nähe" (Weintz 1999, 297) wird hier innerhalb der produzierenden Gruppe in hohem Maße erfüllt, da es durch die Anzahl der Mitglieder potenziert wird.

Die Spielleiter konstruieren über Probenarrangements und Aufgabenstellungen Rahmungen der Materialsammlung, die so organisiert sind, dass ein Integrationsprozess in den Gruppenzusammenhang die Biografiegenerierung steuert. Die Einzelnen finden Halt in der Gemeinschaft der Ensemblemitglieder, und zwar nicht nur formal, sondern auch durch die gemeinsame inhaltliche Einordnung von Erfahrungen sowie in der Reflexion von Werten. So ist es kaum verwunderlich, dass eine Teilnehmerin der Produktion ‚Freundschaft' als Erkenntnis der biografischen Theaterarbeit formuliert: „Wir haben ziemlich ähnliche Schicksale und endlich konnte man mal reden und wurde verstanden" (Kathrin, Anhang L).

Dadurch, dass die biografische Materialsammlung in kollektiven Verfahren so organisiert ist, dass die „jeweils in den individuell erfahrenen Erlebnisse[n] gemeinsame[n] real-historische[n] Verknotungen en detail" (Gudjons 1999, 29) aufgespürt werden, werden nicht nur Sinnzusammenhänge zwischen den Teilnehmern erschlossen.[103] Die Gruppenidee steht so sehr im Fokus der Theaterarbeit, dass sich die einzelnen Spieler des Ensembles zudem „als Vermittlungsinstanz zwischen Gesellschaft und Individuum" (Marx 2003, 130) erleben können. Denn immer wird hier lebensweltliche Erfahrung auch auf gesellschaftliche Strukturen hin beleuchtet und sich diesen diskutierend, forschend und spielend angenähert. Insbesondere wenn sich die Darsteller, wie in der Materialsammlung zu ‚Ein Haufen Heimat' bspw. über mit Verwandten und Bekannten geführte Interviews mit dem Zweiten Weltkrieg beschäftigen und sich spielerisch mit Klischees zum Heimatbegriff auseinandersetzen, geht es bei der biografischen Selbstverortung um eine Verbindungslinie zwischen Theatergruppe und Gesellschaft, die mit Nickel folgenden Fragen verbunden ist:

> „Woher kommt diese Gesellschaft? Was hat sie geprägt? Was sind für uns akzeptable, gute, was negative Erinnerungen? Welche Traditionen sind noch lebendig, was trägt sie mit sich? Was entwickelt sich in die Zukunft hinein? Welche Überraschungen könnten eintreten? Wohin geht die Gesellschaft?" (Nickel 2005, 68).

Betont wird beim Spieler in kollektivierenden Verfahren aber immer anstelle der personalen die soziale Seite der Identität. Die Ausrichtung der Spurensuche enthält immer die Tendenz zur Objektivierung im Sinne einer Suche nach einer Gruppenessenz.[104] Kritisch ist diese Gruppenessenz zu betrachten, wenn sie sich nur auf den kleinsten

103 Gudjons macht mit Bezugnahme auf Lorenzer darauf aufmerksam, dass jeder dieser Knotenpunkte sowohl von der personalen als auch der sozialen Perspektive her lesbar ist (vgl. Gudjons 1999 et al, 29.).

104 Wobei Objektivität nur als relative, auf Vereinbarungen gegründete Kategorie gelten kann. Denn was heißt „Objektivität im Hinblick auf historische Sachverhalte? Objektivität ist keine messbare Größe und auch nicht das arithmetische Mittel aller subjektiven Wahrnehmungseinstellungen. Auch am Faktischen lässt sie sich nicht ohne weiteres festmachen: Ob etwas Fakt ist oder nicht, unterliegt der Bewertung und selbst bei offenbar feststehender Faktenlage ist die Frage nicht ausgeräumt, ob für die Konstitution eines Sachverhalts nicht weitere und wenn ja, welche Fakten zu berücksichtigen und in welcher Weise sie aufeinander zu beziehen wären" (Wagner-Egelhaaf 2005, 2).

gemeinsamen Nenner bezieht und die besonderen Erfahrungen der Teilnehmer in den Hintergrund rücken oder unbeachtet bleiben. Wenn aber, wie in den Verfahren deutlich gemacht, vor dem Hintergrund der gefundenen Gemeinsamkeiten dem Aufschreiben, Erzählen und szenischen Rekonstruieren von eigenen beispielhaften Erfahrungen Raum und Zeit gegeben wird, werden in der Materialsammlung äußere Strukturbedingungen der eigenen Lebensgeschichte reflektiert und können positiv oder negativ bewertet werden. Für den Einzelnen bedeutet das eine Positionierung und Teilhabe am gesellschaftlichen Diskurs.

Selbstthematisierung als Individualisierung

In einer individuellen Spurensuche, wie sie bei den Produktionen der Freien Szene sichtbar wurde, wird eine integrative Gruppendynamik geradezu vermieden. Wie die Produktionsbeschreibungen gezeigt haben, vollzieht sich die Selbstthematisierung in der Theaterarbeit mit biografischem Ich-Bezug als Erfahrungsaustausch zwischen dem einzelnen Projektteilnehmer und den professionellen Erinnerungspartnern, seien letztere nun die Regisseure selbst oder wie bei ‚Lubricat' die Profischauspieler, die sich den Zeitzeugen als Paten widmen. Der Erfahrungsaustausch ist hier weniger gruppenorientiert, sondern verstärkt dialogisch angelegt. Die meisten Darbietungen werden nur, aber dafür dezidiert zwischen Regie und Darsteller diskutiert.

Dadurch, dass die Regie oft eine längere Beobachtungshaltung einnimmt, bietet diese Form der biografischen Materialsammlung dem einzelnen Spurensucher damit viel Raum zur Selbstthematisierung. So vollzieht sich die individuelle Spurensuche im Vergleich zu den kollektiven Selbstthematisierungen oft ausgiebiger und detaillierter, gerade wenn in den Improvisationen das „Unfertige, das Unterbrochene, das Nicht-Beherrschte" (Pinkert 2005a, 40) Platz bekommt und nicht durch Beeinflussung und Intervention geholfen wird, Kohärenz herzustellen und Lücken zu füllen (vgl. ebd.).

In einem Nachgespräch mit den Akteuren zeigt sich, dass die Möglichkeiten der aktiven Individualisierung, der Profilierung gegenüber Anderen und der Entfaltung des eigenen Spezialistentums von den Akteure gern ausgeschöpft werden. Gerade die Vertreter der älteren Generation in der Produktion ‚Café Dutschke' entfalten in dieser Hinsicht großen Ehrgeiz und nehmen sich selbstbewusst den Freiraum für ausgiebige Selbstthematisierungen. Eine der älteren Laiendarstellerin aus der Produktion sagt dazu:

> „Wir sind das Thema, also die Nachkriegssituation, deshalb ist es richtig, dass wir unsere Sachen erzählen und die jungen Schauspieler nicht so viel preisgeben" (Busse, Anhang G).

In besonderem Maße bereichernd für die Selbstthematisierung sind bei ‚Lubricat' die Rückspiegelungen durch die professionellen, jungen Schauspieler als Erinnerungspaten. Im Gegensatz zu der theaterpädagogischen Produktion ‚Herzliches Beileid', bei der ebenfalls die Begegnung zwischen zwei sozialen Gruppen im Fokus der Inszenierung steht, führt die gesuchte Gegenüberstellung von wertschätzenden, aber auch kritischen Nachfragen durch die Paten zu einer besonders exklusiven Form der Biografiearbeit. Dadurch dass die Aufgabe der Profis darin besteht, zu reagieren und kommentierende Texte und Lieder zu verfassen, wird hier immer auch spielerisch die Auseinandersetzung mit der Fremdwahrnehmung der eigenen Person angeregt.

Zusammenfassend lässt sich für alle individuell ausgerichteten biografische Materialsammlungen festhalten, dass sie den Akteuren Foren persönlicher Profilierung bieten. Sie fokussieren im Unterschied zu einer gruppenorientierten Selbstthematisierung verstärkt Aspekte und Lebensräume, die die Individualität des Einzelnen gegenüber den anderen Akteuren betonen. Besondere Persönlichkeitsmerkmale werden beschrieben, das Erkennen und Darstellen von eigenem Expertenwissen wird ermöglicht. Wenn der Ex-Bürgermeister bei ‚Rimini Protokoll' Raum bekommt, auf seine Erfindung des ‚Flammariums' einzugehen, der Lehrer bei ‚Lubricat' sein ausgeklügeltes Wissen über das Nahverkehrsnetz an das Publikum bringen kann und ein Statist sich in der Produktionsarbeit zu ‚Portraits 360 sek.' mit einem Medley aus allen Sprechrollen exponiert, besteht die besondere Erfahrung genau darin: allein im Rampenlicht zu stehen und sich dort zu behaupten (vgl. Videoaufzeichnungen ‚Portraits 360 sek.', ‚Deadline', Café Dutschke'). Diese Profilbildung kann noch einmal konturiert werden, wenn der Darsteller die Darbietungen seiner Mitspieler auf der Bühne sieht und sich zu ihnen im Kontrast wahrnehmen kann. Wenn er weiß, dass die Darbietungen und Äußerungen aller Ensemblemitglieder nach derselben biografischen Aspektierung und mit vergleichbaren Aufgabestellungen generiert werden, bietet eine individuell ausgerichtete biografische Materialsammlung auch die Einsicht in das große Möglichkeitsspektrum biografischer Positionierungen. Das kann wiederum den Einzelnen anregen, sich in Relation zu den anderen Darstellern zu reflektieren, sich von ihnen inspirieren zu lassen und davon ausgehend bisher unbekannte Facetten der eigenen Persönlichkeit und neue Themenfelder für sich tiefer gehend zu betrachten.

2 Biografische Rollengestaltung

2.1 Gruppentypisierung

In den theaterpädagogischen Produktionen dienen geteilte Gefühle, gemeinsame Themen sowie korrespondierende Anekdoten, Gedankensplitter und gemeinsam erarbeitete Improvisationen aus der Materialsammlungsphase als Anlass, chorische Spielformen zu entwickeln. Diese Setzung ist konsequent, denn wo „Gleichheit und Gleichberechtigung formale Vorraussetzungen des Theaterlernens und Theaterspielens sind, (...) liegt es nahe, sich chorischer Formen zu bedienen, sie zu erproben und zu untersuchen" (Kurzenberger 1998b, 18).

Um aber die Darsteller als Figuren für die Stückentwicklung zu konturieren und den Spielern beim Einstieg in die szenische Darstellungsarbeit eine Hilfestellung zu geben, suchen die Spielleiter zunächst nach Rollenbeschreibungen für die Akteure, die mit ihrem biografischen Material aus der Materialsammlung korrespondieren und gleichzeitig eine Verbindung untereinander manifestieren. Dabei werden in der Rückschau auf die Materialsammlung nicht alle Darsteller einzeln in den Blick genommen, vielmehr geht es darum, in einem sehr weiten Zugriff ein verbindendes Rollenprofil für die Akteure zu suchen. Als dramaturgische Setzungen einer fiktionalen Gruppenzugehörigkeit sind sie dazu gedacht, dem einzelnen Spieler über verallgemeinerbare soziale Attribute und Verweise auf bestimmte soziale Konventionen oder Verhaltensweisen Halt und

Orientierung für seine Darstellung zu geben, die auch die Frage nach der passenden Kostümierung leiten können.

Bei der Produktion ‚Herzliches Beileid' ergibt sich aus der Improvisation zu den Beileidsbekundungen, in der bereits mit Kostümen agiert wurde, das Bild einer Beerdigungsgesellschaft. Die Spielleiter nutzen diese Formation mit Blick auf die Stückentwicklung als zentrale Setzung und Referenzpunkt für die Darsteller, da von ihr ausgehend unterschiedliche szenische Bilder und Geschichten zu dem Thema Tod vorgeführt werden können. Durch die Typisierung wird so jedem einzelnen Darsteller ein erster Orientierungspunkt für seine Darstellungsarbeit gegeben. Ihm sind Verhaltenskonventionen präsent und doch bietet die Zuschreibung Platz für seine biografischen Versatzstücke und vielfältige, individuelle Ausdrucksweisen. Die Gruppe, die sich daraufhin über die Kostümierung für die Rollengestaltung berät, verzichtet entsprechend auf die Verpflichtung zur schwarzen Trauerkleidung, um Einzelnen auch den Bruch mit sozialen Konventionen zu ermöglichen. Diese Offenheit erscheint auch dem Stück zuträglich, dem nicht schon durch die einheitliche Kostümierung „eine durchgängige Farbe" (Fetting, Anhang M) gegeben werden soll. Allerdings einigt sich die Gruppe darauf, dass sie sich als Trauergäste zumindest passend für ein Erscheinen in der Öffentlichkeit kleiden, sich mit Jacken Mänteln, Handtasche, Hut, Regenschirm oder Krawatte ausstatten (vgl. Videoaufzeichnung ‚Herzliches Beileid').

Bei der Produktion ‚Ein Haufen Heimat' inspiriert die in der Materialsammlung entstandene Heimatabendatmosphäre mit dem aufgekommenen Zusammengehörigkeitsgefühl und dem gemeinsamen Musizieren zur fiktiven Gründung eines jugendlichen Heimatvereins. Allerdings soll es sich dabei nicht um einen affirmativ patriotischen Heimatverein, sondern um einen Zusammenschluss junger Menschen handeln, die sich mit sozialkritischem, politisch motiviertem Blick mit der Thematik Heimat auseinandersetzen. Alle Akteure tragen, so wird verabredet, einander im Stil ähnelnde traditionell-dörfliche Kleidung (Kniebundhosen, Rippenunterhemden, weite Kleider und Röcke, Wanderschuhe), außerdem einen Hut und ein Musikinstrument. Zur Ausstattung der Bühnenfiguren gehört zudem jeweils ein mit Erde gefüllter Eimer.[105] So wie jeder Beteiligte passende, aber nicht dieselbe Kleidung trägt, variieren auch die Inhalte der Eimer, von Kiesel über Sand bis Torf und Waldboden.

Während die Kleidung bei der Produktion ‚Herzliches Beileid' dem persönlichen Kleidungsstil der Akteure entspricht, handelt es sich hier um gezielt um eine ironisierende Kostümierung. Für die biografiezentrierte Inszenierung sollen sie auf den Zuschauer bewusst verfremdend wirken, ist doch in der Verkleidung eine Distanz zwischen Person und Rolle angelegt, die beim Zuschauer augenzwinkernd Assoziationen von Heimatdünkelei und Lokalpatriotismus wecken kann.

Das Ensemble der Produktion ‚Freundschaft' findet die Typisierung über das gedankliche Bild einer Ausreißerbande. Auch diese Setzung folgt der Logik des dramaturgischen Leitfadens: dem chronologischen Lebensweg von Jugendlichen, die in betreuten Wohnprojekten leben. Um den Zusammenhalt zwischen den Jugendlichen deutlich zu machen, wird vereinbart, dass alle Darsteller Jeans und unifarbene T-Shirts tragen sollen. Die Farben der T-Shirts sollen sich allerdings unterscheiden, um die Bande der

105 Damit wird ein mitgebrachter Gegenstand zum Thema Heimat aus der Phase der Materialsammlung aufgegriffen und auf alle Darsteller übertragen.

Ausreißer nicht als uniformierte Masse, sondern als Zusammenschluss unterschiedlicher Individuen mit facettenreichen Persönlichkeiten zu zeigen.

Vor dem Hintergrund der vorgenommenen Gruppentypisierungen greifen die Spieler zur darstellerischen Umsetzung jetzt in ihren Kostümen das selektierte Material aus der Materialsammlung wieder auf, um es szenisch zu gestalten und zu fixieren.

Erarbeitung von Bewegungschören

In allen theaterpädagogischen Produktionen werden zunächst Bewegungschöre erarbeitet, die die Körperlichkeit in der szenischen Arbeit zentral setzen. Das kann bedeuten, dass manche Bewegungsmuster, die in der Materialsammlung zufällig gefunden wurden, aufgegriffen und gemeinsam ausgebaut werden. Ein anderer Weg besteht darin, gemeinsame Befindlichkeiten oder geteilte Erfahrungen in körperliche Ausdrucksweisen zu transformieren. Zumeist ergänzen sich die beiden Zugangsweisen für die szenische Arbeit.

Bei der Inszenierung ‚Freundschaft' wird für jeden Teilaspekt der dramaturgischen Entwicklungslinie (*Unterdrückung*, *Aufbruchstimmung* und *Freundschaft*, vgl. III.1.1) ein symbolischer Bewegungschor entwickelt, der sich jeweils durch unterschiedliche Tempi und Dynamiken auszeichnen soll. So üben die Akteure zunächst – aufgestellt in einer Reihe – ein gemeinsames Auf-der-Stelle-Laufen im Zeitlupenmodus als Ausdruck und metaphorisches Bild erinnerter Befindlichkeiten zu ihren Herkunftssituationen. Die Darsteller werden aufgefordert, während dieser Übung einerseits erinnernd ihre Unterdrückungsgefühle zu aktivieren um jeweils einen entsprechenden Ausdruck zu transportieren. Andererseits ist die Souveränität in der präzisen Darstellung beizubehalten, aufeinander zu achten und sich auf die verlangsamten Bewegungen zu konzentrieren. Nachdem auf diese Art und Weise eine *Slowmotionchoreografie* für den Themenkomplex der *Unterdrückung* einstudiert ist, werden die Akteure aufgefordert, in einer Folge-Improvisation raumfüllend chorische Bewegungsformen für eine sich daraus entwickelnde *Aufbruchstimmung* zu entwickeln. Die Leitung bereitet den Bühnenraum dafür zunächst so vor, dass er spielerische Anreize bietet. So befinden sich auf Anregung der Bühnebildnerin in einem sehr großen Bühnenraum der Schaubühne (der nicht durch Vorhänge abgeteilt ist und als hoher, fabrikähnlicher Raum mit rohen Betonwänden genutzt wird), eine Vielzahl rollbarer Transportgitterkästen, wie sie von Bühnenarbeitern benutzt werden. In einer Reihe sind die Kästen quer über die Bühnenmitte aufgestellt. Den Spielern, die sich im vorderen Bereich der Bühne in einem Halbkreis formieren, werden über Zurufe Anregungen und Spielregeln vorgegeben, die sie an bestimmte Aspekte aus der Sammelphase erinnern. Zunächst greift die Gruppe die Struktur eines Aufwärmspiels auf und entwickelt gemeinsame Körperhaltungen, die Wut, Aggression und Entschlossenheit demonstrieren. Dabei schlägt immer ein Spieler eine Geste, wie beispielsweise Fußstampfen oder lautes Schreien vor, die die anderen dreimal hintereinander jeweils verstärkt und vergrößert wiederholen. Innerhalb dieser Spielstruktur beginnt ein Spieler auf einen Gitterkasten einzutreten. Die Mitspieler folgen ihm. Die Gruppe arbeitet sich an den Gitterkästen ab, während die Spielleitung diese Idee aufgreift und währenddessen das ebenfalls aus der Materialsammlung vertraute Lied „Do what I say" (2000) von Clawfinger einspielt, um die aggressive

Stimmung noch zu verstärken. Im weiteren Verlauf der Gruppenimprovisation brechen die Akteure die *Gitterkastenmauer* auf und erobern die hintere Bühnenhälfte. Die aggressive Stimmung schlägt in eine ausgelassene Partystimmung um. Durch einen weiteren Einwurf von Außen werden die Spieler nun aufgefordert, zu dem neu entstandenen Gefühl mit Hilfe der Gitterkästen ein passendes theatrales Bild zu entwerfen. Der Partyhit „I´ve got the power" (1990) von Snap wird unterstützend eingespielt, woraufhin die Jugendlichen zunächst zwischen den Gitterkästen tanzen, bis sie sich darauf einigen, daraus eine *Achterbahn* zu bauen. Die Kästen werden im Bühnenraum diagonal aneinander angedockt, dann setzen sich die Spieler jeweils zu zweit in einen Gitterkasten und die gespielte *Achterbahnfahrt* beginnt. Schließlich wird das Glück thematisiert, das die Akteure mit ihren *Freundschaften* in der Theatergruppe und mit ihren neuen Wohnsituationen gefunden haben. Die Spieler bekommen jetzt die freie Gruppenaufgabe, hierzu wieder unter Bezugnahme auf die Materialsammlung, eine chorische Szene zu erarbeiten. Inspiriert durch einen Filmausschnitt[106] aus „Absolute Giganten" (Sebastian Schipper, 1998) bauen sie einen *Kusshaufen*, bei dem eine erste Person auf den Boden liegt, eine zweite Person hinzukommt, dem Spielpartner einen Kuss auf die Wange gibt und sich zu ihm legt. Eine nächste Person betritt die Bühne und der Vorgang wiederholt sich. Die Reihe wird fortgeführt, bis die Darsteller kreuz und quer und übereinander liegend zur Ruhe kommen.

Während die bisher skizzierten Bewegungschöre Gefühlszustände symbolisieren, werden andere Bewegungschöre als Rahmungen für Erzählberichte der Darsteller entwickelt.

Bei der Produktion ‚Herzliches Beileid' wird die kollektive *Trauergemeinde* in einer angeleiteten Improvisation aufgefordert, sich in Erinnerung an die Meditationsübung auf die im Bühnenraum verteilten und in Richtung Publikum ausgerichteten Stühle zu setzen und mit Körperbewegungen das Bild einer Zugfahrt als Reise des Lebens in Richtung Tod zu versinnbildlichen. Alle Akteure bringen ihren Körper dazu leicht zum Vibrieren. Gemeinsam werden verschiedene Tempi, Anfahrt und Zwischenstopps erarbeitet. Nicht individuelle Charakterzüge stehen im Vordergrund, sondern das formale, reduzierte Bild durch präzise ausgewählte Gesten. Bei jedem Stopp der *Zugfahrt* gibt es die Freigabe, kleine Erzählungen aus der Materialsammlung einzubauen, an die sich die Darsteller entweder noch selbständig erinnern oder die von der Regie angeregt werden. So funktioniert die *Zugfahrt* als Rahmen für die eigenen Texte, der ihnen übertriebenes Pathos oder übertriebene Gefühligkeit nimmt und die veräußerten Gedanken gleichzeitig exponiert zur Diskussion stellt.

In der Produktion ‚Ein Haufen Heimat' bekommen die Akteure die Aufgabe, zu den gesammelten Zeitungstexten, die von Krieg, Vertreibung und Folter erzählen – und über die sie sich in der Phase der Materialsammlung bereits diskutierend auseinandergesetzt haben – eine chorische Szene zu erarbeiten. Die Darsteller entwickeln zunächst einen *Walzenchor*, indem sie sich mit regungsloser Mimik im Schulterschluss nebeneinander, ihre Füße immer im Kontakt zum Bühnenboden haltend, langsam von der hinteren Bühne vorwärts zur Rampe bewegen. Als sie mit ihrer Erarbeitung zufrieden sind, sprechen sie jeder in nüchternem Tonfall einzelne Sätze und Abschnitte der

106 In dem Filmausschnitt übernachtet die Freundesclique gemeinsam an einem ihnen fremden Ort. Um sich gegenseitig Geborgenheit zu schenken, geben sie sich wie bei einem Familienritual gegenseitig Gute-Nacht-Küsse.

Textsammlung auf Tonband auf. Die Hörspielfrequenz wird anschließend parallel zum *Walzenchor* eingespielt (vgl. Videoaufzeichnung ‚Ein Haufen Heimat').

Eine weitere Verbindung von chorischem Bewegungsmuster und Sprechtext stellt die Erarbeitung einer *Unterdrückungscollage* in der Produktion ‚Freundschaft' dar. Angesetzt wird hier bei den rekonstruierten Situationen, die die Jugendlichen im paarweisen Rollenspiel erarbeitet haben. In einem ersten Schritt sollen sich alle Paare auf der Bühne verteilt positionieren. Dann werden die Sequenzen nacheinander möglichst genau so aufgeführt, wie sie in der Materialsammlung erarbeitet wurden. In einem weiteren Schritt werden die Dialoge so gekürzt, dass nur noch die Sätze gesprochen werden, die notwendig erscheinen, um pointiert den wesentlichen Inhalt der Szene zu vermitteln. Auch auf alle ausschmückenden, individuellen Körperbewegungen wird verzichtet und diese stattdessen in kleine konzentrierte Bewegungssequenzen überführt. Bedeutsame Haltungen und Gesten werden dabei präzisiert, vergrößert und wiederholbar gemacht. Jetzt wird geübt, die Szenen jeweils im so genannten Freeze[107] beginnen und enden zu lassen. Anschließend werden die stilisierten Momentaufnahmen aller Paare miteinander kombiniert, indem sie teilweise überlappend oder in direktem Anschuss nacheinander ihre Sequenz wie automatisiert durchspielt werden. Durch mehrmalige Wiederholung entsteht so eine dynamische Collage von stilisierten Konfliktszenen.

In zwei der theaterpädagogischen Produktionen werden Bewegungsmuster auch als ironisierende Kommentarfunktion zu sozialen Sachverhalten erarbeitet. Bei der Produktion ‚Herzliches Beileid' gibt es beispielsweise den Auftrag an die Darsteller, das Szenario einer *Trauerfeier* zu entwerfen. Hier geht es weniger darum, gemeinsame Bewegungen zu finden, sondern darum, dass einzelne Darsteller und Pärchenkonstellationen ein je eigenes gefundenes Klischee als Ausgangspunkt für die Darbietung nutzen und in ein Bewegungsmuster umsetzen. Ein Herr greift immer wieder zum Kuchenbuffet, zwei Damen haken sich tuschelnd unter, eine andere Frau lässt Kuchen in ihrer Handtasche verschwinden. Als choreografische Abfolge wird so ein gemeinsames, szenisches Bild einer *Beerdigungsgesellschaft* entworfen, wodurch sich das Bild der Akteure wiederum verdoppelt, denn sie stellen die klischeehaft überhöhte Version ihrer Rolle vor, zu der sie persönlich eine kritische Distanz wahren. Gerade die ausgestellte, demonstrierende Darstellungsweise lässt die Akteure letztlich als Kommentatoren wirken, die (Selbst-) Beobachtungen aus dem Alltag lustvoll übertreiben und ausstellen.

Bei der Produktion ‚Ein Haufen Heimat' wird in vergleichbarer Weise die Idee des *Heimatabends* aus der Materialsammlung aufgegriffen. An einem Biertisch mit zwei Bänken wird an die erarbeiteten Standbilder einer fröhlichen Feierstimmung angeknüpft. Sie dienen der Entwicklung einer Choreografie, die sitzend beginnt und sich später als Saufgelage auf den Tisch ausdehnt. Ähnlich wie bei der Produktion ‚Herzliches Beileid' wird in einem Folgeschritt die stilisierte Bewegungschoreografie mit Sprechtexten verbunden. Hier sind es allerdings fremdenfeindliche Witze und Tratsch über die Nachbarn, die die Spieler mit pointiert ausgewählten Gesten und übertriebener Artikulation kritisch zur Diskussion stellen.

107 Fachausdruck für: wie eingefroren stehen bleiben.

Chorisch Singen – Musizieren – Sprechen

Weitere Chorformen, die in den theaterpädagogischen Produktionen auf Grundlage des biografischen Materials erarbeitet werden, lassen sich als Sprech- und Singchöre spezifizieren. Hier wird an sprachlichem Material aus der Materialsammlung weiter gearbeitet. Dabei kann es sich um die Arbeit an Liedern, an erzählten und aufgeschriebenen Erinnerungen und Gedankenfragmenten oder um gesammelte Wörter handeln.

So wird bei der Produktion ‚Ein Haufen Heimat' aus der assoziativen Wörterkette, die zum Thema gesammelt wurde (vgl. III.1.1), ein Lied geschrieben, gemeinsam gesungen und die Darbietung in Form eines *Spielmannszugs* einstudiert, bei dem die Darsteller Singpassagen mit Instrumentalspiel kombinieren. Das Lied gibt damit einem fröhlichen Heimat- und Zuhausegefühl, wie die Jugendlichen es vor allem in Bezug auf ihre Kindheit beschrieben haben, einen stimmigen Ausdruck.

In der Inszenierung ‚Freundschaft', in der die Kindheitserinnerungen vorrangig negativ aspektiert und objektiviert worden sind, wird ein Lied aufgegriffen, das bereits zu dem Bewegungschor eingespielt wurde. Die für alle Beteiligten kollektiv aussagekräftige Textzeile „When I grow up there will be a day, when everybody has to do what I say" aus dem Lied von Clawfinger (2000) wird in seinem Rhythmus als Sprechgesang adaptiert und in unterschiedlichen chorischen Sprechhaltungen von Flüstern bis Schreien dynamisierend einstudiert. Auch eine Textpassage aus der Erzählung „Alice im Wunderland" (Lewis Carroll), die in der Materialsammlung als Metapher für die eigenen Belange verstanden wurde, dient der Entwicklung eines Sprechchors. In der Textsequenz trifft die Figur „Alice" (ebd.) auf die Figur der Raupe, die einmal ein Schmetterling werden wird und diskutiert mit ihr die Suche nach der eigenen Identität. Alle Spieler stellen in der freien Adaption der Vorlage gemeinsam die Figur der Raupe dar, stellen sich in einer Reihe auf, halten sich an den Schultern des Vordermannes fest und wiederholen immer bedrohlicher werdend die Frage: „Wer bist denn Du?" (Videoaufzeichnung ‚Freundschaft') Das Szenenende gipfelt in dem verzweifelten Ausspruch: „Aber... Ich bin doch gar nicht Ich" (ebd.), laut gerufen von einer Spielerin, die sich aus der Gruppe löst und sich als „Alice" (‚Alice im Wunderland', Lewis Carroll) der Raupe entgegen stellt (vgl. Videoaufzeichnung ‚Freundschaft'). In einer anderen Probe werden in derselben Produktion einzelne biografische Erzählberichte mit Flaschenblasgeräuschen durch die Ensemblemitglieder untermalt, bzw. musikalisch kommentiert. Während ein Akteur somit in einfühlender Erinnerung vom Selbstmord seines Hasen und seinem Umzug von der Türkei nach Deutschland erzählt, zeigen schrille Blasgeräusche Ausrufungs- und Leerzeichen im Text an, unterbrechen ihn oder untermalen Textstellen. Auch andere Anekdoten und Erinnerungsfragmente werden in ähnlicher Weise musikalisierend choreografiert (vgl. ebd.).

In der intergenerationellen Theaterproduktion ‚Herzliches Beileid' werden persönliche Texte collageartig mit dem Kleistschen Todesmonolog des ‚Prinzen von Homburg' „Nun oh Sterblichkeit bist Du ganz mein" verbunden, womit sich eigene Aussagen der Darsteller und die Sprache des Dichters wechselseitig kommentieren (vgl. Fetting 1998).

In der Produktion ‚Ein Haufen Heimat' wiederum werden sprachliche Klangcollagen entwickelt, indem sich alle Darsteller gegenseitig und parallel glückliche Kindheitserinnerungen erzählen. Trainiert wird hier, punktgenau zu stoppen, während eine einzelne

Akteurin weiter erzählt. Auf ein jeweils verabredetes Stichwort (wie z. B. Schaukel) beginnen alle zeitgleich und inspiriert von dem Stichwort, wieder wild durcheinander zu sprechen. So wird ein Rhythmus einstudiert, der zwischen solistischer Erzählung mit je unterschiedlichen Sprechlängen und der Erzählgeräuschkulisse aller Akteure wechselt (vgl. Videoaufzeichnung ‚Ein Haufen Heimat').

Chorisches Spiel mit dem Zufall

Während bei den zuvor genannten chorischen Verfahren exakte Gleichförmigkeit einstudiert, an der Präzision gefeilt und Texte fixiert werden, gibt es andere Setzungen in der Rollengestaltung, die bewusst ein größeres Maß an Improvisation auch für die Aufführungssituation vor Publikum beibehalten wollen. Manche Vorschläge aus der Materialsammlung fordern das Spiel mit dem Zufall geradezu heraus.

Bei der Produktion ‚Ein Haufen Heimat' bieten sich die Materialien Erde, Kiesel und Sand an, im spielerischen Umgang damit jeweils Momente des Zufalls zu integrieren. Jeder Spieler wird hier aufgefordert, aus den Naturmaterialien einen eigenen *Heimathaufen* zu bauen und sich während dessen an persönliche Geschichten zur Kindheitsheimat zu erinnern und diese zu erzählen. Während die Texte zwar weitestgehend abgesprochen sind, von den Darstellern auswendig gelernt werden und das Bauen der Burgen jeweils auf einen verabredeten Bühnenort fixiert ist, bleibt jedoch die individuelle Formung des *Heimathaufens* in jeder Probe und entsprechend auch der Aufführung frei. Ein vergleichbares Prinzip wird auch bei anderen Szene aufgegriffen. Nachdem die Gruppe in einer Probe die Erdhügel mit dem *Walzenchor* (der als Kommentar zu den eingesprochenen Zeitungsnachrichten und Kriegserzählungen erarbeitet worden ist) zerstört haben, finden sie auch hier in der Improvisation jeweils neue spielerische Wege, die Materialien zu mischen und unterschiedliche Spuren durch den Bühnenraum und zu den Zuschauerplätzen zu legen. Auch im Spiel mit den Eimern erproben die Akteure unterschiedliche Möglichkeiten, mit diesem Gegenstand umzugehen und Momente des Zufalls zu evozieren. Während sie biografische Sprechtexte üben, stellen sich auf oder in die Eimer oder setzen ihn auf den Kopf, um blind über die Bühne zu laufen. Es geht hier weniger um das perfekte Einstudieren von artistischem Handwerk. Vielmehr dürfen vermeintliche Fehler auf der Bühne passieren, um das Spiel mit dem Zufall auszustellen, was die Aufmerksamkeit stärker auf die performative als auf die referentielle Dimension des Bühnenvorgangs lenkt (vgl. Videoaufzeichnung ‚Ein Haufen Heimat'). Zu einem anderen Zeitpunkt kommt in der Phase der Rollengestaltung auf, persönliche Überlegungen zum Thema Heimat jeweils einzeln und direkt mit einem Zuschauer auszutauschen. Im Zentrum der Darstellungsaufgabe steht somit für alle Akteure die Herausforderung die Bühne zu verlassen und die Gäste spontan mit ihren Gedanken zu konfrontieren. Die Inhalte der Ansprachen sind zwar mit Stichworten abgesprochen, d.h. die Spieler wissen, was sie jeweils mitteilen werden, können aber das entscheidende Merkmal der Sequenz, die unmittelbare Kontaktaufnahme mit einem fremden Menschen als Herausforderung nicht proben. Um den Darstellern ein Gefühl für die Dauer der Sequenz zu vermitteln, wird mit leeren Stuhlreihen geprobt, sollen die Akteure doch zeitgleich und ohne offensichtliches Signal wieder den Bühnenraum betreten (vgl. Videoaufzeichnung ‚Ein Haufen Heimat').

Auch die Akteure der Produktion ‚Freundschaft' wollen sich mit der Ereignishaftigkeit unmittelbaren und direkten Zuschauerkontaktes konfrontieren. Hier wird festgelegt, während der Vorstellung in das Publikum hineinzugehen und einzelnen Zuschauern die gedanklichen Narben am eigenen Körper zu zeigen. Es wird verabredet, jeweils zu einem Zuschauer zu gehen, Blickkontakt aufzunehmen und ihm daraufhin die Narbe zu zeigen. Nur über den Blick soll die dazu gehörige Geschichte gedanklich übermittelt werden. Bei dieser chorischen Improvisation besteht eine wesentliche Darstellungsaufgabe für alle Darsteller darin, trotz der jeweils individuellen und situativen Kontaktaufnahme eine Reaktionsfähigkeit und ein Zeitgefühl beizubehalten, so dass alle Akteure gemeinsam und zeitgleich wieder die Bühne betreten können (vgl. Videoaufzeichnung ‚Freundschaft').

Bei der Produktion ‚Herzliches Beileid' wird die Spielszene des *Kleidertauschs* aufgenommen, die sich in der Materialsammlung aus der Übung der beständigen Wiederholung der Kondolenzformel „Herzliches Beileid" ergeben hat. Verabredet und spielerisch erprobt wird, sich gegenseitig Taschen abzunehmen, Hüte und Mäntel zu tauschen und dabei jedes Mal erneut eine real fröhliche und lustige Stimmung entstehen zu lassen, was am besten gelingt, wenn die Mitspieler sich im spielerischen Tanz in jeder Probe und auch der Aufführung jeweils mit immer wieder anderen Kleidertauschideen neu überraschen (vgl. Videoaufzeichnung ‚Herzliches Beileid').

2.2 Einzeltypisierung

Während bei der chorischen Rollengestaltung die Figuren in kollektiver Arbeit aller Ensemblemitglieder entwickelt werden, orientieren sich die Theatermacher der Freien Szene mit den Ich-bezogenen Inszenierungsstrategien an dialogischer Arbeit zwischen Regie und einzelnem Akteur. Das Rollenprofil ist für die jeweils vorzunehmende solistische Arbeit stark von Außen, also von der Regie, bzw. der Dramaturgie vorgegeben, die die Typisierung als Gelenkstück zwischen Spielerorientierung und Stückentwicklung betrachtend, zu diesem Zeitpunkt ebenfalls die Kostümierung der einzelnen Akteure festlegt.

Dirk Cieslak, der Regisseur sagt: „Immer geht es darum, typische Verhaltensmuster zu repräsentieren. Man kennt das ja. Diese Typen oder Versatzstücke daraus (...)" (Cieslak, Anhang E). Während in den theaterpädagogischen Produktionen mit verallgemeinerbaren Attributen einer Gruppentypisierung für die einzelnen Freiraum gegeben ist, eigene Rollenvorstellungen auszuarbeiten, wird in den Produktionen der Freien Szene vor dem Hintergrund der Materialsammlung mit Vorgaben gezielt zwischen den Darstellern differenziert. Helgard Haug, Regisseurin bei ‚Rimini Protokoll', erinnert sich:

> „Bei den vier Darstellern bei ‚Deadline' war ein Kriterium, dass sie alle einen anderen Typus bedient haben. Man konnte sie gut gegenüber setzen: Wenn wir jemanden haben, der ein handfester Steinhauer ist, dann können wir auch einen Trauerredner haben, der eher ein gesalbter Eventmanager ist" (Haug Anhang B).

Entsprechend ihrer jeweiligen Konzeptionen orientieren sich die Regisseure der Freien Szene an jeweils unterschiedlichen sozialen Kategorisierungen:

Bei der Produktion ‚Café Dutschke' werden für die Typisierungen die erzählten Geschichten und Habitus der Akteure vorrangig auf mögliche Lebensstile und -einstellungen gefiltert und durch die vorgegebene Kostümierung pointiert zum Ausdruck gebracht. Der Lehrer Peter wird als ein Gentleman, der gerne Tango tanzt, klassifiziert. Er wird mit Anzug und mit Akkordeon ausgestattet und soll keinesfalls zum Frisör gehen, damit seine halblangen weißen Haare für die Imagebildung als Gentlemen erhalten bleiben (vgl. Fieback, Anhang H). Eine wahrhaft Adelige soll als Pendant dazu in edlem Abendkleid und mit Sammelstücken aus der Familientradition auf der Bühne erscheinen. Eine weitere Spielerin wiederum wird als Romantikerin mit entsprechendem Samtkleid typisiert, daneben wird der Typ einer emanzipierten, politisch links engagierten Hippiefrau aus konservativem Elternhaus mit seidener Stoffhose, Tunika und großen Ohrringen entwickelt (vgl. Videoaufzeichnung ‚Café Dutschke').

Die Produktion ‚Deadline' von ‚Rimini Protokoll' orientiert sich für die Typisierung der Akteure vorrangig an den Berufen der Akteure. Der Steinmetz trägt mit seiner beigen Latzhose seine Arbeitskleidung, da er auch auf der Bühne sein reales Handwerk ausführt (vgl. Videoaufzeichnung ‚Deadline'). Die anderen sind nicht an ihre spezifische Berufskleidung gebunden. Bei ihnen wird ein jeweils passender Freizeit-Look gewählt. Die Bürgermeisterpersönlichkeit erscheint in kariertem Hemd und Jeans, daneben wiederum sieht man den eloquenten Eventmanager und Trauerredner in sportlich legerem Chic und die junge Medizin-Studentin und Präparatorin in Jeans und T-Shirt (vgl. ebd.). Indem den Akteuren mitgeteilt wird, welche persönlichen Geschichten, welche Wissensbestände und welche persönlichen Mitteilungen die eigenen Rollen auszeichnen sollen, animiert dies die Darsteller, entsprechende Requisiten bereitzustellen. Der Bürgermeister bringt eine Powerpointpräsentation zur Funktionsweise und eine Dia-Serie zum Bau seines Flammariums, der Steinmetz einen Grabstein und Werkzeug zur Probe mit, die Medizin-Studentin organisiert Terrarien gefüllt mit Heimchen, einer Insektenart, die sie züchtet, um ihre Schlangen zu füttern.

Bei der Produktion ‚Portraits 360 sek.' mit der konzeptionellen Idee einer theatralen Ausstellung, die das Schauspielhaus Hamburg portraitieren soll, wird für die Typisierung implizit auch die jeweiligen Berufsfunktionen mitberücksichtigt. In besonderem Maß gilt dies bezogen auf die Laiendarsteller. Die Putzfrau soll in ihrem Putzkittel und ausgestattet mit ihrem Reinigungswagen auf der Bühne erscheinen, der Billeteur in Anzug mit Fliege und der Chauffeur über seiner schwarzen Hose einen schwarzen Rolli und ein Jacket tragen (vgl. Videoaufzeichnung ‚Portraits 360 sek.'). Bei den Schauspielkollegen steht, wenn auch mit Ausnahmen, der Freizeitlook im Vordergrund. Eine Schauspielerin (Heidi Grübel) inszeniert sich in einem schwarzen Abendkleid als Diva und eine Kollegin (Wiebke Puls) setzt sich mit einem Schattenspiel hinter einer Milchglaswand in Szene (ebd.). Weiter wird für jeden Akteur festgelegt, ob die Darstellung eher statisch und in Anlehnung an ein Gemälde oder eine Fotografie vor dem Hintergrund einer weißen Leinwand oder, in Anlehnung an Filmsequenzen, innerhalb eines ausgestatteten Bühnenbilds inszeniert werden soll. Dem Statisten, dem Billeteur und der Putzfrau soll zudem die gedankliche Vorstellung helfen, sich gegenüber einem Journalisten zu präsentieren, der für die Zeitung ein Portrait erstellen will (vgl. Schipper, Anhang J). Diese Grundregel gilt aber nicht für alle Laiendarsteller. Mit dem Chauffeur wird aufgrund seiner gezeigten emotionalen Sensibilität, die er gegenüber klassischer Musik hegt, verabredet, eine szenische Versuchsanordnung zu erarbeiten, bei der diese sichtbar werden kann – analog zu der Idee des Festhaltens eines intimen Moments durch einen Fotografen.

Kontrastsetzung bei der solistischen Gestaltungsarbeit

Die Typisierungen dienen den Darstellern bei den Produktionen der Freien Szene, genau wie bei den theaterpädagogischen Produktionen, als erste Orientierungspunkte für die Rollengestaltung. In der szenischen Arbeit werden die Darsteller davon ausgehend jeweils in die Aufgabe verwickelt, sich einerseits an spezifische Darbietungen aus der Materialsammlung zu erinnern, dabei in der Wiederaufnahme bestimmte Aspekte wegzulassen und andere wiederum stärker zu betonen. Dabei wird jedes Mal das Mitspracherecht der Akteure beachtet. Der Dramaturg der Inszenierung ‚Portraits 360 sek.' erinnert sich:

> „Dabei war es nie so, dass die Darsteller gesagt haben, das will ich nicht tun und der Regisseur gesagt hat, das tust du aber, sondern es war immer der Vorschlag das zu tun; und dann gab es auch Momente, wo der Schauspieler gesagt hat: Ne, damit fühl ich mich nicht wohl. Und dann kam die Reaktion: Ok, dann schlag etwas anderes vor. Und dann hat er etwas anderes vorgeschlagen" (Schipper, Anhang J).

Diese Aussage macht ebenfalls deutlich – und das gilt für alle hier analysierten Produktionen – dass mit allen Akteuren unterschiedliche biografische Fragmente in detailgenauer Arbeit in vielen Varianten erprobt werden. Gerade die präzise Arbeit, die immer auch die Aufmerksamkeit auf die zufälligen Gesten und Ausdrucksweisen, unbewussten und eigentümlichen Verhaltensweisen lenkt, stellt die Darsteller teilweise vor die Herausforderung, etwas aus der Materialsammlung finden zu müssen, das von ihnen bei der ersten Darbietung nicht unbedingt intendiert war, gleich, ob sich dies nun auf bestimmte Ausdrucksweisen und konkrete Worte oder habitualisierte Eigenarten in Mimik und gestischem Ausdruck bezieht. Die Theatermacher bedenken dabei jeweils die markanten Unterscheidungsmöglichkeiten zwischen den zu erarbeitenden Soli. Immer wieder wird die jeweilige Rollenarbeit des Einzelnen im Hinblick auf die der anderen Akteure kontrastiv pointiert.

Bei einer der Akteurinnen der Produktion ‚Portraits 360 sek.', der Putzfrau, fällt in der Materialsammlung bspw. auf, dass sie im alltäglichen improvisierten Sprechen einen sehr eigentümlichen Sprachstil entwickelt. Gerne spricht sie von sich als einem Gegenüber: „Da dacht ich mir: Uschi, dann gehst Du halt putzen" (Videoaufzeichnung ‚Portraits 360 sek.'). Außerdem zeichnet sich ihre Art zu reden dadurch aus, dass sie als Füllfloskel immer wieder die folgende Phrase einschiebt: „Ja, aber was sollte es" (ebd.). Als sie von den ihrer Meinung nach dreckigsten Bühnenbildern spricht, benutzt sie erfundene Wörter wie beispielsweise „Kackkack" (ebd.) und spricht englische Wörter wie zum Beispiel „Clockwork Orange" (ebd.) in deutscher Aussprache aus. In der Probenarbeit wird entschieden, diese sehr individuelle Ausformung des improvisierten Sprechstils beizubehalten, gar zu betonen. Um die der Darstellerin eigentümliche Suchbewegung nach Worten zu erhalten, werden mit ihr für die Rollengestaltung nur festgelegte Stichworte abgesprochen, die in ihrer Ansprache an die Zuschauer vorkommen sollen. Einen ganzen Text auswendig lernen soll sie aber nicht. Während hier gezielt Unschlüssigkeiten und Brüchiges im Redefluss der Akteurin evoziert werden, gestaltet sich die Darstellungsarbeit mit dem Billeteur derselben Inszenierung ganz anders. Mit ihm wird die Routine seiner Alltagsrhetorik ausgestellt, wobei es gilt, jegliche Spontaneität in der Berichterstattung zu vermeiden. Sein Hang zu großen Gesten und einem gewissen Pathos werden bewusst gestärkt. Und so gibt er schwungvoll seine erdachten Reden und Begrüßungen an die eintretenden Gäste zum Besten:

> „Ich bin die Gallionsfigur des Hauses und das Schlusslicht (...) Wenn Gäste reinkommen sage ich zu jedem: Herzlich willkommen! Wenn ein Kind kommt, sage ich immer: Guten Tag, wie schön, dass Du Deine große Schwester mitgebracht hast. – Er richtet sich wieder zum Publikum aus – Sie glauben gar nicht, wenn eine junge Mutter da ist, wie schön es ist, in dieses verklärte Gesicht zu sehen. Wenn ein Ehepaar oder ein junges Liebespaar hereinkommt, sage ich zu dem Herrn: Was sind sie zu beneiden. Die zumeist erstaunte Reaktion: Warum denn? Na ja, neben so einer netten, charmanten Dame und dann ins schönste Theater Deutschlands, das ist doch ein Erfolgserlebnis" (ebd.).

Bei der Produktion ‚Café Dutschke' ist mit dem Anspruch an Multiperspektivität ebenfalls verbunden, nicht nur die einzelnen Darsteller kontrastiv zu inszenieren, sondern auch die Partnerbeziehungen zwischen den professionellen Akteuren und den Laiendarstellern (bzw. den Zeitzeugen und den nachgeborenen Erinnerungspartnern) möglichst unterschiedlich zu gestalten. So werden Szenen geprobt, in denen die Paare sich jeweils gegenseitig dem Publikum vorstellen und ihr Verhältnis beschreiben sollen. Die Beziehungsgeflechte werden dann unterschiedlich modifiziert und einstudiert. Ein kumpelhaftes Verhältnis wird einer Beziehung gegenübergestellt, in der sich die Darstellerinnen, wie sie wörtlich vor Publikum erklären, „wie Mutter und Tochter" (Videoaufzeichnung ‚Café Dutschke') fühlen. Wieder andere machen deutlich, dass sie sich erst nicht mochten, bis sie sich dann im Probenprozess schätzen lernten, ganz nach dem auch artikulierten Motto: „Er hat eine harte Schale und doch einen weichen Kern" (ebd.).

Originelle Kombinationen

Bei der Rollengestaltung spielt in den Produktionen der Freien Szene auch die originelle Kombination einzelner Versatzstücke innerhalb einer solistischen Darbietung eine große Rolle. Das kann bedeuten, dass manche Erinnerungen und Gedanken – so die Aussage eines Akteurs der Produktion ‚Café Dutschke' – „theatermäßig umgeschrieben" (Fieback, Anhang H) werden. „Da wurde (...) viel rausgekürzt, (...) Wort für Wort sind wir durchgegangen" (ebd.) erinnert er sich an die Rollengestaltung. Viele Erzählungen in der Produktion werden so überarbeitet, dass der Text die literarische Qualität einer gelungenen Anekdote erhält.[108] Im Gegensatz zu den anderen untersuchten Produktionen der Freien Szene wird hier relativ viel an den Texten geschliffen. Das Ziel besteht jeweils

---

108 Im Sinne Schulzes kann man so von einem festeren Aggregatzustand des lebensgeschichtlichen Entwurfs sprechen, denn er unterscheidet zwischen literarischen Autobiografien und anderen autobiografischen Materialien und markiert verschiedene Stufen der Entstehung einer Autobiografie: Dabei handelt es sich um unterschiedliche Arten von Texten „im Übergangsfeld zwischen sprachlichen Äußerungen des täglichen Umgangs und der Selbstvergewisserung, zwischen dokumentarischen Berichten, therapeutischen Explorationen und bewusst gestalteten literarischen Fiktionen: Dazu gehören zum einen mündliche Erzählungen, Geschichten und Anekdoten, Photographien, Briefe, Tagebücher und in andere Darstellungen eingestreute Reminiszenzen. Sie haben ebenso wie autobiografische Schriften Momente der eigenen Lebens- und Lerngeschichte zum Gegenstand; aber sie befinden sich in einem anderen Aggregatzustand und haben andere Entstehungsbedingungen oder Ausdrucksformen" (Schulze 1993a, 127).

darin, charmante Verweise auf die bundesrepublikanische Wirklichkeit zu erzeugen. Eine der professionellen Schauspielerinnen der Produktion ‚Café Dutschke' soll so auch die Inszenierung mit dem folgenden durchgearbeiteten Erzählbericht eröffnen:

> „Als ich noch klein war, hat meine Großmutter, Oma Wolfsburg, mir immer eine Rolle vieler, vieler bunter Smarties geschenkt, wenn wir sie besucht haben. Jedes Mal klebte sie einen Silbertaler an das untere Packungsende. Die Papprolle hatte denselben Durchmesser wie ein Fünf-DM-Stück. Ich fieberte diesem Moment im Wohnzimmer jedes Mal sehnsüchtig entgegen, wenn es hieß ‚Wir besuchen Oma Wolfsburg.' Kaum dort angekommen, hatte ich auch schon die erste Handvoll Smarties im Mund. Mit zwei/drei Jahren hat mich der Silbertaler noch nicht so interessiert. Aber meine Mutter wachte aufmerksam über den Verzehr des Packungsinhaltes, weniger aus Sorge um meine frühkindliche Fettleibigkeit, als aus Angst, der Silbertaler könnte von mir verschluckt werden oder verloren gehen. Im Alter von ungefähr fünf Jahren ließ mein Interesse für die Smarties nach und mein Interesse für den Silbertaler wuchs. Es kam der Tag, an dem ich dem Packungsinhalt zunächst völlig unbeachtet ließ und zuallererst die silbern glitzernde Münze, die so wunderbar nach oxidiertem Metall roch – nachdem sie hunderte von Schweißhänden durchwandert hatte – aus ihrer Fassung knibbelte. Ich protestierte vehement gegen meine Mutter, die das Geld sofort an sich nahm und mit dem Verweis auf den Weltspartag angeblich meiner Sparbüchse zufügen wollte. ‚Was ich denn damit wolle?' Ich wurde verdächtigt, mir von dem Silbertaler noch andere Süßigkeiten beim nächsten Kiosk kaufen zu wollen, worauf hin ich meiner Mutter vorwarf, mir all die Jahre zuvor die Taler unterschlagen zu haben. Jetzt kann ich sagen, anhand einer Rolle Smarties habe ich mein kapitalistisches Bewusstsein entwickelt" (Videoaufzeichnung ‚Café Dutschke').

Deutlich wird in dieser Geschichte, wie eine Korrespondenz zwischen der großen Geschichte im Sinne übergeordneter gesellschaftlicher Weltdeutungen (history) mit den kleinen Weltdeutungen einer individuellen Biografie (story) hergestellt wird. In enem bewusst konstruierten Sinnzusammenhang wird die große Thematik Bundesrepublik Deutschland mit der privaten Erfahrung und sinnbildlich das kollektive Gedächtnis der Nation mit dem individuellen Gedächtnis der Darstellerin verknüpft (vgl. Halbwachs 1985 u. 1991).

Originalität wird aber nicht nur über pointierte literarische Verdichtungsleistung hergestellt. Bei ‚Rimini Protokoll' wird sie in der angeleiteten Improvisation durch Kombination von verschiedenen Teilen der Materialsammlung innerhalb einer Sequenz erarbeitet. Die Präparatorin aus der Produktion ‚Deadline' bekommt zunächst die Aufgabe, wie in der Materialsammlung verschiedene Ballettposen zu demonstrieren. Dabei soll sie mit Fachbegriffen die jeweils angespannten Muskeln und möglichen Verletzungsgefahren benennen. Zuletzt führt sie die Darstellung in die Posen ihrer Schlange beim Todeskampf über bis sie in der Haltung der gestorbenen Schlange auf dem Bühnenboden liegt und damit die Sequenz beendet.

Größtenteils wird Originalität bei den Darstellungen der einzelnen Akteure allerdings durch die variantenreiche Kombination von Fragmenten in nacheinander folgenden Sequenzen hergestellt. Dabei wird in der Produktion ‚Deadline' bei jedem Akteur der Grad zwischen Wissensvermittlung und persönlichen Anekdoten genau austariert. Für den Ex-Bürgermeister gehören die hingebungsvolle Organisation seiner eigenen Beerdigung („Bei meiner Beerdigungsfeier soll ‚Dixieland' gespielt werden" (Videoaufzeichnung ‚Deadline')), seine Recherchegeschichte zu einem Medium, das angeblich Kontakt mit Toten aufnehmen kann (dem gegenüber er sein Unverständnis und Misstrauen zum Ausdruck bringt) und der sachliche Bericht über das von ihm in seiner Gemeinde initiierte Krematorium (Flammarium) zu seinem Rollenskript (vgl. Videoaufzeichnung ‚Deadline').

Präzision solistischer Darstellungstechnik

Nach zahlreichen Gestaltungsproben zu den einzelnen Rollen wird in den Produktionen der Freien Szene nur mit Darstellungsfragmenten weitergearbeitet, bei denen sich die Darsteller sicher fühlen, wobei dieses Sicherheitsgefühl individuell abgestimmt wird und die Darstellungsform bei jedem Spieler entsprechend unterschiedlich aussehen kann (vgl. Anhang B u. Anhang E). Bei einer Akteurin der Produktion ‚Café Dutschke' ist das nach Ermessen der Regie beispielsweise eine Interviewsituation zwischen ihr und ihrem Erinnerungspartner, in der sie einerseits einen auswendig gelernten Text zu ihrem biografischen Lebenslauf anhand von Jahreszahlen referiert und gleichzeitig souveränes Improvisationstalent zeigt, auf spontane Zwischenfragen reagiert und in Aktivierung der Erinnerung die Anekdoten mit jeweils neuen Details anreichern kann (vgl. Videoaufzeichnung ‚Café Dutschke').

> „Eine andere [Darstellerin, Anm. N.K.] hat aus ihren Tagebüchern gelesen, das war dann auch die Form wo wir dachten, das stimmt so", erinnert sich Cieslak und ergänzt: „Das könnte bei irgendjemand anderem ganz anders aussehen. Oder bei dem Lehrer Peter ist klar, dass es ihm relativ leicht fällt, frei zu sprechen" (Cieslak, Anhang E).

Auch wenn die Darstellungsform adäquat für den jeweiligen Akteur ausgewählt wird, sind hier ebenfalls – wie bei den theaterpädagogischen Verfahren mit ihren chorischen Arbeitsweisen – in der Probenarbeit Darstellungstechniken unterschiedlicher Art gefordert, die pointiert trainiert werden.

Bei ‚Portrait 360 sek.' wird die Rollengestaltung bei mehreren Soli auf die Grundhaltung eines lustvollen Erinnerns an vergangene Ergebnisse hin ausgerichtet. Der Statist, der in den letzten Jahren an mehreren Inszenierungen auf derselben Bühne (des Malersaals) beteiligt war, soll versuchen, sich engagiert in eine räumlich und körperlich orientierte Erinnerungsarbeit zu begeben, während er davon berichtet, welche Rollen er bisher als Statist gespielt hat. Er übt sich darin, dem Publikum die Rolle zu erläutern, den genauen Bühnenort des entsprechenden Auftritts anzuzeigen und kurz ein kleines Fragment der jeweiligen Rolle vorzuspielen (vgl. Videoaufzeichnung ‚Portraits 360 sek.'). Auch die Schauspielerin Heidi Grübel ist ähnlich gefordert, als sie Szenen aus renommierten Inszenierungen von Peter Zadek oder Peter Stein, an denen sie beteiligt war, erläutern, kommentieren und lustvoll anspielen soll – animiert durch eingespielte Videosequenzen, die sie in die Materialsammlung einbrachte und in denen sie in denselben Rollen als Jungschauspielerin zu sehen ist (vgl. ebd.).[109]

109 In beiden Beispielen vervielfachen sich die Rollenzuweisungen: Die Darsteller stellen ihre Person als Statist bzw. Diva vor und zeigen sich in fiktiven literarischen Rollen, Darstellungsziel und -technik

Bei anderen Soli aus den Produktionen der Freien Szene bezieht sich die Darstellungstechnik weniger auf gefühlsbetontes Nachahmen als vielmehr auf die Markierung ihrer sozialen Rolle. Bei der Präparatorin aus der Produktion ‚Deadline' wird bspw. an die Diktion ihrer Sprache angeknüpft, die sie gebraucht, wenn sie in ihrer Funktion als Dozentin spricht. „Sie hat Präparationskurse gegeben, wo sie Studenten im siebten Semester erklärt hat, wie man die Schnitte setzt" (Wetzel, Anhang B) erläutert Wetzel. Die vorgefundene Sprechform, die die Darstellerin mitbringt, bezieht sich so auf das Wissen um die Alltagskonventionen der Berufsrolle, in der die Darstellerin eine gewisse Distanz zum Thema und zum Gesprächspartner einnimmt, die sich auch in Körperhaltung und Stimme ausdrückt. Auf der Bühne soll von ihr diese Haltung[110] grundsätzlich übernommen werden. Ausgearbeitet und verstärkt wird sie im Sinne eines sachlichen Zeigens und Sprechens in der Darstellung. Ein Ensemblemitglied stellt sich dabei als Demonstrationsobjekt zur Verfügung. An ihm – aufgebart mit freiem Oberkörper – kann sie die Schnitte, statt mit Skalpell, mit einem Stift anzeichnen.

In anderen szenischen Fragmenten ist ausdrücklich die Konzentration auf den Handlungsvollzug als solchen gefordert. Wenn der Steinmetz in der Produktion ‚Deadline' einen Grabstein bemeißelt, Tafeln hoch hält oder Herzschlagfrequenzen misst, ist er als Darsteller explizit gefordert, keinen absichtsvollen Eindruck beim Zuschauer zu hinterlassen und seinen Körper und seine Handlungen gezielt als offene Projektionsfläche für die Zuschreibungen des Zuschauers anzubieten. Auch der professionelle Schauspieler Bernhard Moss aus der Produktion ‚Portraits 360 sek.', der sich zunächst mit Kopfhörern auf die Bühne stellt und laut Technomusik hört – allerdings ohne expressiv auf die Musik zu reagieren – ist gefordert, bewusst keine schauspielerische Intention im klassischen Sinn zu verfolgen. Er soll einfach da sitzen und Musik hören. Dann wird der Darsteller aufgefordert, an einen Traum zu denken, den er in der Materialsammlung erzählt hat, um jetzt erneut davon zu berichten. Der Traum handelt davon, wie „er sich selbst begegnete – als bretonische Hausfrau mit braunem Pagenkopf, klackernden Ohrringen und Schürze in der Küche eines französischen Landhauses" (Videoaufzeichnung ‚Portraits 360 sek.'). Der Schauspieler nimmt die Kopfhörer ab, steht auf und beschreibt diesen Traum. Anders als bei anderen Sequenzen, in denen emphatisch oder sachlich auf Erinnerungen rekurriert wird, besteht hier das Ziel darin, den Akt des Nachdenkens sichtbar zu machen und den Traum in Form einer realen situativen Vergegenwärtigung vorzutragen. Zum Abschluss der Szene zieht der Akteur in neutraler Haltung und mit neutraler Mimik einen Hausfrauenkittel und eine entsprechende Perücke aus den Hosentaschen, kleidet sich damit an und setzt auch den Kopfhörer wieder auf. Während er nun wieder da steht, wird er erneut zur Projektionsfläche für die Zuschauer, wobei er mit seiner Erzählung einen biografischen Referenzrahmen für das Publikum geschaffen hat, das den Akt der Verkleidung jetzt auf seine Identitätssuche beziehen kann.

---

beziehen sich jedoch auf den Ausdruck persönlicher Innerlichkeit und Emotionalität, die absichtsvoll hergestellt werden.

110 Die Haltung als innere Einstellung, sich als Dozentin zu präsentieren, führt die Darstellerin automatisch in den gewohnten Habitus ihrer spezifischen Körperhaltung und Stimmlage, die sie nutzt, wenn sie in dieser Funktion tätig ist. Gleichzeitig geschieht dieser Vorgang als reflektierter Akt, so dass sie bspw. die gewünschte Lautstärke, die deutliche Artikulation, wie auch die Körperhaltung modifizierend einüben kann.

In anderen solistischen Sequenzen derselben Inszenierung sind die Darsteller gefordert, in ihrem Solo unwillkürliche Reaktionen hervorzurufen und geschehen zu lassen. Wenn die Jungschauspielerin Maja Schöne mit bravem Kleinmädchenlächeln die Bühne betritt, dann eine ganze Tafel Schokolade in sich hineinstopft und mittels eines Ghettoblasters Rockmusik bis zum Anschlag aufdreht und derart expressiv tanzt, dass man als Zuschauer wahrnimmt, dass dies weniger einer einstudierten Choreografie als vielmehr den persönlich gewachsenen Bewegungsmustern entspricht, deren Impulsen sie sich hingibt, wird deutlich, dass es einer solchen Darbietung um den ausgestellten Kontrollverlust geht, der zwar geregelt stattfindet, jeweils bis zu einem gewissen Grad aber deutlich unwillkürliche Ausdrucksmomente zulässt (vgl. Videoaufzeichnung ‚Portraits 360 sek.'). Hier geht es nicht um eine als authentisch ausgegebene veröffentlichte Innerlichkeit, sondern um „reflektierte Herstellung, die das Authentizitätsparadox der ‚vermittelten Unmittelbarkeit' szenisch reflektiert und ins darstellerische Kalkül nimmt" (Kurzenberger 2005, 62). Momente der Widerfahrnis und des Geschehen-Lassens sucht auch der Chauffeur in derselben Inszenierung. Er betritt die Bühne, setzt sich auf einen Stuhl und führt mit folgendem Hinweis auf seine Versuchsanordnung hin:

> „Mein Name ist Wolfgang Kremer, ich bin Cheffahrer des Deutschen Schauspielhauses. Michael Laub lernte ich am Flughafen in Hamburg kennen, wo ich ihn abholte. Zwischen uns entstand schnell eine Sympathie und wir unterhielten uns. Normalerweise spreche ich überhaupt nicht über meine Arbeit und wenn ich damals geahnt hätte, was daraus entsteht, ich hätte kein Wort gesagt. Wir sprachen also über Musik, und er fragte mich, was ich gern höre. Und ich sagte: Gustav Mahler. Die Reaktion war: Oh, Gustav Mahler, Mahler finde ich auch sehr gut, höre ich auch sehr gern. Und ob ich denn bei Mahler weinen könne. Nein, hab ich gesagt, aber bei „Valse Triste" von Jean Sibelius muss ich fast immer weinen" (Videoaufzeichnung ‚Portraits 360 sek.').

Diesem Intro folgend wird das letztgenannte Musikstück („Valse Triste" von Jean Sibelius) laut eingespielt. Der Akteur sitzt ruhig da, bis er sich langsam und unwillkürlich bewegen muss. Er kämpft gegen die Tränen, knetet seine Finger, man sieht ihn schwerer und schwerer atmen und schlucken. Der Chauffeur versucht seine Emotionen und Impulse zu verbergen. Die Schwierigkeiten, die er dabei unwillkürlich zeigt, lassen das Publikum die selbst gestellte Rollenaufgabe als Versuchsanordnung nachvollziehen (vgl. Videoaufzeichnung ‚Portraits 360 sek.'). Nicht nur die Lösung der Aufgabe des Tanzens mit kontrolliertem Kontrollverlust oder des Weinens/Nicht-Weinens steht bei diesen Soli auf der Probe. Der jeweilige Typ (nette Jungschauspielerin und stattlicher Herr) wird gleichsam bis an den Rand seiner Auflösung getrieben. Denn entscheidend ist hier das über Körper und Kostüm etablierte Bild, vor dem die Auseinandersetzung mit den Rollenkonventionen und Zuschreibungen des sozialen Alltags als Bruch vorgeführt werden.

2.3 Theatraler Ausdruck als Reflexions- und Lernerfahrung

Die Lernmöglichkeiten für den Darsteller lassen sich sowohl im Verfahren einer chorischen als auch einer solistischen Arbeitsweise der biografischen Rollengestaltung jeweils als Ausdrucksfindung bezeichnen. Die Akteure arbeiten in beiden Verfahren an der Wirkung ihrer biografischen Darbietungen, die sie beim Publikum hinterlassen möchten. Dabei entsteht für sie immer ein Beziehungsgefüge zwischen Person, Typ und Material, das der Grundstruktur schauspielerischer Darstellung entspricht, in der „Subjekt, Objekt und Material" unterscheidbar werden, auch wenn sie in „der Gestaltung nicht voneinander zu trennen sind" (Hentschel 2007a, 7). Im Darstellungsakt vermittelt der Spieler zwischen diesen Ebenen, denn in jeder Wiederaufführung des bereits Gezeigten versucht er erneut, eine Übereinstimmung zwischen den Vorgabe und seiner persönlichen Befindlichkeit und Überzeugung (Biografie) herzustellen.

Durch Rückspiegelung und Hilfestellungen der Spielleitung und die ständige Überarbeitung, Modifizierung und das anschließende Training einzelner Darstellungsfragmente entfällt auf der Bühne, die für Laientheater oft typische „Luftmalerei und orientierungsloses „Rumgezappel" (Roselt 2007, 59)[111], denn die Akteure bearbeiten jedes Fragment so lange, bis es sich durch Souveränität und Überzeugungskraft auszeichnet, das auf etwas Beherrschtes und Geprobtes verweist und als Effekt in eine „authentisch überzeugende Selbstdarstellung" (ebd.) führt. Dass Authentizität nur einen Effekt markiert, der auf Darstellungsstrategien basiert, wird den Akteuren dabei gleichsam plausibel und nachvollziehbar (vgl. Wartemann 2002).[112] Dadurch, dass der Darsteller niemals nur affirmativ agiert, kann er sich – damit einhergehend – in besonderem Maße der unlösbaren Dichotomie von Rollen- und Selbstdarstellung bewusst werden, die sowohl in Theatertheorien, als auch in Theorien zum sozialen Alltag ihre Gültigkeit hat (vgl. Kurzenberger 2005c, 61 ff. und Balme 2001, 122 ff.). Durch die enge Verbindung von biografischem Material und Rollenaufgabe (Typisierung und Darstellungsverfahren) wird so auch die produktive Dialektik der Rollen-Selbstdarstellung für die Darsteller zum Thema der Auseinandersetzung. Der Lehrer Peter aus der Produktion ‚Deadline' antwortet bspw. auf die Frage, wie er sich auf der Bühne fühle: „Als Rolle. Nein, halb als Rolle und halb als Selbstdarsteller" (Fieback, Anhang H). Eine Kollegin hingegen sagt:

> „Ich glaube, Rollen zu spielen ist etwas ganz anderes. Ich hab immer gesehen, wie die Schauspieler ihr Handwerkszeug nutzen, (...) wie sie etwas machen und gleichzeitig noch neben sich stehen und kontrollieren, was sie machen. Die wissen, was sie machen. Ich hingegen flutsche da rein in so einen Text

111 Roselt nutzt den Begriff Luftmalerei als Bezeichnung für ein Phänomen, das man „vom Schul- bis zum Bauerntheater beobachten kann und das sich dadurch auszeichnet, dass sprachliche und körperliche Zeichen sich stets entsprechen und einander bestätigen müssen, das heißt, der Körper muss mit möglichst eindeutigen Gesten bebildern, was der Text sagt (Luftmalerei). Das andere Extrem hingegen ist, dass zwischen körperlichen und sprachlichen Zeichen gar kein sinnvoller oder zumindest gestalteter Zusammenhang erkennbar wird. Die Körpermotorik vermag zwar einzelne Bewegungsimpulse auszulösen, welche durch die Extremitäten angezeigt werden, doch diese Bewegungen (...) erscheinen unmotiviert, nicht kontrolliert und werden häufig gar nicht zu Ende geführt (Laiengezappel)" (Roselt 2007, 59f.).

112 In diesem Sinne kann konstatiert werden, dass in biografischer Theaterarbeit mit den ausgeführten Verfahren der Rollengestaltung die Strategie der „vermittelten Unmittelbarkeit" (Wartemann 2002, 82) wirksam gemacht wird.

und weiß hinterher manchmal nicht, was ich gemacht habe. Wenn ich die Zuschauer sehe, kommt der Kontrolletti aber auch bei mir. Die Proben mit den Profis gaben mir auch Sicherheit" (Busse, Anhang G).

Die Rollen-Selbstdarstellung ist dabei weniger an eine bestimmte Technik oder einen bestimmten Stil geknüpft. Auf der Basis unterschiedlicher Ausgangsmaterialien kann der Darsteller seinem typisierten Ich in unterschiedlichster Form Ausdruck verleihen, je nach Maßgabe der Spielleitung, aber immer vor dem Hintergrund der in der biografischen Materialsammlung eingebrachten Vorschläge.

Hier wird auch ein Unterschied zwischen theaterwissenschaftlicher Analyse und Inszenierungspraxis biografischer Theaterarbeit markant: Jens Roselt sieht bei den Alltagsexperten von ‚Rimini Protokoll' in den Darstellungsweisen unterschiedlicher Aufführungen bspw. durchgängig eine Analogie zu dem Brechtschen Modell der Straßenszene und beschreibt damit die distanznehmende Kraft für den Darsteller, die ihn so einen bewussten Gestaltungsakt vollziehen lasse (vgl. Roselt 2007, 60f.). Gerald Siegmund stellt dagegen fest, dass die Akteure der Rimini-Produktionen „nicht im Sinne einer Verfremdung aus Distanznahme heraus" (Siegmund 2007, 183) agieren. Für ihn „lässt sich ihr Sprech/Handeln (...) als Akt des Erinnerns an Alltägliches [verstehen], das durch den Theater- und Bühnenkontext, in dem die Experten agieren, hervorgeholt, erinnert und in einen lebendigen Zusammenhang geholt" (ebd.) werde. Eine solche Beschreibung verweist eher auf die Theatertheorie des Brechtschen Antipoden Stanislawski und seiner psychologischen Arbeitsmethode der Aktivierung des emotionalen Gedächtnisses.[113] Anschlussfähig wäre diese Argumentation aber auch an explizit performative Darstellungstechniken, die sich darauf konzentrieren, die biografische Kommunikation präsentisch, ereignishaft, pur und einmalig erfahrbar werden zu lassen (vgl. bspw. Schechner 1973[114]).

Entscheidend ist zunächst, dass es für beide und ggf. weitere darstellungstheoretischen Bezüge durchaus eine Berechtigung gibt, diese letztlich aber immer nur im Hinblick auf die konkrete Szene, den konkreten Materialausschnitt und die konkrete Aufgabenstellung für den Akteur zu erfassen ist. Vor allem aber ist herauszustellen, so zeigen es die Produktionsbeispiele, dass der Darsteller jeweils mimetisch Bezug auf seine Alltagserfahrungen und -handlungen nimmt. Es wird also weniger versucht, Schauspieltheorien anzuwenden, sondern Selbstdarstellungsstrategien zu akzentuieren und zu vergrößern. In der Phase der Rollengestaltung lernt der Akteur auf diese Weise nicht unbedingt (oder nur implizit)[115] klassische Theatertheorien und Schauspielkon-

113 Stanislawski knüpfte mit seiner Theorie des emotionalen Gedächtnisses an den französischen Psychologen Ribot (1839-1916) an, der vom affektiven Gedächtnis sprach, deutete dieses aber um (vgl. Hofmeier nach Hentschel 1996, 168). Es bezieht sich auf eine erinnernde Psychotechnik zur dramenzentrierten Rollenarbeit auf der Grundlage der Biografie des Schauspielers. Neben Sinneseindrücken akustischer und optischer Art sind vor allem gefühlsmäßige Bewertungen von Erinnerungen als Fundament für die Darstellung relevant (Stanislawski 1986a, Teil 1, 198f.).

114 Richard Schechner: Performer. In Richard Schechner: Environmental Theater, New York/London 1994 (1973), Übersetzug Susanne Winacker; Auszug in: Roselt, Jens (2005): Seelen mit Methode. Schauspieltheorien vom Barock bis zum postdramatischen Theater, Berlin: Alexander.

115 Damit soll allerdings nicht ausgeschlossen werden, dass sich die Darsteller in einem biografischen Theaterprojekt nicht auch mit Schauspielkonzepten auseinandersetzen können, es liegt aber dann im dezidierten Anspruch der Leiter ästhetisches Lernen in diesem Sinne vermitteln zu wollen und entsprechend gemeinsam mit den Darstellern zu erarbeiten und zu reflektieren.

zepte kennen, zu übertragen und umzusetzen, sondern seine Selbstdarstellungsstrategien des Alltags in dezidiert chorischen oder solistischen Verfahren zu reflektieren, zu typisieren und zu ästhetisieren.

Im Unterschied zu den Selbstdarstellungsstrategien im Alltag hat der Darsteller in der künstlerischen Rollenarbeit ein weit größeres Maß an Zeit und Muße zur Entwicklung und Reflexion darstellungstheoretischer Strategien (vgl. Goffman 1969). Er kann durch beständige Überarbeitung und Modifizierung sowie durch den Austausch mit den anderen Mitspielern (und/oder Regie) die Rollen-Selbst-Darstellung reflektiert präzisieren, bevor er mit ihr in die Öffentlichkeit tritt, eine Identitätsbehauptung seiner Person geltend macht und mit seiner szenischen Darstellung auch ein gewisses Maß an Sozialpflichtigkeit[116] übernimmt. Denn letztlich geht es in der Darstellungsarbeit für ihn immer auch darum, dass er meint, was er sinnbildlich oder direkt sagt. Er berichtet von Menschen, die er kennt, die ggf. im Anschluss an die Aufführung auf seine Äußerungen reagieren werden; er interpretiert seine Lebensgeschichte, übernimmt Verantwortung für seine Szenen und legt damit Spuren für die Fortschreibung seiner Biografie über den Theaterrahmen hinaus.

Dabei kann der Akteur sich weitestgehend sicher sein, dass er seinen Darstellungsplan vollenden, seinen Beitrag vor Zuschauern nach seiner Intention vollziehen kann, ohne gestört zu werden, denn die Theatersituation folgt der Konvention der allgemeinen Vorstellung von Theater, d.h., die Zuschauer kommen aus dem Interesse, sich die Ergebnisse eines künstlerischen Arbeitsprozesse anzusehen und nicht, um sich aktiv zu beteiligen (bzw. zu intervenieren). Eine solch luxuriöse, weil kontrollierte Situation begegnet dem Darsteller im Alltag selten, ist hier doch zumeist die Symmetrie eines Kommunikationsprozesses hergestellt, denn alltägliche Begegnungen gleichen eher der ständigen Improvisation in wechselseitiger Interaktion, so wie auch die Funktionen von Darsteller und Zuschauer häufig changieren (vgl. Goffman 1969, 12).

Die Typisierung erweist sich zudem als entscheidendes Kriterium für die Lernerfahrung des Darstellers, der für seinen pointiert biografischen Vermittlungsanspruch begreift, dass Reduktion, Selektion und Präzisierung gewinnbringend zu nutzen sind. Die Spannbreite ist dabei weit und reicht bis hin zu fiktionalen Setzungen, wenn, wie in den hier vorgestellten Beispielen der theaterpädagogischen Produktionen, eine *Ausreißerbande* kreiert wird, die die Akteure vor Probenbeginn nicht waren und auch nicht sind – und auch die *Beerdigungsgesellschaft* und der *Heimatverein* nur als imaginierte Formate fungieren, die gleichsam als verbindendes Hilfskonstrukt zu verstehen sind. Immer sind es Setzungen, die aus der Materialsammlung heraus kreiert werden, mit

116 In diesem Zusammenhang ist der Diskurs um den Theatralitätsbegriff neu zu befragen. Andreas Kotte hat die Abwesenheit der Sozialpflichtigkeit als Merkmal für eine künstlerisch theatrale Situation beschrieben und sie der Theatralität des Alltags gegenübergestellt (1988, 788 ff.). In biografischer Theaterarbeit kann sein Merkmal des konsequenzverminderten Handelns in biografischer Theaterarbeit nur eingeschränkt Gültigkeit erhalten, denn der programmatische Anspruch liegt in der hier beschriebenen Theaterform für den einzelnen Darsteller durchaus darin, Meinungen zu vertreten und publik zu machen, für die er auch über den Theaterrahmen hinaus Verantwortung übernimmt. Das zweite Beschreibungsmerkmal für künstlerische Theatralität – beschrieben als hervorgehobenes Handeln – erfüllt sich allerdings auch in biografischen Theaterprojekten (vgl. zur Notwendigkeit der vertiefenden Diskussion auch Pinkert 2005b, 30ff.). Zum Diskurs um Theatralität zwischen Kunst und Alltag siehe vertiefend auch Kurzenberger (2005b/c) und Warstadt (2005).

denen sie sich gleichsam identifikatorisch kurzschließen. Die Spieler werden somit in ein besonders enges Spiel von Involviertheit und Distanznahme verwickelt.

Über die Typisierung, die auch die Grundlage für die Kostümauswahl bietet, findet zwar immer eine Reduzierung auf bestimmte Aspekte der Lebenswelt und/oder Persönlichkeit des Darstellers statt, aber genau dadurch gewinnt und agiert er im Bewusstsein der „doppelte[n] Erscheinungsform des Menschen selbst im Theater: seine soziale[n] und ästhetische[n] Qualität, seine[r] Funktion als ‚Bild' und gleichzeitig als Träger dieses Bildes" (Ritter 1990, 34). Indem er sich selbst durch die soziologische Brille eines bestimmten Typus ansieht, sich mit ihm abgleicht und inszeniert, gewinnt der Akteur eine ästhetische Einstellung zur eigenen Person und seinem biografischen Material (vgl. Jauß 1993, 220).

Ausgeschlossen ist damit nicht, dass durch ein solches Verfahren der Verallgemeinerung die Darstellung zunächst in eine banale Verallgemeinerung und klischeehafte Übertreibungen abrutschen kann.[117] Wenn der Akteur aber durch die Probenarbeit die Rückbindung zu seiner Person und seinem Material sucht und wiederfindet, wird die Typisierung als Schablone (konturierende Vorgabe) produktiv, die der Einzelne für seinen Identitätsentwurf mit individueller Ausgestaltung als Verfahren der Imagebildung nutzen kann.

Ausdrucksfindung als Gemeinschaft

Wenn die Rollengestaltung konsequent in chorischen Spielweisen verwirklicht wird, stellt sich für den einzelnen Akteur die Arbeit am stimmigen Ausdruck für einzelne biografische Befindlichkeiten immer im Zusammenhang mit der Einordnung in die Gruppe dar. Der Akteur erlebt die geteilte Verantwortung für das Ganze mit dem Anspruch der Befriedigung jedes Einzelnen, spürt gleichzeitig seine individuelle Betroffenheit und Identifikation mit der gemeinsamen Unternehmung und erfährt die Produktivität einer Gemeinschaft – hier für die Arbeit an der Form.

Für jeden der Akteure ist damit die notwendige Einsicht verbunden: Gruppentypisierung und chorische Verfahren bedeuten Selektion, Abstraktion und Konzentration, wenn für das Eigene ein gemeinsamer Ausdruck gefunden werden muss. Erlebbar wird aber auch die eigene Mitgestaltung, da ohne den jeweils individuellen Beitrag die Arbeit nicht funktioniert. Hier ist zudem die spielerische Freiheit gegeben, innerhalb der Gruppentypisierung jeweils einen eigenen Einzeltyp zu erfinden. Und oftmals geht es um die gemeinsame Form, die mit unterschiedlichen individuellen Variationen spielt, in einem Chor, in dem jeder „verschieden mit erkennbaren Gemeinsamkeiten" (Kurzenberger 1998b, 26) agiert.[118]

Den Anderen Platz und Raum zu schenken, konzentriert und wachsam Lücken zu füllen und Vorschläge (verbal oder spielerisch) zu unterbreiten, fordert und fördert immer auch in grundlegendem Sinn Partizipation, Kompromissfähigkeit und Integration.

117 Für einzelne Sequenzen in den Produktionen ‚Ein Haufen Heimat' und ‚Herzliches Beileid' wurde diese Form der Gestaltung sogar gesucht, allerdings um in distanzierter Bezugnahme die Rollen ironisierend vorzuführen (vgl. Bewegungsmuster als ironischer Kommentar, II.2.1)

118 Damit entsprechen die chorischen Verfahren einer Arbeitsform, die nach Kurzenberger zeitgemäß ist, denn „was ein Chor heute nicht sein darf: weder unisono noch unimental, und schon gar nicht blind und verantwortungslos machend" (Kurzenberger 1998b, 23).

Jeder erlebt sich als verantwortungsbewusst für die gruppendynamischen Prozesse. Dabei können die Akteure im Schutz des Chors und im Schutz des Kollektivs experimentierfreudig werden, etwas ausprobieren, was sie allein nicht gewagt hätten, als ein „Chor, der den Einzelnen ermutigt", genauso wie er „kollektive Energie freimachen kann und spüren lässt" (ebd., 24). Die Gefahr liegt allerdings darin, dass Einzelne zu Mitläufern werden. Entsprechende Motivation von Seiten der Spielleitung, durch die jeder Einzelne seine gemeinschaftsbildende Kraft wahrnehmen kann, basierend auf der Grundregel gemeinsamer Improvisationsleistungen, die auf der Haltung und Einstellung eines innerlichen Ja-Sagens zu den Vorschlägen der Mitspieler basiert, ist hier sicher förderlich (vgl. Johnstone 1993).

Was sich aus einer inhaltlichen Auseinandersetzung (Prozess gemeinsamer Willensbildung) im spielerischen Erfahrungsaustausch in der Materialsammlung als kollektive Einstellung entwickelt hat, manifestiert sich jetzt in der Formfindung. Verständigung und Einklang manifestieren und intensivieren sich als körperliche Erfahrung im theatralen Ausdruck. Die Darsteller erleben in jeder Szenenerarbeitung ein Wechselspiel der Impulse, lernen die notwendige Aufmerksamkeit für die Anderen und das gleichzeitige Bei-sich-sein.

Ausdrucksfindung als Einzelperson

Bei den solistisch orientierten Produktionen, wie bei den Inszenierungsbeispielen der Freien Szene beschrieben, erfolgt die Distanznahme zum biografischen Material und die Arbeit am Ausdruck individuell. Hier werden daher andere Lernmöglichkeiten als die chorischen Verfahren der Rollengestaltung akzentuiert.

Zunächst ist festzuhalten, dass die Einzeltypisierung für den Darsteller eine viel engere Zuschreibung (als bei den kollektiven Figuren) bedeutet, da ein Gruppentypus für den Einzelnen mehr Spielraum für seine Interpretation und Ausschmückung der Vorgabe lässt. Zudem werden bei den solistischen Verfahren auf der Grundlage herausgearbeiteter Aspekte der Darstellerpersönlichkeit und seiner Lebensgeschichte von Seiten der Regie und Dramaturgie sehr konkrete Vorgaben gegeben. Eine Spielerin der Produktion ‚Café Dutschke' erinnert sich:

> „Ich komme so als die Romantikerin rüber, das wird so als Typ herausgearbeitet. Und dann wird eben so ein ganzer Teil meines Lebens weggelassen. Ich bin ja nur eben die bis zur Hochzeit, die Romantische, bis zur Weltreise, die eine Nepalreise macht und dann viele Berufe ausübt. (...) Erst dacht ich, da fehlt ja ein ganzer Teil, ich bin nur beschnitten auf die Anfangsjahre und das Ende – und dazwischen ist nichts" (Reader, Anhang F).

Was hier im ersten Moment noch als Negativ-Erfahrung wahrgenommen wird, kehrt sich im Verlauf der Proben in das Gegenteil um. Denn dann nimmt die Akteurin wahr, dass mit der Zuspitzung zu einem Typus (Romantikerin) und der entsprechenden Auswahl der Geschichten gleichsam an bestimmte Aspekte und Talente angeknüpft wird, die nur sie in ihrer Art in das Stück einbringen kann. Zugleich wird ihr bewusst, dass sie damit auch die Verantwortung für den „fröhlichen Teil des Stückes" (ebd.) übernimmt und wichtige Kontrastmomente gegenüber anderen Geschichten liefert. „Dass wir diese unterschiedlichen Typen dargestellt haben, fand ich sogar gut" (als alle die Ergebnisse der Rollenarbeit voreinander präsentieren; ebd.), resümiert sie später entsprechend.

Gerade wenn die Akteure bei den Proben den anderen Mitspielern zusehen, kann der Vergleich mit den Darbietungen der Anderen profilbildend wirken, weil er spielerisch mit einer Vielzahl von Antagonisten konfrontiert wird.

Zudem ist die Arbeit in den solistischen Verfahren der Rollengestaltung im Vergleich zu den chorischen Verfahren durch die Einzelbetreuung sehr viel intensiver, so dass die Rollengestaltung in besonderem Maße als Coaching und Imagebildung oder Identitätsarbeit verstanden werden kann, bei der durch den ausgiebigen Abgleich von Selbst- und Fremdwahrnehmung die Individualität des Einzelnen markiert wird.

Dadurch, dass im Ensemble nebeneinander und nicht miteinander an der Rollengestaltung gearbeitet wird, kann beim einzelnen Darsteller auch über den Theaterkontext hinaus die Fähigkeit geschult werden, sich frei von Gefühlen der Angst und Desintegration in Gruppenkontexten als Individuum zu zeigen und zu behaupten. In einem besonderen Maße ermöglicht die solistische Rollengestaltung so die eigene Vitalität wahrzunehmen und die Würde für die eigene Person zu stärken.

Die Rollenarbeit mag damit von den einzelnen Akteuren weniger politisch als vielmehr als Selbsterfahrung empfunden werden, denn sie ermöglicht dem Einzelnen verstärkt, einen aktiven Zugang zur eigenen psychischen Dynamik zu finden. In der solistischen Rollengestaltung kann der Einzelne die Erfahrung machen, besondere Aufmerksamkeit und Anerkennung für das eigene Sein zu bekommen, auch mit seinen Widersprüchen oder offen ausgestellten Suchbewegungen. Immer erlebt er, dass das, was er mitbringt und vorschlägt, dezidiert produktiv gemacht wird. Lernerfahrungen sind dabei immer gegeben, auch wenn es in der Probenarbeit nur um die Konzentration auf die eigene Person und bestimmte Handlungsabläufe geht, denn auch dabei ist die bewusste Übernahme einer bestimmten Spielhaltung (als innerer Einstellung) und in jedem Fall genaues Timing im Sinne der Dramaturgie gefordert.

Weitergedacht können sogar gerade diese Darstellungsfragmente, die ganz bewusst die Nicht-Perfektion und entsprechend unwillkürliche Körperreaktionen im Spiel suchen, sehr selbstbewusstseinsstärkend auf den Akteur wirken, da sie oftmals von den Ensemblemitgliedern als besonders mutig anerkannt werden. Zugleich lenken sie die Aufmerksamkeit auf das Thema der Scham. Es rückt als ein Verhältnis von Voyeurismus und Exhibitionismus in den Vordergrund, wird spielerisch untersucht und kann genau deshalb auch reflektiert werden.

3 Stückentwicklung

3.1 Verdichtung zu gemeinsamem Sinnzusammenhang

In den theaterpädagogischen und kollektiv ausgerichteten Produktionen stellen die inhaltlichen Kategorien, die in den Dramaturgiesitzungen zum Ende der Materialsammlung erarbeitet wurden, in der Stückentwicklung jeweils den Bezugspunkt für eine Reihung der Szenen dar.

Bei der Produktion ‚Freundschaft' kann mit dem gefundenen Typus einer *Ausreißerbande* unter Bezugnahme auf das dramaturgische Konzept mit seinen drei

Themenblöcken der Spannungsbogen einer sozialpsychologischen Entwicklungslinie entworfen werden (vgl. III.1.1). Die einzelnen Figuren der *Ausreißergang* zeigen so in szenischen Rückblenden das Leiden in den *Unterdrückungssituationen*, entwickeln gemeinsam Kraft für den *Ausbruch* und finden einen Familienersatz in der *Freundschaft* zu den Ensemblemitgliedern. Die sinnbildliche Entsprechung findet diese verabredete Entwicklungslinie des Stücks in der einstudierten Bewegungschoreografie, die aus dem *Slowmotion-Lauf* über die *Achterbahnszene* bis hin zum *Kusshaufen* erarbeitet wurde (vgl. III.2.1). Bei der dramaturgischen Sortierung des szenischen Materials stellt sich zunächst heraus, dass der Auftakt für das Stück noch fehlt. Um die Entwicklungslinie zu komplettieren und einen Auftakt für das Stück zu finden, wird die Geburt als szenische Arbeitsaufgabe aufgegriffen: als Ursprung, der zeigt, wie die Akteure in die unliebsamen Herkunftssituationen hineingeraten sind. So erarbeiten die Darsteller in gemeinsamer Gruppenarbeit wieder eine chorische Sequenz mit den Gitterkästen, in der sie unter diesen hindurch zu einzelnen Flaschen kriechen, die auf der Bühne verteilt auf dem Boden liegen und jetzt als Babyflaschen genutzt werden. Damit ist auch eine Motivation für die Einbindung der Flaschen gefunden, die das Ensemble für die *Flaschenchoreografie* benötigt und die ab sofort in viele Sequenzen als multifunktionales Requisit integriert werden kann. Quer zu der chronologischen Szenenfolge von der *Geburt*, über das *Slowmotion-Laufen*, die *Gitterkastenzerstörung* und die *Achterbahn* bis zum *Kusshaufen* werden die anderen Sequenzen eingeflochten (vgl. ebd.).

Auch bei der Produktion ‚Herzliches Beileid' soll eine Entwicklung im Sinne eines persönlichen Reifungsprozesses aller Ensemblemitglieder gezeigt werden (vgl. III.1.1). Schnell steht für alle fest, dass die fröhliche *Spiegelszene* mit ihrer komödiantischen Einlage des Kleidertauschs weit am Ende des Stückablaufs stehen soll (vgl. Anhang M). Dort hingeführt wird mit der *Zugfahrt* und der darin enthaltenen gedanklichen Auseinandersetzung mit dem eigenen Tod (vgl. III.1.1 und III.2.1). Einzelne Erzählstücke werden hier so gereiht, dass am Ende der *Zugfahrt* der Bericht eines Darstellers steht, der sich seinen Tod wie folgt vorstellt: „(...) dass ich aus dem Körper herausfliege, mich ganz in große Augen verwandele, mit denen ich die Welt von oben betrachten kann" (Videoaufzeichnung ‚Ein Haufen Heimat'). Diese Erzählung bietet den Auftakt für den gemeinsam gesprochenen Kleistschen Todesmonolog des „Prinzen von Homburg"[119]. Durch die variantenreichen Sprachspiele mit dem poetischen Text synthetisiert die *Beerdigungsgesellschaft* sinnbildlich ihre Ängste. Im übertragenen Sinn kann sie nun auf die Welt herunter blicken und aus einer Distanz heraus verschiedene Verhaltensweisen der Menschen im Umgang mit dem Tod und klischeehafte Szenen bei Trauerfeiern beobachten. Die Reihenfolge der vielen kleinen thematischen Schlaglichter wird in vielen Ablaufproben unterschiedlich ausprobiert, bis alle mit der Abfolge einverstanden sind. Schließlich vollzieht das Stück mit einzelnen kommentatorischen Erzählstücken den komödiantischen Bruch mit den Konventionen, geht in die resümierende Reflexion. Als kollektive Botschaft intergenerationeller Begegnung und Auseinandersetzung zeigt die *Beerdigungsgesellschaft,* alias die Spielergruppe, dass sie selbstbewusst im Umgang mit dem Tabu geworden ist und dem Tod nun gelassener entgegen sehen kann.

119 Kleist, v. Heinrich: Prinz Friedrich von Homburg. Gesammelte Werke, Bd.1, DTV, S.707.

Bei der Produktion ‚Ein Haufen Heimat' geben die Spielsequenzen mit dem Naturelement Erde die dramaturgische Orientierungslinie für die Proben am Ablauf vor. Die Erde soll zunächst in Eimern auf die Bühne gebracht werden, jedes Gruppenmitglied seinen eigenen *Heimathaufen* bauen, während fröhliche Kindheitserinnerungen berichtet werden. Um die Kehrseite eines positiv besetzten Heimatgefühls anzudeuten, entscheidet sich die Gruppe in diesem ersten Block, einer Akteurin einen leeren Eimer mit zu geben. Sie kann also im Gegensatz zu den restlichen Spielern keinen Heimathaufen bauen und stellt damit die notwendige Lücke im geschlossenen chorischen Szenenbild dar. Ausgehend von dieser Lücke werden die Szenen dörflicher „Heimatdünkelei" (Jücker/Overkamp 2002, 18) eingeleitet und sich mit Engstirnigkeit, Fremdenhass und intrigantem Tratsch auseinandergesetzt. Die Auseinandersetzung mit der Kehrseite von Geborgenheit und Sicherheit, vor allem dargestellt über das *Heimatabendszenario* (vgl. III.1.1), führt mit dem *Walzenchor* schließlich zur Verwüstung der *Heimathaufen* (vgl. III.2.1).

> „Blind, mit Eimern über den Köpfen, machen sich die Menschen vergebens auf die Suche nach ihrer Heimat (...) womit sie die ‚Heimathaufen', die sie liebevoll aufgebaut hatten, während die Kindheitsgeschichten erzählt wurden (...) zerstören" (Jücker/Overkamp 2002, 18).

Damit wiederum ist die Frage nach dem Wiederaufbau und einem Neuanfang gestellt, der auch die Möglichkeit eines utopischen Entwurfs enthält. Die Spielleitung erinnert sich an die Arbeit:

> „Wie bei den ‚Trümmerfrauen' wird die Erde wieder zusammengescharrt, die Heimathaufen werden neu geformt. Wieder sind acht einzelne Heimathaufen auf der Bühne zu sehen. Aber ist es das, was wir wollen? Wir legen Wege zwischen den Heimathaufen, wir begegnen uns und schließlich dem Zuschauer/der Zuschauerin, zu dem/der wir Wege bauen. Zu einer konkreten Person, ein Blickkontakt geht voraus. Wir sehen in der Begegnung miteinander, indem wir Wege zueinander bauen, die Möglichkeit die Zerstörung von Heimat zu überwinden" (ebd.).

Die Begegnung als Weg der Überwindung von Heimatlosigkeit stellt so die szenische Botschaft dar, die der jugendliche Heimatverein an die Zuschauer vermitteln will und die dem gemeinsamen, biografisch orientierten Austausch und der Verständigung über gemeinsame Werte entspricht, die so auch den Zuschauern als Angebot und Mahnung weitergegeben werden soll.

Stilistischer Abwechslungsreichtum in der Szenenreihung

In allen theaterpädagogischen Inszenierungen wird in der Verdichtungsarbeit neben der inhaltlichen Stringenz auch auf den stilistischen Abwechslungsreichtum innerhalb der Szenenreihung geachtet. Um die Aufmerksamkeit der Zuschauer zu erhalten und den Unterhaltungswert zu erhöhen, werden die Szenen jeweils so kombiniert, dass sich die Inszenierung durch Wechsel der Tempi und Dynamik auszeichnet. Auch die unterschiedlichen Chorvarianten (Bewegungschöre, Singchöre etc.) werden abwechslungsreich kombiniert.

Bei der Produktion ‚Ein Haufen Heimat' wird die Varianz der Spielweisen durch die Bühnenraumaufteilung unterstützt. Der Bühnenraum wird so aufgeteilt, dass im

Hintergrund auf einer Extrabühne die Biertische und -bänke aufgestellt sind, so dass sich die Szenen des Trinkgelages und des Dorftratsches als komödiantisch ausgestellter Negativkommentar vermitteln. Mit einem Vorhang wird dieser Bereich verhangen und für die jeweiligen Sequenzen aufgezogen.[120] Die im Bühnenraum positionierten Eimer bilden mit den Erdhaufen im vorderen Bühnenbereich ein symmetrisches Muster und gleichsam kleine Inseln und Bezugspunkte für die einzelnen Spieler, von denen aus immer wieder kleine Erzählungen und Gedanken referiert werden.

In den Produktionen ‚Herzliches Beileid' und ‚Freundschaft' werden neben einzelnen Monologen und chorischen Kommentaren vielfach auch dialogische Szenen genutzt, um den stilistischen Abwechslungsreichtum noch zu erhöhen. Um dabei allerdings nicht in ein Rollenspielformat zu geraten, das die Ereignishaftigkeit der biografischen Kommunikationssituation im *Hier und Jetzt* aufzulösen droht, fallen diese Sequenzen nur kurz und knapp aus und werden als Zwischenspiele zumeist von einleitenden direkten Ansprachen an das Publikum gerahmt: „Ich will mich damit [mit dem Tod; Anm. N.K.] nicht beschäftigen, das habe ich noch nie getan!" (Videoaufzeichnung ‚Herzliches Beileid') ruft eine junge Akteurin so beispielsweise zum Auftakt ihres dialogischen Zwischenspiels in den Bühnenraum hinein. Dann richtet sie sich an das Publikum und spricht weiter: „Bis auf das eine Mal. Das war an einem Sonntagnachmittag, einem ganz normalen, gemütlichen Sonntagnachmittag, an dem mein Vater und ich zusammen in der Stube waren" (ebd.). Ein Mitspieler neben ihr, ein älterer Herr, übernimmt jetzt die Rolle des Vaters, betritt die fiktive Stube und setzt sich auf einen Stuhl, woraufhin der Dialog beginnt:

Älterer Herr: „Hör mal Mädchen, ich möchte gern mal mit Dir reden".
Junge Frau: „Wieso, was gibt es denn so wichtiges?"
Älterer Herr: „Ich glaube, es wird Zeit, dass ich so langsam meinen Garten bestelle."
Junge Frau: „Garten bestellen? Aber wir haben doch gar keinen Garten..."
Älterer Herr: „Du weißt, was ich damit meine".
Junge Frau: „Nein, ich weiß nicht, was Du damit meinst".
Älterer Herr: „Das Leben kommt, das Leben geht".
Junge Frau: „Und?"
Älterer Herr: „Ich haben den größten Teil meines Lebens hinter mir. Und da wird es auch Zeit, dass man mal ans Ende denkt".
Junge Frau: „Du meinst, darüber willst Du mit mir reden?"
Älterer Herr: „Ja".
Junge Frau: „Aber ich will nicht darüber reden. Ich habe mich noch nie damit beschäftigt. Warum auch ? Und schon gar nicht im Zusammenhang mit Dir. Ich könnt es nicht ertragen, Dich zu verlieren. Du bist doch gesund".
Älterer Herr: „Aber...."
Junge Frau: „Kein ‚Aber'" (ebd.).

120 Zum Auftakt und Ende der Vorhangszenen wandert der fröhliche *Spielmannszug* (II.1.1) jeweils dynamisch über die komplette Bühne.

Beide Akteure treten auf den letzten Satz folgend zurück in den Chor der Beerdigungsgesellschaft, der sich das Zwischenspiel angesehen hat und mit einem eingespielten Trauermarsch wieder in die Trauerfeierszene wechselt, in der nach kurzer Dauer erneut ein Erzählbericht oder ein weiterer Dialog als erinnerndes Schlaglicht dargeboten wird.

Während bei der Produktion ‚Herzliches Beileid' ein beständiges Wechselspiel von chorischer Darstellung und kleinen Zwischenspielen etabliert wird, entscheidet sich das Ensemble der Produktion ‚Freundschaft' im letzten Teil des Stücks sieben dialogische Spielszenen gebündelt aufeinander folgen zu lassen. Da das Stück in den ersten Teilen sehr laut, kraftvoll und dynamisch inszeniert wird, erscheint es hier sinnvoll, in einem längeren Block, leise und besinnliche Formen der Darstellung zu wählen. Die Spieler bekommen jeweils zu zweit oder zu dritt die Aufgabe, in Rückbezug auf die Materialsammlung und mit Benutzung eines Gitterwagens eine Freundschaftszene zu entwickeln. So sieht man die Akteure den Gitterkasten in eine Badewanne verwandeln, in der sie Geheimnisse austauschen und im pantomimischen Spiel eine fröhliche Wasserschlacht beginnen. Andere benutzen den Transportwagen als Bank, von der aus sie in den Himmel schauen und Sternschnuppen zählen. Ein Spielerpaar verwandelt den Kasten in einen Fernseher und nimmt hier die Filmszene aus dem Film „Kurz und Schmerzlos" (Akin 1998) wieder auf, die es bereits in der Materialsammlung adaptiert hat. Die letztgenannte Szene, in der einer der Spieler dem anderen ein türkisches Gute-Nacht-Lied singt, nachdem dieser vor dem Fernseher eingeschlafen ist, führt jetzt logisch in die letzte Szene des Stücks mit dem *Kusshaufen* (vgl. III.2.1) über, in der sich alle Akteure ihrer gemeinsamen Freundschaft versichern.

Szenenübergänge durch Chorführer

Um Fragen zu eröffnen, die zum nächsten Themenblock führen, oder um Fürsprecher für alle zu sein, werden in den Verdichtungsphasen der theaterpädagogischen Produktionen einzelne Akteure als Chorführer bestimmt. Sie haben die Aufgabe, sich aus der gemeinsamen Szene herauszulösen, mit Geschichten, Sätzen oder gestischen Kommentaren in den Vordergrund zu treten und sich danach wieder in das chorische Spiel zu integrieren.

In der Inszenierung ‚Freundschaft' bspw. steigt eine Akteurin im Anschluss an die *Achterbahnszene*, in der sinnbildlich gemeinsam Mut für den Aufbruch in eine neue Lebensperspektive geschöpft wird, zwar mit allen anderen Darstellern zusammen aus den Gitterkästen, klettert dann aber allein auf das Dach eines Gitterwagens. Hier spricht sie einen Monolog, ausgearbeitet auf der Grundlage von Andersens Märchen „Die kleine Meerjungfrau", den sie bereits in der Materialsammlung erarbeitet hat (vgl. III.1.1). Während sie den Text spricht, ist es die Aufgabe des Chors, in neutraler Haltung auf der Bühne zu stehen, mit den Augen allerdings den Blickrichtungen der Chorführerin jeweils zu folgen. Während die Chorführerin mit ihrem Text und expressiver Gestik beschreibt, wie sie beim Tauchen vom Boden in Richtung Wasseroberfläche die unterschiedlichsten Farben und schließlich die glitzernden Sonnenstrahlen entdeckt, verweist diese Aussage durch die gemeinsamen Blickrichtungen metaphorisch für alle Mitglieder des Chors auf das Gewahrwerden neuer Lebensperspektiven und Möglichkeiten in ihrem Leben. Gleichzeitig unterstützt der Chor aber auch die exponierte Präsenz ihrer Fürsprecherin, die mit den Worten „Ich schwimme und ich schwimme immer weiter" (Videoaufzeichnung ‚Freundschaft') schließlich den Auftakt für alle gibt, von diesem ruhigen, besinnlichen und kräftigenden Moment gemeinsam in die chorische Bewegungssequenz der tanzenden Partystimmung überzuwechseln (vgl. III.2.2). Die Arbeit mit den Blickrichtungen stellt sich in der Verdichtungsphase der Stückentwicklung von ‚Freundschaft' insgesamt als entscheidend für das Spiel zwischen Chorführer und Chor dar. In jeder einzelnen Sequenz werden die Blicke aller Beteiligten genau choreografiert. Wenn einzelne Akteure kleine Geschichten erzählen, geht der Blick der Mitakteure entweder jeweils – wie am Beispiel beschrieben – in dieselbe Richtung, in die der Chorführer schaut, oder er hält konsequent und gradlinig den Kontakt zum Publikum. In manchen Sequenzen wird als weitere Variante verabredet, die Blicke des Chors gezielt dem Chorführer zuzuwenden. So wird ein konzentriertes Zuhören gezeigt, welches gleichsam die Bühnenpräsenz des Solisten in besonderem Maße unterstützt.

In der Produktion ‚Ein Haufen Heimat' wird die Verbundenheit zwischen Gruppe und Chorführer auf eine andere Art und Weise inszeniert. Hier imitiert der Chor die Gesten des Chorführers, erweitert und vergrößert sie. Die Spielleiter erläutern ein solches Vorgehen mit einer Szenenerarbeitung, die sich an die Zerstörung der „Heimathaufen" (Jücker/Overkamp 2002, 18) durch den *Walzenchor* anschließt:

> „Um aus dieser ausweglosen Situation herauszufinden, greifen wir eine kleine Kindheitserinnerung einer Spielerin wieder auf. ‚Es ist Winter. Draußen ist es klirrend kalt. Meine Wangen sind rot vor Kälte. Mein Vater hat sie mir dann immer warm gepustet. Das ging so.' Sie zeigt uns, wie das war. Die Wangen aller werden warm gepustet. Ein Zeichen für das einander Wärmen" (ebd.).

Einzelne Darsteller übernehmen hier das Repertoire einer bestimmten Art und Weise des Wangen-Pustens der Solistin, das sie alle aneinander ausprobieren. Das sich vergrößernde Bild gegenseitiger Ermutigung führt so langsam wieder zu einer Aktivität der Darsteller, um sinnbildlich gemeinsam in neuer Kraft und in gewandelter Stimmung in die nächste Szene des Wiederaufbaus übergehen zu können (vgl. III.1.1), in der sie die inzwischen vollständig auf dem Boden verteilte Erde wieder zusammenscharren, um damit neue und sich kreuzende Wege durch den Bühnenraum zu legen.

In der Verdichtungsarbeit wird immer wieder auch rückblickend auf die Materialsammlung nach Gedanken, Sätzen und neuen Ideen gesucht. Begleitet werden die Verdichtungsproben somit immer auch von weiteren inhaltlichen Diskussionen, in denen über die jeweilige Aussage der Inszenierung debattiert wird. So entstehen auch zum Ende der Probenarbeit noch Texte, die sich bspw. als Kommentierung, als Auftakt oder Ende von Szenen, oder als Übergang von einer zur nächsten Sequenz anbieten.

In der Produktion ‚Ein Haufen Heimat' wird von einer Chorführerin die resümierende Aussage des Stücks deutlich auf den Punkt gebracht:

> „Jeder Mensch braucht eine Heimat, wie eine Mutter. Zuflucht ist mit Geld nicht zu bezahlen. Für Menschen, die ihre Heimat, aus welchem Grund auch immer verloren haben, ist Zuflucht mit Geld nicht zu bezahlen. Wir wünschen daher jedem Menschen Heimat satt – und sagen ‚Guten Appetit' und hoffen [die Akteurin warf einen Blick zurück zu den Bierbänken und -tischen; Anm. N.K.], dass die nach Heimat Hungrigen sich daran nicht überfressen mögen" (Videoaufzeichnung ‚Ein Haufen Heimat').

Um die direkte soziale Nachricht nicht zu plakativ im Raum stehen zu lassen, wird sie von einer letzten musikalischen Einlage aller Akteure aufgefangen. Das Lied wiederum bindet die Botschaft sowohl an jeden Darsteller als auch die Gruppe zurück, indem die Akteure singen: „Zurückgekehrt, angekommen bei mir, schlägt mein Herz für das gefundene Wir" (ebd.).

Bei der Produktion ‚Herzliches Beileid' rundet eine Chorführerin die Inszenierung ab. „Hoch soll sie leben" singt sie das Geburtstagslied in Richtung Publikum, während alle anderen mit Blick in den Zuschauerraum verharren (Videoaufzeichnung ‚Herzliches Beileid'). Dann unterbricht sie sich selbst und spricht: „Was denkt ihr: Was wäre, wenn wir ewig lebten?" (ebd.). Die Frage ist aber nicht nur an die Zuschauer gerichtet, sondern ebenfalls an die Mitspieler. So wird der Chor zunächst wieder aktiv: „Oh, man könnte viele Reisen machen", erwiderte der eine, dann reden alle durcheinander (ebd.). Die Chorführerin sitzt ruhig da und hört zu. Nachdem die Gruppe wieder still geworden ist, beginnt sie mit einem weiteren Text: „Es klärt sich auf, da sind die Sterne, wie immer auf ihrer uralten Reise kreuz und quer durch den Himmel. Die Gelehrten sind sich noch nicht ganz einig, aber man nimmt doch an, dass dort keine Lebewesen existieren. Nur Kreide, oder Feuer. Einzig hier müht man sich ab" spricht sie, während sie auf den Bühnenboden zeigt (ebd.). „Man müht sich so ab, etwas aus sich zu machen. Die Mühe ist so groß, dass die Menschen sich spätestens nach 16 Stunden niederlegen müssen, um auszuruhen" (ebd.). Mit einem Lächeln sieht sie auf die Uhr. „Gleich ist es 21 Uhr", gibt sie die korrekte Uhrzeit in der Aufführung wieder und ergänzt in Richtung Publikum: „Auch Sie müssen sich ausruhen. Gute Nacht" (ebd.). Ein Black beendet daraufhin das Stück (vgl. ebd.).

3.2 Verdichtung zu kontrastiven Sinnentwürfen

Im Gegensatz zu den jeweils aussagekräftigen szenischen Bildern, die in den theaterpädagogischen Produktionen zum Ende der Phase der Rollengestaltung fixiert werden, stehen bei den Produktionen der Freien Szene zu Beginn der Stückentwicklung lediglich viele kleine Biografiefragmente mit unterschiedlichen Typisierungen unvermittelt nebeneinander. Für die Stückentwicklung bedeutet dies allerdings kein Manko, denn in der Montagearbeit geht es nicht um die Vermittlung eines narrativen Sinnzusammenhangs (vgl. Cieslak, Anhang E u. Schipper, Anhang J). Der dokumentarische Charakter der Biografiearbeit soll auf das jeweilige individuelle Selbstbild einzelner Protagonisten bezogen bleiben und multiperspektivische Zugriffe hinsichtlich der übergeordneten Fragestellung der Inszenierung bieten – als Projektionsfläche und Gedankenanstoß für die Zuschauer, die eher auf sich selbst zurückgeworfen werden sollen (vgl. ebd.).

Entgegen der Bauweise der theaterpädagogischen Produktionen basiert die Verbindung der Sequenzen in den Verfahren der Freien Szene weniger auf inhaltlicher Stringenz eines sich aufbauenden Spannungsbogens mit dem Aufwerfen von Fragen, der Auseinandersetzung und den utopischen Lösungsvorschlägen. Hier wird sich vielmehr an einem formallogischen Ablauf orientiert. Es geht den Theatermachern jeweils um ein komplexes, Spiel in assoziativer Verknüpfung, mit der Herstellung formaler Rahmen und der Erfindung von Spielregeln, um die solistischen Darbietungen zu koordinieren.

Helgard Haug von ‚Rimini Protokoll' betont für ihre Produktionsverfahren die Notwendigkeit, den Blick in der konzeptionell-organisatorischen Arbeit auf die unterschiedlichen Medien zu lenken,

> „mit denen man arbeitet. Es gibt immer ein (...) Soundscape, ein Video, eine Lichtschiene und es geht darum, im Raum Lösungen zu finden. Und irgendwann muss man relativ schnell – auch dadurch, dass es Leute sind, die nicht so an die Bühne gewöhnt sind – an Abläufen proben" (Haug, Anhang B).

Ausgehend von den technischen Setzungen erfindet das Regieteam zunächst das Prinzip der Modularisierung als Schlüsselkriterium ihres Montageverfahrens (vgl. ebd.). Verschiedene Sequenzen aus den Arbeitsphasen der Materialsammlung und Rollengestaltung werden dabei zusammengefasst: Ein Modul besteht im Auf- und Abbau von Beerdigungszeremonien, mit dem entsprechenden Herrichten von Kränzen und Kerzen; ein weiteres Modul versammelt die Filmaufnahmen der Wohnungen der Akteure und die Tonaufnahmen von persönlichen Geräten, die sie abschalten[121] (vgl. Videoaufzeichnung ‚Deadline'). Ein weiteres Modul bezieht sich auf das Thema Bühnentod, wieder andere auf das Faktenwissen aus den unterschiedlichen Berufen und die Erfahrungen aus den Recherchen (ebd.). Nachdem die Vorüberlegungen abgeschlossen sind, wenden sie sich mit mehreren Verschachtelungsmöglichkeiten und entsprechenden Ablaufplänen an das Ensemble und sagen: „So, wir haben jetzt 5,6,7 Module und die proben wir jetzt in der und der Reihenfolge oder wir versuchen eine andere Reihenfolge, oder wir nehmen ‚das und das' raus" (ebd.). Das Organisationsprinzip für die Verschachtelung der Module, auf das sich das Regieteam ‚Rimini Protokoll' schließlich festlegt, besteht dabei in der Hinterlegung einer Anekdote des Bürgermeisters (vgl. Kaegi, Anhang B). Seine Geschichte wird über die Dauer der Inszenierung gestreckt, häppchenweise fragmentarisiert und immer wieder aufgenommen und weitererzählt. Es ist die Geschichte der Beerdigung eines Amtskollegen, die aufwendig inszeniert worden war, bei der es aber plötzlich zu regnen anfing und alle Trauergäste triefend nass wurden. Größtenteils, so wird in derselben Inszenierung beschlossen, sollen sich die Akteure gleichzeitig auf der Bühne aufhalten und parallel oder abwechselnd agieren. Solchermaßen wird die musikalisierende Rhythmisierung der kleinen Einzeldarbietungen zur Hauptaufgabe der Stückentwicklung. Auf die Frage, was ein wichtiges Kriterium für die Verdichtung sei, antwortet Stefan Kaegi:

> „Der Rhythmus: wie lange man (...) dem Akteur jeweils zuhört, bevor dieser abzuschmieren beginnt, was im Prinzip das Gefährlichste ist. Es geht ja darum, ihnen [den Darstellern; Anm. N.K.] einen Rahmen zu geben, in dem sie auch als Nicht-Schauspieler überleben. Der Schauspieler, wenn er abschmiert, ist immer selber Schuld auf eine Art, aber denen haben wir versprochen, dass nichts passiert und dass sie interessant sind" (Kaegi, Anhang B).

Nicht das inhaltslogische Ende einer Darbietung wird so zwangsläufig zum Maßstab für einen Szenenwechsel, sondern vorrangig die Bühnenpräsenz des Akteurs nach Einschätzung der Regie. So proben die Darsteller das punktgenaue Wechseln

121 Der Regisseur Kaegi sagt dazu: „Die Frage, wann man stirbt, ist heute immer mehr davon abhängig, wann man sich ausschaltet und so haben wir einen assoziativen Bogen zu den Geräten geschlagen. (...) Wir haben sie [die Darsteller, Anm. N.K.] alle besucht und in ihrem Haus (...) diese filmische Runde gedreht, (...) die man auf dem Video in der Inszenierung auch sieht. Da haben wir die Darsteller auch verschiedenen Geräte ausschalten lassen und geguckt, was sie für Geräte besitzen" (Kaegi, Anhang B).

und Verschachteln verschiedener Teile, die manchmal nur aus kleinen Einwürfen oder längeren Passagen einzelner Akteure bestehen.

Während die Darsteller bei ‚Deadline' stark aufeinander achten und reagieren müssen, besteht bei der Produktion ‚Portaits 360 sek.' das zentrale Ordnungsprinzip der Stückentwicklung darin, jeden Protagonisten konsequent allein auf der Bühne agieren zu lassen. Erst wenn der eine Solist die Bühne verlassen hat, erscheint der nächste Akteur. Für jeden Darsteller wird zuvor ein eigenes Bühnenbild eingerichtet, wobei die Umbauten vom Bühnenpersonal jeweils bei geöffnetem Vorhang inklusive Licht- und Sitzproben durchgeführt werden. Mehrmals wird als Szenenauftakt nach dem Umbau der Vorhang kurz zugezogen, um unmittelbar danach wieder geöffnet zu werden – eine dramaturgische Setzung, die an die Enthüllung eines Gemäldes zu erinnern vermag. Als ebenfalls entscheidendes Kriterium für die zu wählende Reihenfolge wird darüber hinaus die Orientierung an einem chronologischen Tagesablauf im Schauspielhaus angesehen. „Der Pförtner, der Dich einlässt, eröffnet das Ganze, und die Putzfrau als Letzte macht wieder sauber" berichtet der Dramaturg der Inszenierung (Schipper, Anhang J). Innerhalb dieser Logik wird zudem auch eine Modularisierung einzelner Sequenzen angestrebt, die in der Inszenierung erkennbar werden soll: So behandeln die ersten Sequenzen direkte und an Faktenwissen orientierte Bezüge zum Schauspielhaus (vgl. Videoaufzeichnung ‚Portraits 360 sek.'). Anschließend wird eine Serie von Sequenzen vor einer weißen Leinwand in Szene gesetzt (ebd.). Diese wird von der Decke der Bühne heruntergelassen und so weit ausgerollt, dass sie auf dem Bühnenboden gleichsam einen Teppich bildet, auf dem sich die Darsteller in einem somit begrenzten Bühnenraum inszenieren. Andere Soli innerhalb eines weiteren Moduls bespielen wieder den ganzen Bühnenraum und zeichnen sich vielfach durch explizite spielerische Verweise auf eine Fernsehästhetik aus, insbesondere wenn man an Wiebke Puls' Auftritt als Schattenriss mit technisch verzerrter Stimme hinter Milchglas denkt, die ihre körperlichen Makel beichtet, oder an den Auftritt von Matthias Breitenbach, der sich mit Filmeinspielungen aus seiner Wohnung eine Geschichte zur eigenen Schlaflosigkeit erzählt und ein Muskelentspannungsgerät vor Publikum testet (vgl. ebd.).

Bei der Produktion ‚Café Dutschke' wird wie bei der Inszenierung ‚Deadline' in der Verdichtungsphase der Stückentwicklung beschlossen, dass sich alle Akteure durchgängig miteinander auf der Bühne befinden sollen, was in einem besonderem Maße dem konzeptionellen Fokus auf die Begegnungssituation zwischen Zeitzeugen und Nachgeborenen entspricht (vgl. II.3). Dem Regisseur geht es in der Überlegung zur Stückentwicklung vorrangig darum, Strategien zu finden, mit denen allen Darstellern ihr gleichberechtigter Platz eingeräumt werden kann (vgl. Cieslak, Anhang E). „Das funktioniert im Ganzen über die Form. Die Komposition des ganzen Abends" (ebd.) erläutert Cieslak und verweist auf das punktgenaue „Abschneiden als Kompositionsprinzip" (ebd.). Allerdings bezieht sich die geschickte Verschachtelung der Sequenzen hier nicht auf die Darstellung einzelner Akteure, sondern auf die jeweiligen Paarkonstellationen (vgl. III.2.1 und III.2.2). Zum Kompositionsprinzip gehören daneben auch die musikalischen Einlagen, die von den professionellen Schauspielern, von denen sich die meisten auch als sehr gute Musiker erweisen, Sequenzen untermalen, kommentieren oder weiterführen. Exemplarisch sei hier die Adaption von Rio Reisers Popsong ‚König von Deutschland' (1986) genannt, mit der die vier jungen Profischauspieler die Adelige, in ihre Mitte nehmend, besingen – mit „Sachen, die sie machen würden, wenn sie a-de-lig wärn'" (Videoaufzeichnung ‚Café Dutschke').

Für Abwechslung im Ablauf wird durch einen inszenierten Bruch gesorgt: Die Profis, die in der Inszenierung verantwortlich für die passgenauen Übergänge und das Tempo des jeweiligen Abends sind, sollen an einem bestimmten Zeitpunkt des Stücks die gesamte Inszenierungskonzeption auf einer Metaebene thematisieren und Erinnerungskultur als solche hinterfragen (vgl. ebd.). So wird ein Streit zwischen den professionellen Darstellern inszeniert: Inmitten der Harmonie gegenseitiger Berichterstattungen richtet sich im ,Café Dutschke' plötzlich ein professioneller Schauspieler auf und bemängelt lautstark das fehlende „Sendungsbewusstsein" (ebd.) der Aufführung. Seine Kritik führt er in einem verbalen Rundumschlag weiter, indem er sich auch über gegenwärtige Gesellschaftsstrukturen aufregt, in der kein politisches Engagement mehr möglich sei: „Als aktives Mitglied wird man andauernd zugespamt, da habe ich beschlossen, nur passives Mitglied zu sein" (ebd.). Dieser Bruch in der musikalisierenden Bauweise erweist sich in der Stückentwicklung als formaler Höhepunkt. So wird in ,Lubricats' ,Café Dutschke' eine Verlaufskurve der Inszenierung entworfen – ausgehend von einem harmonischen Miteinander eines interessierten Austauschs, der in einen Konflikt übergeht und auf den folgend erneute Harmonie hergestellt wird (vgl. ebd.). Der ausgestellte Konflikt stellt sich aber nicht nur als ein musikalisch-formaler Kunstgriff dar, der für Abwechslung sorgen soll. Er fungiert für den Regisseur bewusst auch als gewollte Strategie zur Verunsicherung der Zuschauer, genau wie der verabredete Auftakt der Inszenierung, bei dem alle Akteure, mit Kuchen und Kerzen die Bühne betreten, um gemeinsam mit den Zuschauern ein Geburtstagsständchen für eine der professionellen Schauspielerinnen zu singen, die in jeder Aufführung ihren 30. Geburtstag feiert. Beide Setzungen stellen jeweils dramaturgische Strategien dar, um gezielt Verunsicherung beim Zuschauer zu evozieren und ihn immer wieder in das Fragespiel zu verwickeln: „Ist das echt? Ist das wahr?" (Cieslak, Anhang E).

Medienästhetische Anleihen

In der letzten Phase der Stückentwicklung werden in allen hier analysierten Produktionen der Freien Szene die Bühnenräume zudem zu Ereignisräumen gemacht, in denen das Geschehen durch eine zweite Ebene technisch-medialer Steuerung situativ mitbestimmt wird.

In der Produktion ,Portraits 360 sek.' wird beispielsweise ein digitaler Countdownzähler über dem Regiepult, das sich gegenüber der Bühne befindet, installiert. Dieser zählt jeweils die Zeitspanne von 360 Sekunden ab. Für jeden Darsteller ist damit ab sofort die Aufgabe verbunden, seine Darbietung genau auf die Dauer dieser sechs Minuten abzustimmen. Um diese Spielregel, die den Darsteller mit einer zusätzlichen Herausforderung konfrontiert, auch für die Zuschauer transparent zu machen, wird ein weitere Uhr, die im selben Takt zählt, über der Bühne installiert. Das Publikum kann so immer abgleichen, wie gut oder schlecht der Darsteller seiner Meinung nach seine Aufgabe löst. Damit sind nicht nur Authentizitätseffekte evoziert, sondern auch assoziative Anknüpfungen zu Inszenierungstrategien aus dem Fernsehen hergestellt. Ihre Ergänzung findet diese Verdichtungsstrategie in anderen Zitaten aus den digitalen Medien: So wird in das Bühnensetting der meisten Soli eine digitale Laufschrift installiert. Dort wird nachBeginn der Szene des jeweiligen Protagonisten zunächst der Name des Akteurs eingespielt, wie dies in Einblendungen von Bildunterschriften im Fernsehen geschieht. Anschließend folgen als durchlaufende Einspielung die Fragen und Antworten aus den

Selbstinterviews der Darsteller (vgl. III.1.2) Hiermit wiederum werden bewusst Assoziationen zu den Textlaufbändern mancher Nachrichtenformate geweckt, die beständig im unteren Bildrand eingeblendet werden (vgl. Schipper, Anhang J).

Auch die zwei anderen Produktionen der Freien Szene setzen in der Stückentwicklung dramaturgische Merkmale, die stark an Formate aus den digitalen Medien erinnern.

So verweist ‚Café Dutschke' auf Unterhaltungsformate von Gesprächsrunden im Fernsehen, indem die Stühle hier in einem halbrunden Kreis mit Ausrichtung zum Publikum aufgestellt sind. Von dort aus agieren die Erinnerungspaten jeweils als Moderatoren und Initiatoren, führen Interviews per Handmikrofon und geleiten die Laiendarsteller an Arm oder Hand zu ihrem nächsten Auftrittsort auf der Bühne (vgl. Videoaufzeichnung ‚Café Dutschke'). Dabei wird für die Stückentwicklung bewusst so verfahren, dass sich die Laien verstärkt von den professionellen Akteuren führen lassen sollen:

> „Da ist immer so eine Grundspannung angelegt (...) zwischen den Laien und den Schauspielern, zu sagen: Du bist doch verantwortlich, dass das hier funktioniert. Und: Du kannst drauf vertrauen, dass ich da neben Dir stehe (...). Das Aufeinander-Hören ist dabei wichtig. Das ist das Hauptding. Die Beziehung zwischen den Laien und den [professionellen Anm. N.K.] Darstellern ist elementar. Die Aufmerksamkeit und das Vertrauen. Das ist elementar dafür, dass das Theater trägt. Darüber wird auch dieser Eindruck von Authentizität erzeugt. Denn es ist ja alles durchinszeniert, es ist ja nichts Zufall" (Cieslak, Anhang E).

Aufmerksamkeit und Vertrauen werden hier zu Schlüsselkriterien in der Verdichtungsphase der Stückentwicklung (vgl. ebd.). Sie werden als Grundhaltung aller Akteure angestrebt und müssen entsprechend miteinander eingeübt werden. Auch wenn das Verantwortung-Abgeben-Können die Laiendarsteller entlastet, handelt es sich dennoch um eine bewusste Strategie des Regisseurs, um Authentizitätseffekte erzeugen zu können, die an Live-Formate aus Fernsehshows erinnern, in denen vor der Kamera vergleichbar mit den Gästen umgegangen wird.

Bei ‚Deadline' gleicht der Bühnenraum einem multimedialen Spielplatz. Die Akteure agieren zwischen kleinen Lichtkästen, in denen Miniaturkrankenzimmer aufleuchten; großformatige Röntgenbilder und Fotos an den Wänden werden zwischenzeitlich angestrahlt, unregelmäßige Toneinspielungen und Videobeiträge auf Leinwand und Fernsehbildschirmen begleiteten und unterbrechen die Inszenierung. Ein Herzfrequenzmessgerät und ein Aktenvernichter werden regelmäßig geräuschvoll in Aktion gesetzt und verweisen assoziativ auf das übergeordnete Thema Tod. Auch Nebelmaschine und Hebebühne werden bspw. genutzt, um das Ausheben eines Grabes zu veranschaulichen. Die genannten technischen Funktionen verweisen den Zuschauer damit stets auch auf das Team hinter dem Regiepult, welches von außen den Ablauf des Stückes durch Medienimpulse mit steuert. Ein Darsteller der Inszenierung beschreibt die Interaktion zwischen Darstellern und Regie als Herausforderung in der Live-Situation eines Durchlaufs wie folgt:

> „Ich muss (...) wissen, auf welche Stichwörter die Technik oben bestimmte Einspieler reinfährt, Lichtstimmungen ändert, oder den Mikroport wegschaltet (...). Das heißt, bei aller Improvisation auf der Bühne muss ich trotzdem an die Cues denken, die ja da sein müssen (...), wissen, da ist noch ein zweites Team, das ist auf der Bühne nicht sichtbar, aber ein ganz ganz wichtiger Teil des Stücks" (Meyer-Sievers, Anhang D).

Die technischen Impulse stellen allerdings nicht nur eine Herausforderung für die Spieler dar, sondern vermitteln durch die strukturelle bzw. organisatorische Einflussnahme der Technik immer auch ein Sicherheitsgefühl an die Akteure, durch das es möglich ist, „Fehler zu genießen und zu gucken, was daraus gemeinsam konstruktiv entsteht" (ebd.). Es geht immer darum, Strategien zu entwickeln, durch die der Spieler lernt, dass er sich „auf die Bühne verlassen [kann]" (Wetzel, Anhang B), erläutert so auch einer der Regisseure einen zentralen Aspekt der Aufführung.

Strukturierung durch Refrains

Das Pendant zu den Übergängen durch Chorführer, wie sie bei den theaterpädagogischen Produktionsverfahren gezeigt wurden, stellt bei den Produktionen der Freien Szene die Etablierung von Refrains dar, die der Vielfalt der diversen Fragmente Ordnung geben und dem Zuschauer Momente der gedanklichen Entspannung und Besinnung ermöglichen. Nicht nur in der Produktion ‚Portraits 360 sek.' stellt der Umbau einen solchen Refrain dar. Auch bei ‚Deadline' wird die Umdekoration der Bühne als wiederkehrendes Prinzip genutzt, das hier allerdings, im Gegensatz zu ‚Portraits 360 sek.' in unregelmäßigen Abständen in dieser Inszenierung wirksam wird.

> „Wir haben gesehen, dass bei Trauerfeiern, die eine halbe Stunde dauern, der Rhythmus sehr hart ist. Da wird dann ganz, ganz schnell umgebaut und dann liegt der nächste Tote da und die nächsten Angehörigen kommen rein. Und trotzdem findet aber innerhalb dieser Trauerfeiern wieder ungefähr das gleiche statt, aber mit einer anderen Färbung – und so ähnlich funktioniert das auch bei ‚Deadline'" (Kaegi, Anhang B).

Drei Mal bauen die Darsteller im Stück (jeweils angetrieben vom Event-Manager) das Bühnenszenario komplett um. Alte Beerdigungs-Kränze werden dabei heraus-, und neue hineingetragen. Zusätzlich wird ein weiterer Refrain erarbeitet: Der Ex-Bürgermeister fragt zu mehreren Zeitpunkten der Inszenierung die Kategorien ab, die auf Todeskarten festgehalten werden: „Name des Toten, Todesart, Todeszeitpunkt, Todesort, Todesursache und Aktenzeichen" (Videoaufzeichnung ‚Deadline'). Die anderen Akteure beantworten die Fragen parallel, indem sie entweder entsprechende Daten von Karteikarten ablesen oder auswendig vortragen. Das geräuschvolle Zerkleinern der Karten durch den Aktenvernichter gibt danach jeweils den Auftakt für die Fortsetzung des Stücks.

Während es sich in den Inszenierungen ‚Portraits 360 sek.' und ‚Deadline' um rein formale Refrains handelt, bestehen diese in der Produktion ‚Café Dutschke' in einer sozialen Interaktion der Darsteller. Hier wird innerhalb der Inszenierung zwischen einzelnen Modulen immer wieder gemeinsam musiziert und getanzt. Ob zu traditioneller schlesischer Tanzmusik, die der Lehrer Peter mitgebracht hat, oder zu den Schlagern „Tabak und Rum" (Bruce Low) und „Gib mir den Wodka Anuschka" (Hans Arno Simon), die eine Akteurin als Kindheitserinnerungen in die Materialsammlung einbrachte (vgl. Videoaufzeichnung ‚Café Dutschke'). Die Musik stellt bei der Produktion das verbindende Glied dar, das trotz unterschiedlicher Lebenshintergründe und Positionen miteinander geteilt wird.

Insgesamt entstehen in den Montageverfahren der Freien Szene Aufführungen, in denen einzelne, einander kontrastierende biografische Versatzstücke durch formale

Rahmungen miteinander verschachtelt werden. Der Verzicht auf eine Verdichtung der biografischen Fragmente zu einem gemeinsamen Sinnzusammenhang problematisiert diesen gezielt. Er vermag so traditionelle Zuschauererwartungen zu brechen, die in der Aufführung das Ergebnis einer gemeinsamen inhaltlichen Auseinandersetzung der Darsteller mit einer kollektiven Schlussfolgerung erhoffen, die als einhellige Meinung an das Publikum vermittelt wird. Die Produktion ‚Deadline' vermittelt keine eindeutig decodierbare Stellungnahme zum Thema Tod; die Inszenierung ‚Cafe Dutschke' zieht kein Resümee über den Zustand der Republik[122], und das Schauspielhaus Hamburg bleibt in der Produktion ‚Portraits 360 sek.' nur hintergründiges Thema, so dass der Zuschauer auch nichts über die Arbeits- und Beziehungsstrukturen der Belegschaft erfährt.[123]

Dadurch, dass sich die Inszenierungen gleichsam einem handlungslogischen Ablauf entziehen, bleiben die biografischen Darbietungen und Fragmente Einzelner auf der inhaltlichen Ebene gleichberechtigt nebeneinander stehen. Einzelne Sinnhorizonte, die das Publikum entschlüsseln kann, bleiben allein auf den individuellen Darsteller beziehbar. So wird der Zuschauer mit viele kleinen Sinnhorizonten und Lebenswelten konfrontiert und in der Zusammenschau der Darbietungen auf sich selbst zurückgeworfen, indem er seine ganz eigenen biografiezentrierten Verbindungslinien und Grenzziehungen zu einzelnen Akteuren aufbaut. Dies unterstreicht exemplarisch auch die folgende Aussage der Regisseurin Helgard Haug der Produktion ‚Deadline', die sich an die Zuschauerreaktionen erinnert:

> „Die Zuschauerreaktion war, dass Du eigentlich ganz viel mit Dir selber beschäftigt bist. Du guckst die Darsteller zwar an und bekommst die Informationen, aber Du bist vor allem mit Dir und Deinen eigenen Geschichten beschäftigt. Man ist gefangen von den Überlegungen: Wie verhalte ich mich zu diesem Thema, zu meinem eigenen Sterben? Vielleicht hat man selber Menschen verloren, oder hat die Angst davor. Die Ästhetik ist aber nicht pädagogisch gedacht. Da ist einfach ein Anlass gegeben, darüber nachzudenken" (Haug, Anhang B).

3.3 Aufführung als öffentliche Selbstinszenierung

So unterschiedlich die Inszenierungsstrategien in der Verdichtungsarbeit sind, für den Darsteller erweitern und runden sich die ästhetisch-biografischen Erfahrungsmöglichkeiten mit der Stückentwicklung und Aufführung vor Publikum ab. Mit der Verdichtungsarbeit finden für die Akteure Verkörperungsprozesse der jeweiligen Konzeptions- und Inszenierungsidee statt. Was bisher nur als Zielorientierung rational erfasst wurde, erschließt sich für den Spieler jetzt auf der Erfahrungsebene. Durch das Zusammensetzen einzelner Sequenzen agiert der Akteur bei seiner Rollendarstellung nicht mehr nur in einem Prozess ständiger Destabilisierung und Neuformulierung, in der er sich an das generierte Material zu Probenbeginn, die Typisierung und den verabredeten Darstellungsstil erinnern muss. Er muss sich zudem an alle übergeordneten Absprachen, an die festgelegten Impulsgeber und die Stichworte für Szenenwechsel erinnern. So verlagern und erweitern sich

122 „Man kann sich das Stück aber ganz verschieden aneignen. Es gibt keine zwingende *message*. Es ist eher eine Projektionsfläche" (Cieslak, Anhang E).

123 „Das gehörte nicht ins Theater und nicht ins Konzept, eine Aussage zu treffen" (Schipper, Anhang J).

Leistung und Lernerfahrung des Spielers auf die notwendige Ensembleleistung. Je mehr Interaktion auf der Bühne stattfindet, desto mehr muss der einzelne Darsteller dabei dramaturgische Verantwortung übernehmen.

Die Aufführungssituation bildet schließlich eine Art Kulminationspunkt, bei dem die Akteure den Stand der Stückerarbeitung einem Publikum präsentieren und mit den Zuschauern in einen Dialog über die eigenen Auffassungen und Darstellungsformen treten (vgl. Neubauer 1999 151 ff.). Die Aufführung „bedeutet die Weitung der Aufmerksamkeit über den Gruppenrahmen hinaus, sowohl örtlich-räumlich durch die Besetzung bisher ausgesparter Plätze, als auch psychisch: Die Zuschauer sind Fremde, auch wenn sie persönlich bekannt sein sollten, als Gruppierung im Ganzen fremd, dem Vorgang, dem Sachverhalt, dem gemeinsam gefundenen Sinn fremd" (Ritter 1990, 42). In biografischer Theaterarbeit spiegelt der Applaus dabei nicht nur Akzeptanz und Wertschätzung für die künstlerische Inszenierungsidee, sondern immer auch für die eingebrachten Lebensgeschichten und vermittelten Weltbilder der Darsteller.

Biografische Theaterinszenierungen ermöglichen so jedem Darsteller ästhetische Selbstdarstellung in der Öffentlichkeit. Sie bieten Raum für Erklärungen, Rechtfertigungen oder Entschuldigungen für früheres Verhalten, zeigen Talente und (Über-) Lebenstrategien sowie zukunftsfähige Lebensperspektiven. Einerseits werden dabei „seine Erfahrungen, Erlebnisse, Urteile und Bilanzen für einen kürzeren oder längeren Moment herausgehoben, aus und vor alle anderen sozialen Zusammenhänge" (Ruhe 2007, 10). Andererseits stellt jeder Darsteller für die Dauer der Aufführung vorübergehend eine besondere soziale Beziehung zu den Zuschauern her, gerade weil er selbst und nicht eine rein fiktive Geschichte oder ein durchgängig fremder Text hier im Mittelpunkt stehen. Wenn der Inszenierung mit Interesse und Akzeptanz begegnet wird, kann die Aufführung so eine besonders starke Rückwirkung für den Akteur haben. Denn der Akteur erlangt Wertschätzung für Äußerungen, die für ihn mit dem subjektiven Gefühl einer identifikatorischen Stimmigkeit verbunden sind. Ausdrucksweisen, die für den Darsteller passgenau sind, weil er sie in anderen Kontexten des Alltags ebenfalls nutzt, und Meinungen, die er auch außerhalb des Theaterrahmens vertritt, werden künstlerisch wirksam und anerkannt und vielleicht animieren sie manchen Zuschauer im Nachgespräch der Aufführung zu vertiefender Nachfrage.

Unabhängig von der inhaltlichen Dimension möglicher Wertedebatten, die sich dabei ergeben können, beinhaltet das grundsätzliche Erlebnis des Darstellers, öffentlich mit seinen Meinungen und Lebenserfahrungen gehört zu werden, immer auch die Möglichkeit, Selbstbewusstsein auf einer ganz elementaren Ebene zu gewinnen. Wenn ein Darsteller der Produktion ‚Freundschaft' sagt, dass es für ihn am Anfang „ein bisschen peinlich, irgendwie anders" war, auf der Bühne von sich zu erzählen, er sich dann aber an die Arbeitsweise gewöhnt habe und schließlich „ganz stolz" darauf war, seinen „Lebenslauf und persönliche Erlebnisse" eingebracht zu haben, ist das sicherlich eine Aussage, die für viele Darsteller in biografischen Theaterproduktionen geltend gemacht werden kann (Ömer, Anhang L).

Diese Tatsache ist dabei unabhängig von kollektiv oder individuell ausgerichteten Inszenierungsweisen zu sehen. Entscheidend ist einzig, dass die Aufführungen jeweils unmittelbar auf die soziale Lebensrealität der Akteure verweisen und das Publikum in der Dramaturgie künstlerisch überzeugen. So beschreibt auch eine Laiendarstellerin der

Produktion ‚Café Dutschke', dass sie sich durch das positive Echo des Publikums selbst mehr annehmen könne und schätzt den stärkenden „Effekt für das Selbstbewusstsein [in biografischer Theaterarbeit, Anm. N.K.] im Großen und Ganzen größer" (Reader, Anhang F) als bei einer dramenzentrierten Theaterarbeit ein, mit der sie zuvor in Laientheatergruppen bereits ihre Erfahrungen gemacht hat.

Kollektive Selbstinszenierung

Nahe liegend ist, dass sich der Akteur in der Aufführung der Inszenierungen, die mit kollektiver Spurensuche ihr Stück entwickeln, verstärkt als politischer Akteur erlebt. Durch die Verständigungs- und Vermittlungsprozesse innerhalb der biografischen Gruppenarbeit appelliert er gemeinsam mit anderen Darstellern bei der Premiere mehr oder weniger implizit an die Verantwortung der Zuschauer für gesellschaftliche Aufgaben und Problemfelder. Dabei können die Spieler erleben, sich in einem gesamtgesellschaftlichen Kontext zu behaupten. Das scheinbar nur Individuelle ist für sie als relevant für gesellschaftliche Debatten erlebbar und den Akteuren wird ermöglicht, sich selbstbewusst in der Lobbyarbeit für eine gemeinsame Sache, einen gemeinsam gefundenen Sinn zu positionieren und zu engagieren. ‚Die Zwiefachen' treten gegen Vorurteile gegenüber Jugendlichen aus betreuten Wohnprojekten an und verweisen auf Themenfelder (Alkoholsucht und Gewalt in der Familie), für die sie sich gesamtgesellschaftlich mehr Aufmerksamkeit wünschen. Bei der Inszenierung ‚Ein Haufen Heimat' appellieren die Darsteller hoffnungsfroh an eine friedliches Miteinander, das sich für sie inmitten ihrer Tournee einmal mehr legitimiert und als dringlicheres Thema erweist als die Anschläge auf das World-Trade-Center am 11. September 2001 „die Wirklichkeit das Theater mal wieder eingeholt [hat]" (Jücker/Overkamp 2002, 19), wie die Spielleiter in ihrem Projektbericht resümieren. Bei der Produktion ‚Herzliches Beileid' vermitteln die Akteure ihre sozialpsychologischen Lernerfahrungen, die sie in der gemeinsamen Auseinandersetzung mit dem Tabuthema Tod gewonnen haben. Auch in Publikumsgesprächen teilen sie ihre gemeinsam gefundenen Überzeugungen engagiert mit und motivieren auch die Zuschauer, den Tod als ein alltägliches, lebensbegleitendes Thema anzunehmen (vgl. Anhang M).

Der Spieler realisiert und übernimmt in kollektiver Selbstinszenierung aber nicht nur gesellschaftliche Verantwortung. Die besondere Lernmöglichkeit besteht stets darin, sich als Individuum in besonderem Maße als Stellvertreter für die Mitspieler zu erleben, wenn er mit seinen Aktionen und Mitteilungen nicht nur neben den Anderen sondern immer auch für sie steht. Damit ist wiederum verbunden, dass die Akteure durch die gemeinsame Positionierung zu einem Sachverhalt eine neue (Werte-)Gemeinschaft finden können, die über das gemeinsame Theaterspielen hinausgeht. Mit der Montage ihrer Biografien zu einem Sinnganzen einer Wir-Biografie wachsen sie zusammen: Kollektiv bedeutet hier nicht nur Teamgeist, sondern das Teilen gemeinsamer Werte und Überzeugungen auch über den Theaterrahmen hinaus.

Individuelle Selbstinszenierung

Die öffentliche Selbstinszenierung in Stücken, die individuelle Statements zur übergeordneten Fragestellung der Inszenierung multiperspektivisch verschachtelt – wie sie hier anhand der Produktionen der Freien Szene gezeigt wurde –, steht Lernmöglichkeiten, die auf Verständigung, Aufklärung und Zusammenwachsen ausgerichtet sind, geradezu entgegen. Sie macht den einzelnen Akteur dafür in der Selbstdarstellung verstärkt als Individuum erkennbar, wodurch auch in den Produktionen individualisierender Verfahren ein biografischer Sinn gefunden wird, der allerdings nicht direkt politisch motiviert ist. Im Ensemble mehrerer Disparater positioniert sich der Einzelne neben den Anderen. Diese werden für das einzelne Subjekt zur Reibungsfläche und ermöglichen erst den kontrastreichen Zugang zur theatralen Biografiearbeit. Ein Laiendarsteller der Produktion ‚Café Dutschke' beschreibt, dass „das Eigentümliche an der Theaterarbeit [sei], dass da unterschiedliche Charaktere aufeinander treffen [und] man sich da auf Menschen einlässt, mit denen man sich im Alltag nicht unbedingt auseinandersetzen würde" (Fieback, Anhang H). Die kontrastive Verschachtelung der Biografiefragmente in der Stückentwicklung ermöglicht so auch weitergehende Erfahrungsprozesse, denn sie bietet dem Darsteller Vergleichsmöglichkeiten mit den Lebensweisen und Bildungsgeschichten anderer und stellt sie in einen kommunikativen Zusammenhang.

> „Fremdheit auch in Nahbereichen [hier: Theatergruppe, Anm. N.K.] und vermeintlich Bekanntem, (...) anzuerkennen, eröffnet Chancen des Überdenkens und Neubewertens. Wenn dies eine Folge biografischer Kommunikation sein kann, wenn solche Irritationen gelängen, läge darin eine Legitimation, entsprechende Ansätze in breitem Maße zu erproben" (Behrens-Cobet 1997, 42).

Unabhängig von diesen Potentialen lernen die Akteure durch die Begegnungs- und Konfrontationssituation individueller Selbstinszenierungsstrategien in der produktionsorientierten Theaterarbeit immer, zwischen biografischen Orientierungsmustern und Teamgeist zu trennen, denn letzterer bleibt auch bei dieser Produktionsweise bedeutungsvoll, wie der an der Produktion ‚Deadline' beteiligte Trauerredner deutlich macht: „Der Teamgedanke ist ganz stark: Dass wir uns als Ensemble empfinden, dass wir uns gegenseitig auch ganz stark unterstützen" (Meier-Sievers, Anhang D).

Wenn sich die Einzelnen in den öffentlichen Selbstinszenierungen nebeneinander kontrastiv darstellen, ist ihnen zudem gemeinsam, dass sie sich allesamt mit Wirklichkeitsinszenierungen der anderen auseinandergesetzt haben und Ergebnisse dieser Auseinandersetzung ausstellen.[124] Dadurch bilden auch ihre fragmentarischen Statements in der Gesamtschau der Inszenierung in einem übergeordneten Sinn einen Ort des gesellschaftlichen Diskurses. Nicht zuletzt setzen sich die Darsteller durch die dramaturgischen Anleihen medienästhetischer Inszenierungsformen aus Fernsehen und Internet zudem auch spielerisch mit der gegenwärtigen Übermacht von Medieninsze-

124 Diese Auseinandersetzung ist in der Phase der Stückentwicklung mit der Verdichtung und Montage zwingend gegeben, kann aber unterschiedlich intensiv ausgeprägt sein. In theaterpädagogischer Perspektive wäre somit in besonderen Maße darauf zu achten, die Aufmerksamkeit der Spieler immer wieder so zu lenken, dass sie neben ihrer solistischen Arbeit auch die Arbeitsergebnisse der anderen zum Anlass nehmen, über den eigenen lebensgeschichtlichen Sinnentwurf hinaus denken.

nierungen auseinander, deren Strukturen hier dekontextualisiert und doch für ihre Selbstdarstellungen produktiv gemacht werden (vgl. A.M. Matzke, 2005a, 246f.).

IV Folgerungen für die Theaterpädagogik

Die sechs Produktionsanalysen haben exemplarisch unterschiedliche Arbeitswege aufgezeigt, mit denen Theaterensembles biografische Theaterproduktionen erarbeiten können. Die Darsteller haben dabei jeweils ihre Biografien reflektierend entworfen, bearbeitet und ausschnitthaft an das Publikum vermittelt. Lesbar sind diese theatralen Biografiedarstellungen, wie jede biografische Äußerung grundsätzlich von zwei Seiten: Als besondere Lebensgeschichten einzelner Personen oder als konkrete Dokumente einer allgemeinen Gesellschaftsgeschichte. Denn wie in jeder Form biografischer Kommunikation spiegeln sich in den Darbietungen „sozial und kulturell vorgefertigte[r] Muster der biografischen Artikulation und Erfahrungsorganisation" und „individuelle Anteile der Sinnkonstitution" (Siebers 1996, 47).

Gleichzeitig haben die Ensembles in ihren biografischen Kommunikations- und Interaktionsprozessen unterschiedliche Prioritäten gesetzt, indem sie für ihr konzeptionelles Frageinteresse entweder einen gemeinsamen Referenzrahmen abgesteckt und nach gemeinsamen Werten und Deutungsmustern gesucht, oder individuelle Referenzrahmen markiert und Unterschiede in ihren Erfahrungen und Weltzugängen betont haben. So wurden die Biografien der Darsteller hinsichtlich der Wirkungsästhetik durch die jeweilige Inszenierungsstrategie unterschiedlich akzentuiert – im Blick auf die Gruppe oder auf die Einzelperson. Ausgehend von dem Modell und seinen beiden Varianten lassen sich für die Theaterpädagogik Folgerungen für biografische Theaterarbeit im Allgemeinen und im Besonderen herleiten.

1 Dramaturgischer Leitfaden

Aus der Zusammenschau der sechs Produktionsanalysen lässt sich festhalten, dass die zentrale Ausrichtung der biografischen Theaterarbeit sinnvoller Weise bereits in der **Konzeption** festgelegt werden sollte. Sie sollte immer mit klarer **biografischen Fokussierung** (bspw. auf ein Thema, die Bezugnahme auf soziale Orte und/oder die Begegnung von sozialen Gruppen) verbunden sein. Die Biografie der Darsteller interessiert damit aufgrund einer übergeordneten Fragestellung – ob konkret oder abstrakt, weit und offen, einfach oder komplex – und ist die erste Maßgabe, nach der die Spieler sich zusammenfinden. Notwendigerweise sollten Akteure zusammengebracht werden, die nicht nur **Interesse** für das künstlerische Konzept mitbringen, sondern deren biografischen Lebenshintergründe bereits der Ausrichtung des Theaterprojekts entsprechen. Die **biografische Perspektivierung** auf einen Ich- oder Wir-Bezug hilft den Spielern, in den Interaktionsprozessen bewusst eine präzise Haltung zur biografischen Theaterarbeit einzunehmen.

Die erste Aufgabe, mit der die Darsteller im Produktionsprozess gestaltend aktiv werden, ist die **Biografiegenerierung**. Mit der **Materialsammlung** werden neben mündlichen Erzählungen und Schriftstücken auch körperliche Haltungen und Ausdrucksweisen, Lieder, Fotografien, Filme und Objekte als Spielanlass genutzt. Der

Anspruch der Materialsammlung besteht weniger darin, kohärente Lebensgeschichten zu entwickeln, als vielmehr, dem einzelnen Darsteller zu ermöglichen, Biografiefragmente in vielfältigen Formen einzubringen. Die **generierende Leistung** des Darstellers folgt dabei noch keinen dramaturgischen oder stilistischen Ansprüchen. Sie ist als offene Suche notwendig, um das Fundament zu schaffen, aus dem zu einem späteren Zeitpunkt der Theaterarbeit das Rollenskript entwickelt wird. Dem Spielleiter obliegt als Aufgabe die **Strukturierung der biografischen Spurensuche**. Ein abschließender Schritt der Phase der Materialsammlung besteht darin, die Ergebnisse zu rekapitulieren und die eingebrachten Ideen und Darbietungen der Akteure mit der Konzeption des Projekts abzugleichen. Auch im biografischen Theater wird das gefundene Material, vergleichbar mit der Bearbeitung und Kürzung einer Textfassung im dramenzentrierten Theater **selektiert** und **geordnet**. Der Spielleiter ermöglicht so dem Darsteller in den Improvisationen und den dramaturgischen Sitzungen, in denen das biografische Material selektiert wird, reflexive **Selbstthematisierungsprozesse**. Ihm wird im Zusammenspiel und im Abgleich mit den Mitakteuren ermöglicht, sowohl lebensgeschichtliche Gemeinsamkeiten als auch Differenzen zu entdecken – wobei er, gesteuert durch die Aufgabenstellung, seine Aufmerksamkeit entweder auf die Herstellung von kollektiven Werten und Ansichten oder auf die Unterschiede gleichberechtigt nebeneinander stehender Biografiefragmente richtet.

Im Anschluss an die Biografiegenerierung beginnt mit der Arbeit an der **darstellerischen Leistung** die **Biografiebearbeitung**. Der Vorgang des Wiederaufnehmens von szenischen Ideen, Stichwörtern, etc. ist aufgrund der Transitorik der ersten improvisierten Darbietungen aus der Phase der Materialsammlung bereits ein erster Schritt der Gestaltungsarbeit an den generierten Biografiefragmenten. Eine vorzunehmende **Typisierung** gibt dem Spieler eine Konturierung vor, nach der er seine Darstellung modifizieren und sich für eine entsprechende Kostümierung entscheiden kann. Dem Akteur gilt es dabei zu vermitteln, dass ihm die Typisierung zwar zunächst eine Reduktion der eigenen Persönlichkeit und des eigenen Charakters auf wenige, aber markante Eigenschaften, Interessensgebiete, Meinungen und Erinnerungen abverlangen mag, er gleichzeitig aber die Vorgabe im Probenprozess nutzen kann, um sie mit individueller Interpretation im Sinne seines biografischen Selbstverständnisses auszugestalten. Gezielte Darstellungstechniken nehmen Ausdrucksformen aus der Materialsammlung auf und organisieren in chorischer oder solistischer Spielweise die zu erarbeitenden szenischen Fragmente. Die Improvisationen in der Rollengestaltung unterscheiden sich vom Improvisieren in der Materialsammlung also dadurch, dass sie vom Ergebnis her motiviert sind und nicht mehr von einer biografischen Spurensuche. In vertiefender Probenarbeit werden Artikulations- und Bewegungsformen **präzisiert** und **geschliffen**. Bei den technischen Maßgaben bleibt dabei immer die biografiebezogene Stimmigkeit nach subjektiver Einschätzung der Akteure zentral. Wichtig sind in der Phase der Rollengestaltung daher auch immer Feedbackgespräche, in denen erörtert wird, welche inhaltlichen Formulierungen und Akzente mit welcher Spielhaltung der Essenz der jeweiligen Spielsequenz entsprechen. Geht es in einem szenischen Fragment um die Betonung des Innenlebens, der Befindlichkeiten und Emotionen, liegt es nahe, mit den Darstellern eine einfühlende Spielhaltung zu proben. Möglich ist es aber auch, eine demonstrierende und zeigende Technik einzustudieren – insbesondere dann, wenn in einer Sequenz soziale Bezüge der jeweiligen Biografie markiert werden sollen. Gegebenenfalls liegt der besondere Gehalt der Szene aber auch in einem Darstellungsmodus, der sich allein auf den performativen Handlungsvollzug konzentriert, die Ereignishaftigkeit des Geschehens in einer biografischen Kommunikationssituation oder ausgestellten Selbstthematisierung betont. Viele unterschiedliche szenische Fragmente können so erarbeitet werden. Je nach Arbeitsweise werden Zugehörigkeiten und Einzigartigkeiten gegenüber den Mitspielern verstärkt. Die **Ausdrucksfindung** für den biografischen Entwurf vollzieht sich dabei entweder durch Gruppenpartizipation oder im Dialog mit der Regie.

Mit der Stückentwicklung rückt die Frage nach der **Biografievermittlung** vor Publikum in den Mittelpunkt der Produktionsarbeit. Die Aufmerksamkeit der Arbeit verlagert sich hier auf das **Ensemblezusammenspiel**. Die Stückentwicklung besteht aus der szenischen **Verdichtungs- und Montagearbeit**. Dramaturgisch wird das Stück in Segmentierungseinheiten unterteilt, die miteinander verbunden werden und der Inszenierung formal und/oder inhaltlich eine dramaturgische Logik verleihen. **Verknüpfungen** und **Übergänge** der Szenen bekommen dabei eine zentrale Bedeutung. An diesem Punkt wird eine zusätzliche Leistung der Darsteller gefordert: Sie agieren jetzt als Ensemble, das eine **ästhetische Linie** findet, bzw. sich in die Ziele und Programmatik der Stückdramaturgie integriert, die es versteht und mit seiner Darstellung trägt. Auf der Erfahrungsebene wird die theatrale Biografiearbeit für den Darsteller, die er je nach Inszenierungsverfahren verstärkt als Lobbyarbeit einer Gruppe oder individuelle Imagebildung erlebt, mit der **öffentlichen Selbstinszenierung** in der Aufführung abgeschlossen. In einer Übersicht lässt sich die Strukturierung des Probenprozesses wie folgt darstellen.

Biografische Theaterarbeit	Materialsammlung	Rollengestaltung	Stückentwicklung
Dramaturgisches Schlüsselkriterium	Biografische Spurensuche	Typisierung	Verdichtung
Darstellung	Selbst-thematisierung	Ausdrucksfindung	Öffentliche Selbstinszenierung

Übersicht 5: Leitfaden biografischer Theaterarbeit im Stufenmodell

Die Übersicht lässt sich als übergeordnete Orientierungshilfe für Spielleiter verstehen. Die Leistungen der Spielleitung und des Darstellers lassen sich je nach kollektivierender und individualisierender Ausrichtung präzisieren und als Wege von der Person zur Figur über korrespondierende oder kontrastive Sinnhorizonte der Ensemblemitglieder bestimmen.

Kollektivierendes Verfahren

Will man – wie es bei den hier analysierten theaterpädagogischen Produktionen Ziel war – mittels biografischen Materials eine kollektivierende Auseinandersetzung führen, erweist sich eine **offene Ausschreibung** für die Ensemblegründung als sinnvoll. Dabei werden gemeinsame Gruppentreffen initiiert, in denen die Akteure sich untereinander kennen lernen und abwägen, ob sie sich vorstellen können, miteinander in einen kooperierenden Wir-Bezug ihrer biografischen Arbeit einzusteigen. Die Spielleitung leistet ihren unterstützenden Beitrag durch die Darlegung der Konzeption und erste gruppendynamische Aufwärmübungen.

Eine sinnvolle dramaturgische Möglichkeit für die kollektiv ausgerichtete Biografiegenerierung besteht darin, das Material über gemeinsame **Gruppengespräche**, kollektive **Einfühlungen in das Körpergedächtnis** (jeweils als Schreib- und Spielanlass) und **szenische Gruppen- bzw. Partnerimprovisationen** zu sammeln. Indem die biografische Spurensuche auf Integration und Verständigung im Gruppenkontext setzt, wird in einer abschließenden Dramaturgiesitzung das erarbeitete Material selektiert und ein **gemeinsames Anliegen** erarbeitet. Vorteil einer solchen Vorgehensweise ist, dass sich am Ende der Phase der Materialsammlung gleichsam eine **inhaltliche Strukturierung** mit festgelegten Themenblöcken und einer Handlungslogik für die Inszenierung ergeben kann. Von dem einzelnen Darsteller fordert die Spielleitung in einer kollektivierenden Materialsammlung in besonderem Maße die **Integrationsleistung** in das Ensemble heraus, was für ihn wiederum eine stabilisierende Erfahrung der Zugehörigkeit zu einer Gruppe sein kann.

Entsprechend der biografischen Perspektivierung auf einen Wir-Bezug ist es konsequent, in der Phase der Rollengestaltung eine **Gruppentypisierung** vorzunehmen. Sie gibt erste Orientierungsmuster für die Darstellungsarbeit vor, markiert den Zusammenhang der einzelnen Figuren als Zugehörige einer bestimmten **sozialen Gruppe** und ermöglicht es, sich über eine entsprechende Kostümierung zu verständigen. Durch die anschließende Erarbeitung von **Bewegungs-**, **Sing- und Sprechchören** und anderen **choreografischen Verfahren**, in denen alle Darsteller zusammen auf der Bühne agieren, entstehen Szenen, in denen die Darsteller gemeinsam im Sinne der inhaltlich festgelegten Themenblöcken arbeiten. Für den einzelnen Darsteller konkretisiert sich in diesem Verfahren die **Ausdrucksfindung** dadurch als **Gemeinschaftserfahrung.** In der szenischen Interaktion leistet er einen Beitrag zu der gemeinsamen Gestaltungsarbeit und kann sich gleichzeitig von den Mitspielern für seine eigene Darstellungsweise inspirieren lassen. Zusammen werden Ausdrucksformen erfunden, an denen so lange gefeilt wird, bis persönliche Empfindungen und Gedanken in der Darstellung ihre individuell stimmige und kollektiv korrespondierende Übersetzung gefunden haben.

Bei der Stückentwicklung lässt der Spielleiter Einzelne als **Chorführer** aus den szenischen Gruppenformationen hervortreten und erprobt mit ihnen Überleitungen von einer Szene zur nächsten. Auch über die Erarbeitung gemeinsamer Szenenwechsel wird an einem möglichen Ablauf gefeilt, bis sich ein eindeutiger und geschlossener Zusammenhang mit einer **inhaltlich stringenten Logik** im Sinne eines übergeordneten Plots verdichtet. Um den Unterhaltungswert für die Zuschauer zu steigern, ist dabei gestalterischer **Abwechslungsreichtum** innerhalb der einzelnen Sequenzen

(Lautstärke, Tempi, Gestaltungsmittel) ist als wichtig zu erachten. An der **Montage** der szenischen Fragmente wird so lange geprobt, bis die Inszenierung durch Dynamik und Rhythmik überzeugt. Mit der Aufführung wird den Darstellern die künstlerische **Selbstinszenierung als Gruppe vor Publikum** ermöglicht. Sie vermitteln dem Zuschauer spezifische Gefühle, Befindlichkeiten und Haltungen, die sich durch die gemeinsame Auseinandersetzung im Ensemble als stimmig erweisen und so in einer kollektiven Interpretation gesellschaftlicher Verhältnisse als gemeinsame szenische Botschaft wirksam werden. Die Spielleitung gibt jedem einzelnen Darsteller damit die Möglichkeit, sich so als politisch relevantes Wesen zu erfahren, das sich für die Interessen einer Gruppe engagiert und über den Theaterrahmen hinaus ebenfalls eine (Werte-)Gemeinschaft bildet.

Kollektivierendes Verfahren biografischer Theaterarbeit	Materialsammlung	Rollengestaltung	Stückentwicklung
Dramaturgisches Schlüsselkriterium	Kollektive Spurensuche	Gruppentypisierung	Verdichtung zu gemeinsamem Sinnzusammenhang
Darstellung	Selbstthematisierung als Integrationsleistung	Gemeinschaftliche Ausdrucksfindung	Selbstinszenierung als Gruppe

Übersicht 6: Leitfaden für kollektivierendes Verfahren biografischer Theaterarbeit im Stufenmodell

Individualisierendes Verfahren

Eine andere Möglichkeit, die biografische Spurensuche zu gestalten, besteht darin, jeden Akteur als Individuum in das Zentrum der Aufmerksamkeit zu rücken. Die Spieler sollten zu Beginn der Zusammenarbeit dabei unter der übergeordneten Fragestellung auf einen Ich-Bezug eingestimmt werden. Ziel einer individualisierenden Biografiegenerierung ist die Multiperspektivität innerhalb des Ensembles, so dass nach möglichst kontrastivem biografischem Material in Form und Inhalt gesucht wird.

Die biografische Spurensuche ist so angelegt, dass jeder Einzelne Aufgaben bekommt, die seine besondere Lebensgeschichte zum Vorschein bringen. So ist es zum Beispiel möglich, **individuelle Rechercheaufgaben** zu entwerfen, die die Darsteller herausfordern, außerhalb der Probensituation beobachtende Unternehmungen im bekannten sozialen Umfeld zu machen, um diese später in der Probe zu thematisieren oder aufzuschreiben. Zudem erweisen sich **Selbstbeschreibungen** und Interviews als sinnvolle Alternative zu den sachlichen Gruppengesprächen, wie sie in den kollektivierenden Produktionen durchgeführt werden. Anstelle von szenischen Partner- oder Gruppenimprovisationen stehen **solistische Darbietungen** im Zentrum der individualisierenden Materialsammlung. Sinnvoll erscheint es zudem, **Zuschreibungen** in Form von Eindrücken und Einschätzungen der Mitakteure zu den einzelnen Personen zu sammeln. Spätestens zum Zeitpunkt der dramaturgischen **Selektionsphase** konkretisiert sich die selbstthematisierende Erfahrung für jeden der beteiligten Akteure als Individualisierungsprozess, der durch die Wertschätzung des gesamten Ensembles jeweils in positiver Hinsicht als spielerische Profilbildung der eigenen Identität erlebt werden kann, die das Selbstbewusstsein stärkt.

Entsprechend der **kontrastierenden Ausrichtung** in der Phase der Materialsammlung werden die Darsteller in den individualisierenden Produktionen als einzelne Protagonisten typisiert. Unter der Maßgabe der **Einzeltypisierungen** werden in der Gestaltungsarbeit bei jedem Akteur kleine Fragmente aus seiner biografischen Materialsammlung durch **originelle Kombinationen** szenisch modifiziert. Für die Rollengestaltung ist zudem die Orientierung an der Bühnenpräsenz der Darsteller im Sinne einer **Präzision solistischer Darstellungstechniken** entscheidend. Als Spielleiter dabei Sorge für das Gelingen der Darbietung zu tragen, bedeutet, sich an die habitualisierten, gewohnten und Souveränität vermittelnden Ausdrucksmöglichkeiten der Akteure zur Ausgestaltung ihrer Rolle zu halten und diesen nur minimal zu verändern. Der entscheidende Unterschied zu den chorischen Rollengestaltungen im kollektivierenden Verfahren liegt bei den solistischen Rollengestaltungen darin, dass die Darsteller sich einzeln erproben, was die **Ausdrucksfindungen** für die Akteure zu intensivieren vermag, da sie ausgiebiger, detaillierter und variantenreicher geprobt werden können. Gleichzeitig bekommen die Darsteller wenig Inspiration von Seiten der Mitspieler, dafür eine zumeist starke Unterstützung (aber auch Lenkung) von Seiten der Regie. Im Prozess des **dialogischen Austauschs** von Selbst- und Fremdwahrnehmung werden mit jedem Spieler schließlich kleine Darstellungssequenzen und -muster fixiert.

Wenn es um die Verknüpfung der Segmentierungseinheiten geht, wird die Ensembleleistung augenscheinlich. Um sich einer eingängigen Botschaft an das Publikum bewusst zu entziehen, orientiert sich die Verdichtung im individualisierenden Verfahren stark an einer **formalen Spiellogik**. Spielregeln und Rahmungen werden anstelle von chronologischen Handlungsabläufen festgelegt. Zusätzliche Funktionen, die in bestimmte Szenen einleiten oder einzelne Sequenzen strukturieren, können erfunden werden. Eingesetzte Moderatoren, Erinnerungspartner oder **technische Impulse vom Regiepult** strukturieren und rhythmisieren den Ablauf, geben den Auftakt zu einzelnen Auftritten und Szenen. Einzelne szenische Fragmente werden zu Modulen zusammengefasst, innerhalb derer zumeist Regeln für Improvisationen festgelegt werden, anstatt Texte und Bewegungsmuster zu fixieren. Formale **Refrains** halten die Inszenierungen durch Rhythmisierung zusammen. Die Verdichtung der Szenen zu einer Inszenierung folgt stärker formallogischen als handlungslogischen Entscheidungskriterien. Für den Darsteller bedeutet eine **öffentliche Selbstinszenierung** die Selbstbehauptung als Individuum mit einer einmaligen Lebensgeschichte und prägnanten Details, die durch ihre Eigentümlichkeit Interesse weckt und den Einzelnen in seiner individuellen Stellvertreterschaft für einen eigenen Sinnhorizont neben den anderen Darstellern kontrastiv agieren lässt.

Individualisierendes Verfahren in biografischer Theaterarbeit	Materialsammlung	Rollengestaltung	Stückentwicklung
Dramaturgisches Schlüsselkriterium	Individuelle Spurensuche	Einzeltypisierung	Verdichtung zu kontrastiven Sinnentwürfen
Darstellung	Selbstthematisierung als Individualisierung	Ausdrucksfindung als Einzelperson	Selbstinszenierung als Individuum

Übersicht 7: Leitfaden für individualisierendes Verfahren biografischer Theaterarbeit im Stufenmodell

2 Minimaldifferenz als ästhetische Erfahrung

Unabhängig von einem individualisierenden oder kollektivierenden Gestaltungsweg entstehen in der Umsetzung des Modells Produktionen, die sich durch den expliziten Lebensweltbezug der Akteure kennzeichnen lassen. Bei den Inszenierungen handelt es sich zwar um Theateraufführungen, und doch auch um biografische Mitteilungen ihrer Darsteller. Biografische Theaterarbeit weist sich für diese somit durch das ästhetische Merkmal einer Minimaldifferenz aus, die durch die Theatersituation eine Differenz herstellt und gleichzeitig die Nähe zum Vertrauten, Bekannten, Gewohnten und Gewöhnlichen ihrer sozialen Alltagsrealität behält.

Im biografischen Theater wird die klassische „Überlagerung zweier Kommunikationssysteme und damit zweier deiktischer Bezugssysteme" (Pfister 1997, 329)[125] aufgeweicht. Im Aufführungsereignis offenbart sich in besonderem Maße der Form- bzw. der Gestaltungsaspekt der biografischen Kommunikation. Es vermittelt sich eine Formensprache, die neben der inhaltlichen (referentiellen) Dimension der biografischen Versatzstücke mindestens gleichwertig erscheint bzw. ihre Ästhetik kennzeichnet. Biografische Theaterinszenierungen, wie sie hier vorgestellt wurden, scheinen deshalb auch am ehesten mit Selbstportraits und literarischen Autobiografien vergleichbar zu sein. So wie für das Selbstportrait gattungstheoretisch gefordert wird, dass es den Blick auf „bildliche Mittel der Stilisierung und auf die schöpferische Persönlichkeit lenkt, die hinter jedem Kunstwerk steht (Pfisterer/v. Roosen 2005, 1) und von der Autobiografie die „doppelte Perspektive", die den Blick auf das „historisches Zeugnis und [das] literarische Kunstwerk" lenkt (Wagner-Egelhaaf 2005,1), ist auch im biografischen Theater der Inszenierungsstil in ein Korrespondenzverhältnis zum gezeigten oder geschriebenen Inhalt zu setzen.

Für biografisches Theater wird ein ähnlicher Effekt wie bei den literarischen Autobiografien und den Selbstportraits hergestellt, wobei hier die Formate der Verkörperung und der Erzählung zusammenkommen, sich in der Ensemblearbeit ergänzen und in die Performativität einer Aufführung transferieren: Der Darsteller veräußert seinen Iden-

125 Pfister kennzeichnet damit die "Differenzqualität dramatischer Texte gegenüber anderen Texten" (Pfister 1996, 329; vgl. auch ebd., 33).

titätsentwurf nicht künstlerisch in einem Objekt, er vollbringt ihn mit seinem Körper durch Sprech- und Darstellungsakte und die Interaktion mit anderen.

Bezug Zuschauer

Die biografische Programmatik und die Kombinatorik der dramaturgischen Mittel können den Blick des Zuschauers zwischen dem Kontext der Kunst und der Alltagsrealität springen lassen: Einerseits ist die Gesamtheit einer Inszenierung wahrzunehmen, die durch verdichtete und montierte Erzähl- und Spielsegmente als künstlerischer Spiegel gesellschaftlicher Verhältnisse zu interpretieren ist. Andererseits sieht der Zuschauer die Darsteller als Menschen, wie sie ihm auch vor und nach der Aufführung begegnen würden, mit Aussagen und Ausdrucksweisen, die Einblick in ihre jeweilige Lebensrealität gewähren und Lebensgeschichtliches preisgeben, das offensichtlich an die Fakten ihrer Lebensläufe anschlussfähig ist. Ob der Zuschauer allerdings realisiert, dass die Akteure tatsächlich auf ihre Lebensgeschichten rekurrieren, ist wie auch die Qualität seiner ästhetischen Rezeptionserfahrung kaum allein über die Inszenierungsform zu erfassen, hängen diese Sachverhalte doch zu einem großen Anteil auch immer von dem Vorauswissen, der situativen Stimmung und Einstellung des einzelnen Zuschauers ab. Die Spannbreite möglicher Rezeptionsweisen ist damit weit gespannt: Der Zuschauer kann seine Wahrnehmung bspw. ganz auf die dramaturgischen Mittel und Darstellungstechniken ausrichten und so bewusst eine Distanz halten. Dadurch, dass sich die künstlerische Inszenierungsform durch explizite Verweise auf die alltägliche Lebenswelt der Darsteller, ihre gewöhnlichen Ausdrucksweisen und Sprechakte als auch die betonte Ereignishaftigkeit der Aufführung im *Hier und Jetzt* auszeichnet, kann sich für den Zuschauer die Differenzwahrnehmung aber auch nahezu auflösen und die Grenzen zwischen den Realitätsausschnitten Theater und Alltag fast vergessen lassen, während er sich von den evozierten Authentizitätseffekte berühren lässt.

Bezug Darsteller

Für den Darsteller stellt die öffentliche Selbstinszenierung immer einen reflektierten Gestaltungsakt seiner Biografie dar, der auf den Phasen der Materialsammlung, der Rollengestaltung und vielen Selektionen und Feedbackgesprächen im biografischen Produktionsprozess basiert. So wird der Akteur auch in der Aufführungssituation die Differenz zwischen Alltag und Theater nicht vergessen, zumal die subjektive Stimmigkeit mit den szenischen Aussagen immer wieder zu Debatte steht. Vertrautes wird in einen ständigen Prozess der Destabilisierung und Neuformulierung gebracht, wobei durch den direkten Bezug auf die Alltagswirklichkeit jeweils ein besonders enges Spannungs- und Korrespondenzverhältnis zwischen Person und Figur hergestellt wird.

Das besondere Merkmal der ästhetischen Erfahrung in biografischer Theaterarbeit besteht für den Darsteller darin, dass das „Thematisch Werden der eigenen Lebensgeschichte" (Mollenhauer 1996, 29) durch den direkten Blick auf die eigene Lebenswelt erfahrbar wird und auf den Transformationsweg über eine Textvorlage verzichtet. Gleichwohl wird durch den Arbeitsprozess aber auch hier „die artifizielle Distanzierung von Aisthesis-Phänomenen durch das Mittel der Kunst-Form" (ebd.) ermöglicht. Wenngleich die Distanznahme graduell geringer ausfallen mag als bei der Inszenierung einer Dramenvorlage, wirkt das von Mollenhauer beschriebene „Thematisch-Werden“ aber auch in biografischer Theaterarbeit als „ästhetische Empfindung auf das Ich als reflexive Vergewisserung“ zurück (ebd.). Es wird hier konkret erlebbar als Befähigung zur Einnahme einer ästhetischen Einstellung des Akteurs zu seiner Biografie und seinen sozialen Rollen des Alltags.

Die Besonderheit der Minimaldifferenz für die Qualität ästhetischer Erfahrung liegt also darin, dass der Kontext Theater eine Differenzerfahrung herstellt und gleichsam minimalisiert. In biografischer Theaterarbeit kann die ästhetische Erfahrung für den Darsteller auf diese Weise geradezu intensiviert werden, bietet sie ihm doch die gesicherte Möglichkeit, „die eigene allzu vertraute Erfahrungswirklichkeit im Spiel [zu] transformieren, [zu] erweitern, [zu] überschreiten und damit (zu) reflektieren“ (Kurzenberger 1991, 29). Durch Kontextverschiebungen von alltäglicher Selbstthematisierung zu ästhetischer Selbstthematisierung und den spezifischen Vorgehensweisen im Probenprozess wird ermöglicht, „(...) etwas Besonderes, Künstliches und das heißt eben auch Künstlerisches herzustellen und damit möglicherweise das oft erstarrte (...) Alltagsbewußtsein der Beteiligten aufzubrechen“ (Vaßen 1997, 62) und zu bereichern. Die Minimaldifferenz erweist sich somit als das entscheidende Kriterium, das die Darstellung des Akteurs strukturiert, begleitet und die ästhetische Erfahrung im gesamten Erarbeitungsprozess kennzeichnet. Sie stellt sich mit der biografischen Spurensuche ein, bleibt in der Rollengestaltung ebenso wie in der Stückentwicklung und in der Aufführung transparent und verweist durchgängig auf ein Zusammenwirken von ästhetischem Lernen und biografischer Reflexion, immer auch dynamisiert durch Akzentuierung auf ein kollektives oder individuelles Verfahren. Das Kennzeichen der Minimaldifferenz bietet sich somit dazu an, die jeweiligen Lernerfahrungen der einzelnen Probenphasen, wie sie im Modell entwickelt wurden, zu bündeln und mögliche Schlussfolgerungen verallgemeinernd für die Theaterpädagogik produktiv zu machen.

2.1 Minimaldifferenz im Produktionsprozess biografischer Theaterarbeit

In der Phase der Materialsammlung ist den Teilnehmern eines biografischen Theaterprojekts eine Differenz zu alltäglichen Wahrnehmungs- und Verhaltensmustern, bzw. zu gewohnten Methoden der Wirklichkeitskonstruktion (Selbstthematisierung, Biografiekonstruktion) gegeben. Alles, was als biografisches Material eingebracht wird, interessiert stets unter ästhetischen Kriterien der Inszenierungskonzeption mit seiner festgelegten biografischen Fokussierung und Perspektivierung. In der ausgiebigen und spielerischer Selbstthematisierung zur Materialgenerierung weiß der Spieler, dass es im Projekt nicht um Kohärenz seiner Identität, sondern um eine offene Sammlung von biografischen Fragmenten geht, und er kann spontanen Assoziationen und Gefühlen eine erhöhte Aufmerksamkeit schenken. Der Kontext der biografischen Spurensuche stellt somit durch die vorgegebenen Spielregeln und szenischen Experimente eine Differenz zu Selbstthematisierungsformen anderer sozialer und ästhetischer Kontexte her.[126] Insbesondere, wenn sie dabei die soziale (Wir-Bezug) oder personale Seite

126 Vgl. zu den unterschiedlichen Selbstthematisierungsformen des Alltags durch Biografiegeneratoren Hahn (2000, 59 ff.).

(Ich-Bezug) der eigenen Identität gezielt betont, wird der Unterschied zu alltäglichen Selbstthematisierungsformen spürbar, da solch klare Akzentuierungen dort kaum oder meist nur implizit (bzw. unbewusst) wirksam sind - vor allem selten in dieser Radikalität, wie sie hier in künstlerischer Ausrichtung gesucht wird. Minimalisiert wird die Differenz wiederum dadurch, dass der Darsteller sich auf die Suche nach einer für ihn akzeptablen biografischen Passgenauigkeit einlässt. Ihm geht es schließlich um die Suche nach Meinungen und Ausdrucksweisen, die er auch in anderen Zusammenhängen, vor allen Dingen in seinem vertrautem Lebensumfeld, vor Freunden, Arbeitskollegen und der Familie vertreten würde. Er stellt dabei verschiedene Aspekte der eigenen Biografie heraus, die für ihn wahr, richtig und wichtig sind.[127] Enthalten ist dabei immer auch das Potential, neue Sichtweisen und Erlebnisse zu formulieren, die den Freunden, Verwandten und Bekannten bisher unbekannt sind. Entscheidend für die ästhetische Erfahrung ist der spielerische Freiraum, in dem die Akteure der Relativität der so genannten Stimmigkeit[128] auf die Spur kommen können.

Die Minimaldifferenz (in der Selbstthematisierung) verlagert sich mit der Rollengestaltung schließlich auf die Wahrnehmung der Darstellungstätigkeit selbst, weil der Darsteller sich aus einem reflektierten Handlungswissen auf eine Darstellungsaufgabe und damit einen Rollenentwurf einlässt. Auch wenn das Darstellungsziel die „pure Präsentation von Körpern und Persönlichkeiten" (Roselt 2005b, 377) ist, stehen durch die Typisierung und die gewählte Darstellungstechnik hinter dieser Aufgabe Entscheidungsprozesse, die die Darstellung steuern. Damit handelt es sich immer um einen bewusst und willentlich übernommenen Darstellungsakt, bzw. einen Akt, auf den sich der Akteur – um die theatrale Rahmung wissend – mit einer intendierten Wirkungsästhetik für den potentiellen Zuschauer einlässt. Es handelt sich also immer um eine Darstellungsvorgang aus einer „exzentrischen Positionalität" (Plessner 2003) heraus, die den Darsteller in den eigentümlichen Prozess der Destabilisierung und Neuformulierung verwickelt, wie er jeder Figurendarstellung immanent ist (vgl. Roselt 2005a). Gleichwohl ist die Rolle (als Typus), genau wie der Darstellungsstil dem Akteur sehr vertraut, da sie aus dem biografischen Material hergeleitet werden und darauf rekkurieren. Gleich ob sich der Akteur bei der Darstellung auf eine einfühlend-psychologisierende, eine demonstrierende Spielweise oder auf den Handlungsvollzug einer Tätigkeit konzentriert, als biografische Rollenaufgabe ist die identifikatorische Anbindung für ihn von Anfang an angelegt.

Intensiviert und dynamisiert wird die minimaldifferente ästhetische Erfahrung noch einmal in der Stückentwicklung und der anschließenden Aufführungssituation. Die Aufmerksamkeit des Darstellers richtet sich dazu an diesem Punkt auf die Gesamtdramaturgie, die einzuhaltenden Absprachen und das funktionierende Ensemblespiel. Die Minimaldifferenz wird für die Darsteller insbesondere durch die Verdichtungsansprüche der Theatermacher erfahrbar. Indem Szenen in unterschiedlichen Absprachen und Reihenfolgen ausprobiert

127 Allerdings weist schon die Auflistung der verschiedenen Lebensbezüge (Freunde, Arbeit, Familie etc.) darauf hin, dass die Biografieentwürfe stets gefärbt sein können – und es sich bei der ‚Stimmigkeit' somit nur um eine rein subjektive Einschätzung handeln kann.

128 „Schreibend kam ich an die Grenze zum Fake" beschreibt Karl-Josef Pazzini dieses Phänomen und zeigt in seinem Vortrag „Bio muss erst konstruiert" werden anschaulich auf, wie nah lebensgeschichtliche Reflexion und Inszenierung beieinander liegen und produktiv für den eigenen Lebensentwurf genutzt werden können (Pazzini 2002, o.S.).

werden, wird der Darsteller seine bewusst gestaltende Haltung an keinem Punkt aufgeben. Der Akteur ist mit den Verkörperungsprozessen einer Inszenierungsidee beschäftigt.

Auch im Spiegel des Publikums erlebt der Darsteller schon allein durch den gegebenen Rahmen einer Theateraufführung eine Differenz zu anderen, alltäglichen Formen biografischer Kommunikation und Selbstdarstellung: das Scheinwerferlicht, die Aufmerksamkeit vieler Menschen, die eigens gekommen sind, um den Akteuren zuzusehen und zuzuhören. Die gesamte Biografiearbeit der Probenzeit wird hier noch einmal dynamisiert und intensiviert, indem sie auf den Prüfstand gestellt wird. Die Differenz ist minimal, denn das Stück hat für den einzelnen Darsteller explizite persönliche Relevanz; es stellt, so verspielt und künstlerisch inszeniert die Darbietung auch sein mag, die immer auch ernst gemeinte Veräußerung und Veröffentlichung biografischer Entwürfe der einzelnen Personen dar.

2.2 Minimaldifferenz als theaterpädagogische Kategorie

In der Theaterpädagogik bestehen die geläufigsten Begründungen für die Beschreibung ästhetischer Erfahrung in der Reflexion literaturzentrierter Theaterarbeit. Dabei wird die Differenzerfahrung des Darstellers zumeist aus dem Zusammentreffen von Darsteller und einer unbekannten Geschichte, mit der er sich auseinandersetzt, begründet (vgl. Pinkert 2005a, Fußnote). Plausibler lässt sich der Vorgang einer Differenzerfahrung für den Darsteller in der Theaterarbeit auch kaum nachvollziehen als durch die Konfrontation der sozialen Welt der Akteure mit der Phantasiewelt eines Dramas, das ggf. sogar in einer ganz anderen historischen Zeit spielt und sich einer für die Akteure ungewohnten, literarischen Sprache bedient. Der Darsteller arbeitet dann an einer fremde Rolle, die er sich aneignen muss – und eben in diesem Akt der Verkörperung erlebt er auf der Bühne die Differenz, er selbst und gleichzeitig jemand Anderes zu sein (vgl. Weintz 1999, 344ff.). Dass aber dem Darsteller in biografischer Theaterarbeit die Möglichkeit der Differenzerfahrung genommen wird, er rein affirmativ Alltagshandlungen vollzieht und in der Theaterarbeit „nackte soziale Tatsachen ausstellt" (Ritter 2003, 16), ist der verkürzt gedachte Umkehrschluss. In biografischer Theaterarbeit wird der Weg von der Person zur Figur nur anders beschritten. Der Darsteller, der gleichzeitig Biografieträger und -gestalter ist, erarbeitet die Figur nicht durch Aneignung eines fremden Textes und die Übernahme fremder Sprech- und Verhaltensweisen, sondern durch die dem Produktionsprozess immanente Abstandnahme und Reflexion von biografischen Erinnerungen, Überzeugungen und vertrauten Verhaltensweisen. Da er dabei zielperspektivisch wiederum seine eigenen Gedanken, Ideen und Ausdrucksformen auf der Bühne vertreten möchte, gerät er mit der Figur in ein vergleichsweise engmaschiges Wechselspiel von Involviertheit und Distanznahme.

Ausgehend von der Prämisse, dass die Minimaldifferenz eine explizite und dadurch intensive Nähe zu Ausdrucksformen, Themen und Befindlichkeiten der Spieler hat, sind die Chancen für die theaterpädagogische Praxis evident. So lässt sich als Vorteil feststellen, dass sich biografisches Theater niemals im Nur-Ästhetischen verlieren kann. Postmoderne Beliebigkeit und der Verlust kritischer, kultureller Inhalte, wie von Alain Finkielkraut befürchtet, kommen hier nicht auf, und eine „Vergleichgültigung der Inhalte von Kunst" (Knigge 1989, 43) wird ebenso vermieden. Gleichzeitig verwandelt sich biografisches Theater durch die ästhetische und produktionsorientierte Ausrichtung nicht in eine Therapieform, fungiert nicht (nur) als Sozialarbeit oder Medium politischer Bildung. Sie bleibt eine Theaterform mit einer eigenen, lebensweltorientierten Ästhetik. Man könnte sie biografische Ästhetik nennen, die bewusst und explizit als Mittel der lebensgeschichtlichen Selbstreflexion genutzt wird, aber mit künstlerischem Anspruch versehen ist. Gleichwertige Ziele sind die gelungene Theaterproduktion und die ausdrückliche und ernst zu nehmende biografische Äußerung. In diesem Sinne erweist sich eine biografische Programmatik als „ästhetische Strategie" (Klein/Sting 2005, 15), die „in einer Allgegenwärtigkeit des Theatralen zu Beginn des 21. Jahrhunderts, die immer subtiler gewordenen Grenzen zwischen Spiel und Ernst, Schein und Sein, Imaginärem und Realem" auslotet und so immer auch ein ‚serious game' ist" (ebd.). Der ausgestellte, enge Zusammenhang von Spiel und Ernst erscheint hier jedenfalls als charakteristisches Merkmal.

In biografischer Theaterarbeit nach den vorgestellten Beispielen in der Modellentwicklung geht es auch aber eben nicht nur darum, die Phänomenologie der Grenze und des Zusammenhangs von Künstlichkeit und Leben erfahrbar zu machen. In biografischer Theaterarbeit wird Realität reflektiert inszeniert und damit als Beitrag als Identitätsentwurf gültig. Anknüpfend an das o.g. „serious game" (ebd.) lässt sich so konstatieren, dass das Gewicht zwischen Ernsthaftigkeit und Spiel in biografischer Theaterarbeit für den Darsteller stärker als in performativen Versuchsanordnungen manch zeitgenössischer Performances-Konzepte[129] auf der biografischen Seriosität als dem Spiel gelagert ist, so dass man in biografischer Theaterarbeit von der Spezifik eines spielerischen Ernstes sprechen kann. Die Selbstdarstellung wird in den dargestellten Produktionen nicht „in kritischer Distanz spielerisch ironisiert" (Brandstetter 1998 u. 1999). Insofern ist biografische Theaterarbeit immer auch ein Ernstfall. Dies gilt um so mehr, wenn man den soziologischen Thesen Glauben schenkt, dass im gegenwärtigen Alltag der westlichen Zivilisationsgesellschaft biografische Arbeit durch allgemeine Individualisierungstendenzen und der dem Orientierungsverlust von so genannten „Normalbiografien" (Siebers 1996, 11ff.) auch im Alltag zunehmend notwendiger geworden ist.[130]

2.3 Biografische Theaterarbeit als doppeltes Lernpotential

Biografisches Theater erweist sich als eine Theaterform, die bei den Darstellern Interesse wecken kann, sich weiterhin und vertiefend mit der Kunstform des Theaters auseinanderzusetzen. Gerade für Menschen, die mit dem Theater bisher wenig in Berührung gekommen sind, ist der biografische Ansatz mit seiner immanenten Minimaldifferenz niemals so abstrakt, dass sie mental aus der Arbeit aussteigen und das

129 Projekte wie sie A.M. Matzke skizziert, um „Instant-Biografien" (A.M. Matzke 2005b) zu entwickeln, legen somit einen anderen Akzent, indem sie die Spielstruktur einer Inszenierung betonen, siehe hierzu bspw.: A. M. Matzke (2009): Sich Selbst Inszenieren – Biographie auf der Bühne. In: Spiel und Theater, 61. Jg., Heft 184, Weinheim. Vgl. auch Pinkert (2005a; 2007).

130 In diesem Sinne ist in der Soziologie bspw. auch von einer Biografisierung der Gesellschaft die Rede (vgl. Schulze 2006 und Marotzki 2002).

Projekt wie eine unliebsame Pflichtveranstaltung empfinden. Die Teilnehmer erleben die Probenarbeit und die Aufführung auch für die eigene Persönlichkeitsentwicklung in besonderem Maße als relevant. Die Beschäftigung mit der Kunstform Theater bekommt einen nachvollziehbaren Sinn, ganz gleich, ob sie nun Gemeinsames oder den individuellen Selbstbezug der Darsteller sucht und an das Publikum vermittelt. Ästhetische Kompetenz wird nicht als „verkürzt handwerkliches Geschick, sondern als „kreativ-gestaltende Handlungsform" (Sting 2003a, 12) erfahrbar, in der die Auseinandersetzung mit dem eigenen Selbstkonzept unabdingbarer Bestandteil ist. Eine starke Motivation seitens der Darsteller für die Entwicklung eines grundsätzlichen Interesses an Kunst liegt daher nahe.

Wenn Biografie zum ästhetischen Phänomen der Betrachtung und Inszenierung wird, ist immer auch die Möglichkeit der Vermittlung von künstlerischen Gestaltungsmitteln gegeben. Beide hier vorgestellten Verfahren biografischer Theaterarbeit setzen auf und vermitteln Strategien theatraler Montage- und Collage-Arbeit zur Stückentwicklung. Dieses wiederum bietet Möglichkeiten, verschiedenste Darstellungsweisen in die einzelnen szenischen Fragmente der Inszenierung zu integrieren. So können abwechslungsreiche Inszenierungen im eklektischen Zugriff auf verschiedenste Darstellungsformen und -stile als chorische oder solistische Verfahren erprobt und reflektiert werden.

Bei einer betont **kollektivierenden Programmatik**, wie sie an den theaterpädagogischen Produktionen deutlich gemacht wurde, erwerben die Darsteller ästhetische Kompetenzen, die weitgehend an einer hermeneutisch-inhaltlichen Ausrichtung der Theaterarbeit orientiert bleiben. Auf einer Meta-Ebene wird, auch wenn das Stück zu einer Collage montiert wird, ein Spannungsbogen im Sinne eines well-made-plots erarbeitet. Die Theaterarbeit sucht einen gemeinsamen Referenzrahmen und stellt sich, mit dem Ziel einen biografischen Konsens zu finden, in den Dienst eines gemeinsamen Verständigungsprozesses. Die Orientierung an einer Aussage, die Zuspitzung zu einem Appell oder einer aufgeworfenen Frage sind der Motor für die dramaturgische Verdichtung. Orientiert an der aristotelischen Grundordnung, die Anfang, Höhepunkt und Ende sucht, werden Anekdoten und theatrale Zeichen auf gemeinsame Deutungen hin pointiert. Die Darstellungsarbeit (vorrangig im Chor) sucht nach der Prägnanz des Ausdrucks, der Darsteller lernt verschiedene chorische Gestaltungsweisen kennen und schärft in besonderem Maße seine Aufmerksamkeit für das Zusammenspiel, das hier sehr viel mehr Konzentration fordert als die individuelle Reaktion auf Stichworte. Mit der Stückentwicklung lernt der Akteur, wie auf Grundlage gemeinsam gefundener Bedeutung und unter Berücksichtigung musikalischer Prinzipien (wie Rhythmus und Tempiwechseln etc.) eine spannungsreiche Choreografie mit Kontrapunktik und dynamischen Wechseln entwickelt werden kann.

Biografische Theaterprojekte in **individualisierender Ästhetik** setzen andere Schwerpunkte in der Vermittlung ästhetischer Kompetenz. Synthetisierende Perzeption bleibt hier verwehrt und Uneindeutigkeit, Vieldeutigkeit sowie Simultanität rücken in den Vordergrund. Statt integrative Sinnproduktion zwischen den eigenen und den anderen biografischen Versatzstücken zu etablieren, fokussiert das individualisierende Verfahren bei den Darstellern bewusst ein Innehalten und ein Wahrnehmen der eigenen Wahrnehmung sowie des eigenen Habitus im Kontrast zu den Verhaltensmustern der anderen Darsteller heraus. In der Zusammenschau der Inszenierung schult es zudem,

„mit der Facettierung des Blicks ins Offene, Unabgeschlossene, Mehrdimensionale umzugehen" (Lange 2006, 12).[131] Gleichzeitig können, wenn das Stück in solistischer Ausrichtung entwickelt wird, Grade und Formen der künstlerischen Biografiearbeit in besonderem Maße auf den einzelnen Darsteller abgestimmt, in einzelnen Segmenten variantenreich geprobt und reflektiert werden. Dann gelingt eine Theaterarbeit, die Einzelne intensivst fordert und fördert – sie nach ihren Möglichkeiten präsentiert und mit ihren unterschiedlichen Qualitäten zur Geltung bringt.

In **beiden Formaten** (Wir-Bezug und Ich-Bezug) führt biografische Theaterarbeit zudem zu einer ästhetischen Kompetenzvermittlung im Hinblick auf „zentrale Aspekte der Wahrnehmungsschulung, Raumerfahrung, Körper,- Bewegungs-, und Präsenztraining, Improvisationsarbeit, Auftritt und Präsentation" rücken (Sting 2004, 59).[132] Desweiteren bietet biografische Theaterarbeit stets auch das Potential, mit der Übergängigkeit und Grenzauflösung von Realem und Fiktiven zu spielen, denn biografische Theaterarbeit ist in jedweder Gestaltungsform eine Theaterform, die ihre eigene Theatralität zum Thema macht und statt auf Verkörperung literarischer Rollen auf die Darstellung und Thematisierung eigener sozialer Rollen und ihrer Kontexte abzielt – eine Theaterform, die Selbstreflexivität betont.

Ein biografisches Theaterprojekt lässt sich aber nicht nur über die Vermittlungsansprüche eines ästhetischen Lernens legitimieren (s.o.). Schlägt man den gedanklichen Bogen zurück zu dem in der Einführung erwähnten lerntheoretischen Ansatz der erziehungswissenschaftlichen Biografieforschung und seinen pädagogischen Lerntheorien, ist zu konstatieren, dass biografische Theaterarbeit auch die biografische Arbeit des Projektteilnehmers im Allgemeinen (und so auch die sozialpädagogischen Konzepte, die in diesem Kontext vorliegen[133]), bereichern kann. Schulze hat aufgezeigt, dass Biografie als Phänomen neben seinem Prozess- und Produktcharakter immer auch als (Lern-)Potential zu betrachten ist (vgl. Schulze1993b).[134] Biografische Theaterarbeit knüpft an dieses Potential an. Bei der Probenarbeit kann sich in jeder beliebigen Variante biografischer Theaterarbeit für den Darsteller das vollziehen, was in Formen der pädagogischen Biografiearbeit (bspw. der Erwachsenenbildung) als Fähigkeit zur Biografizität angestrebt wird: Zu begreifen, „daß wir unser Leben in den Kontexten, in denen wir es verbringen [müssen], immer wieder neu auslegen können, und daß

131 Es ist eine Eigenschaft, die verstärkt für Performance-Art-Projekte herausgearbeitet wurde. Von diesen unterscheidet sich biografische Theaterarbeit nach dem vorgestellten Modell wiederum, weil die Probenprozesse anders organisiert sind, bzw. im Gegensatz zu Performance-Art-Projekten überhaupt explizite Proben stattfinden (vgl. Lange 2006).

132 Somit werden hier wiederum verstärkt solche Aspekte des Lernens betont, die Sting in den Kontext so genannter performativer Spielformen stellt, also solcher Projekte, die anstelle der referentiellen, die performative Dimension in der Darstellung betonen (vgl. ebd.) Da aber jeder Darstellung eine referentielle und eine performative Dimension innewohnen (vgl. Fischer-Lichte 2004), sind die genannten Aspekte der Wahrnehmungsschulung auch in solchen Darstellungen enthalten, die an der Darstellungsarbeit im Probenprozess feilen. Sie rücken in biografischer Theaterarbeit in den Vordergrund, weil es sich um eine geprobte Selbstdarstellung vor dem Hintergrund eines lebensgeschichtlichen Entwurfs handelt und den Darsteller vorrangig (wenn auch durch den Probenprozess reflektierend) in den Vorgang verwickelt, wie er seine persönlichen Meinungen und lebensgeschichtlichen Fragmente an das Publikum vermittelt.

133 Vgl. Ruhe (2007), Behernds-Cobet/Reichling (1997).

134 Vgl. Vom Leben zur Kunst, 1.

wir diese Kontexte ihrerseits als ‚bildbar' und gestaltbar erfahren" (Alheit 1992, 77). Durch die strukturell gesetzten Rahmungen in der Konzeption erleben die Darsteller in der reflexiven Biografiearbeit exemplarisch und spielerisch in einer möglichen Variante eines biografischen Entwurfs somit „Sinnüberschüsse [ihres] Lebens zu entziffern" (ebd.).

Das **kollektivierende Theaterprojekt** erklärt die Gestaltung der eigenen Biografie zur Tugend gemeinsamer Auseinandersetzung. Es führt, mit der Orientierung an einem gemeinsamen Referenzrahmen, der Aktivierung ähnlicher Gedächtnisstrukturen und damit der gemeinsamen Sinnsuche, zu einer Befähigung der Integration eigener, personaler Erfahrungsaufschichtungen und Befindlichkeiten in ein gemeinsames Werteschema des Ensembles. Das kollektivierende Theaterprojekt erweist sich für den Darsteller somit als Garant für Sicherheit einer kohärenten Ich-Identität und stellt geteilte und allgemein akzeptierte Deutungsmuster bereit, in die sich alle Beteiligten einordnen können. Der Darsteller stellt zumindest vorübergehend eine Abgeschlossenheit eines Sinnzusammenhangs her. Vor allen Dingen erlangt er die Erkenntnis der „Erscheinungsweise allgemeiner und übergreifender gesellschaftlicher Prozesse in der individuellen Biografie" (Heinze nach Gudjons et al 1999, 29). Indem die Spieler durch einen gruppendynamischen Prozess der gemeinschaftlichen Selbstthematisierung und Selbstreflexion gehen, entwickeln sie eine gemeinsame Haltung und damit eine pointierte Meinung zu einem gesellschaftlichen Sachverhalt (hier z.B. zu den Themen Tod und Heimat; oder möglichen Zukunftsperspektiven von Jugendlichen aus sozial unterprivilegierten Familienverhältnissen). Sie setzen sich als Gruppe in einen Bezug zur gesellschaftlichen Welt. Allein der Effekt, auf der Grundlage persönlicher Erfahrungen einen Prozess der Meinungsbildung durchlaufen zu haben, schafft für den Einzelnen Selbstbewusstsein auf einer elementaren Ebene.

Das **individualisierende Theaterprojekt** ist gänzlich anders strukturiert. Entlastet von dem Anspruch narrativer Eindeutigkeit und Geschlossenheit in der Stückentwicklung arbeitet der Einzelne, eingebettet in eine inszenatorische Rahmung, an einem eigenen Biografieentwurf der kontrastierend neben den Entwürfen der anderen steht. Er profiliert sich versuchsweise als Stellvertreter und Fürsprecher für eine eigene kleine Lebenswelt bzw. thematisiert einen jeweils unterschiedlichen Alltagsausschnitt der sozialen Lebenswelt (vgl. Hitzler/Hohner 1995). Ein individualisierendes Verfahren biografischer Theaterarbeit lässt kontroverse Meinungen und widersprüchliche Deutungsmuster auf der Bühne zu. Die Gesamtheit der Inszenierung verweigert sich einer Produktion von eindeutigem Sinn und biografischem Wir-Bezug. Insgesamt lenkt das individualisierende Theaterprojekt den Fokus verstärkt auf die wechselseitige Relativitität von biografischen Entwürfen und trainiert im Nebeneinander den geradezu selbstverständlichen Umgang mit Multiperpektivität und Toleranz in einer instabilen Welt.

So unterschiedlich das ästhetische und biografiebezogene Lernen auch beschrieben werden kann, erweisen sich ästhetische und biografische Kompetenzvermittlung (Biografizität) nach dem dargestellten Modell als interdependent miteinander verzahnt, denn indem die Darsteller eines biografischen Theaterprojekts zu „Experten der Kunstform Theater" werden, werden sie immer auch zu „Experten ihrer Lebensform" (F. Matzke, 2003, o.S.). Entscheidend ist dafür, dass Biografie der Stoff der künstlerischen Auseinandersetzung ist. Die ästhetische Orientierung, die sich dadurch ergibt, lenkt den Arbeitsfokus auf Phänomene der Wahrnehmung und Formgebung im Prozess der biografischen Arbeit am Biografieentwurf. Gestaltungs- und Stilfragen beeinflussen wiederum die inhaltliche Auseinandersetzung mit dem Biografieentwurf. Dabei wird ein wechselseitiges Fundierungsverhältnis in Gang gesetzt. So wie sich der Darsteller mit den Möglichkeiten und Grenzen der Darstellbarkeit seiner Biografie auseinandersetzt, vergegenwärtigt er sich nicht nur deren Fiktionalität und Inszeniertheit. Es ist ihm gleichermaßen möglich, in der Arbeit an dem Stück biografische Anteile immer wieder explizit zu verhandeln, neu zu beleuchten, zu befragen und zu beantworten.

3 Spielleitungskompetenzen

Vor dem Hintergrund der dargelegten theoretisierten Schlussfolgerungen erweisen sich die konstatierten biografisch-ästhetischen Lernmöglichkeiten der analysierten Projekte als evident. Als Spielleiter sollte man sich bewusst machen, dass die Minimaldifferenz dennoch nicht nur Motivation, sondern auch Hemmschwelle für die Spieler sein kann. Vor allem wenn man, wie es in der Theaterpädagogik zu beanspruchen ist, als Spielleiter immer auch den Spieler und seine Lernmöglichkeiten im Blick hat, bleibt eine konstruktive Lernatmosphäre unverzichtbar. Der Theaterpädagoge sollte darauf achten, ob die Lernumgebung es zulässt, dass sich die genannten Potentiale ästhetisch-biografischen Lernens entfalten können. So gesehen bleibt „theaterpädagogische Arbeit mit Gruppen (...) eben auch Gruppenarbeit" (Weintz, 1999, 370) – auch wenn die Arbeitsausrichtung im biografischen Theaterprojekt individualisierend angelegt ist. Für den Spielleiter bedeutet dies, dass die eigene ästhetische Kompetenz vor allem kommunikative Fähigkeiten umfassen muss, mit denen er Gestaltungsabsichten erläutern und ästhetische Wirkungen rückspiegeln kann (vgl. Sting in 2003a, 12). Während dies freilich für theaterpädagogische Projektarbeit insgesamt gelten sollte, sind in biografischer Theaterarbeit besondere kommunikative Kompetenzen gefordert. Hier gilt es, sowohl Kunstfertigkeit und dramaturgisches Know-How zu vermitteln, als auch lebensgeschichtliche Reflexion zu unterstützen. Denn nur dann gelingt, was ein theaterpädagogischer Anspruch in biografischer Theaterarbeit sein muss: Eine gelungene Mischung zwischen dem, was die Akteure „selbst denken, fantasieren und sagen wollen und ästhetischen Spielweisen und Formen professioneller Regiearbeit" (Plate 2007, 55). Zu bedenken sind aber gerade auch die Unsicherheiten und Vorbehalte, die manche Theaterpädagogen bezüglich biografischer Theaterarbeit entwickelt haben, da vielfach die eigene Angst mitschwingt, die Darsteller zu entblößen oder unbeabsichtigt in Intimsphären einzudringen – oder aber die Überzeugung vorherrscht, sie müssten therapeutische Kompetenzen mitbringen. Im Folgenden werden daher in didaktischer Perspektive Spielleitungskompetenzen vorgeschlagen, die dem Balanceakt biografisch-künstlerischer Inszenierungsarbeit zuträglich sein können und als Ergänzung zum dramaturgischen Leitfaden (vgl. IV.1) dienen.

3.1 Grundlegende sozial-personale Fähigkeiten

Selbstreflexion

In biografischer Theaterarbeit kann in besonderem Maße geltend gemacht werden, was der Theaterpädagoge Martin Frank als grundlegendes theaterpädagogisches Selbstverständnis formuliert hat: „Wer Theater machen will, muß *ich* sagen“ (Frank 1998, 5). Das erscheint besonders für die Spieler plausibel, da sie sich über die Dauer des Projekts explizit selbst thematisieren, aber auch für die Spielleitung ist die Selbstreflexion wichtig. Gerade im biografischen Theater gilt es, als Spielleiter seinen eigenen Beweggründen für die Initiierung eines biografischen Theaterprojekts nachzuspüren, denn nur dann kann sich ein Gleichgewicht zwischen Neugier und Achtsamkeit gegenüber den Lebensgeschichten der Akteure einstellen, wie es sich mit der Minimaldifferenz und dem doppelten Blick auch die Inszenierungsqualität auszeichnen soll (vgl. IV.2). Erst wenn der Spielleiter sein Konzept und die intendierten Vermittlungsziele differenziert markieren kann, wird es ihm gelingen, das Interesse für eine solche Theaterform auch bei den Darstellern zu wecken. „Begeisterung auslösen zu können“ wiederum ist „im Kontext ästhetischer Praxisangebote eine Schlüsselkompetenz“ (Grissmer 2006a, 213). Die eigene Begeisterungsfähigkeit ist immer auch ein erster Schritt, um beim Teilnehmer Missverständnisse und Vorbehalte gegenüber biografischer Theaterarbeit auszuräumen.

Die Neugier auf die Lebensgeschichten der Akteure ist in biografischer Theaterarbeit essentiell. Sie darf allerdings nicht oberflächlich sein und vorrangig künstlerische Authentizitätseffekte im Blick haben sondern sollte sich gerade in theaterpädagogischen Kontexten wertschätzend und tiefer gehend auf den einzelnen Menschen beziehen. Verbunden mit der Achtsamkeit vor Intimitätsgrenzen und dem Respekt vor den Lebensgeschichten der Darsteller, ist ein besonderes Maß an Interesse am Menschen gefordert, gerade weil die biografischen Bezüge explizit auf der Bühne verhandelt werden. In biografischer Theaterarbeit ist vom Spielleiter eine besondere Bereitschaft gefordert, das „individuelle Herkommen (eine eigene Vergangenheit), die spezifische Gegenwart (ein besonderes Hingehören) und Zukunft“ (Nickel 2005, 65) der jeweiligen Darsteller zu erfahren. Nur dann kann er sie ernst nehmen und läuft nicht Gefahr, versehentlich Grenzen zu übertreten und die Spieler zu verraten. Die Materialsammlung sollte ohne Zeitdruck geplant werden und der Spielleiter sollte die entsprechende Geduld mitbringen, die Akteure nicht ständig mit einem Verwertungsblick und -absichten zu konfrontieren. Was im dramenzentrierten Theater die vorbereitende Beschäftigung mit der Dramenvorlage ist, sollte sich hier in einer ausgiebigen Beschäftigung mit den eingebrachten Geschichten der Akteure niederschlagen, damit darüber wechselseitiges Vertrauen hergestellt werden kann.

Zu viel Achtsamkeit, überhöhte Vorsichtsmaßnahmen und eine zu ausgiebige Materialsammlung stellen die Kehrseite in der Leitung biografischer Theaterprojekte dar. Viele Theaterpädagogen sehen in biografischen Theaterprojekten immer noch einen wagemutigen Akt, bei dem sie fürchten, sich *auf zu dünnes Eis* zu begeben (vgl. Altenburger/Taube 2005, 97). Gerade im Hinblick auf die Projektarbeit mit Jugendlichen werden dann im Vorfeld der Projektarbeit folgende Unwägbarkeiten befürchtet:

„Intimes wollen wir nicht wissen, Erfahrungen aus dem Nahbereich können wir nur vermuten. So bleibt als Grundlage (...) wenig Verlässliches: das, was wir als Pädagogen über die Erfahrungswelt der Jugendlichen zu wissen glauben. Was denken sie? Wie stehen sie zu ihren Eltern, Familie und Gesellschaft, was treiben sie so in ihrer Freizeit, was reden sie so mit ihren Freunden, was sind ihre Wünsche und Sehnsüchte?" (Altenburger/Taube 2005, 97)

Diese Vermutungen, wie sie Altenburger und Taube als mögliche Grundlage der Theaterarbeit dienen, sind kontraproduktiv, da sie die offene und transparente Kommunikation zwischen allen Beteiligten hemmen – seien sie auch auf Achtsamkeit und Fürsorge begründet. In biografischer Theaterarbeit ist Neugier eine notwendige Tugend. So kann der gelungene Mittelweg nur darin bestehen, Vertrauen und Bindungen so herzustellen, dass die Fragen, die exemplarisch von Altenburger und Taube formuliert wurden, direkt an die Darsteller gestellt werden können. Die klar vermittelte konzeptionelle Ausrichtung der Theaterarbeit (biografische Aspektierung und Perspektivierung) kann Vorbehalte des Spielleiters verhindern. Zudem sollte der Spielleiter das theaterpädagogische Selbstverständnis teilen und transparent machen, dass jeder Darsteller seine Grenzen selber abstecken muss und dass es in den Theaterproben um die lustvolle Auseinandersetzung mit Biografie ohne zu befürchtende Negativ-Bewertung geht. Entscheidend ist entsprechend auch Sorge dafür zu tragen, dass sich alle Ensemblemitglieder mit gegenseitigen Respekt[135] begegnen. Gleichzeitig sollte sich der Spielleiter bei kritischen, ggf. diskriminierenden oder ethisch problematischen Äußerungen der Akteure nicht zurücknehmen, auch wenn diese biografisch begründet als Beitrag zur Materialsammlung in Bühnensituationen eingebracht werden. Solche Anlässe sollten immer produktiv gewendet, im offenen Gespräch mit der Gruppe diskutiert und für die Inszenierung verantwortungsbewusst gelöst werden.

Auch die Tatsache, dass durch das emotionale Involviertsein im Spiel bei den Akteuren die erworbenen und die im Laufe des Lebens kompensierten Verletzungen schmerzhaft berührt werden können, sollte die Spielleitung nicht verunsichern. Sie benötigt „Spielleiterqualitäten, die dazu befähigen, starke Gefühle zulassen zu können, vorübergehende Chaotik auszuhalten [sowie] mit persönlicher Rührung und der anderer angemessen umzugehen" (ebd.). Emotional aufgeladene Situationen sollten nicht zum Abblocken der vorhandenen Prozesse führen, sondern ebenfalls in ästhetischer Perspektive positiv gewendet werden können. Für die Spieler gehören verunsichernde Prozesse, in denen „das Ich mit dem Selbst ins Spiel kommt und die Grenzen neu ausgetestet werden müssen" (Grissmer 2006a, 213), in gewissem Maße zur biografischen Theaterarbeit dazu. Wichtig ist, sich als Spielleiter zuzutrauen, ein produktives Mischverhältnis von Irritation und Stabilität herstellen zu können. Ein „gut ausgebildetes Gespür für die Balance zwischen Prozessen, die Verunsicherung auslösen können und solchen, die stabilisierend wirken" (ebd.), ist ausschlaggebend für eine konstruktive Arbeitsatmosphäre, in der die Akteure wissen, dass sie sich auf die Spielleitung verlassen können.

135 „Vor allem wenn gewohnte Deutungsmuster bröckeln, wenn das Gleichgewicht bedroht ist oder eine angstauslösende scheinbare Handlungs- und Veränderungsfähigkeit auftritt und die Teilnehmer/innen an ihre existentiellen Grenzen stoßen, setzt der Versuch ein, aufkommende Angst abzuwehren und Widerstand gegen die notwendige Bewusstseinserweiterung zu mobilisieren" (Gudjons 1999 et al).

Einschätzungsvermögen der Teilnehmer

Neben der sicheren Selbst-Einschätzung der Spielleitung gehört die psychologische Einschätzung der Gruppe, bzw. der einzelnen Akteure ebenfalls maßgeblich zu den Vorüberlegungen eines biografischen Theaterprojekts: Für biografische Theaterarbeit ist eine in ihren Grundzügen Ich-starke, d.h. psychologisch stabile, gefestigte Persönlichkeit der Akteure eine wichtige Vorraussetzung, um sich lustvoll auf etwaige Verunsicherungen und Irritationen einlassen zu können. Furcht vor Verletzungen und die Angst, sich in der Öffentlichkeit vor Bekannten und Freunden lächerlich zu machen, könnten in biografischen Theaterprojekten nahe liegen, sollten bei den Akteuren allerdings nicht ausgeprägt vorhanden sein, um möglichst schnell überwunden werden zu können. Gefragt sind, wie in der Performance Art, Spieler, die „das Risiko des Versagens, das Risiko zu viel zu offenbaren, das Risiko missverstanden oder verspottet zu werden" (Arsem 2006, 92) eingehen können, um es in der Projektarbeit mit Spielfreude zu bewältigen und so gestärkt aus dem Projekt hervorzugehen. Schließlich sollten alle Darsteller daran glauben können, eine gelungene Selbst-Inszenierung zu erarbeiten, die ihnen letztlich Respekt und Anerkennung verschafft.

Entscheidend ist für das persönlichkeitsbezogene Einschätzungsvermögen ebenfalls, absehen zu können, ob die Akteure die unentbehrliche Integrationsfähigkeit in den Ensemblezusammenhang mitbringen; ob sie in der Lage sind, gemeinsam mit anderen spielerisch – d.h. auch verfremdend, zuspitzend und abändernd mit dem eigenen biografischen Material zu arbeiten. So genannte An-die-Wand-Spieler und Profilneurotiker (vgl. Wetzel, Anhang B) sind auch einem biografischen Theaterprojekt, das sich konzeptionell auf ein individualisierendes Verfahren mit solistischen Darbietungen der einzelnen Akteure ausrichtet, nicht zuträglich. „Bei uns im Team geht es um einen Einigungsprozess. Es gab einen Konsens, dass (...) krasse Typen (im Casting, Anm. N.K.) aussortiert werden" (Wetzel, Anhang B), beschreibt Daniel Wetzel von ‚Rimini Protokoll' die produktive Entscheidung für die Ensemblezusammensetzung. Seine Kollegin Helgard Haug ergänzt: „Es geht darum, ob man sich mit jemandem versteht, ob man eine spannende Auseinandersetzung erahnt" (Haug, Anhang B). Deutlich wird hier auch die Tatsache, dass es für eine konstruktive Zusammenarbeit nicht nur wichtig ist, die Persönlichkeit der Spieler einschätzen zu können, sondern diese durchaus auch in Relation zu der eigenen Spielleiterpersönlichkeit zu setzen, um abzuwägen, ob man zu den einzelnen Personen einen Zugang aufbauen kann.

In der Begegnung mit dem Ensemble gilt es immer wieder auch, naheliegende Missverständnisse auszuräumen: In der Einstiegshase sollte der Spielleiter explizit deutlich machen, dass biografisches Theater keinen therapeutischen Ansatz verfolgt. Wenn Ensemblemitglieder das Projekt von vorneherein als Therapieform missverstehen, sollte dies offen thematisiert werden. In diesem Fall ist den entsprechenden Darstellern zu empfehlen, von einem biografischen Theaterprojekt Abstand zu nehmen, bzw. sie an therapeutische Theatergruppen zu verweisen.

Will man bezüglich der Spieler überhaupt von einem Risiko möglicher Überschreitung von Intimitätsgrenzen sprechen, kann sich dieses in biografischer Theaterarbeit genau genommen nur auf die Phase der Materialsammlung beziehen. Hier ist von den Akteuren tatsächlich Mut gefordert, denn es geht für sie darum, etwas Persönliches auszuwählen, zu betonen, anderes zurückzuhalten, abzukürzen und vielleicht etwas zu äußern oder darstellen, das andere für unpassend halten könnten. In dieser anfänglichen Phase der Projektarbeit muss sich der Spielleiter sicher sein, dass der Darsteller wirklich Aspekte seiner persönlichen Geschichte, Verhaltensweisen und Gefühlslagen als Material für eine Szenengestaltung zur Verfügung stellen will. Der Spielleiter sollte also unbedingt darauf achten, ob jemand schnell Respektlosigkeit im Umgang mit dem biografischen Material befürchten könnte oder gar im Gruppenkontext Angst vor Entblößung hat und die Arbeit als „Ausbeutung des privaten Erfahrungshorizontes" (Schlicher 1999, 135) empfindet. Ist das der Fall, sollte unbedingt das individuelle Gespräch gesucht werden, um gemeinsam Lösungen zu finden.

Wenn man als Spielleiter, wie bei den hier analysierten Produktionen zunächst das Konzept entwickelt, bevor man danach Teilnehmer sucht, ist davon auszugehen, dass sich Akteure zusammenfinden, die eine grundsätzliche Bereitschaft für das Wagnis biografischer Theater zeigen und sich lustvoll auf den Weg ins Ungewisse einlassen. Es ist jedoch auch in diesem Fall denkbar, das im Gruppenkontext Vorbehalte gegenüber Sinn und Zweck implizit oder explizit deutlich werden und aufgelöst werden müssen. Deshalb ist es immer förderlich, gerade zu Beginn der Zusammenarbeit das künstlerischen Selbstverständnis genau zu erläutern, die geplante Fokussierung und Perspektivierung zu vermitteln, um die Darsteller zu motivieren. Teilweise benötigen die Akteure aber auch Zuspruch. Die Dramaturgin der Produktion ‚Café Dutschke' erinnert sich, dass „der Witz dieser [auto]biografischen Arbeit war, dass es vier Leute gab, die immer wieder sagten: ‚Unser Leben ist doch gar nicht interessant'" (Gronau 2006, 17). Zu berücksichtigen, dass es sich bei einem Menschen, auch wenn er sich für biografische Theaterarbeit interessiert, nicht immer „um das vor Geschichten berstende Individuum [handelt], das darauf wartet, endlich einen öffentlichen Platz zu bekommen, an dem es sich mitteilen kann" (ebd.), ist wichtig und erfordert Motivationskompetenz. Hilfreich für die lustvolle Einstimmung der Akteure ist sicherlich der Hinweis an die Gruppe, dass Kategorien wie wahr/gelogen und richtig/falsch in der biografischen Theaterarbeit keine Rolle spielen – zumindest in dem Sinne, dass es in der Materialsammlung zwar um eine subjektive Stimmigkeit geht, diese ja aber nicht von außen überprüfbar ist.[136]

Fähigkeit zur Steuerung gruppendynamischer Prozesse

Entscheidend für die Begeisterung der Gruppe ist in biografischer Theaterarbeit immer auch die Wahl der übergeordneten biografiebezogenen Fragestellung. Zuträglich ist es, wenn die Fokussierung auf Themenfelder abgestimmt ist, die insofern anregend sein können, als dass sie dem Einzelnen viele Selektionsmöglichkeiten zwischen unterschiedlichen Erinnerungsspuren ermöglichen. Je offener der Interpretationsspielraum der Themenstellung ist, desto größer sind die Chancen, dass sich viele Interessenten für ein biografisches Theaterprojekt finden. Andererseits können allgemeine, plakative Themen als zu uninspiriert und langweilig empfunden werden. Originalität ergibt sich,

136 Hingewiesen sei in diesem Zusammenhang noch einmal auf den Vortrag von Pazzini, der anschaulich den Versuch erläutert, eine Biografie zu verfassen und darauf hinweist: „Schreibend bewegte ich mich auf der Grenze zum Fake" (Pazzini 2002, o.S.).

wenn der konzeptionelle Blick auf einen spezifischen Sozialraum (Schule, Wohnviertel, Familie etc.) gerichtet oder das Ensemble nach sozialen Merkmalen von unterschiedlicher Gruppenzugehörigkeit (Berufsgruppe, Fangemeinschaft etc.) zusammengestellt wird. Die dichte Konzeption ist entscheidend, je präziser sie ist, desto lustvoller können die Darsteller das Projekt mit biografischem Inhalt füllen. Je mehr die Darsteller zu Beginn über die Konzeption wissen – auch, ob Wir- oder Ich-bezogen gearbeitet werden soll –, desto frühzeitiger können mögliche Missverständnisse aus dem Weg geräumt werden.

Bei einem intendierten Wir-Bezug muss darauf geachtet werden, dass sich alle Spieler mit den Materialsammlungsergebnissen und Szenen identifizieren können und sich niemand übergangen fühlt. Hier ist immer auch die Gefahr einer zu großen Verkürzung und banalen Verallgemeinerung gegeben. Bei Darstellungs- und Präsentationsaufgaben kann es von Vorteil sein, gezielt zurückhaltende und schüchterne Personen zu fördern, sie ihre Ideen zuerst vor den anderen darbieten zu lassen und sie auch in Gesprächsrunden zu ermutigen, ihren Beitrag zu leisten. Grundsätzlich gilt, dass den einzelnen Arbeitsschritten genügend Zeit gegeben werden sollte und den Akteuren teilweise auch Hausaufgaben (Materialrecherche, Schreibaufgaben etc.) gegeben werden, so dass jeder Spieler gleichberechtigt eigene Vorstellungen einbringen kann. Erst die tiefergehende Auseinandersetzung mit Themen, Sozialräumen, Begegnungssituationen und sozialen Rollenkonventionen führt zu schöpferischen Prozessen und kann zu schnelle szenische und inhaltliche Lösungen vermeiden.

Bei individualisierenden Verfahren ist die Gefahr gegeben, dass sich die Spieler aufgrund der kontrastierenden Setzung auch auf der Ebene der Zusammenarbeit gegeneinander abgrenzen oder es als notwendig erachten, idiosynkratische Eigenheiten zu suchen und auszustellen, die für den Inszenierungszusammenhang aber wenig produktiv sind und im Kontext des Gruppenzusammenhalts als irritierend und störend empfunden werden können. Ein Anspruch an Originalität sollte bei den Akteuren niemals forciert, sondern vom Spielleiter erst durch geschickte Selektion und Kombination von biografisch-szenischen Fragmenten hergestellt und so auch den Akteuren als dramaturgische Strategie nachvollziehbar gemacht werden. Entsprechend ist es auch wichtig, bei den Darstellern immer wieder die gemeinsame Orientierung am Konzept anzumahnen, was bedeutet, zwar mit unterschiedlichen Typisierungen zu spielen, in der Kontrastsetzung gleichzeitig aber auch als teamfähiges Ensemble aufzutreten und sich (auf der Bühne) gegenseitig zu stützen und zu stärken.

3.2 Ästhetische Reflexionsfähigkeit

Die Entscheidung, ob und in welcher konzeptionellen Ausrichtung ein biografisches Theaterprojekt initiiert wird, sollte ein Spielleiter immer auf der Grundlage seines eigenen ästhetischen Reflexionsniveaus bestimmen. Wichtig dabei ist, den eigenen ästhetischen Standort zu reflektieren und zu bestimmen, d.h., sich die eigene künstlerische Vision zu vergegenwärtigen, die mit der Projektidee verbunden ist. Sich klar zum gewählten Interaktionsmodus (Wir- oder Ich-Bezug) zu positionieren, ist unabdingbar für einen gelingenden Produktionsprozess. Die Programmatik, d.h. die Frage, mit welcher Zielsetzung und in welchem Modus Biografisches ins Spiel gebracht werden soll, ist im Vorfeld abzuklären und transparent zu machen. Je eindeutiger die Biografiezentrierung in der Konzeption bestimmt wird, umso stringenter und präziser wird sich die Dramaturgie der Inszenierung erweisen. Der Spielleiter sollte abwägen: Geht es darum, die individuelle Dimension von Biografie zu betonen und dabei kontrastierend einzelne „kleine soziale Lebenswelten" (Hitzler/Hohner 1995, 382) und Sinnhorizonte auszustellen, oder ist mit dem Interesse an Biografie der Anspruch verbunden, die kollektive Dimension einer biografischen Gruppenessenz in das Zentrum der Theaterarbeit zu rücken und lebensgeschichtliche Erfahrungen gemeinsam an gesellschaftliche Diskurse anzuschließen, die von allen Ensemblemitgliedern, vielleicht auch mit den Zuschauern geteilt werden. Um diese ästhetische Standortbestimmung vornehmen zu können, sollte die Spielleitung wissen, für welche Programmatik sie sich mit Blick auf die Umsetzung kompetent fühlt. Die Entwicklung der Projektkonzeption sollte sich nach Wissensstand, Erfahrung und Ausbildung des Spielleiters richten. Die sinnvollste Orientierung bietet die eigene praktische Bühnenerfahrung des Spielleiters. Denn nur „wer Erfahrungen gemacht hat, kann diese auch vermitteln" (Gudjons u.a. 1999).[137]

Ins Zentrum der Verantwortung der Theaterpädagogen rückt aber nicht nur die ästhetisch-künstlerische Kompetenz, auch das Potential des ästhetischen Lernens muss von der Spielleitung mitbedacht und reflektiert werden. Gerade weil der Theaterpädagoge vor allem der Vermittlung verpflichtet ist, sollte er das Verfahren wählen, das er auch in seinen Diskurszusammenhängen und Begriffen durchdrungen hat, denn es gilt eben auch, diese fachwissenschaftlichen Hintergrundinformationen transparent zu machen:

> „SpielerInnen sollten (...) in der und durch die praktische Arbeit nicht nur ihren eigenen Beitrag, sondern auch den Gesamtaufbau eines Theaterprojekts erfahren, sie sollten (...) die Entwicklung von der Planung bis zur Realisierung VERSTEHEN lernen. Das gilt insbesondere für den eher intellektuellen Teil-Bereich des Theaters, also für die Aufgaben und Probleme, die sich bei der Arbeit an Thema und Konzept einer Aufführung stellen. Förderlich sollten auch hier die (...) terminologischen Klärungen und Erläuterungen sein" (Nickel 2005, 138).

Die eigene ästhetische Kompetenz muss bei der Planung eines biografischen Theaterprojekts immer vor dem Horizont der Vermittlungskompetenz reflektiert werden, d.h. vor der Frage, inwiefern es dem Spielleiter mit welchem Verfahren gelingt, die aktive und bewusste Teilhabe der Spieler an der Inszenierung zu ermöglichen. Zu dieser Vermittlungskompetenz gehört immer auch die Transparenz in der Erläuterung

137 Mancherorts wird die Arbeit mit nicht-professionellen Darstellern der Freien Szene als „modischer Reality-Trend" (Hentschel 2005, 144) beschrieben, was darauf verweist, dass die Auseinandersetzung mit Performance-nahen Konzepten längst noch nicht zum Standard einer theaterpädagogischen Ausbildung geworden ist. Andererseits haben „bereits viele Ausbildungsinstitutionen für Sozial- und Kulturpädagogen, Erzieherinnen, Kunst-, Bewegungs- und Musiktherapeuten und sonstige im sozialen oder kulturellen Bereich angesiedelten Berufe den Wahrnehmungs- und Erfahrungsöffnenden Wert von performativ-experimentellem Handeln und Performancearbeit für sich erkannt und in ihre Studienprogramme aufgenommen" (Lange 2006, 12). Eine ausgeprägte Vermittlungskompetenz hinsichtlich biografischer Theaterarbeit im Selbstverständnis des hier vorliegenden Modells erlangt man an der Universität Hildesheim, an der chorisches Theater eine lange Tradition hat. Aber auch performative Konzepte werden dort, wie auch an der Universität Hamburg mit dem Studiengang Master of Arts in Performance Studies, wo das Regieteam von ‚Rimini Protokoll' eine Gastprofessur übernommen hat, erprobt. Nicht zuletzt sei auch auf die Universität der Künste in Berlin und ihren Master-Studiengang Spiel- und Theaterpädagogik hingewiesen, in dem zunehmend Aspekte der Vermittlung performativer Verfahren betont werden.

der Arbeitsweise. Besinnungs- und Feedbackphasen sind wichtig, in denen man sich immer wieder rückversichert, dass sich die Spieler noch mit der Konzeption und der Ästhetik wohl fühlen und identifizieren können.

Biografisches Theater erfordert seitens der Spielleitung eine große Flexibilität, da die Inszenierung als Collage aus unterschiedlichen szenischen Fragmenten zusammengesetzt wird, die zudem erst in der Anfangsphase des Projekts entwickelt werden. Zwar erarbeitet die Spielleitung konzeptionelle Strategien, gleichzeitig muss sie sich aber in hohem Maße – insbesondere durch die ausgiebige Phase der Materialsammlung – von dem Input der Teilnehmer inspirieren und leiten lassen können. Der Spielleiter muss eine entsprechende Offenheit und Geduld mitbringen und seinen Entdeckergeist für Querverbindungen und Kontraste zwischen den Darbietungen der Akteure immer wieder neu mobilisieren. Zudem benötigt er die Fähigkeit, einzelne Sequenzen kompositorisch, rhythmisierend, assoziativ und abwechslungsreich zu verdichten. Um überhaupt zu einer Vielfalt an biografischen Szenen zu gelangen, bedarf es auf Seiten des Spielleiters darüber hinaus eines besonders großen Kenntnisschatzes von Stil- und Gestaltungsmitteln, um entsprechende Aufgaben für die biografische Spurensuche und Rollengestaltung entwickeln zu können. Genaue Beobachtungsgabe sowie analytische Fähigkeiten sind wichtig, um die szenischen Ergebnisse jeweils vor dem Hintergrund der Konzeption diskutieren zu können. Zudem ist es von Bedeutung, dass der Theaterpädagoge im biografischen Theater dramaturgisches Geschick mitbringt, um Lösungsansätze vorzuschlagen, wie das eingebrachte Material bühnengerecht sondiert, komprimiert, verallgemeinert und verfremdet werden kann (vgl. Weintz 1999, 343).

In biografischer Theaterarbeit besteht die besondere Kompetenz des Spielleiters auch darin, in genauer Beobachtung der ersten improvisatorischen Darbietungen der Spieler zu erkennen, welche Typisierungsmöglichkeiten, Gestaltungsweisen und -stile ihnen immanent sind, um sie anschließend rekonstruieren, akzentuieren, ggf. vergrößern und transformieren zu können. Von Vorteil ist es dabei, unterschiedliche Schauspiel- und Theaterkonzepte zu kennen, in denen jeweils ein unterschiedlicher Umgang mit der Rolle propagiert und beschrieben wird. Im biografischen Theater ersetzt die Typisierung die literarische Rolle eines Dramentextes, wobei die Möglichkeiten, mit dem vorgegebenen Typ zu spielen, dabei genau so weit und facettenreich sind wie im klassischen dramenzentrierten Theater oder anderen avantgardistischen Formen, deren Ansätze gedanklich auf die biografische Darstellungsarbeit übertragen werden können. Insbesondere für ein kollektivierendes Verfahren biografischer Theaterarbeit mit einem Wir-Bezug sind zudem Kenntnisse verschiedener chorischer Gestaltungstechniken zuträglich.

3.3 Anleitungskompetenz im Produktionsprozess

Vor dem Hintergrund der genannten sozial-personalen und ästhetischen Kompetenzen lasen sich für den Probenprozess biografischer Theaterarbeit spezifische Maßgaben und Hilfestellungen skizzieren, die einem gelingendem Probenprozess zuträglich sind.

Erfindung von Schutzmechanismen

Letztlich liegt es in der Verantwortung des Leiters, bei jeder erdenklichen Darstellungsaufgabe einen sensiblen Umgang zu gewährleisten, in dem im Hinblick auf die Themen und Texte Grenzen der Intimität festgelegt werden. Sinnvoll ist es, bei der Strukturierung der biografischen Spurensuche zusätzliche Abstandhalter einzubauen und damit die Möglichkeit offen zu halten, dass bei der Verschriftlichung eigener Gedanken radiert, gelöscht und korrigiert werden darf, bevor der Text im Gruppenzusammenhang veröffentlicht wird. Bei den Darstellungsaufgaben sollten die Teilnehmer zum einen dadurch geschützt werden, dass sie klar strukturierte, einfache und offene Aufgabenstellungen bekommen, die vielfältige Lösungsmöglichkeiten eröffnen. Zum anderen ist zu berücksichtigen, dass energetisierende Körperarbeit und Psychotechniken verschiedenster Schauspielrichtungen zur Aktivierung und Entfaltung starker Gefühle führen können, weshalb den Spielern immer die Möglichkeit gegeben sein sollte, durch verabredete Spielregeln aus der Improvisation auszusteigen. Bei der Materialgenerierung auf individueller Spurensuche sollten die Darbietungen immer auf der Bühne stattfinden, auch wenn es nur darum geht, der Regie Erinnerungen aus dem Stegreif zu erzählen. Denn in einer solistischen Ausrichtung könnten sich Missverständnisse einschleichen, wenn der Rahmen keine Komponente aufweist, die zu einer spielerischen (Wahrnehmungs-) Haltung führt, bzw. diese in Vergessenheit gerät. Letztlich wird es aber immer auch im Interesse der Regie sein, eine Beobachtungshaltung beizubehalten und zu signalisieren, wodurch sich die Darstellungssituation für den Akteur von anderen Formen alltäglicher Selbstthematisierungen unterscheidet.

Wenn es um biografische Zuschreibungen durch andere (Fremdzuschreibung) geht, ist es aus theaterpädagogischer Sicht immer wichtig abzuklären, ob die Darsteller sich mit den ihnen zugeschriebenen Attributen einverstanden erklären. „Man hätte Nein sagen können, aber wir dachten wohl, das gehört dazu" (Reader, Anhang F), so die Aussage einer Spielerin der Produktion ‚Cafe Dutschke', die zumindest auf eine persönliche Unsicherheit hinweist, die in theaterpädagogischen Kontexten möglichst ausgeschlossen werden sollte. Die Spieler müssen sich auch schon bei der Materialsammlung sicher sein können, als mündige Partner ohne Vorbehalt Nein sagen zu können. Veto-Möglichkeiten sind zu verabreden, die Spieler als mündige Partner anzuerkennen. So ist ebenfalls zu vermeiden, gegen den Willen der Darsteller Formen der Improvisation bzw. des so genannten „Nicht-Spielens" (Kirby 2005) zu verlangen, die ihnen unangenehm sind. Auch wenn nach der Selektion des biografischen Materials und der vorgenommenen Typisierung beim Spieler bereits eine Distanz zu seiner Person evoziert ist, gilt auch in der Phase der Rollengestaltung, dass der Spielleiter den Akteuren stets die Möglichkeit zur persönlichen Grenzziehung geben muss. Hilfreich ist auch hier das zugestandene und ggf. erbetene Veto-Recht der Darsteller, die jederzeit ihre Darstellung unterbrechen und vor allem niemals glauben dürfen, sie müssten „es der Leitung recht machen" (Fetting 1998b, 253). Es gilt, darauf zu achten, dem Spieler den Schutz seiner Privatsphäre zu gewährleisten und ihm regelmäßig deutlich zu machen, dass er selbst entscheiden kann, wie viel er von sich preisgeben möchte (vgl. Hanselle 2000, 31).

Unterstützung von Mündigkeit

Im gesamten Probenprozess stellt sich die Frage nach der Mündigkeit und der Motivation des Spielers. Eine Spielleitung, die das gemeinsame Aufarbeiten oder Verarbeiten von Lebensgeschichten beabsichtigt, muss stets die eigenen Werte und Lenkungsmanöver reflektieren und transparent machen (vgl. Lippert 2000, 49). Wichtig sollte im Selbstverständnis des Theaterprojekts immer bleiben, dass es genau genommen immer nur um das Erarbeiten, das heißt um das Konstruieren und Ausstellen von Geschichten geht. Gerade in der Inszenierung von Eigenproduktionen entwickeln sich häufig ungewollt Haltungen, die eine subtile Autorität beinhalten. Wenzel bspw. führt als Bild für seine theaterpädagogische Arbeitsweise die diskussionswürdige Metapher an, die Ensembles seien wie Bildhauer, denen es darum gehen sollte, einzelne Schichten freizulegen, bis jeder „Spieler bei sich angelangt ist, bei seiner Persönlichkeit, unverhüllt von Abwehrschichten, Ängsten und falschen Sicherheitsvorkehrungen" (Wenzel 2006, 93). Dann erst seien sie

> „bereit, mit dem Thema, mit ihrem Erleben und der Ehrlichkeit ihres Anliegens wieder nach außen zu gehen, in die öffentliche, künstlerische Auseinadersetzung um ihr Anliegen, und beginnen, den persönlichen Kern nun wieder zu umhüllen mit den Schichten der langsam entstehenden theatralen Rolle" (ebd.).

Das ist zwar nachvollziehbar, dennoch wird es bedenklich, wenn der Spielleiter glaubt, den individuellen Grad der Ehrlichkeit einschätzen zu können, und die Akteure in bestimmte Zustände bringt, die für ihn die echte Persönlichkeit spiegeln. Ein partnerschaftliches Verhältnis ist nur möglich, wenn die Entscheidung für den Gehalt der Darstellung bei den Akteuren bleibt – und nicht explizit in der Tiefe womöglich unbearbeiteter Themen gesucht wird. Die Überzeugung, dass jeder Mensch einen substantiellen Identitätskern besitzt, ist zudem kontraproduktiv zu den Lernzielen der Befähigung zur Biografizität und ästhetischen Kompetenz, denn diese Fähigkeiten gründen sich auf der Einsicht der Inszeniertheit von sozialer und theatraler Identität und Realität.

Insgesamt gleichberechtigter und im Sinne des dargelegten Modells ist es, klar zu vermitteln, dass jede biografische Geschichte immer eine Konstruktion ist und es entsprechend nicht darum gehen kann, der *einen* Wahrheit auf die Spur zu kommen, und zudem jeder bei der zu entwickelnden biografischen Darbietung die subjektiven Grenzen zwischen den Wirklichkeitskontexten Realität und Fiktion für sich abstimmen muss. Nur dann kann man sich des latenten Vorwurfs, der über biografischer Theaterarbeit schwebt, erwehren: „dass man die scheinbar armen, schwachen Laien, die sich auf der Bühne gar nicht auskennen" (Gronau 2006, 16), mit ihren Biografien für eigene Anliegen ausnutzt, Biografien, die den Akteuren aufgestülpt werden, um ästhetische Effekte zu erzielen, die von ihnen unreflektiert und affirmativ vollzogen werden, allein um es der Regie recht zu machen.

Gerade in biografischer Theaterarbeit sind Machtverhältnisse zwischen Leitung und Gruppe zu problematisieren, da die Inszenierung immer an die gegenwärtigen Selbstbilder der Akteure angeschlossen bleibt. Es sollte zum Selbstverständnis theaterpädagogischer Arbeit gehören, dass die Geschichten *gemeinsam* erarbeitet werden. Im Idealfall gibt es für das Stück nicht *den* Autor, der die Geschichten überschreibt, sondern die demokratische Autorenschaft aller am Prozess Beteiligten. Für den Spielleiter bildet entsprechend auch die Reflexion der eigenen Einflussnahme eine wichtige Prämisse in biografischer Theaterarbeit, um Konflikten und einer Entblößungsproblematik vorzubeugen. Wenn Szenen fixiert werden und an Übergängen gefeilt wird, ist der Spielleiter als erster Zuschauer und damit als so genannter Anwalt des Publikums legitimiert, dramaturgische Entscheidungen zu treffen. Er trägt die Verantwortung, dabei immer wieder abzuwägen, welchen Entscheidungs- und Gestaltungsspielraum er den Darstellern lässt. Es ist Aufgabe der Spielleitung, kritisch zu prüfen, ob die Akteure inszeniert werden oder ausreichend aktiv an der Inszenierung beteiligt werden. Selbstwahrnehmung und Fremdwahrnehmung der Befindlichkeit des Darstellers sind innerhalb des Arbeitsprozesses immer wieder durch Befragung der Spieler abzugleichen.

In der Phase der Verdichtung ist es wichtig, inhaltliche (Neu-)Kontextualisierungen von Szenen im Gesamtzusammenhang der Inszenierung gemeinsam zu reflektieren. Nur so kann einer – wenn auch ungewollten – Manipulation durch die Regie vorgebeugt werden. Ansonsten besteht die Gefahr, dass Belange und Weltsichten sowie ein Theaterverständnis der Spielleitung in der Produktion vermittelt werden, mit denen sich die Spieler möglicherweise nicht identifizieren und daher auch gar nicht dem Publikum zeigen möchten. Verfänglich ist die Theaterarbeit dann, wenn der Spieler sich selbst unreflektiert in eine Situation bringt oder gebracht wird, die er nicht mehr unter Kontrolle hat. Wenn in einer performativen Versuchsanordnung ein vorübergehender Kontrollverlust bewusst herstellt wird, muss sich der Spieler darauf verlassen können, dass durch eigene Kompetenz oder durch verabredete Mechanismen die Kontrolle wieder hergestellt wird. Auch der Grad und die Grenzen des Kontrollverlusts sollten sensibel abgestimmt werden.

Künstlerische Ausrichtung und Transparenz der Dramaturgie

Inhaltliche Bewertungen zur Person und Persönlichkeit der Spieler sollten von der Leitung bzw. Regie wie auch von den Mitspielern vermieden werden. Allein die Passgenauigkeit der Darbietung mit der dramaturgischen Konzeption sollte Maßgabe für die Feedbackgespräche sein. Daher ist es ratsam, eine Gesprächs- und Reflexionskultur im Ensemble zu etablieren, die Wirkungsästhetik und Formdebatten zentral setzt, um zu gewährleisten, dass alle Beteiligten den Prozess nicht nur spielerisch, sondern auch mental durchdringen und ein Bewusstsein sowie Verantwortung für die Gesamtkonzeption mit ihrer biografisch-ästhetischen Wirkung entwickeln. Je präziser das Gesehene in seiner Gestaltung beschrieben und für die Wiederaufnahme modifiziert wird, desto hilfreicher ist das Feedback für die Darsteller. Sollten sich bei einer szenischen Darbietung (und ihrer Reflexion) allerdings inhaltliche Missverständnisse und ggf. ethische Fragen aufdrängen, sollte diesen in einer separaten Dramaturgiesitzung diskutierend nachgegangen werden, um im Idealfall diese Problematiken anschließend auch szenisch produktiv zu bearbeiten.

Eine präzise Aufgabenstellung schützt den Darsteller davor, hilflos zu werden und aus dem Spiel auszusteigen, denn Privatheit ist nur als entschieden eingenommene Haltung und somit als ästhetischer Effekt legitim, nicht aber als Tatsache subjektiver Empfindung des Darstellers (vgl. Sting 2005, 59). Stets sollten kleinschrittige Stufen von einfachen bis zu herausfordernden Übungen begangen werden, damit der Akteur

Verantwortung für seine Aktionen auf der Bühne übernehmen kann und die Gefahr der „Zwangsdarstellung“ (Berg 1997, 70) umgangen wird. Die Dauer und die Intensität der einzeln Proben und Probenphasen müssen genau eingeschätzt werden, die Spielleitung sollte „immer wieder versuchen, die jeweilige Situation der Gruppe zu erkennen und daraufhin den nächsten Schritt vorzuschlagen“ (Nickel 2005, 18). Erst wenn die Darstellungskompetenz jeder Sequenz intellektuell beherrscht und routiniert aktiviert werden kann, sollte zur Aufführung eingeladen werden. Wenn die Termine feststehen, muss in Sequenzen, in denen Unsicherheiten im Stückablauf bestehen, das Aufführungsmaterial ggf. gekürzt werden.

Bei einer kollektivierenden Ästhetik mit einem Wir-Bezug heißt das, chorische Sequenzen können nur bestehen bleiben, wenn alle sie beherrschen. Bei einer individualisierenden Ästhetik mit einem Ich-Bezug gilt, dass nur solche szenischen Bausteine integriert werden, in denen der Akteur souverän und lustvoll improvisieren kann, wobei er Schutz durch Impulse von außen (Regie) bzw. durch einfache dramaturgische Absprachen erhält. Wenn all diese Aspekte vor dem Hintergrund der formulierten sozial-personalen und künstlerischen Kompetenzen eingehalten werden, erweist sich das Modell für die Diskurse zu einem Selbstverständnis der Theaterpädagogik als bildungsrelevant und fruchtbar.

V Von der Kunst zum Leben
Ein theaterpädagogisches Modell

In der vorliegenden Arbeit wurde auf der Grundlage von sechs analysierten Produktionsverfahren ein Stufenmodell biografischer Theaterarbeit entwickelt. Dabei haben sich eine biografische Fokussierung und eine biografische Perspektivierung als entscheidende Prämissen beim Einstieg in ein biografisches Theaterprojekt erwiesen. Sie erscheinen nicht nur dafür bedeutend, dass das Ensemble ein gemeinsames Selbstverständnis für die Theaterarbeit entwickeln kann, sie geben auch wichtige Hinweise für den einzelnen Darsteller, der an den dramaturgischen Setzungen sein persönliches Interesse an dem Theaterprojekt abgleichen und überprüfen kann, inwieweit er die zur Disposition stehenden Ziele der biografischen Arbeit übernehmen kann und erfüllen möchte. Im dargelegten Modell haben die Themen Tod und Heimat Interesse für die Teilnahme an einem biografischen Theaterprojekt bei den Akteuren geweckt. Auch die Setzung, ausgehend von der eigenen Wohnsituation oder dem beruflichen Umfeld ein Theaterstück zu entwickeln, stieß auf große Resonanz. Zwei der hier vorgestellten Konzeptionen haben sich auf die Begegnung zwischen unterschiedlichen sozialen Gruppen ausgerichtet und intergenerationelle Inszenierungen entwickelt. Die Entscheidung für einen biografischen Wir- oder Ich-Bezug hat jeweils die Beschäftigung mit dem Thema, dem fokussierten Sozialraum und der Begegnungsstruktur innerhalb der Gruppe und somit den Produktionsprozess sowie die Gestaltungsweisen der Theaterarbeit unterschiedlich geprägt.

Deutlich wird, dass die Möglichkeiten biografischer Theaterarbeit, wenn sie sich an sozialen Kategorien und verschiedenen Perspektiven orientiert und so unter bestimmten Fragestellungen theatrale Biografieforschung betreibt, überaus vielfältig sind. Inhaltlich sind der Themenfindung, der Fokussierung sozialer Räume und der Auswahl zweier (oder mehrerer) einander gegenüber zu stellenden sozialen Gruppen keine Grenzen gesetzt – ganz unabhängig davon, ob die Produktion in kollektiver oder individueller Ausrichtung (Wir- oder Ich-Bezug) inszeniert wird.

Die Möglichkeiten für die Konzeption von biografischen Theaterprojekten sind so vielseitig wie die sozialen Strukturen des Lebens selbst. In biografischer Theaterarbeit werden sie nach dem erarbeiteten Modell als Theatralitätsstrukturen produktiv. So schließt diese Spielform an die soziologische Vorstellung eines theatrum mundi an und zeigt, wie „wir alle Theater spielen" (Goffman 1969) und unsere Biografien generieren. Die Gleichsetzung von Leben und Theater erweist sich hinsichtlich der Konzeptionierung somit als Credo für biografische Theaterarbeit. Das Entscheidende ist, dass im Arbeitsprozess eines biografischen Theaterprojekts die Welt als Bühne auf die Theaterbühne versetzt wird. So wird im Gegensatz zum theatrum mundi der sozialen Welt die Zuschauerposition besetzt, und Akteure und Zuschauer werden in eine ästhetische Einstellung zur biografischen Darstellung gebracht (vgl. Jauß 1991, 35ff. u. 1993). Die Akteure wiederholen hier geprobte Abläufe, reproduzieren eingeübte Effekte, halten sich in ihrer Darbietung an getroffene Absprachen, berücksichtigen

Stichwörter und auswendig gelernte Textpassagen: Letztlich erzählen und zeigen sie Biografisches, so wie es in der Zusammenarbeit mit dem Ensemble reflexiv verdichtet wurde.

So entwickelt sich eine besondere Rückkoppelung zwischen Kunst und Leben. Denn soziale Prämissen stellen die Orientierungsmuster und Rahmenbedingungen für das Leben eines jeden Menschen dar, innerhalb derer und mit Hilfe dieser der Mensch seine Erinnerungen und Befindlichkeiten ausbildet. Im Theaterprojekt werden ihre Spuren verfolgt, um ihnen als Gemachtes auf die Spur zu kommen. Gleichzeitig werden zu Beginn des Projekts und dann fortlaufend präzisierender, soziale Ordnungsprinzipien vorgegeben, die jetzt Orientierungsmuster für die theatrale Biografiearbeit darstellen. So vollzieht sich ein Spiel mit Erinnerungen als Vorhandenem und zu Entwerfendem (vgl. Siegmund 2007, 182ff.). Es basiert auf der Biografie des Lebenslaufs mit seinen Erfahrungsaufschichtungen und entwirft sie doch neu als unterschiedlichst zu erzählende Geschichte. Als maßgeblich entscheidend für Inhalt und Form der fragmentarischen Biografientwürfe erwiesen sich in den hier analysierten Projekten die Interaktionsstrukturen, die die Auseinandersetzung mit den sozial-ästhetischen Faktoren und Fragestellungen dominiert haben. Sie führten in der Modellentwicklung zu einer Differenzierung zwischen kollektiver und individueller Biografiedarstellung.

1 Kollektivierende versus individualisierende Darstellungen

Der größte Unterschied in der ästhetischen Wirkung, der hier analog zu der Gegenüberstellung der beiden Arbeitsfelder der Theaterpädagogik und der Freien Szene aufgezeigt wurde, ergibt sich aus der Entscheidung für einen Wir- oder Ich-Bezug der biografischen Arbeit in einem Projekt. Durch den im kollektivierenden Verfahren auf Korrespondenz, Partizipation und Integration angelegten Verständigungsprozess vermittelt sich unter den Ensemblemitgliedern im Wir-Bezug immer eine Botschaft an das Publikum, die gemeinsame Werte und Deutungsmuster transportiert. Es entsteht jeweils ein eindeutiger, alle Biografien umfassender Referenzrahmen, und die Gruppe entwickelt vor diesem Horizont eine gemeinsame Haltung gegenüber einem gesellschaftlichen Sachverhalt und stellt diesen zur Disposition. Einzelne biografische Fragmente unterschiedlicher Akteure fügen sich zu einem kohärenten Ganzen, die Selbstbilder sind deckungsgleich und anschlussfähig an die der Mitspieler. Für die Zuschauer erschließt sich dadurch ein Gesamtbild der Theatergruppe. Vor dem Hintergrund elementarer menschlicher Bedürfnisse und zeitgenössischer gesellschaftsbezogener Themen sieht das Publikum dann z.B. die benachteiligten Jugendlichen, die mutige Theatergruppe, die sich zum Thema Tod positioniert, oder eine junge Generation, die ihre Heimatverbundenheit kritisch reflektiert. Bei den individualisierenden Verfahren dagegen werden die Zuschauer durch den eindeutigen Ich-Bezug durch eine übergeordnete Fragestellung mit vielen zusammenhanglosen Mitteilungen und Deutungsmustern konfrontiert. Durch die Dramaturgie der Inszenierung nimmt der Zuschauer die Darsteller verstärkt als Individuen wahr, deren unterschiedliche soziokulturelle Gedächtnisprozesse in den Fokus rücken. Die dramaturgischen Ankerpunkte der Inszenierung bleiben erkennbar, allerdings vor dem Horizont vieler unterschiedlicher Lebensräume, sozialer Funktionen und somit differenter Weltsichten, die unvereinbar nebeneinander stehen dürfen und sollen. Oftmals werden in einer solchen Inszenierungsform Unabgeschlossenheit in biografischen Erzählungen akzeptiert, Suchbewegungen und Versuchsanordnungen zum Umgang mit der sozialen Rolle (Typ) vor Publikum erprobt.

So unterschiedlich die Verfahren demnach sind, so gilt doch für beide, dass sie den Spielern jeweils reflektierte Selbstdarstellungen ermöglichen. Soziale Rollen werden auf der Grundlage des eingebrachten biografischen Materials mittels Typisierung reflektiert und in unterschiedlichster Darstellungstechnik erprobt. So erleben die Akteure, soziale Personenkategorien und Etikettierungen als Schablone jeweils für ihre Identitätskonstruktion zu nutzen und schöpferisch auszufüllen. Was in einem individualisierendem Verfahren Einzeltypisierungen, das heißt einzelne Zuordnungen pro Darsteller sind, wird in einem kollektivierendem Verfahren über Gruppentypisierungen, das heiß eine gemeinsame Schablone für alle Darsteller gelöst. Da notwendiger Weise ein spielerischer Ernst die Probenarbeit fundiert, ist dabei immer auch eine Problematisierung, Ironisierung oder Bloßstellung der eigenen Person ausgeschlossen. Biografische Theaterinszenierungen finden so auch gegenüber biografiebezogenen Selbstinszenierungen im Fernsehen und anderen Showformaten in der sozialen Welt eine eigene Ästhetik, die sich gegenüber den Vorwürfen vermeintlicher „Zwangsdarstellung" (Berg 1997b, 170) abgrenzen kann. Statt zu Gespielten werden die Akteure in biografischer Theaterarbeit, unabhängig davon, ob sie individualisierend oder kollektivierend ausgerichtet ist, selbst Gestalter. Sie nutzen die Strukturen und formorientierten Aufgaben der Spielleitung und füllen die Theaterarbeit so mit Leben, reflektieren und verdichten es in ästhetischer Perspektive und vor dem Hintergrund durchdachter und existenzieller Sinngebung.[138]

2 Zur Anwendung des Modells im theaterpädagogischen Kontext

Das Modell hat gezeigt, dass sich sowohl die Produktionsästhetik der Freien Szene als auch die theaterpädagogischen Produktionen als bildungsrelevant für den Darsteller erweisen können. Hat sich damit in Projekten mit Nicht-Profis, in denen Kunst und Soziales verbunden werden, die Grenze zwischen den Arbeitsfeldern völlig aufgehoben? Gezeigt haben Analyse und Modellentwicklung ausnahmslos, dass eine pauschale Ausgrenzung bestimmter Formensprachen und Stilmittel für die theaterpädagogische Praxis irrelevant ist. Der Raum, die Langsamkeit und das gemeinsame szenische Arbeiten – mit seinen notwendigen, dramaturgisch orientierten Verständigungsprozessen, und nicht zuletzt die Transitorik in der Darstellungs- und Verdichtungsarbeit sind die entscheidenden Kriterien, die Distanz und Reflexion herausfordern. Seitens der Spielleitung kann zusätzlich darauf geachtet werden, dass der mögliche Profit als positive Erfahrung aufgenommen wird. Individuelles Nachfragen, der Erfahrungsaustausch in der Gruppe im Anschluss an die Probe und die regelmäßige Erläuterung der dramaturgischen Vorgehensweise helfen dem Akteur, die Irritation der Minimaldifferenz in eine anregende, stärkende und gewinnbringende Bereicherung zu verwandeln. Dies

138 Vgl. hierzu vertiefend: Harry G. Frankfurt (2007): Sich selber ernst nehmen, Frankfurt/Main: Suhrkamp 2007

bedeutet im Umkehrschluss, dass eine Atmosphäre, die wenig Aufmerksamkeit für die persönlichen Prozesse des Darstellers mitbringt (und bestimmte Empfindungen und Verunsicherungen ins Leere laufen lässt, da sie als störend empfunden werden und den Produktionsprozess aufhalten), zu problematisieren ist. Ohne den Theatermachern der Freien Szene unterstellen zu wollen, dass sie auf die Befindlichkeiten und Bedürfnisse der Akteure nicht eingegangen seien und Konzeption und Stilmittel gegenüber den Akteuren nicht erläutert hätten, bleibt doch genau hier – im Hinblick auf die didaktische Vermittlung einer Inszenierungsintention – eine Unterscheidung zwischen den Arbeitskontexten der Freien Szene und der Theaterpädagogik sinnvoll. Deshalb bleibt zu berücksichtigen, dass „die Arbeitsmethoden des professionellen Theaters in einem theaterpädagogischen Kontext mit veränderten Vorzeichen angewandt werden müssen" (Gonszar 2003, 49).

Gerade durch die große Nähe zwischen lebensweltlicher und künstlerischer Darstellung, bzw. ihrer nur minimalen Differenz bleibt ein theaterpädagogischer Anspruch bestehen, darauf zu achten, den Darstellern in jeder Phase des Produktionsprozesses genügend Zeit zur Reflexion zu geben, Inszenierungsabsichten und dramaturgische Maßgaben auch intellektuell zu durchdringen. Dabei geht es weniger um das Erlernen von theoretischem Faktenwissen (schauspieltheoretisches und theaterwissenschaftliches Vokabular), sondern um die lehrreiche Erfahrung, die Konstruiertheit von Wirklichkeit als schöpferisches Potential zu nutzen, eigene darstellerische Talente zu entdecken, Darstellungsmittel kennen zu lernen und sich deren Beherrschung anzueignen – sei es die Improvisation im performativen Spiel, die bewusst eingenommene demonstrierende oder einfühlende Spielhaltung, die Körperbeherrschung, die Reaktionsfähigkeit im Ensemblespiel, das laute Sprechen, die bewusste Artikulation, chorische und solistische Darstellungsweisen und das schöpferische Agieren mit anderen Medien. Derartige Erfahrungen können die Darsteller als überaus fruchtbar erleben, da sie ihnen die Distanznahme zur eigenen Person und den eigenen habitualisierten Verhaltensmustern ermöglicht, im spielerischen Biografisieren und in der spielerischen Biografiekommunikation.

Vorteile kollektiver und individueller Darstellung

Wie die Analyse gezeigt hat, ist die mögliche Lernerfahrung für den Darsteller entsprechend der verschiedenartigen Inszenierungsstrategien unterschiedlich akzentuiert. Die improvisatorische Selbstthematisierung zu Probenbeginn ist zwischen Integration und Individualisierung angesiedelt. Die Ausdrucksfindung kann chorisch oder solistisch angeleitet und die biografiebezogene Inszenierungskompetenz der Darsteller zu einer gemeinsamen Aussage oder zu einer rhythmisierenden und assoziativ verschachtelten Choreografie verdichtet werden (III.2 und III.3).

Die jeweiligen Vorteile eines kollektivierenden oder individualisierenden Verfahrens, ob in ästhetischer oder bildungstheoretischer Perspektive, muss jeder Spielleiter für sich selbst erschließen, denn letztlich lässt sich die Entscheidung für eines der Verfahren nur mit Blick auf die konkrete Gruppe, die speziellen Produktionsbedingungen und die vorhandenen Spielleitungskompetenzen beantworten.

Bei der Wahl einer **kollektivierenden** Ausrichtung mit einem biografischen Wir-Bezug sollte dem Spielleiter allerdings klar sein, dass in der heutigen heterogenen und pluralistischen Gesellschaft Gruppendynamiken nicht mehr nur verstärkt – sondern zunächst erst hergestellt werden müssen. Was als Gestaltungsweg der biografischen Theaterarbeit von Praml und Maier, wie auch in den Anfängen des Altentheaters im Kontext der Oral History selbstverständlich schien, ist heute nicht mehr möglich (vgl. Praml 2005, 273ff.). In einer Welt, in der Biografien ihre normative Kraft einbüßen – Kinder in unterschiedlichsten Familienformen mit verschiedenen Lebensstilen und Wertorientierungen aufwachsen, Menschen hinsichtlich ihrer Erwerbsbiografien keine langfristigen Perspektiven mehr entwickeln können, immer häufiger Wohnorte wechseln und innerhalb dieser Stadträume die unterschiedlichsten sozialen Beziehungen pflegen –, sind viele verschiedene Lebensgeschichten erzählbar. Ein biografischer Konsens ist in Theatergruppen vieler disparat sozialisierter Ensemblemitglieder deshalb nicht unmittelbar ersichtlich. Gleichermaßen kann sich aber auch gerade daher die Bemühung, kollektivierende Verfahren anzuwenden, lohnen, um Menschen wieder die Möglichkeit zu geben, Gruppenzusammenhänge zu erkennen und sich in solchen (ggf. auch politisch) zu engagieren.

Bei einer **individualisierenden** Ausrichtung biografischer Theaterarbeit ermöglicht die Manifestation unterschiedlicher Referenzrahmen pro Darsteller folgende Chancen: Der Ich-Bezug stärkt den Blick auf die eigene und einmalige Organisationsform der individuellen Identität und ermöglicht im Zusammenspiel mit den Mitakteuren, unterschiedliche Wertsysteme und Identitätskonzepte als gleichrangig einzustufen. Dadurch, dass der Akteur sich nach den Proben und im Anschluss an das Projekt mit seinen Mitspielern auseinandersetzt, kann er zudem über das Projekt hinaus eigene Deutungsmuster relativieren und zu neuen Lebensperspektiven inspiriert werden. Individualisierende Verfahren biografischer Theaterarbeit erfordern zwar die Betonung der Kontraste hinsichtlich der Lebensgeschichten der Darsteller für die markante Unterscheidungsfähigkeit zwischen den Figuren auf der Bühne, dennoch beinhalt diese Herangehensweise für die einzelne Person immer auch die Suche nach Kreuzungspunkten zwischen dem Eigenem und dem Anderen. Biografische Theaterarbeit mit individualisierender Ästhetik kann also zwischenmenschliche Toleranz und Akzeptanz fördern, Diskurse und konstruktive Streitgespräche zwischen Menschen unterschiedlicher Prägung und Gesinnung herausfordern. Sie bietet dabei in positivem Sinne auch die Möglichkeit, sich in der Fähigkeit der Selbstbehauptung gegenüber anderen Selbst- und Weltbildern zu üben.

Hinsichtlich aktueller soziologischer Gesellschaftsdiagnosen[139] entspricht die individualisierende Verfahrensweise eher dem Zeitgeist der pluralistischen westlichen Welt. Im übergeordneten Sinne reflektiert sie als künstlerische Praxis die vielfältigen Wahrnehmungs- und Verhaltensweisen in der sozialen Realität als eine Gesellschaft der „Ungleichzeitigkeit des Gleichzeitigen" (Pinder 1928) und entspricht damit eher der gesellschaftlichen Alltagsrealität als die kollektivierenden Verfahren. Letztere schöpfen dagegen stärker das utopische Potential von Theater aus, indem sie sich

139 Vgl. bspw. Beck 1986; 2004

durch ambitionierte Verständigungsprozesse auf die Möglichkeiten gesellschaftlicher Einflussnahme rückbeziehen.

Gemeinsam ist beiden Verfahren, dass sie für alle Beteiligten stets ein grundlegendes Training biografischer Reflexion und Ausrichtung für die sozialen Lebenszusammenhänge/-aufgaben darstellen: Indem die Teilnehmer biografischer Theaterprojekte realisieren, dass es vor dem Hintergrund derselben Ausgangsfrage (biografische Fokussierung) möglich ist, die unterschiedlichsten Lebensgeschichten zu erzählen, können die soziologischen Begriffe wie „reflexive Biografie“ (Giddens 1996), „Wahlbiografie“ (Beck 1993), „Bastelbiografie“ und „Do-it-yourself-Biografie“ (Hitzler/Hohner 1988) vor dem eigenen Erfahrungshorizont verstanden, positiv gewendet und als Anregungspotential in das eigene Leben integriert werden.

Ästhetische Maßstäbe

Die Entscheidung für die Adaption des einen oder anderen Verfahrens lässt sich ebenfalls vor dem Hintergrund ästhetischer Maßstäbe treffen. Dadurch dass bei einer individualisierenden Ausrichtung biografischer Theaterarbeit die protagonistischen und verstärkt fragmentarisierenden sowie ereignisorientierten Gestaltungsweisen genutzt werden, sollte sich der Spielleiter bewusst machen, dass der Zuschauer (der ja gewöhnlich auch Fernseh-Zuschauer ist und als solcher auch eine kollektive Erinnerung ausbildet), zumeist eine Nähe zu den so genannten Realitiy Shows und Dokumentations-Formaten im Fernsehen assoziiert. Das Fernsehen mit seiner voyeuristischen Aufmerksamkeit für den einzelnen Menschen bleibt so einerseits Konkurrenz und andererseits auch ständiger Impulsgeber für neue Gestaltungsmittel und dramaturgische Settings, die spielerisch reflektiert und verfremdend auf das Theater übertragen werden können. Hier eröffnen sich viele Chancen vor dem Hintergrund kollektiver Erinnerungen der das Publikum einschließenden Gemeinschaft von Fernsehzuschauern, mit Inszenierungsstrategien von Biografie zu spielen, sie zu brechen und neu zusammenzusetzen. Verfolgt man diesen Weg, ist gleichzeitig die Nähe zu Theatergruppen und Regisseuren, die in der vorliegenden Arbeit als Beispiele der Freien Szene vorgestellt wurden, aber auch zu Gruppen wie ‚Forced Entertainment‘[140] und ‚She She Pop‘[141], in denen professionelle Darsteller eigene Selbst-Inszenierungen thematisieren, hergestellt. Das dichte Konzept, ein stimmiges Bühnenbild und eine unterstützende Anleitung durch den Spielleiter sind unabdingbar – letztlich ist eine solche „Ästhetik der Fürsorge“ auch der Überzeugungskraft der Inszenierung zuträglich (Malzacher 2007, 14 ff.).[142]

Ein besonderer Vorteil der individualisierenden Verfahrensweise ist ihr unmittelbarer Anschluss an die Avantgarde und kann deshalb auch für Vermittlungsstrategien bspw. im Unterricht theaterbezogener Schulfächer interessant sein, wenn sich die Gruppe mit neuen Darstellungsformen der Freien Szene beschäftigen möchte.

Allerdings hebt sich auch das kollektivierende Verfahren allein dadurch, dass es sich von einer Dramenzentrierung löst, bereits von klassischer Theaterarbeit ab. Unter diesem Blickwinkel ist beiden hier erarbeiteten Formen ein experimenteller

140 Vgl. www.forcedentertainment.com (letzter Zugriff: 10.10.2007).

141 Vgl. www.sheshepop.de (letzter Zugriff: 10.10.2007)

142 Dramaturgische Schlüsselkompetenzen und Anregungen sind dem Modell entnehmbar (vgl. Teil III).

Anspruch gegeben. Der **kollektivierenden und individualisierenden** Variante biografischer Theaterarbeit ist gemein, dass sie es ermöglichen, die „Zusammenhänge und Übergänge von Fiktion und Realität [zu] beleuchten und somit Kunstvermittlung (...) unmittelbarer an die gegenwärtigen Kunstprozesse und (...) die anthropologisch-kulturwissenschaftlichen Forschungen" anzuschließen (Lange 2006b, 12). Das biografische Theaterprojekt im Wir-Bezug legt dabei den Schwerpunkt auf chorische Formen und eine synthetisierende Verdichtung zu einer theatralen Botschaft; das biografische Theaterprojekt im Ich-Bezug vermittelt schwerpunktmäßig dramaturgische Kompetenz für ein Theater des „Nicht-Perfekten" (Roselt 2006, Pinkert 2007) und bietet ein Training, das Improvisation in der öffentlichen Aufführungssituation und die Erarbeitung fragmentarischer Mitteilungen Einzelner betont.[143]

Auf einer handwerklich-theaterpraktischen Ebene bietet das **kollektivierende Verfahren** durch seine chorische Arbeitsweise insofern Vorteile, als klassische Grundlagenarbeit der Schauspielkunst vermittelt wird: Der Chor fordert und schult rhythmische Genauigkeit, er verlangt Konzentration und die Integration in das Ensemble-Spiel. Der Akteur lernt, dass individuelle Profilierungsversuche Einzelner der Überzeugungskraft des Ganzen schaden. Der Fokus der Darstellung wird auf ein ausbalanciertes Geben und Nehmen von Impulsen gelenkt. Weit ausgeprägter als bei den individualisierenden Verfahren sind im chorischen Spiel Kontrolle des Körpers, das Halten des Gleichgewichts, Kommunikation über Gestik und Mimik mit den anderen gefordert. Damit ist der Chor letztendlich auch ein eindrucksstarkes Gestaltungsmittel für die Zuschauerwahrnehmung: Er spiegelt eine gewachsene chorische Gemeinsamkeit, die einen Bewusstseins- und Spielraum eröffnet und geschaffen hat, der Varianten kennt und diese lustvoll ausspielt. Der Chor ist kraftvoll und unterscheidet sich doch gänzlich von den monumentalen Chören mancher Regietheaterproduktionen (Einar Schleef), da er nicht durch Regiewillen und -drill, sondern durch gemeinsame Biografiearbeit entstanden ist. Im kollektivierenden Verfahren sind Chöre nicht blind und verantwortungslos machend, sondern fungieren im Gegenteil als Räume, in denen Menschen für sich selbst und füreinander Verantwortung übernehmen. Sie überzeugen als „sichtbare Einheit, der vielen einzelnen Verschiedenen" (Kurzenberger 1998b, 23), in der der Chor in „seiner individualitätsstiftenden, der Einzelne in seiner gemeinschaftsbildenden Kraft" (ebd.) sichtbar wird. Nicht zuletzt bietet ein biografisches Verfahren im Wir-Bezug durch szenische, chorische Bilder und mitreißende Bühnenpräsenz eine Alternative zum Mainstream der „Realitätsspiele im Theater" (Hentschel, 2005 131).

Teilnehmerorientierung als Entscheidungskriterium

Die Entscheidung für oder gegen eine verstärkt individualisierende Ästhetik sollte insbesondere die Einschätzung der Spielerpersönlichkeiten berücksichtigen, gerade wenn man als Spielleiter mit der konzeptuellen Ausrichtung in einzelnen solistischen Szenen biografische Versuchsanordnungen mit intendierter Unabgeschlossenheit vor

143 Denkt man an Vermittlungsansprüche ästhetischer Bildung in der Schule, könnte das letztgenannte Verfahren zur Beschäftigung mit der Geschichte der Performance Art und der Freien Szene anregen, während das erstgenannte geeignet wäre, die soziokulturelle Aufbruchbewegung als theatergeschichtlichen Unterrichtsstoff und die Entstehung der Theaterpädagogik zu thematisieren (vgl. II.1).

Publikum ausstellen möchte. Es gilt abzuwägen, wie erfahren die Spieler sind, bzw. wie viel Herausforderung sie sich zutrauen. In theaterpädagogischen Kontexten sollte immer kritisch geprüft werden, ob die Ensemblemitglieder gefestigte Persönlichkeiten sind und die vielfältigen Anforderungen von Reflexivität, Flexibilität und Biografizität bereits beherrschen oder eine Gruppenzugehörigkeit mit verbindlichen Werten und Normen suchen. Nicht jeder Teilnehmer will sich als Individuum darstellen:

> „Die Tatsache, dass jede Lebensgeschichte einzigartig ist, bedeutet nicht, dass die Einzigartigkeit gewollt, angestrebt oder besonders hervorgeholt oder stilisiert wird. Es gibt viele Menschen, die bemüht sind, normal zu erscheinen und nicht aufzufallen oder die sich vornehmlich als Mitglieder und Repräsentanten eines Kollektivs verstehen" (Schulze 2006, 44f.).

Bei einer **kollektivierenden** Ausrichtung könnten Missverständnisse aufgrund einer Stigmatisierung entstehen: Auch wenn es nahe liegend erscheint, bei einem biografischen Theaterprojekt mit einer so genannten Randgruppe auf ein diesbezügliches kollektives Anliegen zu setzen, darf nicht unterstellt werden, dass bei den Darstellern ein Interesse an einer solchen Ausrichtung vorherrscht. Der Spielleiter sollte darauf achten, inwiefern er mit seiner konzeptionellen Ausrichtung der Inszenierung auch das Selbstverständnis der Beteiligten trifft. Migranten, Senioren, ehemalige Drogenabhängige, Arbeitslose und Jugendliche aus betreuten Wohnprojekten müssen nicht zwangsläufig Interesse an der expliziten Thematisierung ihrer sozialen Gruppenzugehörigkeitsmarkierungen haben.[144] Unter Umständen sträuben sie sich sogar gegen eine kollektive Aussage, denn Typisierungen und Verweise auf ökonomische oder psychosoziale Ausgangsbedingungen können immer auch ein „Element der Kränkung (des vermeintlich autonomen Subjekts)" enthalten (Gudjons et al 1999, 44). Gerade in Bezug auf so genannte Randgruppen ist daher zu fragen, ob nicht die solistisch protagonistisch orientierten Verfahren eventuell dankbarere Aufgabenstellungen bieten, da die Darsteller sich leichter aus der sozialen Rollenzuweisung emanzipieren können, indem sie in der biografischen Theaterarbeit andere Aspekte ihrer Existenz betonen.[145] Hier ist insbesondere die Achtsamkeit der Leitung vor eigenen Vorurteilen gefordert, um den Akteuren auch andere interessante, inszenierungsrelevante Aspekte ihrer lebensgeschichtlichen Darbietungen zuzutrauen. Nur eine transparente Kommunikation und eindeutige Nachfrage bei den beteiligten Akteuren bieten diesbezüglich eine Entscheidungshilfe und erweisen sich als zentrale Spielleitungskompetenzen (vgl. IV.3).

---

144 Vgl. zur Problematik der Stigmatisierung in der Theaterarbeit mit Jugendlichen mit Migrationshintergrund vertiefend Petra Marquard und Annette Dorothea Weber: Bretter, die die Welt bedeuten?! Theaterarbeit mit Jugendlichen vor dem Hintergrund subjektiver Biografien und der Suche nach Bedeutung von Herkunft, Heimat und kultureller Identifikation. In: Korrespondenzen, Zeitschrift für Theaterpädagogik 23, 2007, 51, S.51-54.

145 Oft faszinieren Inszenierungsweisen, die nicht das Naheliegende bedienen: Gerade interkulturelle Projekte bieten hier ein großes Potential: So z.B. ‚Die Stimme der Stille', „eine musikalisch – bewegte Collage von hoher Kunstfertigkeit über Exil und Emigration. Faszinierend zu erleben, wie hier starke Persönlichkeiten mit je eigenen Ansichten, Ausdrucksformen und Theatertraditionen sich in einer ästhetischen Gesamtform zusammenfinden, ohne die eigene Individualität preis zu gegeben" (Nickel 2006, 33).

Ein kollektivierendes Verfahren mit Rechtsradikalen oder Inhaftierten wäre zu problematisieren, da sich durch die Gruppendynamik in einem Kollektivierungsprozess – auch wenn andere thematische Fokussierungen das Konzept auszeichnen – diskriminierende oder illegale Gesinnungen aktiviert und manifestiert werden könnten. Problematisch erweist sich ein kollektivierendes Verfahren eventuell ebenfalls, wenn die Spielergruppen sich aus Zusammenhängen der sozialen Alltagsrealität bereits gut kennen oder eine feste Gemeinschaft bilden, in der gewachsene Beziehungen bestehen. Sich in einem biografischen Theaterprojekt unter anderen, neuen Vorzeichen und Fragestellungen voreinander darzustellen, könnte für manche Spieler eine große Herausforderung sein, bei der sie sich nicht aus den Strukturen und der Selbstdarstellung der vertrauten Gruppenformation lösen können und sich gerade in der Phase der Materialsammlung gehemmt fühlen. Während einer Schulklasse, die bereits seit vielen Jahren eine Klassengemeinschaft bildet, ein individualisierendes Verfahren biografischer Theaterarbeit zuträglich ist, kann hingegen für eine neu gegründete Klasse oder innerhalb eines Studiengangs, in dem die Studierenden sich (noch) nicht so gut kennen[146].

Institutionelle Rahmenbedingungen

Andere Entscheidungshilfen zwischen Wir- und Ich-Bezug innerhalb der theatralen Biografiearbeit könnten ganz pragmatischer Natur sein: Wählt der Spielleiter ein individualisierendes Verfahren, das auf solistische Szenen und protagonistische Figuren setzt, steigt der organisatorische Aufwand hinsichtlich der Einrichtung einzelner Probentermine für den jeweiligen Akteur und der Organisation von genügend Probenraum, damit parallel geprobt werden kann. Für die Umsetzung des individualisierenden Verfahrens ist es förderlich, die Produktion im Team zu leiten. Die in der vorliegenden Arbeit analysierten Inszenierungen der Freien Szene haben entweder im Regie-Verbund (‚Rimini Protokoll') oder zumindest mit Dramaturgen und Bühnenbildnern zusammengearbeitet, so dass verschiedene Darsteller zeitgleich betreut werden konnten.

In der schulischen Theaterarbeit bietet ein **kollektivierendes Verfahren** organisatorische Vorteile, da Ensembles hier teilweise aus einer Gruppengröße zwischen 15 und 30 Teilnehmern bestehen und Lehrer des Darstellenden Spiels oder von Theater-AGs die Gruppe aus schulorganisatorischen Zwängen in der Regel alleine betreuen. Im außerschulischen Bereich sind kleinere Gruppen und Castings aber zunehmend etabliert und erleichtern die Entscheidung für **individualisierende Verfahren**.

Sinnvoll ist es zudem, die Entscheidung für die Präferenz der einen oder anderen Ausrichtung in biografischer Theaterarbeit allerdings nicht nur zwischen den Kategorien schulisch/außerschulisch abzuwägen, sondern zu bedenken, ob das Projekt in einem städtischen Ballungszentrum oder auf dem Land stattfindet. In außerschulischen, großstädtischen Kontexten sind Heterogenität hinsichtlich der Lebensräume und somit markante lebensgeschichtliche Differenzen wahrscheinlicher. Es ist vorstellbar, dass

146 Positive Erfahrungen hat die Verfasserin bspw. mit universitären Projekten gemacht, in denen die Studierenden in biografiezentriertem Zugriff ihren gemeinsamen Berufswunsch spielerisch reflektiert und vor Publikum dazu eine Aufführung präsentiert haben (Werkstattinszenierung ‚Schulgeschichten' mit angehenden Lehrern an der Universität Hamburg 2005 und Werkstattinszenierung ‚Die Supersozis' mit angehenden Sozialarbeitern an der Fachhochschule Dortmund 2009).

sich im städtischen Klassenzusammenhang weit unterschiedlichere Sozialisationsstrukturen sowie vielfältigere Lebenswelten und Erfahrungsräume markieren lassen. Sie mögen in Fankulturen, Interessensgruppierungen, Vereinszugehörigkeiten oder auch in familienbezogenen Herkunftssituationen und Lebensformen festzumachen sein. Andererseits kann es gerade herausfordernd sein, genau dort, wo die wenigsten Unterschiede offensichtlich sind, nach Differenzen in Werten und Deutungsmustern des eigenen Lebens zu suchen (die spätestens seit dem Internetzeitalter gerade bei Jugendlichen auch in dörflichen Lebenszusammenhängen vielfältige Sinnhorizonte ermöglichen).

Will man in einer großstädtischen Schule ein biografisches Theaterprojekt im **kollektivierenden Verfahren** entwickeln, ist es nahe liegend, die gemeinsame Lebenswelt der Schule als Thema festzulegen. Ggf. bieten sich auch altersspezifische Themen an. Ob und inwiefern eine solche Herangehensweise an eine Konzeptentwicklung greift, kann aber nur der Lehrer selbst einschätzen, der die Schüler bereits einige Schuljahre kennt. Betrachtet man zeitdiagnostische Befunde pädagogischer Sozialforschung, scheinen sich gerade in Städten

> „neuerdings (...) Normen mit festem Altersbezug aufzulösen (...). An die Stelle von Normsetzungen und Totalitäten tritt vielmehr eine Pluralität von Zeitlinien und Verlaufsformen, ein neuer Typus von ‚Eigenzeiten', vor allem bei der Herauslösung aus der Herkunftsfamilie, bei der vorbereitenden Entwicklung eines eigenen Privatlebens und im jugendlichen Cliquenleben, vor allem der Freizeit. Biografische Balancen lassen sich zunehmend schwer nach dem Alter in Jahreszahlen messen (...) Wichtige Einschnitte, von der Familienablösung bis zur (...) Berufsfindung finden heute zu verschiedenen Zeitpunkten statt und lassen sich schwer normieren" (Baacke/Sander 2006, 265).

Ob und inwiefern eine Schulkasse sich für eine kollektiv ausgerichtete Arbeitsausrichtung der biografische Theaterarbeit festlegen kann, ist deshalb bestenfalls mit der Gruppe selbst offen abzuklären. Außerschulische Projekte bieten insofern Vorteile, als dass sich die Jugendlichen aufgrund der Konzeption erst vor dem Hintergrund des eigenen Interesses an der Arbeitsausrichtung zusammenfinden. So können in diesem Kontext ungewöhnlichere Konzepte entwickelt werden, die sich ganz unabhängig von **individualisierender** oder **kollektivierender** Ausrichtung des **Verfahrens,** durch engere und originelle Kategorisierungen[147] auszeichnen.

Zu bedenken ist hinsichtlich der intendierten Produktionsästhetik ebenfalls, in welchem gesellschaftlichen Rahmen das Stück zur Aufführung gebracht wird. Es ist wichtig abzuwägen, ob die Spieler z.B. in der Lage sind, eine betont individualisierende, kontrastierende und sinnoffene Inszenierungsidee selbstbewusst zu vertreten, auch wenn ein konservatives Publikum die Inszenierung ggf. negativ bewertet – eben weil es vergeblich eine verbindliche Aussage in der Inszenierung sucht. Bei einem **kollektivierenden Verfahren** wird es durch die vermittelten Verständigungsprozesse immer einfacher sein, die Gunst eines konservativen Publikums zu erlangen, da es eher einem traditionellen Theaterverständnis entspricht, das an Geschichten und Botschaften

---

147 ‚Lubricat' arbeitete bspw. mit zornigen Menschen (‚Zornige Menschen' 2007, Berlin Sophiensäle); Am Schauspielhaus Hamburg, wurde eine Produktion mit Menschen, die sich um andere kümmern, erarbeitet (‚Die Kümmerer', Schauspielhaus Hamburg 2008).

gebunden ist. Auch in theaterpädagogischen Kreisen wird oft ein explizit politischer Anspruch an Aufklärung präferiert. So befindet Nickel dass die Inszenierung ‚Blaiberg und Sweetheart 19'[148] (2006) von ‚Rimini Protokoll' „insgesamt ein bunt interessanter, aber nur wenig bedeutungsvoller Einblick in die Gegenwart" sei (Nickel 2006, 31). „Ganz anders in der Machart und (...) wesentlich treffender, genauer, aufklärender" bewertet er in seinem Vergleich ‚Westflug'[149], eine Produktion, in der die Entführung eines polnischen Flugzeugs im Jahre 1978 rekonstruiert wird – mit eindeutiger sozialer Nachricht, „in der die Schwierigkeiten der Entscheidung herausgearbeitet werden: in Westberlin bleiben? Zurück in die DDR" (Nickel 2006, 31)? Verallgemeinern kann man hier sicher nicht. Dennoch wird es in Spielstätten der Avantgardekünstler leichter sein, mit **individualisierenden Verfahren** die Gunst der Zuschauer zu erlangen. Letztendlich wird eine gelungene Inszenierung immer vom originellen Konzept, der Stringenz der Dramaturgie, der Bühnenpräsenz und Spiellust der Darsteller abhängen – was wiederum bedeutet, die eigene künstlerische Vision der Gruppe immer höher anzusetzen als die Publikumsorientierung.

Soziale Kategorien als ästhetische Ordnungsprinzipien

Zuträglich bleibt für die Durchführung von biografischen Theaterprojekten in jedem Fall die präzise und stringente Orientierung an sozialen Kategorien mit der entsprechend genauen Strukturierung der biografisch-ästhetischen Kommunikations- und Interaktionsprozesse innerhalb des Ensembles. Jedes biografische Theaterprojekt benötigt eine Fokussierung auf bestimmte biografische Aspekte mit einer eindeutigen Frageperspektive. Das konzeptionelle Eingrenzen von Lebensräumen, thematische Ausrichtungen und zielgruppenbezogene Begegnungssituationen helfen, die Arbeit für alle Beteiligten ersichtlich zu strukturieren und sich miteinander in Feedbackgesprächen über die intendierte Wirkungsästhetik zu verständigen. Typisierungen und kategorisierende Ordnungen von biografischen Äußerungen helfen der Verständigung der Gruppe und bei den Selektionsprozessen in der Biografiearbeit des Einzelnen. Diese Zuschreibungen mögen für Einzelne zunächst als Einschränkung und Beschneidung ihrer Persönlichkeit empfunden werden. Sie bieten jedoch eine wichtige Grundlage der eigenen reflektierten Darstellungspraxis. Zudem können nur durch präzises Vokabular formale und inhaltliche Aspekte in der biografischen Theaterarbeit vor dem Hintergrund der Konzeption ausgelotet und in eine verdichtete Stückentwicklung überführt werden.

Die hier vorgestellten Produktionen widerlegen damit zudem das sehr weit verbreitete Vorurteil gegenüber biografischen Eigenproduktionen, ohne Dramenvorlage: banal zu wirken, weil es an Prägnanz und Dichte mangele (vgl. Rellstab 2003, 175). Mit dem vorgelegten Modell lässt sich vielmehr konstatieren, dass solche Kritik nicht

148 Es handelt sich um eine Produktion, in der vergleichbar mit dem Gestaltungsverfahren zu ‚Deadline' mit Alltagsexperten assoziativ zum Thema Herz gearbeitet wurde, die sich dadurch auszeichneten, dass sie bspw. mit einem fremden Herzen leben oder als Event-Manager Schnellflirt-Veranstaltungen organisieren (vgl. Nickel 2006). Vertiefend zu den Produktionen von ‚Rimini Protokoll': Malzacher, Florian/ Dreysse, Miriam (2007): Rimini Protokoll. Experten des Alltags. Das Theater von ‚Rimini Protokoll', Berlin: Alexander sowie www.rimini-protokoll.de, (letzter Zugriff: 15.5.2008).

149 Vgl. www.lunatics.de, letzter Zugriff: 15.5.2008.

pauschalisierend an dem Stoff der theatralen Auseinandersetzung, also der Biografie festzumachen ist – sondern allenfalls an der indifferenten inszenatorischen Arbeit mit dem weit reichenden Phänomen Biografie. Wird diese wiederum gesichert, indem die Spielleiter mit sozialen Kategorisierungen dramaturgische Rahmen und Vokabeln zur Verständigung etablieren, können nicht nur Inszenierungen entstehen, die sich durch Prägnanz und Dichte auszeichnen, der Gruppe werden zudem Stückentwicklungsstrategien vermittelt, die sich nicht an klassischen Verfahren des Theaters (Vergabe von Haupt- und Nebenrollen, Zuspitzung zu einem Konflikt zwischen Protagonist und Antagonist etc.) orientieren, sondern Strategien für kompositorisch abwechslungsreiche und dichte Collage- und Montageverfahren suchen und etablieren.[150]

So erweist es sich auch als zu kurz gegriffen, aufgrund „fehlender literarischer Kompetenz der Akteure" (Weintz 1999, 344) grundsätzlich für die Inszenierung von Dramenvorlagen zu plädieren, wie es bspw. Weintz vorschlägt (vgl. ebd.). Literarische Kompetenz, so haben die analysierten Produktionsbeispiele gezeigt, ist in biografischer Theaterarbeit nicht zwingend, dafür umso mehr dramaturgische Kompetenz, die es ermöglicht, die eingebrachten Fragmente so zu inszenieren, dass sie den Zuschauer durch die geschickte Selektion, Zusammensetzung und Darstellungsverfahren als ästhetisiertes Ganzes zu faszinieren vermag.

Adaption von Arbeitswegen und Aufgabenstellungen

Aus den genannten Gründen kann Spielleitern, die Anregungen für die eigene biografiebezogene Theaterpraxis suchen, das hier vorgelegte Modell eine sinnvolle Orientierung geben. Ausgehend von der Zusammenschau der dramaturgischen Möglichkeiten des entwickelten Modells könnte es reizvoll sein, die unterschiedlichen Aufgaben und Gestaltungsformen des individualisierenden und kollektivierenden Verfahrens als wechselseitige Inspiration zu sehen. Auch wenn die Recherche als Zugang zur biografischen Spurensuche hier als markant für eine Ich-bezogene Inszenierungsform vorgestellt wurde, könnte in einer biografischen Materialsammlung auch im kollektiven Wir-Bezug in sozialen Lebensräumen der Mitspieler recherchiert werden. Meditationen und Erinnerungsreisen, die im Modell als typisch für eine kollektivierende Arbeitsform vorgestellt wurden, könnten beispielsweise durch das Probensetting und die Ansprache der Spielleitung wiederum so modifiziert werden, dass sie den Ich-Bezug in der Erinnerungsarbeit verstärken. Daraus ergeben sich vielfältige Möglichkeiten, Aufgabenstellungen zu adaptieren und in einer jeweils gegenläufigen Perspektivierung andere ästhetische Erscheinungsformen annehmen und in die Inszenierung einfließen zu lassen.

150 Kritisch ist in diesem Zusammenhang wiederum zu sehen, dass manche Handbücher zur biografischen Theaterarbeit die Notwendigkeit der dramaturgischen und konzeptionellen Rahmung und strategischen Stückentwicklung nach wie vor vernachlässigen, die Biografiedarstellung dem einzelnen Spieler oft in einem willkürlichen Zugriff lassen und davon gar Authentizitätsversprechen ableiten (Plath, 2009 S.25 ff.). So stellt bspw. Maike Plath in ihrem Buch zur biografischen Theaterarbeit in der Schule für textungebundene Eigenproduktionen eine Vielzahl von Übungen vor, die in keine inhaltlich-dramaturgische Rahmung eingebettet werden. Letztlich greift sie in Beispielen für gelungene Produktionen auch auf textgebundene Eigenproduktionen zurück (vgl. Plath 2009).

Für die biografische Produktion ist auch das ausgestellte Pendeln zwischen biografischem Wir- und Ich-Bezug möglich. Als interessant erweist sich in diesem Zusammenhang die Perspektive des schulübergreifenden Projekts ‚B.E.S.T.'[151] in Bremen, das das Verhältnis von Individualität und Kollektivität als spezifisches Thema der Theaterarbeit versteht und zum übergeordneten Gegenstand aller Konzeptentwicklungen macht:

> „Die Spannung zwischen der Noch-Verhaftung in der Gruppe, im Kollektiv und der beginnenden Individualisierung sollte die Kernstruktur aller zukünftigen Produktionen bestimmen. Am Ende steht bei uns im Spiel, wie auch im Leben, immer die notwendige Erkenntnis der jugendlichen Spieler/innen, das Kollektiv verlassen zu müssen, um eigenverantwortlich ihren jeweiligen Lebensweg zu gestalten" (Wenzel 2006, 15).

Es ist jedoch zu bedenken: Ein Anspruch der Theaterarbeit, in dem beide Perspektiven (Wir- und Ich-Bezug) gleichberechtigt nebeneinander stehen und sich solchermaßen auch an das Publikum vermitteln sollen, kann den Darsteller überfordern, der dann die Aufgabe zu bewältigen hat, einerseits eine Erinnerungsgemeinschaft mit der Theatergruppe zu bilden, und andererseits individuelle, und zum Teil den Deutungsmustern der Gruppe widersprüchliche Erfahrungen über die Erinnerung zu aktivieren. Wenn dem Darsteller unterschiedliche Erinnerungspraktiken (und damit Hirnleistungen) abverlangt werden, stellt sich ihm, wenn die theatrale Biografiearbeit mit Ernsthaftigkeit verfolgt wird, eine weitere Herausforderung: Er muss Kontraste und Widersprüche synthetisieren, um zu einem kohärenten Selbstbild zu gelangen, mit dem er sich dann selbstbewusst und öffentlich zu präsentieren vermag. Gelingt eine solche Synthese nicht, liegt die Gefahr nahe, dass die Akteure in der Gestaltungsarbeit in Klischees abgleiten und oberflächliche sowie rein affirmative Deutungs- und Darstellungsmuster bedienen; darüber hinaus geht Überforderung immer auf Kosten der Spiellust und Bühnenpräsenz.

Wie praktikabel eine explizite Pendelbewegung zwischen Ich- und Wir-Bezug ist, wird im Wesentlichen von der biografischen Fokussierung und der übergeordneten Fragestellung der Produktion abhängen. Wenn das Spannungsverhältnis zwischen Individuum und Kollektiv explizit in der übergeordneten Fragestellung mitschwingt, wird es leichter sein, den Wechsel zwischen Erinnerungspraktiken bei den Darstellern zu ermöglichen.[152] Dem durchschnittlich zur Verfügung stehenden Zeitpensum und dem Grad der Herausforderung für die Darsteller ist die Herangehensweise, nur eine Priorität in der Perspektive zu setzen und auf Pendelbewegungen zu verzichten, sicherlich zuträglich.

---

151 „Die Jugendtheatergruppe ‚B.E.S.T.' (Bremens erstes schulübergreifendes Theater) ist ein Projekt des Senats für Bildung und Wissenschaft und der ‚Kulturwerkstatt Westend e.V.' (vgl. Wenzel 2006, 27). B.E.S.T rückt eine biografische Programmatik zwar nicht in das alleinige Zentrum der Konzeptionen, markiert Biografie aber neben dem Ansatz, theaterfremde Räume zu erspielen, also site-specific-orientiert zu arbeiten, als einen entscheidenden Grundpfeiler (vgl. ebd. 18, 50).

152 Beispiele, die diese Wege gehen, finden oft entsprechend assoziativ sehr weite abstrakte Titel. Als Beispiel ist die Produktion ‚LebenEben' (B.E.S.T. 2007) zu nennen, in der das Leben mit geteilten und unterscheidbaren Alltagssorgen gezeigt wird, oder auch in der Inszenierung ‚Rosi, das hast Du gut gemacht – einer Inszenierung mit Menschen ab 60 Jahren, inszeniert am Schauspielhaus Hamburg im Jahr 2006, in der der Rückblick älterer Menschen auf ihr je unterschiedlich, individuell geführtes Leben. Mit thematisiert wurde hier immer auch die Integration in den Chor der Alten www.schauspielhaus.de/spielplan/archiv (letzter Zugriff 10.03.2008).

3 Vom Primat der Ästhetik zur sozialen Ästhetik

Das in der vorliegenden Untersuchung gezeigte Modell bildet eine Grundlage für vielfältige Ausrichtungs- und Kombinationsmöglichkeiten bei der Erarbeitung von biografischen Theaterproduktionen. Für den Darsteller kann sich dabei jeweils ästhetische Kompetenz als reflektierte Selbst-Inszenierung vermitteln – sei es, dass die Montage- und Collagearbeit dabei verstärkt einen well-made-plot und eine kollektive Botschaft fokussiert oder individuelle Fragmente kontrastiv setzt, teilweise ins Offene laufen lässt und intensives Improvisationstraining für die Darsteller beinhaltet. Werden die Anforderungen an die Spielleitungskompetenzen mit berücksichtigt, kann sich biografische Theaterarbeit nach dem dargestellten Handlungsmodell in jedweder Variation als soziale Ästhetik behaupten.

Das Modell fundiert ein theaterpädagogisches Selbstverständnis, in dem ästhetische Kompetenzvermittlung und Persönlichkeitsbildung zusammenfließen, zumindest wenn man letztere als Befähigung zur Introspektion, zur Verbalisierung innerer Zustände, zu Expressivität und Kommunikation versteht, wie sie als Kompetenzen in der Gegenwart zunehmend gefordert sind (vgl. Neumann 2002). Die vorliegende Untersuchung hat deutlich gemacht, dass zu Beginn eines biografischen Produktionsprozesses in einer biografischen Materialsammlung erste Improvisationen und explizite Selbstthematisierung identisch sind. In der biografischen Rollengestaltung spezifiziert sich die Lernmöglichkeit als Ausdrucksfindung für eigene Selbstbilder und darstellerische Kompetenz. In der Stückentwicklung werden Gesamtzusammenhänge des biografischen Entwurfs reflektiert sowie Ensemble- und Inszenierungsarbeit für eine öffentliche Selbstdarstellung erlernt.

Eine biografische Programmatik erweitert sinnvoll Ästhetik, Praxis und Spielanlässe der Theaterpädagogik dadurch, dass biografische Kommunikation als ästhetische Kommunikation und ästhetische Kommunikation als biografische Kommunikation fungiert. So bedeutet biografische Theaterarbeit für die Theaterpädagogik, die Fähigkeit zu schulen, Biografie als ästhetisches Phänomen – und damit als „Prozess, Produkt und Potential" (Schulze 1993b, 33) – in ihrer Wirkung und Inszeniertheit zu verstehen, mit ihr reflektierend und produktiv gestalterisch umzugehen, um damit wiederum ästhetische und biografische Kommunikation initiieren zu können.

Was für ein gutes Jahrzehnt in der theaterpädagogischen Theoriebildung und Geschichtsschreibung in den Hintergrund gerückt war, findet heute wieder Beachtung. Gegenwärtig vollzieht sich eine besondere Synthese: Eine biografische Theater-Programmatik richtet sich zwischen den beiden eingangs konstatierten Polen einer sozialen und einer ästhetischen Ausrichtung ein (vgl. I). Biografische Theaterarbeit entzieht sich möglichen Schwankungen zwischen Sozial- und Ästhetik-Bezug im Selbstverständnis der Theaterpädagogik und positioniert sich zwischen Kunst und Leben, indem sie zu gleichen Anteilen beides ist und ausdrücklich beachtet.

Die soziale Dimension biografischer Theaterarbeit ist dabei anders begründet als vor dem Theoriekontext der Interaktionspädagogik, die in den 1970er und 1980er Jahren das Fundament der Theaterpädagogik bildete und in dessen Kontext über szenisches Probehandeln nach vorgegebenen fiktionalen Spielsituationen Empathiefähigkeit, Ambiguitätstoleranz und Durchsetzungsvermögen eingeübt wurde (vgl. Krappmann 1969).

Zugleich geht die Begründung der sozialen Dimension biografischer Theaterarbeit aber auch über die gegenwärtigen Argumentation der ästhetischen Bildung seit den 1990er Jahren hinaus, die das Soziale des Theaters in einen Nebenschauplatz verlegen.[153] Biografische Theaterarbeit verlässt sich nicht darauf, dass „sozusagen als Nebenprodukt die am Theaterspielen gelobten Lernprozesse wie Gestaltungs- und Präsentationserfahrung, Selbst-, Gruppen- und Differenzerfahrung, Wahrnehmungs- und Ausdrucksschulung" bei den Akteuren angestoßen werden (Sting 2005a, 350). Biografische Theaterarbeit nach dem dargestellten Modell geht einen Schritt weiter. Sie macht die soziale Dimension wieder explizit – als Befähigung zur Biografizität (Alheit) durch Theaterarbeit.

Biografische Theaterarbeit knüpft bewusst an die Erwartungen an, die Menschen im Allgemeinen an Theaterprojekte stellen: „Das subjektive Interesse an intensiver Selbsterforschung und -darstellung, womit die Darsteller *sich selbst* erleben und (neu) kennen lernen" können (Pinkert 2005a,133). In biografischer Theaterarbeit geschieht dies ausdrücklich im „alltägliche Situationen rekapitulierenden, bewussten Spiel auf der Bühne" (ebd.) und nicht nur implizit, wie im dramenzentrierten Theater in der Arbeit mit fremden Texten und Rollenvorgaben. So gewinnt sie eine eigene Ästhetik, die auf der Grenze von Leben und Kunst spielt, damit beides ausstellt und dem Konstruierten im Leben künstlerisch nachspürt.

Minimaldifferenz zwischen Kunst und Leben

Im Bewusstsein der Spielleitung kann die Zielperspektive auf minimaldifferente Erfahrungen für den Darsteller helfen, Aufgabenstellungen zu entwickeln, die den doppelten Blick evozieren (vgl. Kapitel IV.2.2), mit dem die Wirkungsästhetik biografischer Theaterformen in der vorliegenden Arbeit verallgemeinernd und resümierend beschrieben wurde. Nur durch die Evozierung, Herstellung und Ausstellung der Doppelung von Fiktion und Realität in der Wahrnehmung gelingt der Balanceakt, der biografische Theaterproduktionen vor „Banalität und Langeweile schützt" (Hentschel 2005, 136), und dem die hier analysierten Produktionen wohl ihr großes Zuschauerinteresse und ihre positive Resonanz verdanken.

Die Minimaldifferenz erweist sich gemäß der Produktionsanalysen in biografischer Theaterarbeit allerdings nicht nur für den Zuschauer, sondern auch für den Darsteller als die zentrale Spezifik der ästhetischen Erfahrung in einem biografischen Theaterprojekt. Sie ergibt sich für den Darsteller durch die spielerische und mußevolle Materialsammlung, die typisierende Rollengestaltung, und das verdichtende Ensemblespiel mit der Herausforderung der öffentlichen Aufführungssituation. Auf allen Stufen der Theaterarbeit geht es um die Veräußerung eines subjektiv stimmigen Biografieentwurfs und um Theater. Es geht nicht darum, jemand Anderes sein zu wollen, sondern vielmehr darum, zu entdecken, wer man selbst sein kann – und das nicht in der Suche nach

153 Maier hielt es Ende der 1990er Jahre bei der Ausschreibung für ein deutsch-französisches Theaterprojekt für einen Gewinn, dass Theater ohne übergeordnete soziale Fragestellung auskam, und „man sagte: Es geht nicht um Begegnung, um Menschen oder um irgendein Programm, über das diskutiert wird, sondern wie beim Theater: Es gibt vor der Bühne, es gibt hinter der Bühne, es gibt die Garderobe, es gibt das Publikum, ein Bündel von Kommunikation und Austausch" (Maier 2005, 401).

einer Substanz, sondern im modellierenden Gestaltungsprozess, modifiziert durch den Abgleich von Selbst- und Fremdwahrnehmung im Gruppenprozess.

Im Kontext unterschiedlicher Spielformen der ästhetischen Bildung beachtet biografische Theaterarbeit, dass die „Differenzerfahrung nicht zu groß und übertrieben sein darf und deshalb an der kulturellen Kompetenz Jugendlicher vorbei"[154] gehen kann (Treptow 1991, 241). Biografisches Arbeiten entspricht der kulturellen Kompetenz, indem sie an die Themen und Ausdrucksformen der Spieler anknüpft. Dadurch gilt sie nicht nur als Grundlagenarbeit in der Kunstform Theater, in der die minimaldifferente Erfahrung die erste Stufe in einem theaterästhetischen und schauspielhandwerklichen Kompetenzerwerb darstellt (vgl. ebd.). Sie legitimiert sich vielmehr als intensives, dynamisierendes ästhetisch-biografisches Lernpotential. Empirische Beweisführungen stehen neben der vorliegenden hermeneutischen Herleitung noch aus. Die Frage bleibt zudem, ob dieses Lernpotential überhaupt messbar ist, ist die Minimaldifferenz doch als subjektive Kategorie zu verstehen, für deren Wahrnehmung und Reflexion der Akteur Bereitschaft und selbsttätige Verantwortung übernehmen muss. Und damit hat biografische Theaterarbeit auch eine mögliche Kehrseite: Wenn es dem Darsteller nicht gelingt, eine ästhetische Einstellung zur Biografiearbeit einzunehmen, wenn er die Theatersituation als nicht herausfordernd und extraterritorial empfindet, verliert biografische Theaterarbeit ihr ästhetisches Potential, bleibt rein affirmativ und vergibt sich die Überzeugungskraft der Wirkungsästhetik vor den Zuschauern. Die Aufgabe der Spielleitung besteht hier deshalb darin, über dichte Konzepte und kompetenten Umgang mit den Akteuren ihren besonderen Beitrag zu leisten (vgl. III). Wenn es der Spielleitung gelingt, das biografische Theaterprojekt zu einem Ort zu machen, in dem die Akteure spielerisch und schöpferisch das eigene Leben reflektieren, stellt es einen Lebensraum dar und eröffnet gleichzeitig einen Raum für die Begegnung mit Sinnüberschüssen des Lebens. So unterstreicht auch Praml, einer der Pioniere biografischer Theaterarbeit:

> „Das Theater kann dadurch wirken, dass es ein Mehr ist, mehr zeigt, weil es mehr zeigen kann. Vom Leben weiß man vielleicht erst, wenn man es gelebt hat. Das Theater kann schon, bevor man das Leben vollendet hat, etwas hervorbringen, was man noch gar nicht weiß, was also erst kommen wird" (Praml 2005, 282).

Die Hervorbringung von etwas, was im Leben erst kommen wird, kann nur in biografischen Theaterprojekten stattfinden, ermöglicht durch die Minimaldifferenz, die immer den Bezug zur Alltagsgegenwart hält. Sie schafft die Basis für Kommunikation und Verständigung im „extraterritorialen Raum" (Hahn 2002, 407ff.) und doch mit anregender, dynamisierender Relevanz für das eigene Selbstbild, hier etwas zu produzieren und darzubieten, was auch über den Theaterrahmen hinaus als biografische Mitteilung vertreten wird und so konkrete Perspektiven und Möglichkeitsräume für den sozialen Alltag öffnet. Gleichzeitig wissen die Spieler, dass dies immer nur ein Fragment, eine Geschichte vieler möglicher und noch kommender Versionen der eigenen Lebensgeschichte unter einer akzentuierter Fragestellung ist. Als gute, theaterwirksam erzählte Geschichte stellt sie für jeden Einzelnen wieder ein inspirierendes Sprungbrett

154 Dabei ist der Gedanke nicht nur für Jugendliche gültig, sondern lässt sich auf möglichen alle Zielgruppen (Kinder, Erwachsene und Senioren) biografischer Theaterarbeit übertragen.

in die anderen alltäglichen Lebenszusammenhänge dar. So geraten die Darsteller in biografischer Theaterarbeit „einmal in den Wirbel (...) als diejenigen, die sie sind", bevor „der Wirbel seine Richtung" ändert und „es zentrifugal (...) wieder hinaus ins eigene Leben" geht (Wetzel 2006a, 98). Wenn sie das Theaterprojekt in die gewordene Struktur ihrer Lebensgeschichten integrieren und perspektivisch verarbeiten, wirkt die Kunst auf das Leben zurück.

Innerhalb des Diskurses um das theaterpädagogische Selbstverständnis könnte damit eine Besinnung auf die Ziele der Soziokultur angezeigt sein, sich wieder mehr und selbstbewusst in die kultur- und allgemeinpolitische Debatte einzumischen und den gesellschaftlichen Anspruch von Soziokultur zu stärken (vgl. Molck 2007, 64). Die wegweisenden Praxisbeispiele haben gezeigt, dass biografische Theaterarbeit sowohl in individualisierender als auch in kollektivierender Spielweise gelingt – durch die kulturelle Teilhabe in individueller Stellvertreterschaft neben anderen oder als Lobbyarbeit einer Gruppe.

VI Anhang

Anhang A: Hintergrundinformationen zu den Produktionen

‚Ein Haufen Heimat' von ‚Junge Bühne Bonn'

Premiere am 24.08.2001, Kulturzentrum Brotfabrik Bonn
Künstlerische Leitung: Tina Jücker, Claus Overkamp, Musikalische Leitung: Sabine Rixen, Akteure: Anika Staschewski (Saxophon), Anna Weber (Tuba & Gesang), Hannah Biedermann (Querflöte), Julia Türk (Snare), Magnolia Gerversmann (Melodica), Stefan Otto (Klarinette), Vera Tersteegen (Akkordeon), Wiebke Borntzky (Lyra) Bene Neustein (Technik), Vanessa Vollmar (Kostüm und Requisite)

Tina Jücker und Claus Overkamp haben sich nach ihrem Studium der Sozialpädagogik bzw. Sozialwissenschaften an der Akademie für musische Bildung und Medienerziehung in Remscheid zu Theaterpädagogen ausbilden lassen. Ihr weiterer Lebensweg ist gekennzeichnet durch ihre Tätigkeiten als künstlerische Leiter der Projekte: ‚Theater Marabu' und ‚Junge Bühne Bonn', als Schauspieler, Regisseure und Theaterpädagogen sowie als Gastdozenten der Akademie in Remscheid. Im Jahr 1993 gründeten sie das professionelle und freie Kinder- und Jugendtheater ‚Marabu' und gastierten als reines Tourneetheater an verschiedenen Spielstätten. Seit 2003 dient das Kulturzentrum Brotfabrik als feste Theaterwerkstatt. Mit der Idee, eine kontinuierliche Theaterarbeit mit Jugendlichen als Projekt zu etablieren, haben sie 1999 eine ‚Junge Bühne Bonn' an ihr Theater gekoppelt. Das ‚Theater Marabu' und die ‚Junge Bühne Bonn' erarbeitete seit ihrer Gründung jedes Jahr eine Inszenierung. Einladungen für das 17. Bundestreffen Jugendclubs an Theatern 2006 und das 28. Theatertreffen der Jugend Berlin 2007 erhielten sie u.a. für ihre Aufführungen: ‚Täglich Seife' (2005) und ‚S.O.S. Schwanensee' (2006). Ihre aktuelle Produktion: ‚Anybody out there?' (2009)[155].

‚Freundschaft' von ‚Die Zwiefachen'

Premiere am 13.07.2001, Schaubühne am Lehniner Platz Berlin
Regie: Uta Plate, Thomas Bading; Regiemitarbeit: Norma Köhler, Mithra Zahedi, Bühne/Kostüm: Nina Hüsges; Akteure: Jenny Berger, Birgit Binder, Kathrin Börner, Olaf Danilsen, Xenia Franzke, Monika Lapczyk, Susan Lucas, Özgür Özata, Julia Pauly, Lucie Schulze, Diana Siegel, Ömer Taskiran, Conny Warmuth

Die Idee zur Produktion hatte Uta Plate, Diplom-Kulturpädagogin und Ensemblemitglied der Schaubühne. Plate konnte bereits zu diesem Zeitpunkt auf vielfältige Erfahrungen biografischer Theaterarbeit aus anderen theaterpädagogischen Zusammenhängen zurückgreifen. Von 1993 bis 1995 arbeitete sie als Regisseurin der afrikanisch – deutschen Theatergruppe Rangi Moja aus Hildesheim, die mehrere Stücke auf der Grundlage ihrer Lebenserfahrung entwickelt hat. Anschließend betreute Plate verschiedene Projekte

155 Vgl. www.theater-marabu.de (letzter Zugriff 15.11.2009)

biografischer Theaterarbeit in Asyl- und Seniorenheimen. Danach inszenierte sie in Kooperation mit dem Theater Nordhausen ein biografisches Theaterstück mit inhaftierten Jugendlichen der Jugendstrafanstalt Ichtershausen (Plate 2000).

Seit 1999 arbeitet die Theaterpädagogin Uta Plate mit der auf ihre Initiative hin gegründeten Jugendtheatergruppe ‚Die Zwiefachen' an der Schaubühne in Berlin. Die Gruppe der Spieler/innen besteht aus 9-13 Jugendliche, die in betreuten Wohnprojekten leben oder ehemals dort lebten. Die Stücke entwickeln sie über Improvisationen und Schreib- und Bewegungsworkshops selbst, um eigene Gedanken und literarische Motive auf der Bühne zu präsentieren. Je nach Wunsch entwickeln die Spieler Rollen, die sehr nah an ihre Persönlichkeit grenzen oder bewusst distanziert sind von ihr. Weitere Produktionen sind bspw. ‚Nichts hält mich davon ab – Nem Tarthat vissa semmi attól' (2007), eine bilunguale Produktion mit Jugendlichen aus dem Collegium Martineum (Internat in Ungarn) das unter der Leitung von Uta Plate, Janos Kardos, Beáta Nagy und András Sereglei erarbeitet wurde, 'WEG' (2008) und ‚Meine Lieder singe ich (2009)[156].

‚Herzliches Beileid' von ‚Theater Alt und Jung'

Premiere: 10.10.1991, Kulturfabrik Löseke, Hildesheim
Regie und Dramaturgie: Friederike Fetting und Frank Matzke, Akteure: Karin Blankenstein, Corinna Diedrich, Erna Handwerg, Lore Klimke, Susanne Lauw, Elli Lehmann, Helmut Lehmann, Angelika Pfeiffer

Die Theatergruppe ‚Alt und Jung' aus Hildesheim ist eine etablierte generationsübergreifende Formation, die in Kooperation mit der Volkshochschule Hildesheim Theaterstücke entwickelt und aufführt. Einmal wöchentlich treffen sich die Teilnehmer in den Proberäumen des Stadttheaters Hildesheim und präsentieren ihre Arbeit am Ende des Kurses vor einem interessierten Publikum[157]. Die Leitung der Produktion ‚Herzliches Beileid' übernahmen die Theaterpädagogen Friederike Fetting und Frank Matzke, die heute beide an Hochschulen tätig sind. Friederike Fetting ist seit 2003 wissenschaftliche Assistentin im Fach Erziehungswissenschaft mit dem Schwerpunkt Allgemeine Pädagogik an der Universität Siegen[158] und Frank Matzke ist als Professor im Fachbereich Soziale Arbeit und Gesundheit im Studienbereich Kultur – Ästhetik – Medien tätig[159]. Weitere Theaterproduktionen unter Regie von Frank Matzke sind bspw.: ‚Obere Kreuzäckerstraße 4 – zu Besuch in Preungesheim' (2008), basierend auf Interviews mit Insassinnen und Mitarbeitern der JVA, Bürgern aus dem Stadtteil Preungesheim und Studierenden der Fachhochschule Frankfurt am Main, sowie ‚Hamlet goes hART times'[160], ein Theaterprojekt über Psychatrie und Psychatrieerfahrung (Hannoversche Kammerspiele 2008).

156 Vgl. www.schaubuehne.de (letzter Zugriff 1.9.2009)
157 Vgl. www.tfn-online.de (letzter Zugriff 1.5.2008)
158 Vgl. www.uni-siegen.de (letzter Zugriff 1.5.2008)
159 Vgl. www.fh-frankfurt.de (letzter Zugriff 1.5.2008)
160 Vgl. www.h-art-times.de (letzter Zugriff 1.5.2008)

‚Café Dutschke' von ‚Lubricat'

Premiere am 12.12.2002, Sopiensaele Berlin
Inszenierung: Dirk Cieslak, Produktionsleitung: Anna Hope, Dramaturgie: Barbara Gronau, Bühne: Kerstin Eichner, Kostüm: Katharina Montag, musikalische Leitung: Johannes Alfred Mehnert, Licht/ Technik: Jörg Bittner und Dirk Lutz, Assistenz: Arda Temucin, Akteure: Renate Busse, Ina-Alexandra von Trotha, Ingrid Reader, Ursula Renneke, Niels Bormann, Peter Fieback, Stefan Hufschmidt, Jörg Schiebe

Die Schauspielformation ‚Lubricat' wurde 1989 von dem Regisseur Dirk Cieslak und dem Schauspieler Armin Dallapiccola in Bremen gegründet und hat kontinuierlich in wechselnden Besetzungen mit einer Gruppe von Bühnenkünstlern gearbeitet. Ab 1990 hat ‚Lubricat' in der Internationalen Kulturfarbrik Kampnagel in Hamburg und ab 1993 an der Volksbühne Ost, dem Theater zum Westlichen Stadthirschen und dem Tacheles in Berlin produziert. Im Jahr 1996 fungierte das Kollektiv als Mitbegründer der Sophiensäle, nahm den Spielbetrieb mit der Inszenierung ‚Durchgehend geöffnet' auf und arbeitete seither dort. ‚Lubricat' hat in den letzten 13 Jahren über zwanzig Produktionen vorgestellt und dabei beständig jenseits von Moden, Schulen, und Konventionen des Sprechtheaters die Idee einer zeitgenössischen Theaterproduktion weiterentwickelt. Schon 1991 war die Gruppe mit ihrer Produktion ‚Lockvögel' zu dem Festival Impulse eingeladen (vgl. Programmheft Impulse 2004, S. 26-27). Die neue Produktionsstätte von ‚Lubricat' ist seit 2008, das ebenfalls in Berlin ansässige Ballhaus Ost[161].

‚Deadline' von ‚Rimini Protokoll'

Premiere am 24.04.2003, Deutsches Schauspielhaus Hamburg (‚Neues Cinema')

Konzept/Regie/Projektleitung/Ausstattung: Hegard Haug, Stefan Kaegi, Daniel Wetzel, Dramaturgie: Imanuel Schipper, Licht: Björn Salzer, Akteure: Olaf Meyer-Sievers (Creative Consultant, Trauerredner, OP-Fotograf), Hilmar Gesse (Steinmetz, Außenwerbung), Hans-Dieter Illgner (Bürgermeister a.D., Initator des Flammarium Braubach), Alida Schmidt (Krankenschwester, Vorpräparatorin), Julia Seminova (Trauermusikerin), Alfred Ruppert (Oberbilleteur Kasino im Burgtheater), Sabine Herfort (eh. Krankenschwester)

Helgard Haug, Stefan Kaegi und Daniel Wetzel ehemalige Studenten des Giessener Instituts für Angewandte Theaterwissenschaften gründeten gemeinsam das Performance-Kollektiv ‚Rimini Protokoll' und arbeiten seitdem in unterschiedlichen Konstellationen an ihren Inszenierungen. Im Jahr 2000 begannen sie sog. Expertentheater zu machen, indem sie nicht Laien sondern Experten der Wirklichkeit in das Zentrum ihrer Arbeit stellen. Seit 2004 nutzen sie mit einem eigenen Büro die Räumlichkeiten des Theaters Hebbel am Ufer in Berlin und sind mit ihren Produktionen bereits mehrfach zum Berliner Theatertreffen (‚Deadline' 2004 und ‚Wallenstein-eine dokumentarische Inszenierung' 2006) eingeladen und mit Preisen ausgezeichnet worden. Zu diesen gehört u.a der NRW-Impulse-Preis für das Stück ‚Shooting Bourbaki' (2003), der Mülheimer Dramaturgie- und Publikumspreis für die Inszenierung ‚Karl-Marx: Das Kapital. Erster Band'

161 Vgl. www.lubricat.de (letzter Zugriff 15.09.2009)

beim Festival Stück07 und der Europe Prize New Theatrical Realities im Jahr 2008. Weitere Theaterproduktionen von ‚Rimini Protokoll' sind bspw.: ‚100 Prozent Berlin' (2008) und ‚Wahl Kampf Wallenstein' (2008)[162].

‚Portraits 360 sek.' von Michael Laub

Premiere am 27.04.2002, Deutsches Schauspielhaus Hamburg (Malersaal)
Regie: Michael Laub, Dramaturgie. Imanuel Schipper, Bühne: Jean Baptiste Trystram, Video: Alexander Grasseck/Marcel Didolff, Akteure: Mira Bartuschek, Matthias Breitenbach, Heide Grübl, Ben Daniel Jöhnk, Frank Kienitz, Wolfgang Kremer, Bernd Moss, Albert Niehörster, Martin Pawlowsky, Wiebke Puls, Maja Schöne, Ursula Semmelhack, Samuel Weiss

Michael Laub, geboren in Antwerpen, gründete 1981 die Gruppe ‚Remote Control Productions'. Er produzierte unter anderem 1995 ‚Solo' (mit Charlotte Engelkes), 1997 ‚Planet Lulu', 1998 ‚Frankula', 2000 ‚Pig in Hell' – ein Solo mit einer nicht-professionellen Tänzerin. Seine Arbeit ‚Total Masala Slammer Heartbreak No.5' am Hebbel Theater Berlin wurde von der Zeitschrift „ballettanz international" als eine der herausragendsten Tanzarbeiten der letzten Spielzeit bezeichnet. Im Zentrum seiner Arbeit steht immer das Verhältnis zwischen Realität und Fiktion und der Versuch Genregrenzen aufzuheben, indem er Texte, Tanz, Musik, Licht, Bildende Kunst sowie Mittel des Films kombiniert (vgl. Programmzettel ‚Portraits 360 sek.', Deutsches Schauspielhaus Hamburg). Seine Portraitserie hat Laub mit den Produktionen ‚Portraits Series Alone/Gregoire' (Podewil 2005), ‚Portraits Series Berlin' und ‚Marching Series Berlin Part I' fortgesetzt. Die beiden letztgenannten Inszenierungen waren in den Sophiensaelen Berlin im Rahmen des Festivals Tanz im August 2007 zu sehen[163].

162 Vgl. www.rimini-protokoll.de (letzter Zugriff 1.2.2009)
163 www.dance-photo.de (letzter Zugriff 1.5.2008)

Anhang B: Auszüge eines Gesprächs mit dem Regieteam Helgard Haug, Stefan Kaegi und Daniel Wetzel (‚Rimini Protokoll') über die Produktion ‚Deadline'

Gedächtnisprotokoll (Berlin, August 2003)

Norma Köhler: Wie habt ihr die Darsteller für ‚Deadline' gewonnen?

Daniel Wetzel: Wir haben Annoncen geschaltet. „Das Schauspielhaus sucht Menschen, die etwas mit dem Tod zu tun haben" - das war so das kürzeste Statement. Wir haben auch unterschiedliche Schwarze Bretter genutzt und Bestattungsinstitute besucht. Wir haben versucht, in verschiedene Kanäle zu streuen. Man weiß natürlich vorher nicht, ob dabei etwas heraus kommt. In diesem Fall kam ziemlich viel dabei heraus. Die meisten Interessenten hatten ein ziemlich großes Mitteilungsbedürfnis. Sie hatten meist privat etwas mit dem Tod zu tun. Schicksalsschläge haben sie oft erst in so einen Beruf getrieben. Es gibt häufig eine Unterspannung, die biografisch ist.

Stefan Kaegi: Es gab ganz viele Interessenten, die nur kamen, weil sie ihre Biografie erzählen wollten und nicht des Theaters wegen. (...) Man musste teilweise aufpassen, dass das Casting nicht als Suizidforum aufgefasst wurde.

Daniel Wetzel: Es gab viele Leute, die nicht damit gerechnet hatten, dass es darum ging, sie für die Bühne zu casten. Sie dachten, es würde darum gehen, Hintergrundinformationen zu liefern. Wenn man aber fragt: Möchtest Du Theater spielen?, ist es meist so, dass die Leute überlegen, ob sie schon mal Theater gespielt haben, ob sie also in einer Hobbygruppe oder Theater-AG waren. Wenn sie es nicht waren, dann finden sie, dass sie nicht geeignet sind.

Norma Köhler: Was zeichnet die Darsteller von ‚Rimini Protokoll' aus?

Stefan Kaegi: Sie haben eine Neugier auf das, was heraus kommt. Und sie müssen sich an nichts messen, nicht an den Profis, das begreifen sie und finden sie gut. Obwohl dann auch doch immer wieder die Frage kommt, wann denn der Text komme, oder wann das Stück fertig sei.

Helgard Haug: Wir haben die Darsteller beim Casting auch zueinander ins Verhältnis gesetzt. Unsere Frage war immer: Wie würde das zusammen aussehen?

Daniel Wetzel: (...) Bei uns im Team geht es dann um einen Einigungsprozess. Es gab einen Konsens, dass so krasse Typen, die sich mit dieser Mortalität schon vereinigt haben, aussortiert werden. Es sollten auch keine An-die-Wand-Spieler dabei sein. Casting bedeutet bei uns, dass wir gemeinsam an einem Tisch sitzen und die Kandidaten bitten, sich, vor allen anderen hinzustellen und zu sagen, wer sie sind.

Helgard Haug: Es geht darum, ob man sich mit jemandem versteht, ob man eine spannende Auseinandersetzung erahnt. Wir beobachten auch, wie sie da stehen. Haben sie Spaß am Reden oder sind sie total schüchtern? Sind sie zu ausdrucksstark? Eigentlich ist die Auswahl immer relativ schnell klar. Wir sind uns schnell einig, was zu extrem und was möglich ist. (....) Bei den vier Darstellern bei ‚Deadline' war ein Kriterium, dass sie alle einen anderen Typus bedient haben. Man konnte sie gut gegenüber setzen: Wenn wir jemanden haben, der ein handfester Steinhauer ist, dann können wir auch einen Trauerredner haben, der eher ein gesalbter Eventmanager ist.

Norma Köhler: Warum hat Euch das Thema Tod gereizt?

Stefan Kaegi: Wir haben einige Filme über Sterbehilfe gesehen, da haben wir gemerkt, dass das noch ein starkes Tabu ist. Dann sind wir mal auf einen Übungsfriedhof in der Nähe von Koblenz gestoßen, wo man in einer zweiwöchigen Ausbildung zum Funeralmaster ausgebildet werden kann. Das hat uns neugierig gemacht.

Helgard Haug: Nachrufe waren ganz lange ein Thema. Schreibt man über Nacht einen Nachruf? Es hat uns zwar nie jemand bestätigt, aber es muss eigentlich so sein, dass Nachrufe schon zu Lebzeiten geschrieben werden und man diese immer *updatet*. Da haben wir überlegt, dass man mit Soldaten an Nachrufen basteln könnte. Wir haben uns die Frage gestellt, wie man mit Menschen an ihren eigenen Nachrufen arbeiten kann, während sie noch leben.

Daniel Wetzel: Wir suchen ja auch immer nach Theaterformen außerhalb der *Black Box*. Diese Rituale, die bei den Bestattungsszenen wichtig werden, haben uns interessiert. Inszenierungsformen auf dem Friedhof oder in der Trauerhalle werden wieder wichtiger, weil die Zeit die Du dort verbringst, die Gegenwart des Todes von jemandem der Dir Nahe ist, überhaupt erlebbar macht. Da setzt dann ein *Theater post mortem* ein, wo viele Sterbende Einfluss darauf nehmen, indem sie sagen: Ich möchte diese Musik, ich hätte gerne so und so viele Kerzen und die Art Blumen oder ich soll im Meer beigesetzt werden, etc. Da gibt es ja viele Möglichkeiten.

Norma Köhler: Beerdigungszeremonien sind ja sehr offenkundige Inszenierungen innerhalb der Alltagswirklichkeit. Geht es Euch nur darum, die Inszenierung als Inszenierung zu thematisieren?

Daniel Wetzel: Es kamen auch viele Leute, weil sie mit der Inszenierungsform der Kirche unzufrieden sind und eben neue Inszenierungen suchen, da wird nach einer Avantgarde des *Theaters post mortem* gesucht. (...) Für uns ist Theater so eine Art Werkzeug, was man auch dort hintragen kann, wo nicht damit gerechnet wird.

Norma Köhler: Warum arbeitet ihr mit Biografien?

Stefan Kaegi: Die Spieler sind interessant, weil sie auf der Bühne fragiler sind [als augebildete Schauspieler, Anm. N.K.]. Weil sie nicht wissen, wie was funktioniert auf der Bühne, und wie es gehen kann. Auch die spezielle Körperlichkeit ist reizvoll. Sie spielte auch bei der Auswahl zu ‚Deadline' eine Rolle. Der Bürgermeister bietet zum Beispiel eine ganz besondere Körperlichkeit in seiner ganzen Bürgermeistergestalt.

Norma Köhler: Geht es euch beim Casting der Akteure um eine besondere Präsenz auf der Bühne?

Daniel Wetzel: Man kann schon sagen, dass wir von vorneherein versuchen, dass die Spieler in einem klassischen Sinne die beste Bühnenpräsenz haben. Da gibt es sehr unterschiedliche Richtungen, was diese Verve angeht, auf der Bühne zu stehen. Da ist Hans Dieter mit seiner Bürgermeistervergangenheit, der hat einen ganz bestimmten Stil. Und Hilmar Jesse, der Steinmetz, tendenziell keinen. Er ist noch am ehesten an einem Klischee von Theater orientiert, weil er Öffentlichkeit überhaupt nicht gewohnt ist. (...) Alida Schmidt hat auch eine Form von Theater dabei, indem sie wahrscheinlich so spricht, als wenn sie vor Studenten spreche, also Vorlesungen hielte. Sie hat Vorpräparationskurse gegeben, bei denen sie Studenten im siebten Semester erklärt hat, wie man die Schnitte setzt. Das ist eine vorgefundene Sprechform, die sie da mitbringt. Im Sinne der Bühnenpräsenz sind die Spieler alle sehr unterschiedlich.

Helgard Haug: Vor allem gibt es auch Überraschungen. Hilmar hat im Casting eigentlich ganz toll gesprochen, er hat mit so einem Witz erzählt, was er da erlebt hat, als er Steinmetz war. Aber sobald andere Leute da waren, hat er das nie mehr so rüber gebracht. Unsere Reaktion darauf war, nicht den Menschen aus dem Stück rauszukicken, sondern zu versuchen, damit zu arbeiten. Das ist jetzt eine relativ einfache Idee: Wir haben den Text anders organisiert, er hält jetzt geschriebene Worte hoch. (...)

Daniel Wetzel: Solche *Theatralitätshandicaps* geben formformale Anstöße. (...) Es war klar, dass wir mit seiner Art zu sprechen nicht einverstanden waren. Er hat sich zwar bemüht, kam aber nicht weiter. Und da fängt dann eine Art Amateurtheaterarbeit an, die man dann zu umgehen versuchen muss. An der Sprechtechnik zu arbeiten oder zu improvisieren, das wäre ein völlig anderer Prozess. Irgendwann war uns klar, dass er ein Mann der Schrift ist, denn er ist doch ein Setzer, ein Meißler (...). Die andere Frage war dann, wie man das umsetzen kann. (...) Die Angestellten vom Schauspielhaus [über Filmeinspielungen in der Inszenierung zu sehen, Anm. N.K.] sprechen über das Vorspielen von Tod, und wie der Tod dann auf der Bühne einbricht, wenn jemand echt stirbt auf der Bühne. Da hat es sich angeboten, dass er die Todesdaten in den Stein haut. (...) Bei allem was wir machen, geht es immer darum dass der Spieler weiß, dass er sich auf die Bühne verlassen kann - und was die Biografie angeht: Wir wissen ganz viel von diesen Menschen, wir haben ganz viel gehört, das erzählen sie aber nie auf der Bühne. Biografie interessiert in dem Maße, indem Biografie zu dem gerinnt, wozu die Darsteller fähig sind.

Norma Köhler: Haltet ihr Euer Theater für theaterpädagogisch relevant?

Helgard Haug: Pädagogik ist nie der Grund, warum wir antreten. Wir würden nie sagen, die Leute sollen jetzt bitte mal hier mitmachen, weil sie hinterher ganz viel davon haben, was sie weiterbringt in ihrem Leben, sondern dass man das erst mal des Inhalts wegen macht, weil wir die Menschen interessant finden. Wir wollen ja etwas von ihnen. (...) Wir sagen: Wir möchten mit Euch arbeiten, weil wir das Gefühl haben, wir können hinterher eine tolle Aufführung machen. Ihr bringt etwas ein, was in der Summe mit den anderen und mit unseren Ideen und dem was man als Dramaturgie für so einen Abend findet, etwas ist, was uns wichtig ist, oder was wir sagen oder herausfinden wollen. Es geht schon darum, mit den Leuten erst mal in einen Prozess zu gehen. (...) Wir haben auch genauso viel von der Theaterarbeit, wie die Darsteller. Ich lerne, wenn ich mit den Menschen arbeite ja auch ganz viel über mich und über sie und Funktionsweisen, Themen und Inhalte.

Norma Köhler: Wie würdest du eure Arbeitsweise beschreiben?

Helgard Haug: Wir haben in unserer Arbeit eine journalistische Herangehensweise. Wir stellen uns einem Thema, wir versuchen etwas herauszufinden. Wir machen das gemeinsam mit den Leuten, die letztendlich auf der Bühne sein werden und mit den Leuten, die wir alle zusammen treffen, um Material in den Prozess reinzuschaufeln.

Norma Köhler: Habt ihr einen Namen für Eure Theaterform?

Daniel Wetzel: *Expertentheater* oder *Spezialistentheater*. Wobei das auch im Fluss ist. Es stellt sich schon die Frage, was sich Neues aus den Projekten ergibt.

Norma Köhler: Gibt es unterschiedliche Phasen im Probenprozess?

Helgard Haug: Dass wir uns auf ein Thema einigen, heißt, dass es aus unterschiedlichen Perspektiven interessant ist. Wir müssen uns zu dritt auf das Thema einigen, zu dem wir gemeinsam arbeiten wollen. Stellt es Fragen, die uns alle beschäftigen? Anschließend setzt die Materialsammlung ein. Da fangen wir schon an, Leute zu kontaktieren und mit ihnen zu reden. Das machen wir ganz vorweg. Und in dem Moment, wo wir sagen: Wir machen das Thema in Hamburg und in dem Rahmen, versuchen wir weiter zu beschleunigen und mehr Leute zu treffen. Da setzt aber auch meistens schon die Castingphase ein. Und bei ‚Deadline' war es auch so, dass die Castingphase wiederum ganz viele Aspekte zur Materialrecherche beigetragen hat, da wir dort Pastoren getroffen haben und viele Leute aus dem Pflegebereich, dazu einige Trauerredner und Leute, die durch ihre Geschichten Material einbrachten. Dann geht es irgendwann um die Organisation, also um die szenische Arbeit. Da teilt es sich insofern schon wieder auf, als es sehr unterschiedliche Medien gibt, mit denen man arbeitet. Es gibt immer ein (...) Soundscape, ein Video, eine Lichtschiene und es geht darum, im Raum Lösungen zu finden. Und irgendwann muss man relativ schnell – auch dadurch, dass es Leute sind, die nicht so an die Bühne gewöhnt sind – an Abläufen proben. Und sagen: So, Wir haben jetzt 5, 6,7 Module und die proben wir jetzt in der und der Reihenfolge oder wir versuchen eine andere Reihenfolge, oder wir nehmen das und das raus. In einer Woche arbeitet man ganz, ganz intensiv an einer szenischen Lösung. Die konkrete Probenphase ist relativ lang.

Norma Köhler: Wurde immer mit der gesamten Gruppe gemeinsam geprobt?

Helgard Haug: Im besten Fall ja, zumindest wenn es um die szenische Verdichtungsarbeit ging. Wenn es um die Erarbeitung von Szenen ging, haben wir viele Einzelproben gemacht. Daniel mit diesem, Stefan mit jenem und so weiter. (...)

Norma Köhler: Wie oft wurde geprobt?

Helgard Haug: Man fängt langsam an und dann versucht man, so viel Zeit wie möglich mit den Leuten zu verbringen.

Norma Köhler: Was sind die Kriterien für die Verdichtung der Szenen?

Stefan Kaegi: Der Rhythmus. Wie lange hört man denen [den Akteuren, Anm. N.K.] zu, wann fängt der an abzuschmieren, was im Prinzip das Gefährlichste ist. Es geht ja darum, ihnen einen Rahmen zu geben, in denen sie auch als Nicht-Schauspieler überleben. Der Schauspieler, wenn er abschmiert, ist immer selber Schuld auf eine Art, aber denen haben wir versprochen, dass nichts passiert und dass sie interessant sind.

Norma Köhler: Wie erreicht ihr das?

Stefan Kaegi: Bei uns geht es eher um die Organisation über eine Art Refrain. Bei ‚Deadline' ist es der Umbau als Prinzip. Da haben wir eine Struktur gewählt, in der wir eine Trauerfeier in drei Trauerfeiern aufgeteilt haben. Wir haben gesehen, dass bei Trauerfeiern, die eine halbe Stunde dauern, der Rhythmus sehr hart ist. Da wird dann ganz, ganz schnell umgebaut und dann liegt der nächste Tote da und die nächsten Angehörigen kommen rein. Und trotzdem findet aber innerhalb dieser Trauerfeiern wieder ungefähr das gleiche statt, aber mit einer anderen Färbung – und so ähnlich funktioniert das auch bei ‚Deadline'. Auf der anderen Seite haben wir ein Bild über das ganze Stück hintergelegt, das eine ganze Trauerfeier beschreibt.

Norma Köhler: Es gibt auch Toneinspielungen von elektronischen Geräten, die die Darsteller zu Hause besitzen. Ein Darsteller kündigt zum Beispiel das Geräusch seines Toasters an: „Wenn ich meinen Toaster ausschalte, dann klingt das so".

Stefan Kaegi: Die Frage, wann man stirbt, ist heute immer mehr davon abhängig, wann man sich ausschaltet. Und so haben wir einen assoziativen Bogen zu den Geräten geschlagen. Wir waren ja auch bei all den Leuten einmal zu Hause. Wir haben sie alle besucht und in ihrem Haus auch diese filmische Runde gedreht, diese 360 Grad, die man auf dem Video in der Inszenierung auch sieht. Da haben wir die Darsteller auch verschiedene Geräte ausschalten lassen und geguckt, was sie für Geräte besitzen.

Helgard Haug: Es ging in der Filmidee auch um die Frage: Was lässt man zurück? Man hinterlässt diese realen Räume, und was bleibt zurück? Und man dreht Runden in dem Wunsch, so die letzten Konzentrate zu sehen.

Norma Köhler: Habt ihr im Regieteam jeweils Spezialgebiete? Arbeitet ihr mit einer festgelegten Aufgabenverteilung?

Daniel Wetzel: Nein, es ist offen, wer was macht. Das sind prozessbedingte Verteilungen.

Norma Köhler: Führt ihr Aufwärmübungen zu Probenbeginn durch?

Daniel Wetzel: Wir sind das Anti-Aufwärmtheater. Die Temperatur der Leute, wenn sie hier hinkommen, ist sehr interessant. Diese Transformation in so einem homogenen Ich-versteh-dich-auch-sehr-gut-Theaterkörper ist einfach widerlich. Warum etwas wegmassieren? (...) Das sind Erfahrungen, die wir aus der Theaterpädagogik haben – als Narben.

Norma Köhler: Wie groß ist der Entscheidungsspielraum der Akteure? Bestimmen sie selbst, was sie auf der Bühne erzählen?

Helgard Haug: Geschichten klingen an, aber nicht so, wie in Selbsthilfegruppen, wo jemand aufsteht und sagt: Folgendes hab ich erlebt. Das geht nicht. Denn das hat nichts Zweites. Ich glaube, bei uns ist da immer die Suche nach einer zweiten Qualität in der Art, wie erzählt wird, oder wie jemand als Theaterbesucher wirklich mitgenommen wird, und nicht nur eine Tatsache vorgehalten bekommt.

Daniel Wetzel: Die Ableitungen von Biografie sind interessant und nicht die Biografie selber. Da, wo sie zu einem Moment werden, sich abwandeln. Und dann ist da auch die Verantwortung dem Menschen gegenüber, dass die Leute, die wir auf die Bühne bringen auch immer unbeschadet überleben. (...) Das sie sich nicht während sie auf der Bühne sind, in Frage stellen oder sich angegriffen fühlen oder sich in einem Prozess des Zweifelns befinden. Das ist etwas, worauf wir immer achten.

Norma Köhler: Könntet ihr eure beabsichtigte Wirkungsästhetik näher beschreiben?

Helgard Haug: Die Zuschauerreaktion war, dass Du eigentlich ganz viel mit Dir selber beschäftigt bist. Du guckst die Darsteller zwar an und bekommst die Informationen, aber Du bist vor allem mit Dir und Deinen eigenen Geschichten beschäftigt. Man ist gefangen von den Überlegungen: Wie verhalte ich mich zu diesem Thema, zu meinem eigenen Sterben? Vielleicht hat man selber Menschen verloren, oder hat die Angst davor. Die Ästhetik ist aber nicht pädagogisch gedacht. Da ist einfach ein Anlass gegeben, darüber nachzudenken.

Stefan Kaegi: Die Darsteller haben aber ja auch eine Distanz. Das Stück ist nicht biografisch im engsten Sinne, sondern eher ein Expertentum. Was Alida Schmidt erzählt, ist etwas, das sie aus fachlicher Kompetenz sagen kann, aber was es wieder so heran holt, ist, dass sie über etwas sehr Menschliches spricht. Man hat ja, wenn jemand über den Tod spricht, immer diese Doppelung, dass man das einerseits fachlich fassen kann, aber andererseits selber sterblich ist. Und das geht bei ihr eben so weit, dass sie bis zu ihrem eigenen Körper Überlegungen anstellt, was wäre, wenn sie diese Tätowierung abnehmen und ihrer Schwester weitervererben würde. (...) Aber es sind erst mal angelernte Kompetenzen, die sie zum Teil selber oder mit uns zusammen errungen haben. Die Erfahrung auf dem Friedhof zu graben, haben wir bspw. gemeinsam gemacht und Olaf damit erst zu Experten werden lassen.

Helgard Haug: Ja wir sind auch ins Krematorium gegangen und haben eine Seebestattung mitgemacht. Wir versuchen immer auch Leute aus dem Team mitzunehmen. Bei der Seebestattung war Hilmar dabei, weil der Herr Stade gesagt hat, er würde gern eine Seebestattung machen wollen. Und dann war klar, im besten Fall nimmt man gleich jemanden mit, mit dem man dann gleich weiter daran arbeiten kann. (...) Wir haben immer versucht, bei allen Darstellern zwei Spuren zu entwickeln. Alida spricht einerseits von ihren Erfahrungen im Präparationsaal und dann gibt's die Ebene ihrer Spezialität, wo es erstens um die Vererbung dieser Hautinschriften geht und zweitens gibt es dann die Geschichte mit den Echsen und Insekten und die Beobachtung und die Betreuung davon, dieses Aufheben von Tod. Bei jedem Darsteller gibt es eigentlich immer eine Kombination. Hans Dieter ist der Krematoriums- also ‚Flammariumserfinder' oder Initiator in dieser Gemeinde, wo er als Bürgermeister tätig war und hat dann diesen dramaturgischen Faden mit einem Begräbnis, von dem er erzählt. Hilmar haben wir einerseits als Steinmetz und andererseits als Begleitperson zu Herrn Stade, dem wir also eine zweite Biografie zur Seite gestellt haben. Und er hält auch Kontakt zu ihm. Das ist etwas ganz Schönes, da bei den folgenden Gastspielen auch immer die Frage aufkam: „Wie geht es denn Herrn Stade?" Er ist ja der einzige von den Protagonisten, der nicht mitreist und wo es immer darum geht: Lebt er noch oder nicht?

Norma Köhler: Ging es Euch darum, dass der Zuschauer etwas lernt?

Helgard Haug: Man erfährt etwas.

Daniel Wetzel: Der Tod ist eine riesenfiktive Ebene. Ihn stellen sie zur Disposition und sprechen darüber.

Helgard Haug: Diese Nüchternheit des Stücks ist interessant. Sie ermöglicht es Fragen zu stellen: Wie ist das jetzt eigentlich, haben die Strebenden jetzt die Augen offen, oder nicht? Hat diese Sterbe-Geste die ich in drei Filmen sehe etwas mit der Realität zu tun? Und was ist mit dem Mythus der letzten Worte? Ruft man nach Mama?

Stefan Kaegi: Letztlich ist es ein dokumentarisches Theater, das sich selber als Medium durch kleine Lügen in Frage stellt, mit Theatralitäten spielt, wie das ein Fernsehfeature auch macht, um die Leute beim Gucken zu halten. Es sind Methoden etwas zu erzählen. Fiktionen gibt es im Theater schon genug – und beim Dokumentarfilm teilt sich das ja auch in Dokumentation und Fiktion.

Anhang C: Auszüge eines Gesprächs mit Alida Schmidt (Darstellerin) über die Produktion ‚Deadline' von ‚Rimini Protokoll'

Gedächtnisprotokoll (Berlin, November 2003)

Norma Köhler: Wie war Deine Grundmotivation für die Teilname an der Inszenierung?

Alida Schmidt: In der „Morgenpost" war eine Anzeige: „Das Schauspielhaus sucht Leute, die beruflich mit dem Tod zu tun haben." Da habe ich gedacht: Das ist super. Als Krankenschwester und Medizinstudentin, rufst Du da mal an. Ich fand die Anzeige einfach *strange*, weil ganz viel von dem, was ich mache, mit dem Tod zu tun hat und man sich nicht mit vielen Menschen austauschen kann, weil die meisten das nicht hören wollen. Also, wenn ich meiner Familie erzählt habe, was ich am Präparationssaal am Tisch erlebt habe und immer ganz spannend, toll und unglaublich faszinierend fand, gingen sie nach und nach aus dem Raum. Also habe ich gedacht: Super, da kannst Du Dich mal austauschen. Bei der zweiten Einladung war dann klar, dass es ums Spielen ging.

Norma Köhler: Wie liefen die Castings ab?

Alida Schmidt: Wir haben Aufgaben bekommen. Beim ersten Treffen waren die Fragen: Was macht man beruflich? Was hat man für Erfahrungen mit dem Tod? Wie hat man diese Erfahrungen erlebt? Beim zweiten Treffen sollten wir Dinge mitbringen, die wir anderen Menschen hinterlassen möchten. Die wurden dann zusammengestellt, und man referierte über das, was die anderen mitgebracht hatten. Ich hatte ein paar Echsen, gestorbene Echsen im Glas, die ich mal gekauft hatte, und die habe ich mitgebracht. Denn ich hab Schlangen, Spinnen und Amphibien, und die sind für mich sehr wichtig und da wurde natürlich nachgefragt. Weil es mir sehr frisch in Erinnerung war, habe ich halt erzählt, dass meine beiden Teppichpythons gestorben sind und dass ich die immer noch in meinem Kühlschrank gelagert habe.

Norma Köhler: Gab es noch weitere aufgaben für die Materialsammlung?

Alida Schmidt: Die Arbeit mit den Objekten zum Beispiel: (...) Hans Dieter Illgner (...) hatte eine Mappe mit. Ich habe noch nicht mal geguckt, was drin ist, aber ich habe gedacht: O.K. die kann ich ja mal mitnehmen und dann sagen was mir dazu einfällt. Was dieser Mensch, in diesem Fall mit der Mappe, hinterlassen möchte. Mir ist Folgendes eingefallen: Wenn jemand etwas in eine Mappe packt, ist er ein ordentlicher Mensch und hatte wahrscheinlich auch viele Aktivitäten, die er ordnen muss. Ein Trauerredner hatte meine Echsen mitgenommen und die Vermutung angestellt, dass das jemand ist der vielleicht den Traum hat, noch exotische Länder zu sehen.

Norma Köhler: Woraus bestanden Deine Rechercheaufträge?

Alida Schmidt: Ich habe nicht viel für mich recherchiert. Ich bin mit Helgard Haug und **Olaf Mayer-Sievers** ins Anatomische Institut gefahren, weil ich da jemanden sehr gut kenne und einen Termin organisieren konnte, an dem wir uns die Katakomben angucken konnten, in denen die Leichen für den Kurs vorbereitet werden. (...) Für mich war das ein echt spannendes Heimspiel. Ich habe aber immer das Gefühl gehabt, dass das Regieteam uns immer beobachtet und geguckt hat, was an uns interessant ist. Das ich mal Ballett gemacht habe, war ja auch nur so ein dummer kleiner Nebensatz, der dann aber aufgegriffen wurde.

Anhang D: Auszüge eines Gesprächs mit Olaf Meier-Sievers (Darsteller) über die Produktion ‚Deadline' von ‚Rimini Protokoll'

Gedächtnisprotokoll (Berlin, November 2003)

Norma Köhler: Wie verlief der Probenprozess?

Olaf Meier-Sievers: Wir haben begonnen mit einer Phase, die von ‚Rimini Protokoll' als Schwämmchenphase beschrieben wurde, oder eigentlich eher als Schwammphase, denn es musste wohl ein großer Schwamm sein, der ganz viel aufsaugen konnte. Eine Phase in der wir alle eigentlich zuerst einmal erzählt haben, sowohl über die beruflichen Berührungspunkte mit dem Thema Tod und Sterben, die bei uns ja auch teilweise mehrere Ebenen haben, als auch über persönliche Erfahrungen mit Tod und Sterben. Wir haben erzählt, wir haben Materialien mitgebracht – ob das nun Photos waren oder Gegenstände. Gesammelt, zusammengetragen, erzählt, zugehört. Dazu ergänzend sind wir auch noch dazu angehalten worden, in eine Recherchephase zu gehen. Also jede und jeder von uns hat in dieser Zeit auch noch einmal Bereiche kennen gelernt, die er/sie vorher noch nicht kannte. Ganz konkret bin ich zum Beispiel bei den Totengräbern auf dem Friedhof gewesen, hab zugeguckt, wie sie sich in die Tiefe graben und sie dabei interviewt. Ich habe mir die Friedhofssoftware ‚Fritz' angeguckt. Der Hamburger Hauptfriedhof Ohlsdorf ist der zweitgrößte Friedhof der Welt. Ich glaube, er hat 800.000 Grabstellen oder so etwas Absurdes. Um so etwas verwalten zu können, braucht man natürlich auch digitale Unterstützung. Ich bin in der Pathologie gewesen, habe mir die Leichenlager, sozusagen das Arbeitsmaterial angesehen, und erfahren, wie lagern die eigentlich, wie sieht das aus? Wie riecht das eigentlich, etc.?

Norma Köhler: Hast Du deine Rechercheorte selbst (aus)gesucht?

Olaf Meier-Sievers: Nein, das waren Vorschläge von Rimini Protokoll. Es ist auch immer jemand von ‚Rimini Protokoll' dabei gewesen. Jeder von uns hat solche Orte besucht und Interviews geführt. Das ist dann auch auf Video und per Tonband dokumentiert worden. Teile davon sieht man auch als Einspielungen im Stück, also zum Beispiel die Grabungsfotos sind wirklich entstanden, während ich mich mit dem Totengräber auf dem Friedhof unterhalten habe. Insofern haben wir von uns persönlich ganz viel eingebracht, wir haben uns aber auch Bereiche dazu erkundet. (...)

Norma Köhler: Wie gefällt Dir die Inszenierungsstrategie, Biografie als ‚Rohmaterial' für eine Theaterinszenierung zu nutzen?

Olaf Meier-Sievers: Mir ging das so, dass ich von Anfang an großes Vertrauen zu den Dreien (‚Rimini Protokoll') gehabt habe, das ich dann auch in der Arbeit bestätigt gefunden habe. Da war ein sehr gutes Gespür dafür da, wo es jetzt vielleicht zu weit geht, wo es zu sehr in persönliche Felder geht und man sich lieber wieder etwas zurückzieht. Aber es gab auch ein Gespür für das Aufgreifen von Sachen, wo man noch ein wenig mehr herausfordern kann. Ein ganz spannender Punkt für mich war, dass wir über lange Phasen die persönlichen Geschichten auch persönlich erzählt und eingebracht haben – und sich irgendwann die Konstruktion dahingehend änderte, dass auch Teile von Anderen übernommen wurden. (...) Wir haben nachher auch über die Anderen berichtet und sozusagen die Bälle hin und her geworfen.

Das war ein interessanter Aspekt, der beinhaltet, dass wir Darsteller uns wirklich als Team verstehen und zueinander das Vertrauen haben, achtsam mit unseren Biografien umzugehen, oder mit unseren Empfindlichkeiten (...).

Norma Köhler: Kannst Du sagen, dass Du während dieser Produktion etwas gelernt hast?

Olaf Meier-Sievers: Für mich ist die größte Lernerfahrung – die hängt jetzt nicht so sehr mit dem Inhalt des Stückes zusammen – dass ich es saugeil finde, auf der Bühne zu stehen, dass es mir tierisch Spaß macht. Das zweite ist: Wir haben ja von ‚Rimini Protokoll' die Aufforderung auf der Bühne zu improvisieren, auch Fehler zu genießen und zu gucken, was daraus gemeinsam konstruktiv entsteht. Wir waren und sind nicht gebunden an einen stringenten Text, sondern diese Lebendigkeit des Erzählens soll auch erhalten bleiben. Was ich dadurch gelernt habe, ist, wenn ich feststelle: Huch, es läuft heute irgendwie anders, oder: Es gibt eine Panne, oder: Ich habe etwas vergessen, ich diese Momente jetzt besonders genieße – dieses Überrascht werden von der Herausforderung, das jetzt geregelt zu kriegen zu müssen. Was machen wir da heute draus und wie finden wir einen Faden, dass es dann trotzdem gemeinsam weiter geht? Diese Herausforderung auf der Bühne so leben zu können, ist etwas, wozu ‚Rimini Protokoll' beiträgt (...). Das gibt mir ganz persönlich – ich habe ja beruflich als Trauerredner ganz viel mit Publikum zu tun – das Gefühl, dass sich schon alles irgendwie regeln wird, wenn Du wach dabei bleibst und Dich wirklich kommunikativ in den Zusammenhang stellst.

Norma Köhler: Das es sogar Spaß macht, wenn etwas schief läuft, hängt das von dem Licht und Tonkonzept ab, das Euch immer wieder Hilfestellungen gibt?

Olaf Meier-Sievers: Das Konzept ist so, dass es das möglich macht. Der Teamgedanke ist ganz stark: Dass wir uns als Ensemble empfinden, dass wir uns gegenseitig auch ganz stark unterstützen. Aber natürlich auch die ganz klare Freigabe: „Wenn ihr auf der Bühne mal nicht mehr wisst, wie es weiter geht, dann fragt euch einfach gegenseitig". Das wirklich offen auf der Bühne zu kommunizieren hat es auch schon gegeben. Ich habe bei einer Vorstellung überhaupt nicht mehr gewusst, was kommt, ich war aber dran, etwas zu tun. Ich habe dann einfach meine Kollegen auf der Bühne gefragt: „Sag mal, ich habe gerade ein völliges Blackout, könnt ihr mir mal sagen was jetzt kommt?" „Nein, wissen wir auch nicht. Ach doch, ich glaub das und das." „Ja, stimmt." Und das war völlig in Ordnung.

Norma Köhler: Die Bühne bei 'Deadline' ist ja multimedial ausgestattet...

Olaf Meier-Sievers: Was ich natürlich auch lernen musste, ist: Ich muss (...) wissen auf welche Stichwörter die Technik oben bestimmte Einspieler reinfährt, Lichtstimmungen ändert, oder den Mikroport wegschaltet (...). Das heißt, bei aller Improvisation auf der Bühne muss ich trotzdem an die Cues denken, die ja da sein müssen (...), wissen, da ist noch ein zweites Team, das ist auf der Bühne nicht sichtbar, aber ein ganz ganz wichtiger Teil des Stücks.

Anhang E: Auszüge eines Gesprächs mit dem Regisseur Dirk Cieslak (‚Lubricat') über die Produktion ‚Café Dutschke'.

Gedächtnisprotokoll (Berlin, März 2004)

Norma Köhler: Wie lang war die Produktionszeit für die Inszenierung 'Café Dutschke'?

Dirk Cieslak: Wir haben zwei Monate lange gearbeitet. Zwei mal vier Wochen. Die ersten vier Wochen waren dazu da, mit den Laien zu sprechen, also in ihren Erinnerungen zu graben. Sie haben viel mitgebracht, viel erzählt. Es war reine Materialfindung, und sicherlich haben wir mal ein paar szenische Sachen ausprobiert. Die Darsteller [Profis, Anm. N.K.] sind teilweise mit zu ihnen nach Hause gegangen.

Norma Köhler: Mit einem bestimmten Recherche-Interesse?

Dirk Cieslak: Nein. Wir haben einfach ganz viele Geschichten auf Karteikarten gesammelt. Und die zweite Sache, die in den ersten vier Wochen anstand, war, etwas als verbindendes Glied, für diesen Abend zu finden. Das war die Musik. Dass alle Spieler zusammen Musik machen müssen, war auch bei der Auswahl entscheidend, wer bei dem Stück mitmacht. Alle Spieler mussten halbwegs musikalisch sein. Nicht besonders, aber, dass sie entweder singen können oder ein Instrument spielen, war wichtig. Wir haben mit einem musikalischen Leiter zusammengearbeitet, der sehr viel Erfahrung darin hat, mit Laien Musik zu machen. (...) Wir haben auch mit den Laien darüber gesprochen, welche Musik sie gut finden und so haben wir ein kleines Repertoire angelegt. (...)

Norma Köhler: Haben die gecasteten Spieler/innen sich ohne Zögern auf das Spiel mit Erinnerungen eingelassen?

Dirk Cieslak: Es ist Ihnen vom ersten Moment an gesagt worden, dass sie nicht irgendetwas spielen müssen. Ein Teil von ihnen hatte Schultheater gespielt, klar – aber es gab niemanden, der seit längerer Zeit in einer Seniorentheatergruppe gespielt hatte und darüber verbildet war. (...) Die Laien haben die Arbeit sehr genossen. Für alle Laien war die Produktionszeit eine sehr wichtige Erfahrung: Vor allem, in diesem Moment der Aufführung auch wirklich kleine Stars zu sein. Sie waren ja auch sehr geschützt und es wurde ihnen Raum gegeben. Für eine der Laien-Darstellerinnen war es sehr wichtig, viel über ihr Leben zu reflektieren. Für einige hatte das Theater geradezu einen therapeutischen Effekt.

Norma Köhler: Auf Eurer Homepage bezeichnest Du die Darsteller der Formation Lubricat als *Heroen*. Sind die gecasteten Laiendarsteller bei der Produktion ‚Café Dutschke' auch *Heroen* für Dich?

Dirk Cieslak: Ja, sie haben das ja tapfer gemacht. Dadurch, dass wir es geschafft haben, so eine Vertrauensbasis aufzubauen zwischen allen. Es war ja immer klar, wir machen hier Theater. Es ging nie darum zu sagen, wir erzählen hier primär eure Biografie. Es geht nicht um eure Selbstdarstellung. Wir benutzen eure Biografien, um ein Theaterstück zu machen. Auch dieses Verhältnis war immer klar. Wir haben nie so mit ihnen gesprochen: Ihr habt so tolle Biografien, und wir würden die gerne in Szene setzen. Wir haben gesagt, wir wollen einen Abend machen mit 60-jährigen, mit dieser Generation, wir wollen etwas über deutsche Wirklichkeit erzählen, und wir wollen das machen mittels biografischen Materials.

Norma Köhler: Dazu waren die Laien vorbehaltlos bereit?

Dirk Cieslak: Ja. Wir haben auch ihre darunter liegenden Erwartungen bedient. Wir haben ihnen ja Platz gelassen. Es hat ja jeder das Gefühl gehabt, er kann von sich erzählen. (...) Aber über all diese Lebensentwürfe kann man in einen Diskurs treten, darüber nachdenken, das kann man ja. In einem zweiten Schritt.

Norma Köhler: Es ging aber nicht darum, in den Biografien der Laien Gemeinsamkeiten zu finden? War es nicht das Interesse der Inszenierung die Botschaft einer Generation zu vermitteln?

Dirk Cieslak: Es ging darum, allen ihren Platz einzuräumen. Und das funktioniert im Ganzen über die Form, die Komposition des ganzen Abends; keiner von diesen Darstellern alleine wäre tragend gewesen. Es funktioniert über den Gegensatz und das Abschneiden.

Norma Köhler: Also interessiert das kollektive Gedächtnis einer Generation gar nicht?

Dirk Cieslak: Es geht um ein Spiel mit dem biografischen Material. Natürlich geht es schon darum, was ist dieses Westdeutschland eigentlich gewesen? Woraus setzt sich das zusammen? Was sind tragende Elemente darin? So eine Geschichte, wie wenn dieser Peter erzählt, wie er mit seiner Behindertenkarte über alle Nahverkehrszonen in Westdeutschland fährt. Westdeutschland zu begreifen als ein einziges Netz von Nahverkehrszonen. Und dass es wirklich jemanden gibt, der sehr sympathisch ist, das ist nicht einfach so ein kleiner Spießer, der jetzt wirklich ausrechnet, wie er irgendwie mit Nahverkehrszügen bis zum Brocken kommt, nach Hause zu seiner Mutter. Das sagt ganz viel aus über diese Mentalität und diese Generation, über diese Zeit, über dieses alte Westdeutschland.

Norma Köhler: Handelt es sich bei ‚Café Dutschke' um ein Spiel mit biografischen Versatzstücken, bei denen der Zuschauer weiterführende Assoziationen entwickeln soll?

Dirk Cieslak: Ja, die Inszenierung arbeitet immer damit, dass man als Zuschauer das kennt, was man da auf der Bühne sieht. Ich glaube, wenn man aus dem Osten kommt, ist es vielleicht viel schwieriger, weil da die Bezugspunkte fehlen. ‚Café Dutschke' arbeitet ja damit, dass diese biografischen Erzählungen etwas auslösen bei einem. Man kann sich das Stück aber ganz verschieden aneignen. Es gibt keine zwingende *message*. Es ist eher eine Projektionsfläche.

Norma Köhler: Noch mal zurück zum Produktionsprozess. Habt ihr immer mit allen Ensemblemitgliedern gemeinsam geprobt?

Dirk Cieslak: Nein, das vermischt sich immer. Wir haben viele Einzelproben gehabt. Die letzten vier Wochen wurde immer mit allen geprobt. Es kam teilweise auch von den Spielern das Bedürfnis, bei den Proben der anderen dabei zu sein. Da gab es im Anschluß an die Proben öfter die Reaktion: „Ach, das hab ich ja gar nicht gewusst von Dir".

Norma Köhler: In der Inszenierung gibt es ja immer szenische Paarkonstellationen zwischen einem Laien und einem Profi. Hast du also Arbeitsaufgaben an Paare gegeben?

Dirk Cieslak: Ja, nach den ersten Eindrücken (...) haben die Darsteller [Profis, Anm. N.K.] Vorschläge erarbeitet. (...) Das ergab sich organisch aus dem räumlichen

Konzept. Bei Renate [Laiendarstellerin, Anm. N.K.] ging es ganz viel um Tagebücher und in ihrem Leben hatte sie ganz viel fotografiert. Dann haben wir gesagt: Ihr zwei Frauen [Profidarstellerin Ulla und Laiendarstellerin Renate, Anm. N.K.], setzt euch mal zusammen und guckt gegenseitig: Was würde mich noch vertiefend interessieren? Aus dem Themenbereich etwas, aus dem Themenbereich etwas (...) das geht ja nicht mit der ganzen Gruppe. Ich habe nie eines dieser Tagebücher in der Hand gehabt, klar war nur, diese Frau [Renate, Anm. N.K.] braucht eine klare Form, indem sie was liest. Und dann ging es darum, das Richtige zu finden und auszuwählen.

Norma Köhler: Wer hat, nachdem ihr viele biografische Geschichten gesammelt hattet, dann ausgewählt, was interessant ist? Wie habt ihr das biografische Material verdichtet?

Dirk Cieslak: Das ist ein organischer Prozess. Man hat also in diesen vier Wochen einen Eindruck von den einzelnen Laien bekommen, davon wozu sie überhaupt in der Lage sind. Wir haben gesehen, wie sie in der Probe sind. Wir haben Wege gesucht, was sie wohl machen können; mit Renate haben wir dann beispielsweise eine Art Interviewsituation geschaffen. Das war eine Situation, in der sie sich sicher fühlte, da war das also die richtige Form. Eine andere Darstellerin hat aus ihren Tagebüchern gelesen. Das war dann auch die Form, wo wir dachten, das stimmt. Das könnte bei irgendjemand anderem ganz anders aussehen. Bei dem Lehrer Peter war klar, dass es ihm relativ leicht fällt, frei zu sprechen; er ist es gewohnt. So haben wir mit den Laien zusammen überlegt: was stimmt da?

Norma Köhler: In welcher Hinsicht? Kannst Du die beabsichtigte Wirkungsästhetik näher beschreiben?

Dirk Cieslak: Es gibt ja verschiedenes szenisches Material. (...) Man weiß nicht immer genau, ist es inszeniert, ist es Zufall? Da ist immer so eine Grundspannung angelegt (...) zwischen den Laien und den Schauspielern, zu sagen: Du bist doch verantwortlich, dass das hier funktioniert. Und: Du kannst drauf vertrauen, dass ich da neben Dir stehe (...). Das Aufeinander-Hören ist dabei wichtig. Das ist das Hauptding. Die Beziehung zwischen den Laien und den [professionellen Anm. N.K.] Darstellern ist elementar. Die Aufmerksamkeit und das Vertrauen. Das ist elementar dafür, dass das Theater trägt. Darüber wird auch dieser Eindruck von Authentizität erzeugt. Denn es ist ja alles durchinszeniert, es ist ja nichts Zufall. Es ist zwar immer ein bisschen besser oder schlechter, wie jeder Theaterabend. Mal ist der Abend wirklich überaus spannend, mal denkt man, was ist das für ein Gebrutzel, aber das ist ja normal für Theater. Von daher, die Konstellation, Darsteller (Profis, Anm. N.K.) und Laien, diese Beziehung, bildet die Basis dafür, dass dieser Abend etwas davon bekommt, dass man denkt, das ist authentisch, das ist wahr, wobei das ja gar nicht wahr ist, es ist gelogen auf eine Weise. Was ist da wahr? Es ist eine Komposition aus verschiedenem Material, Ausschnitte, die komponiert sind, Dinge die endlos weitergesponnen sind, bei denen man sich hinterher fragt, was ist da eigentlich wahr? Stimmt das? (...) Der entscheidende Punkt ist, dass es inhaltlich darum ging, westdeutsche Wirklichkeit nach 1945 abzubilden. Das Selbstverständnis dieser Generation, die ja dieses Land entscheidend geprägt hat. Darüber etwas zu erzählen, sichtbar zu machen, zu kristallisieren. Sehr viel mehr, als etwas zu erzählen. Das Erzählen hat ja immer einen *touch* davon, dass etwas an eine Geschichte gebunden ist. Selbst das Wort Biografie hat immer den Anspruch, einen Lebensbogen zu erzählen, das haben wir ja nicht getan. Es wird von keiner dieser Figuren ein durchgängiger Lebensbogen gezeigt. Biografisches Material war also dazu da, um etwas zu thematisieren.

Norma Köhler: Um was zu thematisieren?

Dirk Cieslak: Das Bild einer Generation, das Selbstverständnis der Generation der 60-jährigen heute, die als Generation wirklich so entscheidend war dafür, wie sich das Land bis heute entwickelt hat. Das sind diejenigen, die diese westdeutsche Republik geprägt haben. (...) ‚Café Dutschke' ist eine fiktionale Dokumentation. Ich hole mir konkretes Material aus der Wirklichkeit und fiktionalisiere es. Allein dadurch, dass ich es so zerhacke, in Partikel zerlege und neu zusammensetze.

Norma Köhler: Zu Beginn der Inszenierung eröffnet ihr den Abend mit einem Geburtstagsständchen für eine der Spielerinnen, es wird Kuchen gegessen...

Dirk Cieslak: Das ist einfach ein *Opening*. In dieser Szene wird klar gemacht, welchen Charakter dieser Abend hat. Die Darsteller sind zusammen, feiern zusammen irgendetwas. Der Abend ist ja sicherlich keine realistische Situation in dem Sinne, dass diese Leute zusammenkommen und sagen, wir sind jetzt in einer Familienfeier oder wir sind heute auf einer Geburtstagsfeier. Das einzige, was gezeigt wird, ist dass die Leute irgendwie miteinander in Verbindung stehen. In was für Zusammenhängen, wissen wir nicht. (...) Der Abend thematisiert eigentlich sich selbst. Beständig. Bezieht sich auf sich selbst, auf die Proben, auf die Situation, wie es angefangen hat, wie es sich entwickelt hat, dass man einfach zwei Monate zusammen war und es für alle, glaube ich, eine sehr gute Zeit war.

Norma Köhler: Das gibt es in der gegenwärtigen Gesellschaft auch eher selten, ein derart interessiertes Gespräch zwischen den Generationen.

Dirk Cieslak: Der Abend schafft und thematisiert ja folgendes: eine soziale Situation, in der Menschen verschiedener Generationen an einem Tisch sitzen, sich für einander interessieren, etwas von sich erzählen. Etwas, was eigentlich ein sozialer Standard ist, der aber immer weniger existiert. (...) Es scheint (...) etwas zu verschwinden, zumindest in den Formen, die wir kennen. Ich will das (...) nicht bewerten, aber was mich interessiert, ist das Soziale, also etwas, was sich in dieser Gesellschaft ja auch so entwickelt hat. Wenn man es in dieser Gesellschaft nicht schafft, dass Generationen irgendwie miteinander kommunizieren oder irgendeine Art von sozialem Band aufrechterhalten, wie auch immer sich das gestaltet, dann wird es schwierig. (...) Letztlich ist das, was wir da machen, ein *Theater des Sozialen*. Ein Theater, in dem eine soziale Grundsituation in Szene gesetzt wird, nichts Anderes ist das. Und das hat, dadurch dass das Soziale sehr häufig attackiert wird, natürlich eine ganz wichtige Funktion. Ich will aber auch kein Laientheater machen oder sozialpädagogisches Theater. Denn wir haben es hier auch mit professionellen Darstellern zu tun. Mit wachen, jungen Menschen, die ihr Handwerk verstehen. Und ohne diese Menschen hätten wir es nicht hinbekommen, wie es jetzt ist. Ich mache kein soziopolitisches Theater. Worum es hier geht, ist, ein anderes Selbstverständnis von Theater zu kreieren, und auch einen Moment von Öffentlichkeit.

Norma Köhler: Führt dieses Selbstverständnis eines *Theaters des Sozialen*, wie Du es beschreibst, auch dazu, dass so eine große Harmonie auf der Bühne vorherrscht?

Dirk Cieslak: Die Zuschauer waren beglückt über die Harmonie des Abends, aber, sie hatten als Zuschauer auch eindeutig ihre Lieblinge. Das mit der Harmonie mag daran liegen, dass wir uns vorgenommen haben, wir machen ein schönes Weihnachtsstück. Genau dieses Moment von Integration bedeutet ja, es geht an diesem Abend nicht darum, Konflikte zu thematisieren, es geht darum, die Basis für einen – Friedensschluss jenseits der Konflikte zu finden, also darum, dass man irgendwie miteinander auskommt. Nicht im totalen, absoluten Sinn, sondern in einem situativen Sinn. Grundsätzlich kannst du in einer Gesellschaft ja nur existieren, wenn du Wege schaffst, dass alle Platz haben in der Gesellschaft, dass niemand marginalisiert wird und dass auch alle Menschen die Möglichkeit haben, ihren Platz zu beziehen, irgendwo aufgehoben zu sein. Wie will man sonst auch etwas verändern? Das ist er der Punkt an diesem Abend. Ich finde es überaus langweilig, wenn da ein Generationenkonflikt gezeigt würde. (...) Von daher ist es natürlich schwierig, wenn man sich nicht erfassen lässt von einer bestimmten Zuneigung zu denen, die da auf der Bühne sind, wenn man den Generationenkonflikt sucht, bzw. ihn inszeniert haben möchte. Es gibt doch noch etwas anderes als diesen Konflikt.

Norma Köhler: Du schreibst auf eurer Homepage von der Produktivkraft der Differenz zwischen Ausdruck und Botschaft. Ist das ein grundsätzliches Prinzip eurer Theaterarbeit? Woran kann man diese Produktivkraft im ‚Café Dutschke' festmachen?

Dirk Cieslak: Das ist bei so einem Abend wie ‚Café Dutschke' natürlich schwierig. Die Idee kommt eigentlich aus einem Formprinzip, woran ich lange gearbeitet habe. Bis Ende der 1990er, wo ich ganze Stücke choreografisch erarbeitet habe und z. B. eine bestimmte Musikalität der Sprache gegen eine bestimmte Choreografie des Körpers gesetzt habe. Da war die Produktivkraft der Differenz zwischen Ausdruck und Botschaft also in einem Formprinzip aufgehoben. Heute ist es sehr viel mehr eine Haltung oder ein Blick. Es ist sozusagen schmutziger. Es hat sich transformiert in einen Blick des Regisseurs auf das, wie er es arrangiert, wie er es komponiert. Es geht also nicht darum, eine Einheit zu formen, sondern Differenz zu formen. Bei ‚Café Dutschke' ist es sicherlich in der Frage enthalten, wie die Ausschnitte gewählt worden sind, was die jeweiligen Aspekte sind. Es ist eher ein Kompositionsprinzip. (...) Die Konstellation hat ausgemacht, wie die Ausschnitte sind. Im Vordergrund steht immer diese Beziehung unter den Darstellern, zwischen den Laien und den Profis. Dadurch, dass diese Spannung immer da ist, wird verhindert, dass man sagt: Haben die aber eine tolle Biografie! Das ermöglicht solche banalen Biografien, solche Typen, solche typischen Biografien bzw. Versatzstücke daraus. Man kennt diese Haltungen. Man kennt auch das Gefühl, man hat ein bestimmtes Bild. Es hat eben genau nicht diese Sentimentalität, die Heimatabende haben. So kitschig ist es ja nicht.

Norma Köhler: Die Spieler haben eine starke Präsenz auf der Bühne.

Dirk Cieslak: Die Laien bleiben lebendig, weil die Darsteller (Profis, Anm. N.K.) immer dabei sind. Diese einfache Grundsituation, mit der wir diese Arbeit angefangen haben, hat das möglich gemacht. Weil es eben darum ging, diese Situation wirklich ernst zu nehmen. Sie wurde nicht überhöht durch ein theoretisches Konzept.

Nicht, da will ich hin und das will ich zeige (...). Ich behaupte, dass Theaterleute das eigentlich hassen, was wir machen. Wir sind eine der wenigen Kompanien, die so mit Stückentwicklungen arbeiten und uns konsequent dem dramenzentrierten Theater verweigern und wirklich auch mit neuen Ansätzen kommen. Und dieser Ansatz ist nicht kompatibel. Und da wirft man uns dann vor, das sei wie Fernsehen. Und sie haben Recht. Es ist wie Fernsehen.

Norma Köhler: Dagegen sträubst du dich nicht?

Dirk Cieslak: Dagegen sträube ich mich überhaupt nicht. Na gut, wenn mir jetzt jemand sagt, das ist wie RTL 2 dann sage ich, nein, das stimmt nicht, er soll sich das noch mal angucken. Wenn jemand sagt, das ist wie Arte, dann ja, dann bin ich einverstanden. Denn Fernsehen ist ja auch nicht gleich Fernsehen. Ich habe eine musikalische Komposition gemacht. Dieses Kompositionsprinzip ist normal. Wie soll man sonst zu Ergebnissen kommen? Wir lassen uns aber nicht festlegen auf hohe Abstraktion, hohe Kunst, wo sich alles in ästhetische Erfahrung auflöst oder eben auf klassische dramatische Erzählungen. Und ich denke, wir benutzen ein abstraktes Formprinzip, um aber ganz konkrete Themen zu bearbeiten. (...) Es ist ein Theater für Millionen, was wir gemacht haben. Ich habe so ein Publikum auch noch nie gehabt. Derart gemischte Leute. Es ist kein Theater für das klassische Theaterpublikum, und das finde ich auch gut.

Anhang F: Auszüge eines Gespräch mit Ingrid Reader (Laiendarstellerin) zur Produktion ‚Café Dutschke' von ‚Lubricat'

Gedächtnisprotokoll (Berlin, März 2004)

Norma Köhler: Wie haben Sie von der biografischen Theaterproduktion erfahren?

Ingrid Reader: Meine Freundin Ina berichtete mir davon – und ich sagte: „Oh, das würde ich auch gerne machen". Und dann, nach einem telefonischen Kurzgespräch [mit Dirk Cieslak, Anm. N.K.], haben wir uns getroffen und dann habe ich eben von meinem Leben erzählt, dass ich aus der Lüneburger Heide, aus einer Bauernfamilie stamme, und dass ich schon über 30 Jahre in Berlin bin, und was ich schon alles gemacht habe. (...)

Norma Köhler: Es ging ja um die Arbeit mit Ihrer Biografie. War das für Sie immer auch mit einem Wahrheitsanspruch verbunden?

Ingrid Reader: Es ist lustig: viele Sachen, die ersponnen waren, wurden für wahr gehalten und anders herum (...) Bei mir wollten sie auch mal was dazudichten, da habe ich mich aber gewehrt. Ich war in London und habe da die Rolling Stones gesehen. Das war ein Wahnsinnskonzert im Hydepark und da wollten sie mir andichten, dass ich mit dem Mick Jagger ein Verhältnis hatte. Da hab ich gestreikt. Dirk Cieslak meinte, wem sonst könnte man das zutrauen, weil ich eben auch ein bisschen für die freie Liebe stehe (...).

Norma Köhler: Es war also Ihr persönlicher Anspruch, dass alles der Wahrheit entsprechen sollte?

Ingrid Reader: Ich bin da zweiseitig. Mal hatte ich schon Spaß am ‚Rumspinnen', aber so ganz abgefahrene Sachen, da traue ich mich nicht dran. Wenn es klar gewesen wäre, dass alle das machen; aber ich dachte, die machen das nur mit mir. Hinterher habe ich rausgekriegt, dass die überall die Wahrheit verändert haben. Es wurde ja nicht mit ganz offenen Karten gespielt. Die Fachleute haben sich ja zurückgezogen und haben dann weitere Strategien besprochen. Deshalb wusste ich ja gar nicht, was bei den anderen erstunken und erlogen war. In das Stück fließt Phantasie ein, die die Biografien anschaulich macht.

Norma Köhler: Wie waren die Arbeitsschritte?

Ingrid Reader: Es war so, dass wir einzeln eingeladen wurden, vor dieser Gruppe der Schauspieler und der Macher. Und dann gab es ein Gespräch über intimere Geschichten – und man sollte flüssig aus seinem Leben erzählen. Und dann haben die sich zusammengesetzt und ausgewählt. Und dann haben sie uns auch besucht. Es ging schon sehr weit in den Intimbereich hinein. Die beiden jungen Männer, Nils und Jörg, kamen zu mir, mit einer Videokamera und haben sich da ganz selbstverständlich durch alle Räume bewegt. Man hätte Nein sagen können, aber wir dachten wohl, das gehört dazu, das müssen wir in Kauf nehmen.

Norma Köhler: Stand es zur Debatte, das Filmmaterial auf der Bühne zu zeigen?

Ingrid Reader: In dem Fall hätten sie bestimmt gefragt. Wir haben uns auch andere Filme angeschaut. Ich hatte zum Beispiel noch einen Normal-Acht-Film. Das war in London aufgenommen worden, ich habe da eine Sprachenschule besucht. Das war ein schöner romantischer Film. Man sieht die Speakers Corner und mich mit einer Sherlockmütze (…) aber das passte nicht zum Thema.

Norma Köhler: Was ist als Ihr biografisches Material in die Inszenierung eingeflossen?

Ingrid Reader: Am zweiten Tag kam jemand, der für die Musik zuständig war. Es wurde gefragt, welche Musik wir aus der Vergangenheit noch gut kennen. Da fiel mir dann prompt „Tabak und Rum" ein, und das wurde auch genommen. Und auch „Wodka Anuschka" habe ich an dem Tag schon frei gesungen. Beides wurde dann gleich festgenagelt. Ich hab das Lied „Wodka Anuschka" ja, seit ich zehn war, immer zu Hause an Geburtstagen gesungen – und so haben wir die gleiche Atmosphäre auch in dem Theaterstück hergestellt.

Norma Köhler: Haben Sie weiteres biografisches Material zur Verfügung gestellt?

Ingrid Reader: Ja, ich habe zum Beispiel erzählt, dass ich schon lange Tagebuch schreibe, also seit meiner Scheidung.

Norma Köhler: War Ihnen die Veröffentlichung von Tagebuchauszügen nicht zu intim?

Ingrid Reader: Das war so, dass ich mit der Ulla ein ziemlich gutes Verhältnis hatte. Sie kam zu mir, und dann habe ich ihr vorgelesen. Es liegt so weit zurück – und da kann man das – loslassen und sagen: Na ja, das war das Leben. Das war ja sowieso so, dass in diesem Stück das Leben wieder hoch kam, was ja auch ein ganz schöner Aspekt ist, aber mit diesem Abstand kann es auch an die Öffentlichkeit geraten. Die Zeit hat schon eine Decke darüber gelegt. Das ist abgehakt, das ist nichts, was mir im Alltag Probleme macht. Dazu kann ich stehen. (…).

Norma Köhler: Haben Sie das Gefühl, dass die Figur auf der Bühne ihnen entspricht?

Ingrid Reader: Es ist mir ein bisschen zu dünn. Ich komme als die Romantikerin rüber, das wird so als Typ herausgearbeitet. Und dann wird eben ein ganzer Teil meines Lebens weggelassen. Ich bin ja nur eben die bis zur Hochzeit, die Romantische, bis zur Weltreise, die die eine Nepalreise macht, die viele Berufe ausübt, gar nicht die mit den vielen Aktivitäten, die ich sonst so habe. Und dann kommt ja eigentlich nur noch der Tanz – und die Dienerin, wenn ich die Canapes verteile. Da dachte ich zuerst, dass da ja ein ganzer Teil fehlt, meine Lebensgeschichte war nur beschnitten auf die Anfangsjahre und das Ende – und dazwischen war nichts.

Norma Köhler: Identifizieren Sie sich gar nicht mit Ihrer Rolle?

Ingrid Reader: Doch, ich bin es ja wohl auch. Also eine Facette. Ich habe mich damit versöhnt, weil das Feedback ganz gut war – auch von meinen Freunden. Und dann habe ich auch gesehen, dass ich eher dieses Erbauliche mache, während die anderen eher mit tragischen Geschichten auftreten: Ina z.B. mit der Kriegsgeschichte. Ich habe mehr den fröhlichen Teil. Dass wir diese unterschiedlichen Typen dargestellt haben, fand ich sogar gut – auch, dass ich so einen angenehmen Part habe. Diese Selbstachtung und dieses Selbstvertrauen kam aber erst später (…).

Norma Köhler: Gab es in der Theaterarbeit für Sie Unterschiede zu einer konventionellen Rollendarstellung?

Ingrid Reader: Wenn es um einen selbst geht, ist man natürlich etwas gehemmt. Weil man sich ja gut darstellen möchte. Wenn man eine [fremde, Anm. N.K.] Rolle spielt, legt man mehr Gewicht in den Ausdruck, während, wenn man sich selber spielt, man immer diesen Moment hat, angenommen zu werden als die Person, die man da ist, weil man sie ja ist. Das hemmt ein bisschen. Bei anderen [fremden, Anm. N.K.] Rollen kann man mehr aus sich heraus gehen. Der Schutz der Rolle fehlt. Er kann aber durch ein positives Echo ersetzt werden, so dass man sich selbst mehr annehmen kann. Der positive Effekt: das Selbstbewusstsein, ist dann im Großen und Ganzen größer.

Norma Köhler: Haben Sie die Situation, neben ausgebildeten Profis auf der Bühne zu stehen, als ungerecht empfunden?

Ingrid Reader: Ich sehe schon, dass wir so ein bisschen vorgeführt werden, aber das ist ja auch notwendig, denn wir sind ja Laien. Wir sind das Thema, also die Nachkriegssituation, deshalb ist es richtig, dass wir unsere Sachen erzählen und die jungen Schauspieler nicht so viel preisgeben. Die Profis reagieren auf uns (...). Die Schauspieler haben sich eingeklinkt – stützend, ausmalend (...).

Norma Köhler: Wie würden Sie Ihre Erfahrung mit der Theaterarbeit zu ‚Café Dutschke' abschließend beschreiben?

Ingrid Reader: Es war so, dass eine Reflexion da war – und dass es eine Verdichtung von dem Material gab, wie ich sie sehr genossen habe und die ich jetzt auch in meine Tagebücher einfließen lasse (...). Also ich schreibe jetzt auch schon mehr für Andere. Ich achte mehr auf die Wortwahl und auf Konzentration. Jetzt guck' ich, dass ich selbstverständliche Sachen so aufschreibe, als würde ich sie jemandem erzählen.

Anhang G: Auszüge eines Gesprächs mit Renate Busse (Laiendarstellerin) über die Produktion ‚Café Dutschke' von ‚Lubricat'

Gedächtnisprotokoll (Berlin, März 2004)

Norma Köhler: Worin bestand Ihre Motivation bei der Produktion mitzuwirken?

Renate Busse: Theater hat mich schon immer gereizt. Ich hab immer nach dem Motto gelebt: Das Private ist auch politisch.

Norma Köhler: Ist es dadurch zu Ihrem Stück geworden?

Renate Busse: Alle Entscheidungen, alle wirklichen Entscheidungen die haben wir nicht getroffen. Wir haben miteinander Material erarbeitet. Die Entscheidungen lagen bei Dirk und Barbara. Von den anderen Laien haben wir ganz wenig erfahren. Die Phase, in der man seine Lebensgeschichte dargestellt hat, das haben sie immer einzeln gemacht.

Norma Köhler: Wie verlief der Produktionsprozess?

Renate Busse: Erst mal ging es nur darum zusammen zu sitzen und zu erzählen. Dann haben wir uns alte Filme angeguckt. Aus jedem Jahrzehnt. Und dann hat Dirk geguckt, wer reagiert wie, wem fällt eine Geschichte dazu ein? Und wir waren zusammen im Museum, um so ein Gefühl füreinander zu kriegen. Wer ist das? Das hat Dirk ziemlich genau betrieben. In der Aktion entwickelte er eine Ahnung und dann fängt es plötzlich an, dass man Themen vertieft. Dann sagten sie: „Renate, Du warst die Einzige, die ihren Lebenslauf chronologisch erzählt hat. Mach es doch bitte so, dass du zehn Spots machst. Schreib doch mal auf." Und dann hab ich mich hingesetzt – kein schlechter Effekt für mich selber – wer macht das schon oder wann macht man das? Dann hab ich das alles so zusammengefummelt und dann hatte ich zehn Spots. Davon sind dann drei verwertet worden. Wir sind dann doch in den früheren Zeiten hängen geblieben. Es gab dann Sachen, die interessierten eben mehr und andere weniger (...). Auch die Schauspieler haben das, was sie da machen selbst erarbeitet. Oder wenn es ein Text ist, wie bei Ulla, sich diesen selber rausgesucht (...). Dirk kommt dann dazu und verändert den Text mit uns. Beim ersten Durchlauf hatten wir Material für dreieinhalb Stunden (...).

Norma Köhler: Wussten Sie das, alles was Sie sagen, zum Material werden konnte?

Renate Busse: Ja, aber das war auch nicht bedingungslos so. Wenn man dachte: ‚hier ist Schluss', ‚hier ist eine Grenze', dann ist das auch auf jeden Fall akzeptiert worden. Das Streichen von Passagen war sogar viel eher ein Problem. Für mich war schon ziemlich früh klar, dass das Stück nicht mein Leben abbilden kann, das es vielmehr so ein Puzzle ist, das ein Zeitbild ergibt.

Norma Köhler: Die persönliche Vorstellung in dem Stück ist als Dialogform konzipiert. Wie ist das entstanden?

Renate Busse: Per Losverfahren wurde ausgemacht, wer wen vorstellt. Jörg und ich haben dann unsere kleine Vorstellungsgeschichte ausgearbeitet. Wir hatten die Aufgabe, eine Vorstellung aufzuschreiben, also – ich über Jörg und Jörg über mich. Anschließend hat Dirk uns unterstützt meine biografische Geschichte einzuflechten.

Norma Köhler: Wie sieht Ihr Gesamtresümee aus?

Renate Busse: Das Projekt hat schon etwas mit mir gemacht. Am Anfang hab ich mir überhaupt nicht vorstellen können, was man aus meinem kleinen Langeweilerleben machen kann. Da war ich wirklich selber ganz baff, dass das dann gar nicht so wenig war - und auch interessant. Das hatte zur Folge, dass ich auch selber irgendwie freundlicher hingeguckt habe. Und auch mal so ein bisschen distanzierter. Ich hab' ein bisschen zurückgezoomt und geguckt. Wenn man sich so durch das Leben wurschtelt, dann hat man ja gar nicht das Gefühl, als hätte man tolle Sachen gemacht. (...) aber insgesamt gibt es ein ganz schönes Zeitbild.

Norma Köhler: Ist das Rollen- oder Selbstdarstellung, die Sie betreiben?

Renate Busse: Ich glaube Rollen zu spielen ist etwas ganz anderes. Ich hab immer gesehen, wie die Schauspieler ihr Handwerkszeug nutzen, also mit ihrem Körper umgehen, sich sammeln und konzentrieren. Ich bin ja, in Anführungsstrichen, nur Ich – ich besinne mich auf mich. Ich hab den Eindruck, das ist etwas total anderes was sie machen. Und vor allem, wie sie etwas machen und gleichzeitig noch neben sich stehen und kontrollieren, was sie machen. Die wissen was sie machen. Ich hingegen flutsche da rein in so einen Text und weiß hinterher manchmal nicht, was ich gemacht habe. Wenn ich die Zuschauer sehe, kommt der Kontrolletti aber auch bei mir. Die Proben mit den Profis gaben mir auch Sicherheit.

Anhang H: Auszüge des Gesprächs mit Peter Fieback (Laiendarsteller) über die Produktion ‚Café Dutschke' von ‚Lubricat'

Gedächtnisprotokoll (Berlin, März 2004)

Norma Köhler: Wie gestaltete sich der Produktionsablauf der Inszenierung?

Peter Fieback: Wir haben rumgetobt und Fußball gespielt. Erst nur Aktion, und dann gingen wir zusammen ins Naturwissenschaftliche Museum und da hab ich dann auch ein bisschen etwas erklärt über naturwissenschaftliche Sachverhalte und technische Geräte. Dann haben wir alte Filme angeguckt, aus den 1960er und 1970er Jahren. „Mit Schirm, Charme und Melone", - was ich so hatte, habe ich mitgebracht. Und dann sollte man sich nach vorne stellen und etwas erzählen und dann ging es los Geschichten zu schreiben. Ach ja, und dann kamen noch zwei Leute zu mir und haben mich interviewt – mit Videokamera und Foto. Dirk wollte ein Bild von uns, wie wir so wohnen und so (...). Den ganzen Lebenslauf. Er hatte dann so einen Karteikasten angelegt und gesagt: „Das und das müssen wir haben – schreibt das doch bitte auf". Ich habe dann teilweise nachts bis drei oder vier Uhr hier gesessen und meine Erinnerungen aufgeschrieben und dann haben wir uns mit Dirk hingesetzt und das Ganze theatermäßig umgeschrieben. Da wurde also viel rausgekürzt. Wort für Wort sind wir durchgegangen. „Theater ist reale Fiktion" hat Dirk immer gesagt. Und darauf sollten wir auch unsere Freunde vorbereiten. (...) Es ist real, aber es muss nicht unbedingt wahr sein.

Norma Köhler: Wie fühlen Sie sich auf der Bühne? Als fiktive oder reale Figur?

Peter Fieback: Als Rolle. Nein, halb als Rolle und halb als Selbstdarsteller.

Norma Köhler: Gibt es in unterschiedlichen Szenen denn auch unterschiedliche Tendenzen?

Peter Fieback: Wenn ich die Kriegsgeschichten erzähle, dann bin ich mehr bei mir, das ist etwas Persönliches. Aber wenn wir tanzen oder ich die Bahngeschichte erzähle, ist das zugespitzt – das ist nicht mehr die pure Identifikation. Die Bahngeschichte ist ja auch verändert und übertrieben.

Norma Köhler: Welche Lernerfahrungen haben Sie gemacht?

Peter Fieback: Für mich war es interessant mal hinter die Bühne zu schauen.

Norma Köhler: Ein professioneller Performer entwirft szenisch ein Bild von Ihnen.

Peter Fieback: Das war so eine Art Satire. Da bin ich hart im Nehmen(...). Das ist ja das Eigentümliche an der Theaterarbeit, dass man sich da auf Menschen einlässt, mit denen man im Alltag sich nicht unbedingt auseinandersetzen würde. Dass da unterschiedliche Charaktere aufeinander treffen. Ich bewundere Dirk dafür, was er aus den Menschen rausgeholt hat. Er schreibt ja praktisch die Stücke.

Norma Köhler: Haben Sie ein Kostüm getragen?

Peter Fieback: Darin hab ich mich nicht so ganz wohl gefühlt. So bin ich nie herumgelaufen. Wir sollten etwas zur der Zeit passendes anziehen. Und mir wurde gesagt: „Peter, Du darfst nicht zum Frisör gehen" (...).

Anhang I: Ein Gespräch[164] zwischen dem Dramaturgen Imanuel Schipper und dem Regisseur Michael Laub zu seiner Produktion ,Portraits 360 sek.'

Imanuel Schipper: Kann man von einem Haus ein Porträt machen, indem man Porträts von den Menschen macht, die darin arbeiten?

Michael Laub: Ich sollte ja nicht nur von Leuten Porträts machen, die ich noch nie gesehen habe, sie sollten auch noch exakt sechs Minuten lang sein. Ich musste eher wie ein höchst subjektiver Journalist an die Sache herangehen als wie ein Theater-Regisseur. Als ich anfing, mit euren Leuten zu arbeiten, merkte ich zu meiner Überraschung, dass meine Vorstellung vom Schauspielhaus als einer mehr oder weniger homogenen Ansammlung von Leuten völlig abwegig ist, weil die Leute Gott sei Dank alle völlig verschieden sind. Am Anfang konnte ich immer nur mit einer einzelnen Person probieren, als aber nach und nach mehrere Leute gleichzeitig oder unmittelbar nacheinander auf die Proben kamen, wurde mir die enorme Bandbreite der Kontraste zwischen den Leuten bewusst, und das bekam seinen eigenen Reiz. So ging das Projekt immer deutlicher über individuelle Porträts hinaus und entwickelte sich zu einer Arbeit, die das Haus selbst darstellt. Die Berufe der Leute, die hier arbeiten, wirken sich so stark auf deren Lebensweise aus, dass sich aus ihren Porträts zwangsläufig ein Bild des Hauses ergibt.

Imanuel Schipper: Was sind die Dinge, die bestimmen, wie die Aufführung aussieht? Wo kommen die Impulse her?

Michael Laub: Der primäre Antrieb wird immer das Bestreben eines Einzelnen sein, etwas Persönliches kund zu tun. Solche Leute sind natürlich das Produkt ihrer Umgebung, ich selbst eingeschlossen, darum muss niemand sich wundern, wenn er im Theater zurzeit ständig diese billigen kleinen Videokameras auf ihren niedlichen Stativen zu sehen kriegt, die überall herumstehen. Warum sollte man etwas nicht auf die Bühne bringen, was sich einem so anbietet? Der grundlegende Antrieb wird aber weiterhin das Bedürfnis von Einzelnen sein, etwas Eigenes zum Ausdruck zu bringen, auch wenn sie sich dazu der Massenmedien und der gegenwärtigen Formen der Bildverarbeitung bedienen. Es sei denn, man bewegt sich in einer völlig fiktiven Welt, in die man das Publikum mit einer stilisierten Abbildung von Realität und einer irrealen Sprache hineinlocken kann. Abgesehen von diesem Weg, der durchaus seine Magie kriegen kann, muss eine Aufführung in irgendeiner Weise unsere gegenwärtigen Daseinsweisen spiegeln, damit die Leute sich selbst und ihr Leben darin wiedererkennen können. Es sei denn, es handelt sich wirklich um ein rein fantastisches, zeitlos poetisches Stück, das auf einem andren Planeten spielt. Das ist bei unsren Porträts nicht der Fall. Außer bei einem. Oder eventuell zweien.

(Übersetzung aus dem Englischen: Imanuel Schipper)

164 Dieses Dokument wurde der Autorin freundlicher Weise von Imanuel Schipper zur Verfügung gestellt.

Anhang J: Auszüge eines Gesprächs mit Imanuel Schipper (Dramaturg) über die Produktion ‚Portraits 360 sek.' von Michael Laub

Gedächtnisprotokoll, Hamburg, Juni 2003

Norma Köhler: Was ist die künstlerische Idee hinter der Inszenierung ‚Portraits 360. sek.'?

Imanuel Schipper: Ein Portrait ist ja ein Spiegelbild. Es geht um Fragen der Inszenierung: Wann fängt Theater an Theater zu sein? Reicht es vielleicht schon, wenn ein Betrachter da ist, damit es Theater ist?

Norma Köhler: Wie habt ihr den Einstieg in die Theaterarbeit gefunden?

Imanuel Schipper: Begonnen hat die Arbeit damit, dass wir gesagt haben, O.K, wir haben ein Ensemble mit 12, vielleicht 14 potentiellen Schauspielern. Man möchte ein breites Spektrum haben, jung, alt, eben auch Laien dabei. Eine Putzfrau, den Pförtner und den Fahrer. (...) Und die Arbeit begann so, dass wir erst mal alle eingeladen haben. Michael Laub hat dann einen dreistündigen Videovortrag von seiner bisherigen Arbeit gezeigt, in dem er zunächst einmal mitgeteilt hat, was mache ich oder was habe ich gemacht. Da waren die Schauspieler fasziniert und haben gesagt: „Ich hab' Interesse". Der nächste Schritt bestand darin auf der Bühne alleine etwas zu präsentieren: einen Text, oder einen Tanz oder eine Bewegung – etwas vorzuschlagen, das in irgendeiner Weise mit Portraits zu tun hat. Die meisten kamen mit zwei, drei, vier Vorschlägen und in der ersten Runde ergab sich, dass manche faszinierten und manche nicht.

Norma Köhler: Was war das Kriterium der Auswahl des biografischen Materials?

Imanuel Schipper: Die Frage, die ich mir immer gestellt habe war: Ist das, was jetzt gerade läuft, ein Portrait? Dann war die nächste Frage: Was macht ein Portrait aus? Ein wunderschönes künstlerisches Bild? (...) Oder gibt es welche, die auf einer sehr persönlichen, intimen Ebene etwas preisgeben? Der Kontrast zwischen den einzelnen Darbietungen hat uns die Entscheidungen fällen lassen. Es war am Anfang so: da gab es viele Leute, die gesagt haben: O.K., ich bring' jetzt die Musik von meiner Kindheit mit, und dazu mach' ich irgendetwas. Das gab es ganz viel. Dann haben wir immer das genommen, was am besten war. Auch der Traum kam ein paar Mal vor. Wir haben immer das genommen, was wir am stärksten fanden. Vom Eindruck, oder wo es vielleicht am weitesten ging, oder wo es am ehesten mit dem Menschen zu tun hat. Wir haben uns immer gefragt: was glauben wir? Also wo kommt man am meisten an eine Wahrheit heran? Wo ist das packendste, das intimste Bild? Und dann gleichzeitig, wenn Du diese Ausstellung machst: wie ist der Kontrast?

Norma Köhler: Gab es auch Angebote, die die Kategorie Portrait nicht erfüllt haben?

Imanuel Schipper: Ein Schauspieler hat z.B. einen Text von Jandl am Tisch vorgelesen. Da fehlte die Persönlichkeitsanbindung. Das Ziel war ja: Das ist nicht nur ein Bild, sondern ein Portrait. Da erfahre ich etwas Besonderes von einem Menschen.

Norma Köhler: Worin bestand die konkrete Inszenierungsstrategie?

Imanuel Schipper: Es gab Fragen als formale Vorgaben: Ist es möglich, von einem Menschen etwas auf der Bühne darzustellen, was ein Grenzgang zwischen etwas sehr

Persönlichem und der Künstlichkeit ist – begrenzt auf sechs Minuten? Es war ein Versuch, Leute so vorzustellen, künstlerisch und persönlich. Es wurde ganz viel ausprobiert und erst am Ende der 14 Tage war klar, wie der Abend aussehen könnte.

Norma Köhler: Warum wurde jedes Solo genau sechs Minuten lang gezeigt?

Imanuel Schipper: Drei Minuten sind zu kurz. 360 Sekunden entsprechen einem Kreis mit seinen 360 Grad.

Norma Köhler: Wie habt ihr die Probenarbeit organisiert?

Imanuel Schipper: Die Proben fanden meistens einzeln statt und dauerten oft auch nur etwa 20 Minuten. Zwei bis drei Wochen lang wurde relativ oft, dann wieder zwei Monate lang nicht geprobt. Immer wurde alles gefilmt. Die Proben liefen bei jedem Darsteller sehr unterschiedlich ab. Bei manchen hat es ewig gedauert, bis man was gefunden hatte, und dann gab es andere, bei denen das Ergebnis ziemlich schnell feststand, da ging es eher um das *timing* und um technische Sachen.

Norma Köhler: Wie habt ihr die Szenen verdichtet?

Imanuel Schipper: Es geht um einen Moment, wo der Zuschauer das Gefühl hat, das ist die Wahrheit über den Menschen. Eine bestimmte Wahrheit, ob sie nun echt ist oder nicht, ist uns egal. Es gibt Geschichten an diesem Abend, die sind wahr, andere sind erfunden. Und dann gibt's Abgrenzungen dazwischen. Aber 80 oder 90 Prozent von dem, was die da tun, sind Vorschläge von den Darstellern. Das *setting* rings herum - Bühne, Licht, wie sie stehen, hineinkommen, Rhythmus, wann sie was tun – sind Vorschläge von der Regie. Und jeder Schauspieler hat vielleicht hundertmal mehr vorgeschlagen als das, was man da sieht. Die Auswahl ist also auch eine Regieauswahl. Aber es war nie so, dass die Darsteller gesagt haben, das will ich nicht tun und der Regisseur gesagt hat, das tust du aber, sondern es war immer der Vorschlag, das zu tun. Dann gab es auch Momente, wo der Schauspieler gesagt hat: „Ne, damit fühl ich mich nicht wohl" und dann kam die Reaktion: „O.K., dann schlag' etwas anderes vor". Dann hat er etwas anderes vorgeschlagen. (...) Wir haben immer ausgewählt, verstärkt und verschoben. (...) Eine Frage, die ich mir immer gestellt habe war: Ist das, was jetzt gerade läuft, ein Portrait? Dann war die nächste Frage, was ein Portrait ausmacht. Handelt es sich um ein wunderschönes künstlerisches Bild oder gibt es Darbietungen, die auf einer sehr persönlichen, intimen Ebene etwas preisgeben? Ich habe mich mit Portraittheorien auseinandergesetzt - auch mit Fotografie und literarischen Portraits.

Norma Köhler: Der Zugriff auf die Biografien der Darsteller hat auch etwas Journalistisches, oder?

Imanuel Schipper: Ja genau. In der Arbeit, die wir gemacht haben, haben wir uns oft als *Theaterjournalisten* bezeichnet. Es ist mehr eine journalistische, als eine Regiearbeit.

Norma Köhler: Kannst Du dramaturgische Schlüsselkriterien der Inszenierung nennen?

Imanuel Schipper: Fasziniert hat mich, dass portraitierte Leute oft nicht wissen, dass sie portraitiert werden.

Norma Köhler: Aber das ist ja gar nicht herzustellen auf der Bühne, oder?

Imanuel Schipper: Doch, durch die Probenarbeit und die Auswahl, was gezeigt wird. Wir haben oft andere Momente gewählt, als die, womit sich die Darsteller präsentieren wollten.

Norma Köhler: Was wolltet ihr mit der Inszenierung ‚Portraits 360 sek.' aussagen?
Imanuel Schipper: Das gehörte nicht ins Theater und nicht ins Konzept, eine Aussage zu treffen.
Norma Köhler: Wie wurde die Dramaturgie entwickelt?
Imanuel Schipper: Formal. Das Thema des Abends ist, ein Portrait vom Schauspielhaus zu zeichnen, durch einen Querschnitt von Menschen, die darin arbeiten. Es ist von der Reihenfolge dann auch so: Der Pförtner, der Dich rein lässt, eröffnet das Ganze und die Putzfrau macht als Letzte wieder sauber. Die Idee war eigentlich damit wiederum, ein Portrait der Arbeit zu machen. Sozusagen eine Selbstreflexion der gesamten Arbeit. (....)
Norma Köhler: Ihr habt mit den Darstellern auch *Selbstinterviews* geführt...
Imanuel Schipper: Ja, um sie über ein elektronisches Spruchband laufen zu lassen. Wir haben versucht, mit der Leuchtschrift eine andere Ebene zu schaffen, die dann noch mal zusätzliche Informationen gibt. Die Interviews waren Selbstportraits: Es ging darum, dass sich jeder selbst drei Fragen aufschreiben sollte, die er gerne gestellt bekommen möchte. Und irgendwann bei einer der nächsten Proben hat Michael dann diese Fragen gestellt, und vielleicht noch zwei drei mehr.

Anhang K: Auszüge eines Gesprächs mit Wiebke Puls (professionelle Schauspielerin) über die Produktion ‚Portraits 360 sek.' von Michael Laub

Gedächtnisprotokoll (Hamburg, Feb. 2004)

Norma Köhler: Kannst Du den Arbeitsweg beschreiben, den Du bei ‚Portraits 360 sek.' verfolgt hast?

Wiebke Puls: Wenn ich mich recht erinnere, dann hat Michael Laub die Aufgabe gestellt, sich selbst darzustellen, also ihm eine Sammlung an Material anzubieten, aus der man dann eine Nummer basteln könnte, oder er würde selektieren und mit uns gemeinsam ausfeilen, was interessant für die Bühne ist. Und er hat gesagt, es kann etwas sein, was entweder (...) sechs Minuten lang ist, es kann aber auch Material von drei Stunden sein. Es war uns völlig frei gestellt, wie wir uns darstellen wollen, mit welchen Mitteln, wie viele Mittel wir wählen wollen. Und das siehst du ja auch an dem Abend, dass einige, wie Mira [ebenfalls professionelle Schauspielrein aus dem Ensemble, Anm. N.K.] z.B., in allen möglichen Ecken kramen, – wie ein Kind in seiner Spielkiste. Andere Ideen sind ästhetisch durchformulierter und bleiben für diese 360 Sekunden bestehen.

Norma Köhler: Hat Dich die Arbeit mit Deiner Biografie besonders herausgefordert?

Wiebke Puls: Ich mache das eigentlich schon immer gerne, aus der eigenen Biografie zu schöpfen, wobei ich gleichzeitig sehr auf Ästhetisierung stehe. Was ich nicht so interessant finde ist, mich selber darzustellen, so dass andere Leute eine Form von Verständnis, Mitleid oder Sympathie entwickeln, sondern ich find es einfach sinnvoll – in der [konventionellen, Anm. N.K.] Figurenarbeit übrigens auch, in der eigenen Biografie rumzukramen und in der eigenen Befindlichkeit. Ich finde, das müssen Schauspieler einfach machen, wichtig ist, dass sie letztlich auch wieder Abstand davon nehmen – und das fand ich auch in diesem Fall wichtig. (...) Mich hat sehr gereizt, etwas zu machen, was einigermaßen schonungslos ist. Ich hatte auch Lust etwas Komisches zu machen. Was ich nicht wollte, ist aus einem Tagebuch vorzulesen oder so etwas. (...) Ich fragte mich dann: Was ist denn ein markanter Zug an mir, von dem ich finde, dass der zur Sprache kommen sollte, wenn ich mich selber beschreiben sollte. Das erste, was mir einfiel – waren, wie wahrscheinlich ganz vielen Frauen oder Personen erstmal die körperlichen Mängel – und die fand ich selber für meine Biografie auch wichtig. (...) Es ging mir darum, dass mir gesagt wurde, dass vieles an mir hässlich sei. Was tatsächlich ein gravierender Punkt war, war diese Hormontherapie, von der ich auch spreche - dieses Riesenwachstum. Die Tatsache, immer viel zu groß zu sein und dieses Wachstum mit Hormonen einzudämmen, hat meinem Leben eine entscheidende Richtung verliehen, die sich im Nachhinein irgendwie auch als produktiv herausstellt. Aber es gab auch eine lange Zeit, in der das alles ganz schrecklich war. Was ich zuallererst im Kopf hatte, war, einen Text über all diese Mängel zu schreiben: Darüber was schon von Geburt an, an mir alles nicht stimmt - was für Quittungen ich schon bekommen habe, das wollte ich jeweils zeigen. Was ist davon übrig geblieben? Die Idee von den Deformierungen, anhand der Vita zu erzählen und einen scheinbar schönen Anblick zu entlarven.

Anhang L: Auszüge aus einem Fragebogen zur Produktion ‚Freundschaft' (‚Die Zwiefachen')

Warum bist Du bis zum Ende des Projekts dabei geblieben?

Xenia: Manchmal war es tierisch langweilig und belastend, weil ich einige Zeit persönliche Probleme hatte, aber irgendwann mal vor einem Publikum zu stehen und zu zeigen, dass es Dich gibt und was Du eigentlich für eine Scheiß-Kindheit hattest, gibt einem die Kraft dabei zu bleiben.

Kathrin: Als ich klein war, habe ich immer davon geträumt, etwas Besonderes zu machen. Theater hat mich schon immer interessiert, aber vor allem waren es die Leute in der Gruppe, die mich da gehalten haben. Und zuerst wussten wir ja auch gar nicht, dass wir mal auf der Schaubühne stehen - es hat einfach Spaß gemacht. Für mich eine Art Therapie. Wir haben ziemlich ähnliche Schicksale und endlich konnte man mal reden und wurde verstanden. Ich glaube das Stück Freundschaft und die wirkliche Freundschaft zwischen uns entstand im, mit dem Stück!

Ömer: Weil es mir Spaß macht und ich immer schon Theater oder Ähnliches spielen wollte. Außerdem sind meine Kollegen super, freundlich und wir mögen uns wie Brüder und Schwestern, deswegen bin ich dabei geblieben.

Julia: Weil es für mein Leben etwas Besonderes ist, mit siebzehn Jahren auf der ‚Schau'Bühne zu stehen.

Conny: Weil ich nach und nach immer mehr gelernt habe, was mir weitergeholfen hat. Außerdem sind wir eine ganz tolle, nette Gruppe geworden mit der es Spaß macht. zusammen zu arbeiten. Auch wenn es Tage gibt, wo mich alles ankotzt.

Jenny: Weil es mir Spaß gemacht hat und ich es jedes Mal wieder spannend fand, Neues auszuprobieren. Die Proben waren intensiv und ausfüllend, was mir sehr gefallen hat, und die Gruppe ist toll.

War diese Art von Theater neu für Dich?

Xenia: Ja, weil ich dachte, es wird einen Text geben, den man lernen muss und dann wird aufgeführt. Aber, so wie es verlief, fand ich´s gut. Man könnte fast sagen, dieses Projekt war Therapie für mich, um noch mal die Vergangenheit aufzuarbeiten.

Kathrin: Ich hatte keine Theatererfahrung.

Ömer: Ich dachte am Anfang, wir kriegen Texte, dann lernen wir die und danach spielen wir. Aber später, als wir unsere Leben erzählt haben, habe ich gleich gemerkt, dass es ein Stück von unserem Leben sein wird.

Julia: Ja, es war überhaupt die Erfahrung auf Theater zu stehen (Interesse zu zeigen).

Conny: Da ich noch nie viel mit Theater am Hut hatte, war das natürlich auch neu für mich. Bisher kannte ich nur das Typische, wenn man an Theater denkt: „Sein oder nicht sein..."

Jenny: Ja, zu solch experimentellem Theater hatte ich noch keinen Kontakt.

Wie hat Dir die collageartige Form des Stückes gefallen?

Xenia: Na, sehr gut. So wurde es nie langweilig, wenn wir spielen mussten, denn ich z.B. musste immer aufpassen was als nächstes kommt.

Kathrin: Als das Stück fertig war, also die grobe Richtung, fand ich es schon gut. Leider fällt es mir schwer, das Stück mit den Augen der Zuschauer zu sehen, weil ich die einzelnen Stücke aus einem anderen Zusammenhang heraus kennen gelernt habe. Ich freue mich schon, es auf Video zu sehen. (...) Die Arbeit an den Übergängen war ziemlich anstrengend.

Ömer: Sehr gut. Ich meine, jeder von uns hatte zu tun und jeder hat von sich erzählt, deswegen hat es mir sehr gut gefallen.

Julia: Sehr gut, weil die Übergänge sehr gut gemacht wurden, dass es gar nicht auffällt, dass es verschiedene Szenen sind. Sondern ein ganzes Stück.

Conny: Erst hatte ich mir nicht vorstellen können, dass man die Übergänge so schnell hinbekommt, dass die einzelnen Szenen zusammenpassen. Aber es hat ja wahrscheinlich doch ganz gut geklappt.

Jenny: Sehr gut. Ich finde es total faszinierend und interessant, mit visuellen Mitteln, Choreographie, unterschiedlichen Sounds zu arbeiten, solch abstraktes Theater zu machen. Ich glaube auch für den Zuschauer ist es sehr spannend, da er sich nicht fließend in ein Gefühl begeben kann, immer wieder neu überrascht wird, und damit in Aufregung gehalten wird.

Wie war es für Dich, aus Deinen eigenen Erlebnissen und Erfahrungen ein Theaterstück zu entwickeln?

Xenia: Wie schon gesagt, es war fast wie Therapie. Für mich war es manchmal komisch, weil ich mit dem größten Teil meiner Vergangenheit abgeschlossen habe. Und wenn man alles wieder aufwühlt – schon komisch.

Kathrin: (...) Es war schön, dass dreizehn Jugendliche zusammenhalten und den wirklichen Opfern (Eltern) die kalte Schulter zeigen.

Ömer: Am Anfang war`s für mich ein bisschen peinlich, irgendwie anders, aber später habe ich mich gewöhnt und ich war ganz stolz, dass ich meinen Lebenslauf, meine Erlebnisse erzählt habe.

Julia: Es war eine neue Entwicklung in meinem Leben und ich fand es großartig.

Conny: Total schwer! (...) Ich gebe zu, dass ich zum Stück nicht wirklich was von mir beigetragen habe.

Jenny: Anfangs habe ich mich dagegen gesträubt und auch während des Stücks bin ich wohl, auch für mich selbst sehr undurchsichtig geblieben. Aber ich habe mich in dem entstandenen Prozess wieder gefunden und identifiziert, welcher total befreiend war und außerdem hat mir der Rückhalt der Gruppe große Sicherheit gegeben.

Was war das bemerkenswerteste Erlebnis während des Projekts?

Xenia: Manchmal (...) habe ich mich total erfüllt gefühlt. Und in der letzten Zeit habe ich gemerkt, wie sich Menschen verändern, wenn sie unter Stress stehen. (Und was toll ist, dass ich ‚tierisch' abgenommen habe).

Kathrin: (...) Freundschaft: ‚Die Zwiefachen' kamen gerade von der Probe und plötzlich fing einer an zu singen. Wir stellten uns in den Kreis, Kopf an Kopf, und sangen laut auf dem Ku-damm „Stand by me". Zusammen war's uns nicht peinlich. Es gab viele schöne Momente, die möchte ich nicht missen. (...)

Ömer: Seit einem Monat haben wir uns jeden Tag mehr als sechs Stunden gesehen. Nach der Vorstellung haben wir uns eine Woche nicht gesehen und es war sehr langweilig und komisch für mich, weil ich mich daran gewöhnt habe gerne mit meinen Kollegen zu spielen und immer mit Ihnen zusammen zu sein.

Julia: Eigentlich ist alles bemerkenswert, denn an jedem Theatertag lernst Du was fürs Leben.

Conny: Grenzen überwinden zu können. Das ist mir lange Zeit sehr schwer gefallen. Das soll nicht heißen, dass es heute leichter ist. Ich komme mir immer noch bei vielen Sachen ziemlich dumm vor, ich habe aber gelernt diese Grenzen schneller zu überwinden. „Es ist wichtig dazu zu stehen damit es Dir abgenommen wird" hat Uta gesagt. Das versuche ich mir immer wieder ins Gedächtnis zu rufen.

Jenny: Sehr bemerkenswert war für mich, wie sich doch meine immer gleichen Rollen, je nach Abfolge der Szenen verändert haben. Sie hatten eine immer neue Energie für mich und ich konnte ihnen irgendwie immer einen neuen Ausdruck geben, ständig wechselnde Intensität, das fand ich ziemlich verblüffend. Auch insgesamt die Entstehung des Stücks und die Kraft und die Power die mich damit gepackt hat war einfach total geil.

Hast Du im Projekt etwas gelernt?

Xenia: Ja, einmal, dass ich zuerst alles aufs Theater geschoben habe, wenn's in der Schule und im privaten Bereich nicht gelang. Jetzt weiß ich, dass ich alles besser organisieren muss und dann geht das alles schon.

Kathrin: Ja, ich glaube, ich kann jetzt auch ab und zu über mich lachen. In einigen Situationen bin ich etwas selbstbewusster.

Ömer: Ja, ich würde es sagen. Ich habe neue Leute kennen gelernt, deutlicher zu reden, Körperbewegungen, zu singen u.s.w.

Julia: Ja, auf jeden Fall: einfrieren (Freeze), genau zuhören, u.s.w.! Theater, da kann man alles fürs Leben lernen.

Jenny: Ja, dass es ein großes Erlebnis ist, mal loszulassen und sich zu trauen.

Anhang M: Auszüge aus einem Publikumsgespräch zur Produktion ‚Herzliches Beileid' von ‚Theater Alt und Jung'

Transkription einer Videoaufzeichnung, Senioren-Kultur-Festival Bielefeld (10/1991)

Zuschauer 1: (...) Ich möchte von den Teilnehmern gerne wissen, wie sie gearbeitet haben, wie die verschiedenen Generationen, die hier vertreten sind, umgegangen sind mit dem Thema. Welche Arbeitschritte sie denn so gemacht haben? Mal so als Beispiel: waren sie auf dem Friedhof? Also, es gibt ja viele Möglichkeiten.

Spielerin 1: Die Erfahrung auf dem Friedhof, die hat man ja öfters.

Zuschauer 1: Ja, das war jetzt mal so ein Beispiel, man kann auch ins Krankenhaus, ins Pflegeheim, also man kann ganz viel dort hin gehen, wo gestorben wird.

Spielerin 1: Da fällt mir ne ganz gute Übung ein. Wir hatten einmal den Auftrag, zu überlegen, wir hätten nur noch drei Tage zu leben und haben das dann dargestellt. Und da ist ganz schön viel bei mir abgelaufen. Man muss vielleicht da anfangen, dass uns dieses Thema eben auch schon mehrere Jahre lang mal vorgeschlagen wurde – ganz vorsichtig – und immer auf absolute Ablehnung gestoßen ist, weil man kann es nicht abschalten – wenn man an so ein Thema rangeht, dann ist man selber irgendwo dabei. Und da nun der Großteil der Gruppe aus älteren Menschen besteht, die mit Sicherheit mit dem Thema viel mehr Erfahrung gesammelt haben müssen – notgedrungen, war wahrscheinlich das Annehmen schwer. Aber auch bei den jungen Leuten war aus verschiedenen Gründen eine Ablehnung da. Man hat uns dann durch verschiedenen Übungen – gerade wurde ein Beispiel genannt – ganz langsam herangeführt, so dass die Scheu so nebenbei abfiel, man hat sich also so ein bisschen damit befasst, und dann war man irgendwie mehr oder weniger in das Thema reingerutscht - wobei wir nicht vergessen möchten zu erwähnen – das sagte eben Renate auch – die ganzen Gespräche, die uns dahingeführt haben zu den ersten Szenen oder Improvisationen, auch Tränen gekostet haben und da irgendwelche Welten aufgebrochen sind, die schon lange irgendwo abgeschlossen waren, und das war etwas, das so nach und nach von jedem so Stückchen für Stückchen zu Tage kam – und das waren auch (...) wahnsinnige Erfahrungswerte. Ja, und irgendwie hat sich das dann so entwickelt, dass man aus den einzelnen Improvisationen, auch viel mit den eigenen Erfahrungen zu tun gehabt hat, teilweise wurden aus vorgegebene Übungen bestimmte Szenen festgehalten und so dieses Stück erarbeitet. Es waren lange und schwierige Schritte – mit Sicherheit, aber es hat mit Sicherheit auch allen Beteiligten etwas gegeben.

Spielerin 2: Es war auch so, dass die Gruppe einen getragen hat. Das ist für mich ganz ungeheuer wichtig gewesen. Ich hätte wahrscheinlich alleine gar nicht damit fertig werden können. Immer machte sie einem wieder Mut, und ich finde es eben auch ganz wunderbar, dass man als alter Mensch von den Jungen noch angenommen wird. Das hat mich schon beglückt.

Spielerin 3: Umgekehrt doch auch.

Spielerin 2: Das ist eigentlich selbstverständlich, finde ich (*lacht*).

Zuschauer 3: Heißt dass, es gab solche Krisen und kleinen Ausbrüche, und die wurden aufgefangen von der Gruppe?

Spielerin 2: Ausbrüche nicht, Depressionen will ich es beinahe mal nennen. Ich fiel in ein tiefes Loch, und das wurde dann ausgeglichen durch die Gruppe. Ich fand zum Beispiel einmal, als ich nicht fertig werden konnte mit der Schwierigkeit, am nächsten Morgen in meinem Briefkasten eine Rose mit einem lieben Gruß von einer Kollegin. Das werde ich nie vergessen.

Spielerin 3: Aber ich glaube auch, dass diese Thema – weil es so schwer ist – nur zu spielen ist, weil die Gruppe schon so lange zusammen ist. Das denke ich mir, denn dass kann man nicht so einfach von heute auf morgen – wir wollten das Thema vor ein paar Jahren ja schon erspielen – aber es waren noch viele dagegen. Ich denke schon, dass man sich ein bisschen länger kennen muss (...).

Spielerin 5: Ich habe gedacht: Reden ja, aber spielerisch umsetzten, dass konnte ich mir nicht vorstellen. Als wir das dann doch probiert und hingekriegt haben, hat man zu dem ganzen Thema eine viel positivere und nachdenklichere Einstellung bekommen. Man hat über vieles mehr nachgedacht, über alles, was damit zusammenhängt.

Zuschauerin 4: Was man merkt, ihr habt Spaß gehabt zusammen – und auch schön, dass es für uns auch immer wieder zwischendurch möglich war zu lachen. Die Geschichten mit dem Streuselkuchen waren etwas ganz Wertvolles, auch wenn mir trotzdem manchmal das Lachen im Hals stecken geblieben ist (...). Ich bin sehr dankbar, dass ihr hier seid und dass ihr es wagt, dieses Thema auf die Bühne zu bringen. Finde ich sehr mutig und für uns – für mich erstmal – was ganz Schönes und Wertvolles (...) also ich könnte jetzt hier auch sitzen an dieser Stelle und weinen – das ist das, was Theater auch für mich so lebendig macht: sowohl der Spaß – als auch der Ernst.

Zuschauerin 5: Das stumme Ausspielen der Gefühle hat mir auch sehr gut gefallen. Ich fand die Phantasien über das Leben nach dem Tod sehr interessant, aber gleichzeitig auch ein bisschen ähnlich. War da niemand in der Gruppe, die gesagt hat, ich bin tot, fertig aus – da ist gar nichts mehr?

Spielerin 6: Alle waren begeistert (*lacht*).

Zuschauerin 5: Das fand ich schade – Wir haben gerade darüber geredet, über diese Situation, dass wir so wenig über diese Phantasien sprechen: Wie stellst du dir das vor, wenn du tot bist? Wir begeben uns oft noch in ein bisschen klischeehafte Bilder oder Welten oder Wörter – und so habe ich das hier auch so empfunden, deshalb frage ich euch. Ist da auch noch was anderes passiert?

Spieler 7: Ja, da kann ich nur sagen: Einer der Spielerinnen ist während der Probe ihre Mutter gestorben. (...).

Spielerin 8: (...) Bei diesem Spiel mit der Gedankenreise waren auch einige in der Gruppe, die wirklich diese positive Erfahrung erfahren haben, die also wirklich dieses Freisein und diese Leichtigkeit empfunden haben. Das war jetzt ja nicht an den Haaren herbeigezogen. Es war durchlebt in dem Augenblick. Und es gab aber auch einzelne Personen, die beängstigt waren, da waren auch realistische alte Erfahrungen wieder aufgetaucht, die ihnen Angst gemacht haben – und da war genau das Gegenteil der Fall – und das war auch eine Gefahr – rutscht man jetzt ab, das einen das bedrückt und ängstigt.

Zuschauerin 5: Das wolltet ihr nicht zeigen?

Spielerin 8: Ich weiß nicht, ob wir das aus dem Grunde nicht eingebracht haben, (...) wir haben uns (...) auf eine gemeinsame Variante geeinigt.

Zuschauer 6: Ertrinkende, die man nachher gerettet hat, hatten verschiedene Erlebnisse. Ich erinnere, alle hatten hier im Stück nur noch Augen und dann war da ein Hafen und ein Schiff.

Friederike Fetting (Regisseurin): (...) Klar, man kann verschiedene Geschichten und verschiedene Reisen erzählen. Hier waren sie gleich, (...) (da) diese Reisen doch immer ähnliche Strukturen haben.

Zuschauerin 5: (...) Ist das wirklich alles so schön? Warum nicht auch eine andere Seite zeigen?

Spielerin 7: Wir spielen doch Theater.

Spielerin 8: Ich weiß nur, dass das Stück extra so erarbeitet worden ist, dass es nicht total runterzieht. (...)

Frank Matzke (Regisseur): Ich glaube, es ist auch ein Regieproblem gewesen, dass wir bestimmte Blöcke hatten innerhalb des Stücks, die wir angepeilt haben. So haben wir aus den persönlichen Geschichten mehr die positiven Seiten herausgezogen – und die negativen eher über Literaturbeispiele gebracht. (...) Es gab schon ein großes Spektrum im Material.

Zuschauer 7: (...) Seniorenheime, Feierabendheime, Pflegeheime, Sanatorien – würden sie sich zutrauen, dort zu spielen? Wenn man dort spielen will, da muss man natürlich ein ganz anders Konzept haben. Da kann man das nicht so betrachten wie hier. Ich meine jetzt nicht die schauspielerische Leistung, aber wenn ich den Tod so darstelle – so positiv – dann verstoße ich doch eigentlich gegen die christliche Lehre (...). Wenn man das aber so sieht, dann hätte es aber auch noch härter vertreten werden können.

Friederike Fetting (Regisseurin): Also erstens haben wir für kein bestimmtes Publikum (...) inszeniert. Unsere Premiere fand auch vor einem sehr gemischten Publikum statt. Das war bei den Hildesheimer Theaterwochen, wo alle Freien Gruppen eine Woche lang ihre neuen Produktionen zeigen – also ein sehr gemischtes Publikum erstmal. Dann wollen wir es nicht unbedingt in Krankenhäusern, Sanatorien usw. spielen. Gut, wo wir eingeladen werden, werden wir es tun. Und zu Ihrer Frage: Warum stellen wir den Tod nicht härter dar? Also wir wollten keinem Menschen irgendwelche Richtungen und Denkweisen vorgeben, wie er über den Tod nachzudenken hat, was es für ihn bedeutet. Sondern eigentlich eine Skala von Vorstellungen, Meinungen, Gedanken, Phantasien anbieten. Deswegen haben wir auch eine offene Form gewählt und keine durchgehende Farbe, keine Geschichte mit einer Figurenkontinuität, sondern es sind ja alles Aspekte und Facetten, die hier aneinandergereiht werden wozu es einen Rahmen gibt – aber die immer bestimmte Schlaglichter auf dieses Thema werfen. Und wir wollen eigentlich jetzt keinem eine bestimmte Sehweise vorgeben, oder eine Interpretationsweise oder eine Art Glauben. Den hat jeder von uns in ganz unterschiedlicher Weise – also das hat sich dann auch schon herausgestellt in Gesprächen. Es ist einfach eine Skala von Meinungen, Vorstellungen – und dabei wollen wir auch bleiben. Es geht ja nicht um irgendeinen Zeigefinger oder eine Demonstration. Wir wollen auch keinen besonders schockieren, sondern wir wollen eigentlich weiter unten anfangen – es einfach zur Sprache bringen. Und das über dieses Medium Theater.

Frank Matzke (Regisseur): Es lässt sich auch sicherlich darüber streiten, ob dies jetzt ein Stück wäre für ein Altenheim, Sanatorium oder so. Ich glaub, das würde nicht so der Fall sein, aber was ich gut finde (...), dass das Stück in eine Krebsklinik im Harz eingeladen worden ist. Es war uns ein Anliegen dort zu spielen – denn es wird dort kaum darüber [über den Tod, Anm. N.K.] gesprochen.

Zuschauer 8: Ich wollte lediglich ihre Vision von Leichtigkeit und Farbigkeit bestätigen. Ich hab mal nach einem Frontalzusammenstoß mehrere Stunden bewusstlos in einem französischen Straßengraben gelegen – bewusstlos wie die Mediziner sagen. Ich bezweifle jetzt, dass es Bewusstlosigkeit war (...) und ich weiß genau, dass ich Farben gesehen habe in der Zeit. Und was für Farben! Also lassen sie sich ihre Vision von Farben und Schwerelosigkeit nicht nehmen. (...)

Friederike Fetting (Regisseurin): Also, es ist ein Gemisch von Texten, die aus dem Munde und aus der Feder der Teilnehmer stammen, diese Texte sind in der Improvisation entstanden, und die haben sie dann hinterher fixiert – und dann gibt es eine Reihe von [literarischen, Anmerkung N.K.] Texten, meistens (...) die längeren Textpassagen (...) diese Selbstmordszene auf der Straße sind Texte von Ann Philip : „Nur einen Seufzer lang", dann gibt es (...) diesen Kleist-Monolog, den Monolog, den Homburg spricht, bevor er vor diesem Militärgericht steht und erschossen werden soll und auch diese Visionen hat.

Zuschauer 9: Mich befremdet es ein kleines bisschen, dass hier geäußert wurde, dass man sich über Jahre hinweg an die normalen Dinge des Lebens herantasten musste. Also (...) der Tod, ist für mich kein Tabu – auch nicht im Umgang mit meinen Kindern, das gehört genauso zum Leben wie Essen und Trinken.

Spielerin 7: Aber genau das ist ja das, was wir mit dem Stück aber auch erreichen möchten. Es ist aber ein Tabuthema. Kinder gehen wunderbar damit um – die sagen, der ist jetzt tot, na gut, die verarbeiten das ganz anders, aber ab einem gewissen Alter fängt man an, ganz anders damit umzugehen, und ich kann nur aus meiner eigenen Erfahrung sagen, ich habe mich grundsätzlich dagegen gewehrt – und ich weiß auch nicht, ob ich es wirklich gelernt hab, mich wirklich damit auseinander zusetzen und zu sagen, der Tod gehört zu mir. Das ist ein wahnsinniger Prozess für mich, (...) diese Szene die ich spiele, die gab's wirklich – das Stück hat mir unheimlich viel geholfen. (...)

Bibliografie

Alheit, Peter (1990): Der biografische Ansatz in der Erwachsenenbildung. In: Wilhelm Mader (Hg.), Weiterbildung und Gesellschaft. Grundlagen wissenschaftlicher und beruflicher Praxis in der Bundesrepublik Deutschland, 17, Bremen: Universität Bremen, S.289-337

Alheit, Peter (1992): Leben lernen? Bildungspolitische und bildungstheoretische Perspektiven biografischer Ansätze (Werkstattberichte des Forschungsschwerpunktes "Arbeit und Bildung", Bd. 16). Bremen: Universität Bremen

Alheit, Peter (1993): Transitorische Bildungsprozesse: Das biografische Paradigma in der Weiterbildung. In: Mader, Wilhelm (Hg.), Weiterbildung und Gesellschaft. Grundlagen wissenschaftlicher und beruflicher Praxis in der Bundesrepublik Deutschland, 2. erw. Aufl., Bremen: Universität Bremen, S.343-417

Alheit, Peter (1995): Biografizität als Lernpotential. Konzeptionelle Überlegungen zum biografischen Ansatz in der Erwachsenenbildung. In: Heinz-Hermann Krüger/ Winfried Marotzki (Hg.), Handbuch erziehungswissenschaftliche Biografieforschung, Opladen: VS, S.276-307

Alheit, Peter/Dausien, Bettina (2000): Die biografische Konstruktion der Wirklichkeit. Überlegungen zur Biografizität des Sozialen. In: Erika M. Hoernig (Hg.), Biografische Sozialisation, Stuttgart: Lucius & Lucius, S.257-283

Alheit, Peter (2002): Biografieforschung und Erwachsenenbildung. In: Margret Kraul/ Winfried Marotzki (Hg.), Biografische Arbeit. Perspektiven erziehungswissenschaftlicher Biografieforschung, Opladen: Leske & Budrich, S.211-241

Alheit Peter (2003): Biografizität. In: Ralf Bohnsack/Winfried Marotzki/Michael Meuser (Hg.), Hauptbegriffe qualitativer Sozialforschung. Opladen: Leske & Budrich, S.25

Alheit Peter/Dausien, Bettina (2006a): Biografieforschung in der Erwachsenenbildung. In: Heinz-Hermann Krüger/Winfried Marotzki (Hg.): Handbuch erziehungswissenschaftliche Biografieforschung, 2. überarb. und aktual. Aufl., Wiesbaden: VS, S.431-459

Alheit, Peter/Brandt, Morten (2006b): AutoBiografie und ästhetische Erfahrung. Entdeckung und Wandel des Selbst in der Moderne, Frankfurt/M.: Campus

Altenburger, Sabine/Taube, Werner (2005): Zur biografischen Anbindung der Spieler an ihren Stoff – Als wär´s ein Stück von mir? In: Bundesverband Darstellendes Spiel e.V. (Hg.): Echt authentisch Fokus Schultheater 04 Hamburg: Edition Körber Stiftung, S.97-100

Arsem, Marylin (2006): Performance unterrichten. In: Marie-Luise Lange (Hg.), Performativität erfahren. Aktionskunst lehren – Aktionskunst lernen, Berlin: Schibri, S.89-101

Assmann, Aleida (1996): Zur Metaphorik der Erinnerung. In: Kai-Uwe Hemken (Hg.), Gedächtnisbilder. Vergessen und Erinnern in der Gegenwartskunst, Leipzig: Reclam, S.16-46

Assmann, Aleida (1999): Erinnerungsräume. Formen und Wandlungen des kulturellen Gedächtnisses, München: Beck

Assmann, Jan (1992): Das kulturelle Gedächtnis. Schrift, Erinnerungen und politische Identität in frühen Hochkulturen, München: Beck

Baacke, Dieter (1986): Autobiografische Texte als Beitrag zur Ich-Konstruktion. In: Neue Sammlung, Zeitschrift für Erziehung und Gesellschaft, 26, 3, S.350-367

Baacke, Dieter (1993): Biografie: Soziale Handlung, Textstruktur und Geschichten über Identität. In: Ders./Theodor Schulze (Hg.), Aus Geschichten lernen. Zur Einübung pädagogischen Verstehens, Weinheim/München: Juventa, S.41-87

Baacke Dieter/Sander, Uwe (2006): Biografieforschung und pädagogische Jugendforschung. In: Heinz-Hermann Krüger/Winfried Marotzki (Hg.), Handbuch erziehungswissenschaftliche Biografieforschung, Opladen: VS, S.257-273

Balme, Christopher (2001): Einführung in die Theaterwissenschaft, 2. überarb. Aufl., Berlin: Erich Schmidt

Beck, Ulrich (1986): Risikogesellschaft. Auf dem Weg in eine andere Moderne, Frankfurt/M.: Suhrkamp

Beck, Ulrich (1993): Die Erfindung des Politischen. Zur Theorie reflexiver Modernisierung. Frankfurt/M.: Suhrkamp

Beck, Ulrich/Beck-Gernsheim, Elisabeth (Hg.) (2004): Riskante Freiheiten. Individualisierung in modernen Gesellschaften, 6. Aufl., Frankfurt/M.: Suhrkamp

Behrendt, Eva (2003): Die Alltagsspezialisten. In: Theater heute, Jahrbuch 2003, Seelze: Friedrich Berlin, S.52-63

Behrendt, Eva (2006): Bildung ist es! In: Theater heute, Jahrbuch 2006, Seelze: Friedrich Berlin, S.18-26

Behrendt, Eva (2007): Spezialisten des eigenen Lebens. Gespräche mit Riminis Experten. In: Miriam Dreysse/Florian Malzacher (Hg.), Rimini Protokoll. Experten des Alltags. Das Theater von Rimini Protokoll, Berlin: Alexander, S.64-76

Behrens-Cobet, Heidi/Reichling, Norbert (1997): Biografische Kommunikation. Lebensgeschichten im Repertoire der Erwachsenenbildung. Reihe: Grundlagen der Weiterbildung, Neuwied: Luchterhand

Belgrad, Jürgen (1996): Theatralität im Alltag. Spielerische Subjektentfaltung als ästhetische Inszenierung der Lebenswelt. In: Korrespondenzen. Zeitschrift für Theaterpädagogik, 12, 27, S.34-43

Berg, Jan (1997): Formen szenischer Authentizität. In: Jan Berg/Hans-Otto Hügel/Hajo Kurzenberger (Hg.), Authentizität als Darstellung, MuTh, 9 (alte Folge), Hildesheim: Universität Hildesheim, S.155-175

Berger nach Schründer-Lenzen, Agi (1989): Alltag. In: Dieter Lenzen (Hg.), Pädagogische Grundbegriffe. Reinbek bei Hamburg: Rowohlt

Bertram, Georg W. (2005): Kunst. Eine philosophische Einführung, Stuttgart: Reclam

Bianchi, Paolo (2006a): Die Kunst der Selbstdarstellung. Ästhetisches Dasein zwischen Erscheinen, Existenzialismus, Existenzsetzung und Selbstkultur. In: Die Kunst der Selbstdarstellung. Zeitschrift Kunstforum International, 181, 07/- 09/2006, S.46-58

Bittner, Eva/Kaiser, Johanna (1996): Graue Stars. 15 Jahre Theater der Erfahrungen, Freiburg: Lambertus

Bittner, Eva/Kaiser, Johanna (2003): Theaterarbeit aus Erfahrungen. In: Gerd Koch/ Marianne Streisand (Hg.), Wörterbuch der Theaterpädagogik, Uckerland: Schibri, S.318

Blohm, Manfred (2002): Biografiearbeit, Didaktik und ästhetische Praxis. Reflexionen über ein schwieriges Verhältnis. In: Ders. (Hg.), Berührungen und Verflechtungen. Biografische Spuren in ästhetischen Prozessen, Köln: Salon, S.39-54

Boal, Augusto (1999): Der Regenbogen der Wünsche: Methoden aus Theater und Therapie, Seelze/Velbert: Kallmeyersche Verlagsbuchhandlung

Brandstetter, Gabriele (1998): Selbstbeschreibung. Performance im Bild. In: Erika Fischer-Lichte/Friedemann Kreuder/Isabel Pflug (Hg.), Theater seit den 60er Jahren. Grenzgänge der Neo-Avantgarde, Tübingen/Basel: Francke, S.92-135

Brandstetter, Gabriele (1999): Geschichten erzählen im Performance/Theater der neunziger Jahre. In: Erika Fischer-Lichte/Doris Kolesch/Christel Weiler (Hg.), Transformationen. Theater der neunziger Jahre, Recherchen 2, Berlin: Theater der Zeit, S.27-43

Brandstetter, Gabriele (2005): Chor. In: Erika Fischer-Lichte/Doris Kolesch/ Matthias Warstat (Hg.), Metzler Lexikon Theatertheorie. Stuttgart: Metzler, S.49-52

Braun, Elisabeth (2001): Kulturarbeit und Biografie. Ein Platz für symbolisch-künstlerische Arbeit mit Kindern, Jugendlichen und jungen Erwachsenen mit Behinderung. In: Belgrad, Jürgen; Niesyto, Horst (Hg.): Symbol. Verstehen und Produktion in pädagogi-schen Kontexten. Baltmannsweiler: Schneider Verlag Hohengehren, S.172–181

Brauneck, Manfred (1989): Theater im 20. Jahrhundert. Programmschriften, Stilperioden, Reformmodelle, Reinbek bei Hamburg: Rowohlt

Brecht, Bertolt [1957] (2002): Schriften zum Theater. Über eine nicht-aristotelische Dramatik, 41. Aufl. Frankfurt/M.: Suhrkamp

Burk, Karin (2004): Deine Hand an meiner – Theaterarbeit mit TheatReale. Tanztheater mit geistig Behinderten. In: Kristin Westphal (Hg.), Lernen als Ereignis. Zugänge zu einem theaterpädagogischen Konzept, Baltmannsweiler: Schneider, S.189-243

Cieslak, Dirk (2006): Wege zu einer neuen Authentiztät? Strategien der Realitätskonstruktion. Ein Gespräch mit Dirk Cieslak (Lubricat), Annemarie M. Matzke (SheShePop), Arved Schultze (Dramaturg X Wohnungen) und Daniel Wetzel (Rimini Protokoll). In: Erika Fischer-Lichte/Barbara Gronau/Sabine Schouten (Hg.), Wege der Wahrnehmung. Authentizität, Reflexivität und Aufmerksamkeit im zeitgenössischen Theater, Recherchen 33, Berlin: Theater der Zeit, S.14-28

Cremer, Marcel (1997): Mein Ich und mein Du. In: Hentschel, Ingrid et al (Hg.), Brecht & Stanislawski – und die Folgen. Berlin: Henschel

Cremer, Marcel (2006): Der unsichtbare Zuschauer, St. Vith: Pro D&P (Druck)

Dewey, John (1988): Kunst als Erfahrung, 1. Aufl., Frankfurt /M.: Suhrkamp (engl. Orig. 1934)

Dreysse, Miriam/Malzacher, Florian (2007): Vorwort. In: Dies./Ders. (Hg.), Rimini Protokoll. Experten des Alltags. Das Theater von Rimini Protokoll, Berlin: Alexander, S.8-14

Erll, Astrid (2005): Kollektives Gedächtnis und Erinnerungskulturen. Eine Einführung, Stuttgart/Weimar: Metzler

Evert, Kerstin (2005): Verortung als Konzept: Rimini Protokoll und Gob Squad, In: Gabriele Klein/Wolfgang Sting (Hg.), Performance. Positionen zur zeitgenössischen szenischen Kunst, Bielefeld: Transcript, S.121-129

Feldhendler, Daniel (1987): Psychodrama und das Theater der Unterdrückten, Frankfurt/M.: Wienfried Nold

Feldhendler, Daniel (2003): Playback Theatre. In: Gerd Koch/Marianne Streisand (Hg.), Wörterbuch der Theaterpädagogik, Uckerland: Schibri, S.225

Fetting, Friederike (1998): Theaterstücke, die das Leben schrieb – Schreibt das Leben Theaterstücke? Zum Begriff der Erfahrung in der kulturpädagogischen Arbeit mit SeniorInnen. In: Hajo Kurzenberger (Hg.), Praktische Theaterwissenschaft. Spiel – Inszenierung – Text, MuTh, 7 (alte Folge), Hildesheim: Universität Hildesheim, S.250-258

Fetting, Friederike (2006): Der Begriff der Erfahrung und die Erfahrungsweitergabe in der kulturpädagogischen Arbeit. In: Karl Ermert/Thomas Lang (Hg.), Alte Meister. Über Rolle und Ort Älterer in Kultur und kultureller Bildung, Wolfenbütteler Akademietexte, 25, Wolfenbüttel: Bundesakademie für kulturelle Bildung Wolfenbüttel, S.101-105

Finkielkraut, Alain (1989): Die Niederlage des Denkens, Reinbek bei Hamburg: Rowohlt

Fischer-Lichte, Erika (2004): Ästhetik des Performativen. Frankfurt/M.: Suhrkamp

Frank, Martin (1998): Eigenproduktionen aus der Befindlichkeit Jugendlicher. In: Elinor Lippert (Hg.), Theater spielen, Bamberg: Buchner, S.105-118

Fuchs-Heinritz, Werner (2000): Biografische Forschung. Eine Einführung in Praxis und Methoden, 2. Überarb. U. erweit. Aufl., Wiesbaden: VS

Gäbler, Claudia (2003): Autobiografisches Theater. In: Gerd Koch/Marianne Streisand (Hg.), Wörterbuch der Theaterpädagogik, Uckerland: Schibri, S.34-36

Gebauer, Gunter/Wulf, Christoph (1998): Spiel – Ritual – Geste. Mimetisches Handeln in der sozialen Welt, Reinbek bei Hamburg: Rowohlt

Geertz, Clifford (1987): Dichte Beschreibung. Beiträge zum Verstehen kultureller Systeme, Frankfurt/M.: Suhrkamp

Giddens, Anthony (1996): Konsequenzen der Moderne, Frankfurt/M.: Suhrkamp

Gipser, Dietlinde (2003): Selbsterfahrung. In: Gerd Koch/Marianne Streisand (Hg.), Wörterbuch der Theaterpädagogik, Uckerland: Schibri, S.272-273

Gmür, Mario (2002): Der öffentliche Mensch. Medienstars und Medienopfer. München: Deutscher Taschenbuch Verlag

Goffman, Erving (1969): Wir alle spielen Theater. Die Selbstdarstellung im Alltag, München: Piper

Goldberg, RoseLee (1996): Performance Art. From Futurism to the Present, London: Thames and Hudson

Goldberg, RoseLee (1997): ‚Personal Mythologies: Meredith Monks's ‚education of the Girlchild'. In: Jowitt, Deborah (Hg.), Meredith Monk. London: The John Hopkins University Press

Gonszar, Michael (2003): Nachrichten aus dem nicht-alltäglichen Nachdenken über Theorie und Praxis. In: Ulrike Hentschel/Hans Martin Ritter (Hg.), Entwicklungen und Perspektiven der Spiel- und Theaterpädagogik. Festschrift für Hans-Wolfgang Nickel, Uckerland: Schibri, S.128-144

Grissmer, Christel (2006a): Performance Art. Ein ästhetisches Modell für künstlerische Theaterabeit mit Jugendlichen. In: Marie-Luise Lange (Hg.), Performativität erfahren. Aktionskunst lehren – Aktionskunst lernen, Berlin: Schibri, S.206-229

Grissmer, Christel (2006b): Spielend Möglichkeitsräume öffnen. Theaterpädagogik mit performativem Schwerpunkt. Ein Unterrichtexperiment an einer Fachschule für ErzieherInnen. In: Marie Luise Lange (Hg.), Performativität erfahren. Aktionskunst lehren – Aktionskunst lernen, Berlin: Schibri, S.229-245

Gronau, Barbara (2006): Wege zu einer neuen Authentizität? Strategien der Realitätskonstruktion. Ein Gespräch mit Dirk Cieslak (Lubricat), Annemarie M. Matzke (SheShePop), Arved Schultze (Dramaturg X Wohnungen) und Daniel Wetzel (Rimini Protokoll). In: Erika Fischer-Lichte, Barbara Gronau/Sabine Schouten (Hg.), Wege der Wahrnehmung. Authentizität, Reflexivität und Aufmerksamkeit im zeitgenössischen Theater, Recherchen 33, Berlin: Theater der Zeit, S.14-28

Gudjons Herbert/Pieper Marianne/Wagener Birgit (Hg.) (1999): Auf meinen Spuren, 5. Aufl., Hamburg: Bergmann und Helbig

Hahn, Alois (1987): Identität und Selbstthematisierung. In: Ders./Volker Knapp (Hg.), Selbstthematisierung und Selbstzeugnis. Bekenntnis und Geständnis. Frankfurt/M.: Suhrkamp, S.9-24

Hahn, Alois (1988): Biografie und Lebenslauf. In: Hans-Georg Brose/Bruno Hildebrand (Hg.), Vom Ende des Individuums zur Individualität ohne Ende. Opladen: Leske und Budrich, S.91-105

Hahn, Alois (1993): Schuld und Bekenntnis. Beichte und Therapie. In: Jan Bergmann/ Ders. und Thomas Luckmann (Hg.), Religion und Kultur, Opladen: Leske und Budrich, S.309-330

Hahn, Alois (1995): Kann der Körper ehrlich sein? In: Hans Ulrich Gumbrecht/Ludwig Peiffer (Hg.), Materialität der Kommunikation, 2. Aufl., Frankfurt/M.: Suhrkamp, S.666-680

Hahn, Alois (2000): Konstruktionen des Selbst, der Welt und der Geschichte. Frankfurt/M.: Suhrkamp

Halbwachs, Maurice [1925] (1985): Das Gedächtnis und seine sozialen Bedingungen (Les cadres sociaux de la mémoire, franz.), übers. von Lutz Geldsetzer, Frankfurt/M.: Suhrkamp

Halbwachs, Maurice (1991): Das kollektive Gedächtnis, Frankfurt/M.: Fischer

Hanselle, Ralf (2000): Was vom Leben übrig bleibt. In: Die Tageszeitung, 17./18. Juni 2000, S.31

Hansmann, Wilfried (2003): Didaktik. In: Gerd Koch/Marianne Streisand (Hg.), Wörterbuch der Theaterpädagogik, Uckerland: Schibri, S.75-77

Haß, Ulrike (1990): Zum Verhältnis von Theater, Pädagogik und Theaterpädagogik. Aufgabenstellungen. In: Jörg Richard (Hg.), Theaterpädagogik und Dramaturgie im Kinder- und Jugentheater. Dokumentation zur internationalen Tagung der Assitej e.V. 1989, Schriftenreihe der Assitej, 3, Frankfurt/M.: Assitej (Druck), S.14-24

Haß, Ulrike (2005): Chor. In: Erika Fischer-Lichte/Doris Kolesch/Matthias Warstat (Hg.), Metzler Lexikon Theatertheorie, Stuttgart: Metzler, S.49-52

Haug, Helgard/Wetzel Daniel (Rimini Protokoll) im Gespräch mit Raddatz, Frank (2007): Das Theater ist nicht die Dienerin der Dichtung, sondern der Gesellschaft. Rimini Protokoll (Helgard Haug und Daniel Wetzel) über den Laien als Experten und Verfremdungseffekt. In: Raddatz, Frank (Hg.), Brecht frißt Brecht. Neues episches Theater im 21. Jahrhundert, Hamburg: Henschel, S.214-225

Haug, Helgard/Wetzel, Daniel (2005): In der Grauzone zwischen Realität und Fiktion. In: Dramaturgie. Zeitschrift der Dramaturgischen Gesellschaft, 2/2005, S. 47-48

Haug, Helgard/Wetzel, Daniel im Gespräch mit Karschnia, Alexander (2007): Wir suchen Darsteller mit Rollen, die sie schon geprobt haben. In: Kathrin Tiedemann/Frank Raddatz (Hg.), Reality strikes back. Tage vor dem Bildersturm. Eine Debatte zum Einbruch der Wirklichkeit in den Bühnenraum. Recherchen 47, Berlin: Theater der Zeit, S. 160-175

Hentschel, Ulrike (1996a): Theaterspielen als ästhetische Bildung, Weinheim: Beltz

Hentschel, Ulrike (1996b): Alles Theater? Überlegungen zum Stellenwert des Theatralitätskonzepts innerhalb der Theaterpädagogik. In: Korrespondenzen. Zeitschrift für Theaterpädagogik, Jahrgang 12, 27, S.43-49

Hentschel, Ulrike (2003a): Ästhetische Bildung. In: Gerd Koch/Marianne Streisand (Hg.), Wörterbuch der Theaterpädagogik, Uckerland: Schibri, S.9-11

Hentschel, Ulrike (2003b): Theorie? Ja, aber welche und wozu? Bemerkungen zum Selbstverständnis der Spiel- und Theaterpädagogik. In: Dies./Hans-Martin Ritter (Hg.), Entwicklungen und Perspektiven der Theaterpädagogik. Festschrift für Hans-Wolfgang Nickel, Uckerland: Schibri, S.60-76

Hentschel, Ulrike (2004): Ich ist etwas Anderes. In: Korrespondenzen. Zeitschrift für Theaterpädagogik, 20, 44, S.50-56

Hentschel, Ulrike (2005): Das so genannte Reale. Realitätsspiele im Theater und in der Theaterpädagogik. In: Gabriele Klein/Wolfgang Sting (Hg.), Performance – Positionen zur zeitgenössischen szenischen Kunst, Bielefeld: Transcript, S.131-147

Hentschel, Ulrike (2007a): ‚Mit Schiller zu mehr social skills'. Zur Rolle des Theaters im aktuellen Bildungsdiskurs. In: Dramaturgie. Zeitschrift der Dramaturgischen Gesellschaft, 1/2007, S.5-9

Hentschel, Ulrike (2007b): Wie wirklich ist die Wirklichkeit ? Realitäten im Theater und in der Theaterpädagogik. In: Bundesverband Darstellendes Spiel e.V. (Hg.), Perfekt. Verspielt. Fokus Schultheater 06. Zeitschrift für Theater und ästhetische Bildung, Hamburg: Edition Körber, S.24-32

Hentschel, Ulrike (2007c): Theater und Schule. In: SiemensArtsProgram (Hg.), Theater und Neue Dramatik in der Schule, München: Mediahaus Biering GmbH (Druck), S.4-14

Herdemerten, Frank (1998): Spielleitung und Spielgruppe. Leitung und Selbststeuerung der Spielgruppe – ein dialogisches Prinzip. In: Elinor Lippert (Hg.), Theater spielen, Bamberg: Buchner, S.48-69

Hermann, Ulrich (1987): Biografische Konstruktionen und das gelebte Leben. Prolegomena zu einer Biografie und Lebenslaufforschung in pädagogischer Absicht. In: ZfPäd, 33, 3, S.303-323

Heß, Gerhard (2000): Ein Schritt nach vorn: Eine Theaterpädagogin für die Schaubühne. In: SpielArt, 15, S.8-9

Hesse, Ulrich (2000): ‚Man nehme...'. In: Körberstiftung/Bundesarbeitsgemeinschaft Darstellendes Spiel e.V. (Hg.), Theater in der Schule, Hamburg: Edition Körber, S.120-132

Hilliger-Arche, Dorothea (1997): Mein Selbstverständnis als Theaterpädagogin. In: Korrespondenzen. Zeitschrift für Theaterpädagogik, 23, S.5-8

Hilliger, Dorothea (2006): Theaterpädagogische Inszenierung. Beispiele – Reflexionen – Analysen. Milow: Schibri

Hirche, Albrecht/Krumbein, Kathrin: Vorwort. In: Ders./Dies., Der freie Fall. Positionen von Performern, Essen: Klartext

Hiß, Guido (1990): Zur Aufführungsanalyse. In: Renate Möhrmann (Hg.), Theaterwissenschaft heute. Eine Einführung, Berlin: Reimer, S.65-80

Hitzler, Ronald/Hohner, Anne (1988): Reparatur und Repräsentation. Zur Inszenierung des Alltags durch Do-It-Yourself. In: Soeffner, Hans-Georg (Hrsg.): Kultur und Alltag (Sonderband 6 von ‚Soziale Welt'), Göttingen (Schwartz) 1988, S. 267-283

Hitzler, Ronald/Hohner, Anne (1995): Qualitative Verfahren zur Lebensweltanalyse. In: Flick, Uwe/Kardoff v., Ernst/Keupp, Heiner/Rosenstiel v., Lutz/ Wolff, Stephan (Hg.), Handbuch qualitative Sozialforschung. Grundlagen, Konzepte, Methoden, Anwendungen, 2. Aufl., Weinheim: Beltz, S.382-385

Hoffmann, Hilmar (1979): Kultur für alle. Perspektiven und Modelle, Frankfurt/M.: Fischer

Hoffmann, Christel (1990): Die Kunst des Spielleiters. In: Dies./Anett Israel (Hg.): Theaterspielen mit Kindern und Jugendlichen. Weinheim: Juventa, S.24-32

Husserl Husserl, Edmund (1954): Die Krisis der europäischen Wissenschaften und die transzendentale Phänomenologie. Den Haag (Husserliana Band VI)

Israel, Annett/Riemann, Silke (Hg.) (1996): Das andere Publikum. Deutsches Kinder- und Jugendtheater, Berlin: Henschel

Jahnke, Manfred (2002): Erzähltheater. Narrative Strukturen im Kinder und Jugendtheater als intermediales Experiment. In: Hajo Kurzenberger/Annemarie Matzke (Hg.), Theorie Theater Praxis, Recherchen 17, Berlin: Theater der Zeit, S.297-303

Jauß, Hans-Robert (1991): Ästhetische Erfahrung und literarische Hermeneutik. Frankfurt/M.: Suhrkamp

Jauß, Hans-Robert (1993): Soziologischer und ästhetischer Rollenbegriff. In: Uri Rapp (Hg.), Rolle – Interaktion – Spiel. Eine Einführung in die Theatersoziologie, Wien/Köln/Weimar: Böhlau, S.216-226

Jeschke, Claudia (2000): Tanz als Bewegungstext. In: Hans-Peter Bayersdörfer/Dies. (Hg.), Bewegung im Blick, Berlin: Vorwerk 8, S.47-58

Johnstone, Keith (2003): Improvisation und Theater. Berlin: Alexander

Jücker, Tina/Overcamp, Claus (2002): Wie aus einem Haufen Heimat ein Stück entsteht. Der Versuch anhand des Probenprozesse ‚Ein Haufen Heimat' unsere Arbeitsweise vorzustellen. In: Spiel und Theater, 53, 170, Okt. 10/2002, S.14-19

Karschnia, Alexander (2007): Theaterrealität: Reality check on stage. Wirklichkeitsforschungen im zeitgenössischen Theater. In: Kathrin Tiedemann/Frank Raddatz (Hg.), Reality strikes back. Tage vor dem Bildersturm. Eine Debatte zum Einbruch der Wirklichkeit in den Bühnenraum, Recherchen 47, Berlin: Theater der Zeit, S.146-160

Kern, Albert (1997): Authentizität als Prozeß und Produkt: Zur Theaterarbeit der Wilden Bühne mit ehemaligen Drogenabhängigen. In: Jürgen Belgrad (Hg.), TheaterSpiel. Ästhetik des Schul- und Amateurtheaters, Baltmannsweiler: Schneider, S.174-192

Keupp, Heiner/Ahbe, Thomas/Gmür, Wolfgang/Höfer, Renate u.a. (Hg.) (2006): Identitätskonstruktionen. Das Patchwork der Identitäten in der Spätmoderne, Reinbek bei Hamburg: Rowohlt

Kirby, Michael [1987] (2005): Schauspielen und Nicht-Schauspielen (Acting and Not-Acting, engl.), übers. von Ulrike Harnisch. In: Roselt, Jens (Hg.), Seelen mit Methode. Schauspieltheorien vom Barock- bis zum postdramatischen Theater, Berlin: Alexander, S.361-376

Kittel, Rainer (1997): Für mehr Kunst und Professionalität im Amateurtheater – ein Pamphlet. In: Jürgen Belgrad (Hg.), TheaterSpiel. Ästhetik des Schul- und Amateurtheaters, Baltmannsweiler: Schneider, S.96-97

Klein, Gabriele (2005): Die reflexive Tanzmoderne. Wie eine Geschichte der Tanzmoderne über Körperkonzepte lesbar wird. In: Johannes Odenthal (Hg.): tanz.de, Arbeitsbuch 2005, Berlin: Theater der Zeit, S.20-29

Klein, Gabriele/Sting, Wolfgang (2005): Performance als soziale und ästhetische Praxis. Zur Einführung. In: Dies./Ders. (Hg.), Performance. Positionen zur zeitgenössischen szenischen Kunst, Bielefeld: Transcript, S.7-25

Knigge, Volkhard (1989): Das neue Interesse an ästhetischer Innovation. In: Kulturpolitische Mitteilungen, 46, III/1989, S.43-44

Koch, Gerd (1997): Theater-Spiel als szenische Sozialforschung. In: Jürgen Belgrad (Hg.), TheaterSpiel. Ästhetik des Schul- und Amateurtheaters, Baltmannsweiler: Schneider, S.81-96

Köhler, Norma (2008): ‚Vom Leben zur Kunst'. Biographische Theaterarbeit in der produktionsorientierten Theaterpädagogik. In: Neumann, Lilli et al (Hg.): Spielend Leben Lernen. Berlin: Schibri, 259-278.

Kohli, Martin (1981): Zur Theorie der biografischen Selbst- und Fremdthematisierung. In: Joachim Matthes (Hg.), Lebenswelt und soziale Probleme: Verhandlungen des 20. Dt. Soziologentages zu Bremen, Frankfurt/M., New York: Suhrkamp, S.502-520

Kolesch, Doris (2005): Liveness. In: Erika Fischer-Lichte/Dies./Matthias Warstat (Hg.), Metzler Lexikon Theatertheorie, Stuttgart: Metzler, S.188-190

Kotte, Andreas (1998): Theatralität. Ein Begriff sucht seinen Gegenstand. In: Forum Modernes Theater,13, 2, S.117-135

Krappmann, Lothar (1969): Soziologische Dimensionen der Identität. Strukturelle Bedingungen für die Teilnahem an Interaktionsprozessen. Stuttgart: Klett, 1. Auf. 1971

Kraul, Margret/Marotzki, Winfried (2002): Bildung und Biografische Arbeit – Eine Einleitung. In: Dies./Ders. (Hg.), Biografische Arbeit. Perspektiven erziehungswissenschaftlicher Biografieforschung, Opladen: Leske und Budrich, S.7-22

Kurzenberger, Hajo (1991): Spiellust contra Schauspielkunst? Über die szenische Arbeit mit Laien und professionellen Schauspielern, ihre Voraus- und Zielsetzungen. In: Freizeitpädagogik,13, S.19-30.

Kurzenberger, Hajo (1997): Die ‚Verkörperung' der dramatischen Figur durch den Schauspieler. In: Jan Berg/Hans-Otto Hügel/Ders. (Hg.), Authentizität als Darstellung, MuTh, 9 (alte Folge), Hildesheim: Universität Hildesheim, S.106-122

Kurzenberger, Hajo (1998a): Praktische Theaterwissenschaft. In: Ders. (Hg.), Praktische Theaterwissenschaft. Spiel – Inszenierung – Text, MuTh, 7 (alte Folge), Hildesheim: Universität Hildesheim, S.8-17

Kurzenberger, Hajo (1998b): Theater als Chor. In: Ders. (Hg.), Praktische Theaterwissenschaft. Spiel – Inszenierung – Text, MuTh, 7 (alte Folge), Hildesheim: Universität Hildesheim, S.17-37

Kurzenberger, Hajo (1999): Chorisches Theater der neunziger Jahre, In: Erika Fischer-Lichte/Doris Kolesch/Christel Weiler (Hg.), Transformationen. Theater der neunziger Jahre, Recherchen 2, Berlin: Theater der Zeit, S.83-93

Kurzenberger, Hajo (2005a): Theater als soziale Kunstform. In: Marianne Streisand/ Ulrike Hentschel/Andreas Poppe/Bernd Ruping (Hg.), Generationen im Gespräch. Archäologie der Theaterpädagogik I, Ucklerland: Schibri, S.375-389

Kurzenberger, Hajo (2005b): Theatralität und populäre Kultur. In: Gabriele Klein/ Wolfgang Sting (Hg.), Performance. Positionen zur zeitgenössischen szenischen Kunst, Bielefeld: Transcript, S.107-120

Kurzenberger, Hajo (2005c): Darstellung. In: Erika Fischer-Lichte/Dies./Matthias Warstat (Hg.), Metzler Lexikon Theatertheorie, Stuttgart: Metzler, S.55-63

Kurzenberger, Hajo (2006a): Kollektive Kreativität: Herausforderung des Theaters und der praktischen Theaterwissenschaft. In: Stephan Porombka/Wolfgang Schneider/ Volker Wortmann (Hg.), Kollektive Kreativität. Jahrbuch für Kulturwissenschaften und ästhetische Praxis 2006, Tübingen: Francke 2006, S.53-69.

Kurzenberger, Hajo (2006b): Theaterkollektive: Von der ‚Truppe 31' zur ‚Marthaler-Familie,' von der Politisierung der 68er Bewegung zur Privatisierung des Theatermachens in den Neunzigern. In: Ingrid Gilcher-Holtey/Dorothea Kraus/Franziska Schößler (Hg.), Politisches Theater nach 1968. Regie, Dramatik und Organsiation, Frankfurt/New York: Campus, S.153-178

Lampert, Friederike (2007): Tanzimprovisation. Geschichte – Theorie – Verfahren – Vermittlung, Bielefeld: Transcript

Lang, Thomas (2003): Altentheater. In: Gerd Koch/Marianne Streisand (Hg.), Wörterbuch der Theaterpädagogik, Uckerland: Schibri, S.17-19

Lang, Thomas (2006): Alte Meister – Theater von und mit älteren Menschen. In: Karl Ermert/Ders. (Hg.), Alte Meister. Über Rolle und Ort Älterer in Kultur und kultureller Bildung, Wolfenbütteler Akademietexte, 25, Wolfenbüttel: Bundesakademie für kulturelle Bildung Wolfenbüttel, S.150-158

Lang, Thomas (2007): Vorwärts und nicht vergessen – Das Alter neu denken. Das Theaterfestival ‚Herzrasen' – 1. Theatertreffen 60+ am Deutschen Schauspielhaus in Hamburg, im Haus am Park, Hamburg-Bergedorf und im Körber-Forum in Hamburg im Oktober 2006. In: Korrespondenzen, Zeitschrift für Theaterpädagogik, 23, 50, S.58-60

Lange, Marie-Luise (2006a): Über Lebendigkeit oder die Präsenz des (Un-) sichtbaren. In: Dies. (Hg.), Performativität erfahren. Aktionskunst lehren – Aktionskunst lernen, Berlin: Schibri, S.101-143

Lange, Marie-Luise (2006b): Vorwort. In: Dies. (Hg.), Performativität erfahren. Aktionskunst lehren – Aktionskunst lernen, Berlin: Schibri, S.9-21

Lehmann, Hans-Thies (1999a): Die Gegenwart des Theaters. In: Erika Fischer-Lichte/Doris Kolesch/Christel Weiler (Hg.), Transformationen. Theater der neunziger Jahre, Recherchen 2, Berlin: Theater der Zeit, S.13-27

Lehmann, Hans-Thies (1999b): Postdramatisches Theater, Frankfurt/M.: Verlag der Autoren

Lehmann, Hans-Thies (2007): Theorie im Theater? Anmerkungen zu einer alten Frage. In: Miriam Dreysse/Florian Malzacher (Hg.), Rimini Protokoll. Experten des Alltags. Das Theater von Rimini Protokoll, Berlin: Alexander, S.164-182

Leser, Irene (2007): Rolle vorwärts – Eine Auswertung selbstreflexiver Aussagen von Mitgliedern des Obdachlosentheaters der ‚Ratten 07' zu Wirkungsmöglichkeiten des Theaterspielens. In: Korrespondenzen. Zeitschrift für Theaterpädagogik, 23, 50, S.47-49

Leutz, Grete (1974): Das klassische Psychodrama nach J. L. Moreno. Berlin: Nold

Levenstein, Marla (1997): Die Ästhetik der Gefühle und ihre Verwendung in ‚Drama in Education'. In: Jürgen Belgrad (Hg.), TheaterSpiel. Ästhetik des Schul- und Amateurtheaters, Baltmannsweiler: Schneider, S.132-141

Ley, Katharina (1984): Von der Normal- zur WahlBiografie. Interpretationen erzählter Lebensgeschichten von Frauen. In: Martin Kohli/Günther Robert (Hg.), Biografie und soziale Wirklichkeit, Stuttgart/Weimar: Metzler, S. 239-260

Lippert, Elinor (1998): Rolle im Alltag – Rolle im Theater – ein Paradoxon für die Darsteller? In: Elinor Lippert (Hg.), Theater spielen, Bamberg: Buchner, S.27-48

Lippert, Elinor (2000): Geschichten spielen. In: Körber-Stiftung/Bundesarbeitsgemeinschaft Darstellendes Spiel e.V. (Hg.), Theater in der Schule, Hamburg: Edition Körber, S.280-286

Lösch, Volker (2005): Spiel und Wirklichkeit. In: Dramaturgie. Zeitschrift der Dramaturgischen Gesellschaft, 2/2005, S.48

Maier, Scotch (2005): Es waren Autoren! Es waren Geschichten! Wir haben nur nachgefragt. In: Marianne Streisand/Ulrike Hentschel/Andreas Poppe/Bernd Ruping (Hg.), Generationen im Gespräch. Archäologie der Theaterpädagogik I, Ucklerland: Schibri, S.389-403

Malzacher, Florian (2007): Dramaturgien der Fürsorge und der Verunsicherung. In: Miriam Dreysse/Ders. (Hg.): Rimini Protokoll. Experten des Alltags. Das Theater von Rimini Protokoll, Berlin: Alexander, S.14-46

Marotzki, Winfried (2002): Allgemeine Erziehungswissenschaft und Biografieforschung. In: Magret Kraul/Ders. (Hg.), Biografische Arbeit. Perspektiven erziehungswissenschaftlicher Biografieforschung, Opladen: Leske und Budrich, S.49-65

Marx, Rita (2003): Gruppe. In: Gerd Koch/Marianne Streisand (Hg.), Wörterbuch der Theaterpädagogik, Uckerland: Schibri, S.13-132

Maset, Pierangelo (2001): Praxis, Kunst, Pädagogik: Ästhetische Operationen in der Kunstvermittlung, 2. Aufl., Lüneburg: Hyde

Matzke, Annemarie M. (2002): Die Peformance des Zuschauers. In: Hajo Kurzenberger/Dies. (Hg.), Theorie Theater Praxis, Recherchen 17, Berlin: Theater der Zeit, S.269-275

Matzke, Annemarie M. (2005a): Testen, Spielen, Tricksen, Scheitern. Formen szenischer Selbstinszenierungen, MuTh, 2 (neue Folge), Hildesheim: Olms

Matzke, Annemarie M. (2005b): Spiel-Identitäten und Instant-Biografien. Theorie und Performance bei She She Pop. In: Gabriele Klein/Sting, Wolfgang (Hg.), Performance. Positionen zur zeitgenössischen szenischen Kunst, Bielefeld: Transcript, S.93-107

Matzke, Annemarie M. (2006a): Von echten Menschen und wahren Performern, In: Erika Fischer-Lichte/Barbara Gronau/Sabine Schouten (Hg.), Wege der Wahrnehmung. Authentizität, Reflexivität und Aufmerksamkeit im zeitgenössischen Theater, Recherchen 33, Berlin: Theater der Zeit, S.39-48

Matzke, Annemarie M. (2006b): Wege zu einer neuen Authentizität? Strategien der Realitätskonstruktion. Ein Gespräch mit Dirk Cieslak (Lubricat), Annemarie M. Matzke (SheShePop), Arved Schultze (Dramaturg X Wohnungen) und Daniel Wetzel (Rimini Protokoll). In: Erika Fischer-Lichte/Barbara Gronau/Sabine Schouten (Hg.), Wege der Wahrnehmung. Authentizität, Reflexivität und Aufmerksamkeit im zeitgenössischen Theater, Recherchen 33, Berlin: Theater der Zeit, S.14-28

Matzke, Annemarie M. (2006c): Betriebsanleitung für den freien Fall. Eine Führung durch die Definitionsversuche. In: Albrecht Hirche/Kathrin Krumbein (Hg.), Der freie Fall. Positionen von Performern, Essen: Klartext, S.9-13

Matzke, Frank (2003): Von der sozialen Nachricht in der Darstellung. Transkript des Vortrags, gehalten am 24.5.2003 im Schauspielhaus Hannover auf dem Internationalen Fachforum ‚Theater über Leben – Theatre of Relevance' und dem Festival ‚Jugendwelten – Theaterformen' (22.5.-25.5.2003)

Matzke, Frank (2004): Theater. Theater-Räume als Plattformen ästhetischer Erfahrung. In: Jutta Jäger/Ralf Kukhermann/Martin Seel (Hg.), Wahrnehmen – Gestalten – Kommunizieren. Zur Standortbestimmung ästhetischer Medien in der Sozialen Arbeit, Weinheim: Juventa, S.223-249

Maurer, Friedemann (1981): Lebensgeschichte und Lernen. In: Ders. (Hg.), Lebensgeschichte und Identität, Frankfurt/M.: Fischer, S.105-132

Mayer, Jörg (2003): Spielleitung. In: Gerd Koch/Marianne Streisand (Hg.), Wörterbuch der Theaterpädagogik, Uckerland: Schibri, S.283-285

Mayer, Verena (2000): Das Pipi-Langstrumpf-Prinzip. Was macht eigentlich eine Theaterpädagogin? Uta Plate und das Stück ‚Freundschaft'. In: Berliner Seiten, 17. Juni 2000, S.3

Michelis, Jan (2000): Die Freiheit, sich zu öffnen. Theaterpädagogin Uta Plate vermittelt zwischen Kunst und Leben. In: Die Welt, 26. April 2000

Molck, Jochen (2007): Was ist gute Soziokultur? In: Kulturpolitische Mitteilungen, 119, IV/2007, S.64

Mollenhauer, Klaus (1996): Grundfragen ästhetischer Bildung, Weinheim: Juventa

Mollenhauer, Klaus (1998): Vergessene Zusammenhänge. Über Kultur und Erziehung, 5. Aufl., Weinheim/München: Juventa

Mühlhaupt Marc/Treder, Edith (2005): Simple Life – Real Life. Internationales Theaterfestival mit Symposium vom 12.-21. November 2004 im Theater HAUEINS in Berlin-Kreuzberg. In: Korrespondenzen, Zeitschrift für Theaterpädagogik, 21, 46, S.66-69

Mühling, Matthias (2004): Gegenwärtig Selbst inszeniert. In: Uwe M. Schneede (Hg.), Ausstellungskatalog aus Anlass der Ausstellung: Gegenwärtig Selbst inszeniert. 28. November 2004 bis 27. Februar 2005 in der Hamburger Kunsthalle, Buchholz: Beisner, S.9-50

Neubauer, Simone (1998): Improvisation als grundlegende Arbeitsmethode bei der Inszenierung von Dramen mit Jugendlichen. In: Christel Hoffmann/Annett Israel (Hg.), Theaterspielen mit Kindern und Jugendlichen, Weinheim/München: Juventa, S.151-174

Neumann, Lilli (1999): ‚Wenn´s im Spiel ernst wird'. In: Pädagogisches Forum, Schneider 2, 1999, o.S.

Neumann, Lilli (2002a): Sprechender Körper und heilsame Sinnsprache – Theater als Therapie. Therapeutisches Theater und Dramatherapie in sozialen Arbeitsfeldern. In: SI:SO. Siegen: Sozial. Analysen – Berichte – Kotroversen, 7, 1, S.15-21

Neumann, Lilli (2002b): Vom Traum zum Theater – Regie in der Therapie. In: Müller-Weith, Doris/Dies./Stoltenhoff-Erdmann,Bettina (Hg.), Theater Therapie. Ein Handbuch, Paderborn: Junfermann, S.93-133

Neumann, Lilli (2003): Spielraum und Ernstfall. In: SI:SO. Siegen: Sozial. Analysen – Berichte – Kontroversen, o.S.

Neumann, Lilli/Müller-Weith,Doris/Stoltenhoff-Erdmann, Bettina (Hg.) (2008): Spielend Leben Lernen. Berlin/Milow/Strasburg: Schibri

Nickel, Hans-Wolfgang (1998): Die Spieler und ihre Kreativität. Theater gestalten: Wie wächst auf nacktem Bretterboden eine Aufführung? Wie wird Zettel, der Weber, zu Pyramus? In: Elinor Lippert (Hg.), Theater spielen, Bamberg: Buchner, S.69-90

Nickel, Hans-Wolfgang (2004): Spielleiter und Spieler beim Theatermachen. In: Kristin Westphal (Hg.), Lernen als Ereignis. Zugänge zu einem theaterpädagogischen Konzept, Baltmannsweiler: Schneider, S.265-295

Nickel, Hans-Wolfgang (2005): Regie: Thema und Konzept, Uckerland: Schibri

Nickel, Hans-Wolfgang (2006): Neuer Aufschwung des Dokumentartheaters? In: Spiel-Art, Theaterpädagogische Zeitschrift für Berlin und Brandenburg, 40, IV/2006, S.31-33

Pazzini, Karl-Josef (2002): Bio muß erst graphiert werden. Vortragsmanuskript (Universität Hamburg, 01.03.2002), o.S.

Pethes, Nicolas/Ruchatz, Jens (Hg.) (2001): Gedächtnis und Erinnerung. Ein interdisziplinäres Lexikon, Reinbek bei Hamburg: Rowohlt

Pfister, Manfred (1997): Das Drama, 9. überarb. Aufl., München: Wilhelm Fink (UTB)

Pfisterer, Ulrich/Valeska von Rosen (Hg.) (2005): Der Künstler als Kunstwerk. Selbstporträts vom Mittelalter bis zur Gegenwart, Stuttgart: Reclam

Phelan, Peggy: The ontology of performance. Represantation without reproduction. In: Unmarked, S.146-166

Pinder, Wilhelm, 1928: Das Problem der Generation in der Kunstgeschichte Europas, Berlin: Frankfurter Verlagsanstalt

Pinkert, Ute (2003): Recherche. In: Gerd Koch/Marianne Streisand (Hg.), Wörterbuch der Theaterpädagogik, Uckerland: Schibri, S.237-238
Pinkert, Ute (2005a): Erzählen als Notwendigkeit. Theaterpädagogische Überlegungen zu einer Form postdramatischen Theaters. In: Bundesverband Darstellendes Spiel e.V./Körber-Stiftung (Hg.), Echt authentisch, Hamburg: Körber-Stiftung, S.39-48
Pinkert, Ute (2005b): Transformationen des Alltags. Theaterprojekte der Berliner Lehrstückpraxis und Live Art bei Forced Entertainment. Modelle, Konzepte und Verfahren kultureller Bildung, Bielefeld: Transcript
Pinkert, Ute (2007): Spiele mit dem ‚Nicht-Perfekten.' Fragmentarische Übersetzung eines aktuellen Konzepts. In: Bundesverband Darstellendes Spiel e.V/Körber-Stiftung (Hg.), Perfekt verspielt, Fokus Schultheater 06, Zeitschrift für Theater und ästhetische Bildung, Hamburg: Körber-Stiftung, S.14-24
Plate, Uta (2000): Nahaufnahmen statt Fremdbilder: Theater im Knast: In: Theater der Zeit, 5/2000, S. 32-35
Plate, Uta (2005): Theater als kreativer Tauschhandel. In: Dramaturgie. Zeitschrift der Dramaturgischen Gesellschaft, 2/2005, S.36-38
Plate, Uta (2007): Kulturvermittlung am Theater. In: Korrespondenzen. Zeitschrift für Theaterpädagogik, 23, 50, S.55-56
Plath, Maike (2005): Authentizität im Schultheater. Die Suche nach dem schwer erreichbaren Gut. In: Bundesverband Darstellendes Spiel e.V. (Hg.), Echt authentisch, Fokus Schultheater 04, Hamburg: Edition Körber 04, S.104-110
Plath, Maike (2009): Biografisches Theater in der Schule. Mit Jugendlichen inszenieren: Darstellendes Spiel in der Sekundarstufe. Weinheim: Beltz
Plessner, Helmuth (1966): Diesseits der Utopie, Düsseldorf/Köln: Eugen Diedrichs
Plessner , Helmuth (2003): Gesammelte Schriften VIII. Frankfurt am Main: Suhrkamp Verlag
Poppe, Andreas (2003): Warming-Up. In: Gerd Koch/Marianne Streisand (Hg.), Wörterbuch der Theaterpädagogik, Uckerland: Schibri, S.352-354
Praml, Willi (1993): Mission oder Vision? Das soziale Engagement der Theaterkunst. In: Wolfgang Schneider (Hg.), Theater und Jugendschutz. Aids, Sucht, Gewalt als Themen auf der Bühne, Weinheim: Juventa, S.9-23
Praml, Willi (2005): Für mich ist Theater mehr als das Leben. In: Marianne Streisand/ Ulrike Hentschel/Andreas Poppe/Bernd Ruping (Hg.), Generationen im Gespräch. Archäologie der Theaterpädagogik I, Ucklerland: Schibri, S.269-283
Programmzettel zur Produktion ‚Café Dutschke', Sophiensäle Berlin, o.S.
Programmzettel zur Produktion ‚Deadline', Schauspielhaus Hamburg, o.S.
Programmzettel zur Produktion ‚Freundschaft', Schaubühne am Lehniner Platz Berlin, o.S.
Ptok, Gabriel (2003): Theatertherapie. In: Gerd Koch/Marianne Streisand (Hg.), Wörterbuch der Theaterpädagogik, Uckerland: Schibri, S.325-327
Radiointerview Sender Freies Berlin 08.06.2000 um 14.00h im Sender Freies Berlin: ‚Die Zwiefachen' und ihr Stück ‚Freundschaft'
Radtke, Dirk (2003:) Gefängnistheater. In: Gerd Koch/Marianne Streisand (Hg.), Wörterbuch der Theaterpädagogik, Uckerland: Schibri, S.113-115.

Rapp, Uri (Hg.) (1993): Rolle – Interaktion – Spiel. Eine Einführung in die Theatersoziologie, Wien/Köln/Weimar: Böhlau

Rellstab, Felix (2003): Handbuch Theaterspielen,1, Grundlagen, 2. Aufl. Reihe Schau-Spiel, 7, CH-Wädenswil: Stutz

Rellstab, Felix (2000): Handbuch Theaterspielen, 4, Theaterpädagogik, 1. Aufl. Reihe Schau-Spiel, 10, CH-Wädenswill: Stutz

Renk, Hertha-Elisabeth (1997): Authentizität als Kunst – Zur Ästhetik des Amateurtheaters oder: wenn sie gut sind, sind sie aufregend bei sich selbst. In: Jürgen Belgrad (Hg.), TheaterSpiel. Ästhetik des Schul- und Amateurtheaters, Baltmannsweiler: Schneider, S.38-56

Richard, Jörg (Hg.) (1996): Jugend-Theater, Frankfurt/M.: Haag und Herrchen

Richard, Jörg (2005): Für mich sind Wissenschaft wie die Künste zentrale Formen der Auseinandersetzung mit unserem Leben. In: Marianne Streisand/UlrikeHentschel/Andreas Poppe/Bernd Ruping (Hg.), Generationen im Gespräch. Archäologie der Theaterpädagogik I, Ucklerland: Schibri, S.283-297

Ritter, Hans-Martin (1990): Prozesse – Produkte. In: Ders. (Hg.), Spiel- und Theaterpädagogik: Ein Modell, Berlin: Presse- und Informationsstelle d. HdK (Hochschule der Künste), S.31-45

Ritter, Hans-Martin (2003): Suchbewegungen im Spielraum. Gedanken zur Geschichte einer Institution. In: Ulrike Hentschel/Ders. (Hg.), Entwicklungen und Perspektiven der Theaterpädagogik. Festschrift für Hans-Wolfgang Nickel, Uckerland: Schirbri, S.16-30

Rora, Constanze (2003): Chorisches Sprechen/Sprechchor. In: Gerd Koch/Marianne Streisand (Hg), Wörterbuch der Theaterpädagogik, Uckerland: Schibri, S.59-61

Roselt, Jens (2004): Manuskript eines Vortrags mit dem Titel ‚Die Arbeit am Nicht-Perfekten', gehalten im Rahmen des Symposions ‚Simple Life' (12.-21.11.2004) in Berlin (Hebbel am Ufer) (unveröffentlicht)

Roselt, Jens (2005a): Figur. In: Erika Fischer-Lichte/Doris Kolesch,/Matthias Warstat (Hg.), Metzler Lexikon Theatertheorie, Stuttgart: Metzler, S.104-107

Roselt, Jens (2005b): An den Rändern der Darstellung – Ein Aspekt von Schauspielkunst heute. In: Ders. (Hg.), Seelen mit Methode. Schauspieltheorien vom Barock- bis zum postdramatischen Theater. Berlin: Alexander, S.376-382

Roselt, Jens (2005c): Das Spektrum der Darstellung – Michael Kirby. In: Ders. (Hg.), Seelen mit Methode. Schauspieltheorien vom Barock- bis zum postdramatischen Theater. Berlin: Alexander, S.376-382

Roselt, Jens (2005d): Erleben und Verkörpern auf der Bühne – Konstantin S. Stanislawski. In: Ders. (Hg.), Seelen mit Methode. Schauspieltheorien vom Barock- bis zum postdramatischen Theater, Berlin: Alexander, S.230-237

Roselt, Jens (2005e): Rollenwechsel – Schauspieler im Theater des Sozialen. Ein Vortrag von Jens Roselt. In: Dramaturgie. Zeitschrift der Dramaturgischen Gesellschaft, 2/2005, S.52

Roselt, Jens (2005f): Verfremdete Figuren – Bertolt Brecht. In: Ders. (Hg.), Seelen mit Methode. Schauspieltheorien vom Barock- bis zum postdramatischen Theater, Berlin: Alexander, S.274-278

Roselt Jens (2005g): Exzentrische Menschen – Helmuth Plessner. In: Ders. (Hg.), Seelen mit Methode. Schauspieltheorien vom Barock- bis zum postdramatischen Theater. Berlin: Alexander, S.310-313

Roselt, Jens (2005h): Masken ab! Vom Schauspieler zum Performer – Richard Schechner, In: Ders. (Hg.), Seelen mit Methode. Schauspieltheorien vom Barock- bis zum postdramatischen Theater. Berlin: Alexander, S.326-330

Roselt, Jens (2006): Die Arbeit am Nicht-Perfekten. In: Erika Fischer-Lichte/Barbara Gronau/Sabine Schouten (Hg.), Wege der Wahrnehmung. Authentizität, Reflexivität und Aufmerksamkeit im zeitgenössischen Theater, Recherchen 33, Berlin: Theater der Zeit, S.28-39

Roselt, Jens (2007): In Erscheinung treten. Zur Darstellungspraxis des Sich-Zeigens. In: Miriam Dreysse/Florian Malzacher (Hg.), Rimini Protokoll. Experten des Alltags. Das Theater von Rimini Protokoll, Berlin: Alexander, S.46-64

Roth, Sieglinde (2003): Theaterarbeit in sozialen Feldern. In: Gerd Koch/Marianne Streisand, Wörterbuch der Theaterpädagogik, Uckerland: Schibri, S.319-320

Ruhe, Hans-Georg (2007): Methoden der Biografiearbeit. Lebensspuren entdecken und verstehen, 3. Aufl., Weinheim/München: Juventa

Ruping, Bernd (2003): Ästhetischer Wert. In: Gerd Koch/Marianne Streisand (Hg.), Wörterbuch der Theaterpädagogik, Uckerland: Schibri, S.13-14

Scategni, Wilma (1994): Zwischen alltäglicher und archetypischer Erfahrungswelt, Düsseldorf: Walter

Schaubühne am Lehniner Platz (1999): Zeitgenössisches Theater für Tanz und Schauspiel. Die erste Spielzeit 2000 [Programmheft]. Berlin: Schaubühne am Lehniner Platz

Schaubühne am Lehniner Platz (2000a): Zeitgenössisches Theater. Die Spielzeit 2000/01 [Programmheft]. Berlin: Schaubühne am Lehniner Platz.

Schechner, Richard (2005): ‚Performer', ‚Environmental Theater (New York/London 1994 (1973)) (Auszug). In: Roselt, Jens, (Hg.), Seelen mit Methode, Schauspieltheorien vom Barock- bis zum postdramatischen Theater. Berlin: Alexander, S.330-358

Scheer, Brigitte (2001): Inszenierung als Problem der Übersetzung und Aneignung. In: Josef Früchtl/Jörg Zimmermann (Hg.), Ästhetik der Inszenierung. Frankfurt/M.: Suhrkamp, S.91-103

Schlicher, Susanne [1987] (1999): Tanztheater. Traditionen und Freiheiten, Reinbek bei Hamburg: Rowohlt

Schneede, Uwe M. (2004): Vorwort. In: Ders. (Hg.), Ausstellungskatalog aus Anlass der Ausstellung ‚Gegenwärtig Selbst inszeniert', 28.11.2004 - 27.2.2005 in der Hamburger Kunsthalle. Buchholz: Beisner (Druck), S.5-7

Schründer-Lenzen, Agi (1989): Alltag. In: Dieter Lenzen (Hg.), Pädagogische Grundbegriffe. Reinbek bei Hamburg: Rowohlt

Schütz/Luckmann (2003): Strukturen der Lebenswelt. Konstanz: UTB

Schulz, Susanne (2002): Die Figur im Theater Christoph Marthalers, Hochschulschriften, 8, St. Augustin: Gardez

Schulze, Theodor (1993a): Autobiografie und Lebensgeschichte. In: Dieter Baacke/Ders.(Hg.), Aus Geschichten lernen. Zur Einübung pädagogischen Verstehens, Weinheim/München: Juventa, S.126-174

Schulze, Theodor (1993b): Biografisch orientierte Pädagogik. In: Dieter Baacke/Ders. (Hg.), Aus Geschichten lernen. Zur Einübung pädagogischen Verstehens, Weinheim/München: Juventa, S.13-41

Schulze, Theodor (1993c): Lebenslauf und Lebensgeschichte. In: Dieter Baacke/Ders. (Hg.), Aus Geschichten lernen. Zur Einübung pädagogischen Verstehens, Weinheim/München: Juventa, S.174-229

Schulze, Theodor (2002): Biografieforschung und allgemeine Erziehungswissenschaft. In: Margret Kraul/Winfried Marotzki (Hg.), Biografische Arbeit. Perspektiven erziehungswissenschaftlicher Biografieforschung, Opladen: Leske und Budrich, S.22-49

Schulze, Theodor (2006): Biografieforschung in der Erziehungswissenschaft – Gegenstandsbereich und Bedeutung. In: Heinz-Hermann Krüger/Winfried Marotzki (Hg.), Handbuch erziehungswissenschaftliche Biografieforschung. 2. Aufl., Wiesbaden: VS, S.35-59

Schweitzer, Pam (2006): Reminiscence Theatre. Making Theatre from Memories. London: Jessica Kingsley Publishers

Seel, Martin (2001): Inszenieren als Erscheinen lassen. Thesen über die Reichweite eines Begriffs. In: Josef Früchtl/Jörg Zimmermann (Hg.), Ästhetik der Inszenierung. Frankfurt/M.: Suhrkamp, S.48-63

Seitz, Hanne (2006): Ereignisse im Quadrat. Matrix für Performances an der Schnittstelle zum Tanztheater. In: Lange, Marie-Luise (Hg.), Performativität erfahren. Aktionskunst lehren – Aktionskunst lernen. Berlin: Schibri, S.32-50

Sennett, Richard (1998): Der flexible Mensch. Die Kultur des neuen Kapitalismus, 2. Aufl., Berlin: btb

Siebers, Ruth (1996): Zwischen Normalbiographie und Individualisierungssuche. Empirische Grundlagen für eine Theorie der Biographisierung, Münster/New York: Waxmann

Siegemund, Anke (2003): Improvisation. In: Gerd Koch/Marianne Streisand (Hg.) (2003), Wörterbuch der Theaterpädagogik, Uckerland: Schibri, S.137-139

Siegmund, Gerald (2007): Die Kunst des Erinnerns. Fiktion als Verführung zur Realität. In: Miriam Dreysse/Florian Malzacher (Hg.), Rimini Protokoll. Experten des Alltags. Das Theater von Rimini Protokoll, Berlin: Alexander, S.182-206

Simhandl, Peter (1992): Experimentelles Theater. In: Manfred Brauneck/Gérard Schneilin (Hg.), Theaterlexikon. Begriffe und Epochen, Bühnen und Ensembles, 3. überarb. Aufl., Reinbek bei Hamburg: Rowohlt, S.335-337

Steinl, Winfried (2000): Textgebundene Eigenproduktionen. In: Bundesarbeitsgemeinschaft Darstellendes Spiel e.V./Körber-Stiftung (Hg.), Theater in der Schule, Hamburg: Körber-Stiftung, S.132-148

Steinweg, Reiner (1995): Lehrstück und episches Theater. Brechts Theorie und die theaterpädagogische Praxis, Frankfurt/M.: Brandes und Apsel

Stenzaly/Waldmann (1993): Freies Theater. In: Brauneck/Schneilin (Hg): Theaterlexikon Begriffe, Epochen, Bühnen und Ensembles, 3. überarb. Aufl., Reinbek bei Hamburg: Rowohlt, S.372-376

Sting, Wolfgang (1995): Interkulturelles Lernen und Theater. In: Korrespondenzen. Zeitschrift für Theaterpädagogik, 11, 23/24/25, S.29-36

Sting, Wolfgang (1997): Theaterpädagogik ist eine Kunst! Korrespondenzen. Zeitschrift für Theaterpädagogik, 13, 27, S.25-28
Sting, Wolfgang (2000): ‚Oh nee, ausgerechnet Brecht. Warum ich? Flucht!' Theaterlernen und ästhetische Bildung im Hildesheimer Projektsemester ‚Theatertheorie szenisch.' In: Hartwin Gromes/Hajo Kurzenberger (Hg.), Theatertheorie szenisch. Reflexion eines Theaterprojekts Hildesheim: Universität Hildesheim, S.153-169
Sting, Wolfgang (2002): Ästhetische Kompetenz als zentrale Kategorie Kultureller Bildung. In: Bundesvereinigung Kulturelle Jugendbildung e.V. (Hg.), Kultur leben lernen. Bildungswirkungen und Bildungsauftrag der Kinder- und Jugendkulturarbeit, Schriftenreihe BKJ, 60, Remscheid: BKJ (Druck), S.149-157
Sting, Wolfgang (2003a): Ästhetische Kompetenz. In: Gerd Koch/Marianne Streisand (Hg.), Wörterbuch der Theaterpädagogik, Uckerland: Schibri, S.11-13
Sting, Wolfgang (2003b): Devising Theatre. In: Gerd Koch/Marianne Streisand (Hg.), Wörterbuch der Theaterpädagogik, Uckerland: Schibri S.73-74
Sting, Wolfgang (2003c): Projekt. In: Gerd Koch/Marianne Streisand (Hg.), Wörterbuch der Theaterpädagogik, Uckerland: Schibri, S.229-231
Sting, Wolfgang (2003d): Differenz zeigen. Interkulturelles Theater als ästhetisches Lernen. Antrittsvorlesung am 17.06.2003, eWI Report 28, Nachrichten und Kommentare aus dem Fachbereich Erziehungswissenschaft der Universität Hamburg, Wintersemester 2003/04, Hamburg: Universität Hamburg, S.22-28
Sting, Wolfgang (2004): Performance und Theaterpädagogik – Chancen und Grenzen einer Zusammenarbeit. In: Bundesverband Darstellendes Spiel (Hg.), Echt authentisch. Fokus Schultheater 04, Hamburg, S.57-60
Sting, Wolfgang (2005a): Vom sozialen und ästhetischen Lernen – die künstlerische Praxis des Schultheaters. In: Hartwin Gromes/Ders.,Theater studieren. Konzepte der Praxisvermittlung in universitären Studiengängen, MuTh, 5 (neue Folge) Hildesheim: Olms, S.129-141
Sting, Wolfgang (2005b): Theaterpädagogik/Theatertherapie. In: Erika Fischer-Lichte/Doris Kolesch/Matthias Warstat (Hg.), Metzler Lexikon der Theatertheorie, Stuttgart: Metzler, S.348-351
Tiedemann, Kathrin (2007): Vorwort. In: Dies./Frank Raddatz (Hg.), Reality strikes back. Tage vor dem Bildersturm. Eine Debatte zum Einbruch der Wirklichkeit in den Bühnenraum, 47, Berlin: Theater der Zeit
Treptow, Rainer (1991): Jugendkulturarbeit – Balance zwischen sozialen und ästhetischen Orientierungen. In: Wolfgang Zacharias, Schöne Aussichten? Ästhetische Bildung in einer technisch-medialen Welt, Essen: Klartext, S.231-244
Trescher, Roland (1998): Improvisationstheater – ein kreatives Angebot. In: Elinor Lippert (Hg.), Theater Spielen, Bamberg: Buchner, S.162-185
Vaßen, Florian (1997): Verkehrte Welt? Der Stellenwert von Ästhetik in Theaterwissenschaft und Theaterpädagogik. In: Jürgen Belgrad (Hg.), TheaterSpiel. Ästhetik des Schul- und Amateurtheaters, Baltmannsweiler: Schneider, S.57-65
Warstadt, Matthias (2005): Theatralität. In: Erika Fischer-Lichte/Doris Kolesch/Ders. (Hg.), Metzler Lexikon Theatertheorie. Stuttgart: Metzler, S.358-364
Volkshochschule Hildesheim e.V. (Hg.) (1991): Herzliches Beileid. Eine Dokumentation über ein Theaterprojekt zum Thema Sterben und Tod, Hildesheim: VHS

Wagner-Egelhaaf, Martina (2005): AutoBiografie, 2. Aufl., Stuttgart/Weimar: Metzler
Wahl, Christiane (2000a): Dein Auftritt! Keine Angst vor Klassikern: Theaterpädagogen ermutigen Jugendliche zum Selber-Spielen und begeistern so eine neue Generation fürs Theater. Spielzeit [Sonderbeilage des Tagesspiegel], Ausgabe 06/2000, S.1
Wahl, Christiane (2000b): Die Kraftprobe. Probeneindrücke von einer jungen Mannschaft. Sechs Kurzportraits zur Schaubühnen-Eröffnung. Spielzeit [Sonderbeilage des Tagesspiegel], Ausgabe 01/2000, o.S.
Wardetzky, Kristin (2004): Erzählen lernen. In: Kristin Westphal (Hg.), Lernen als Ereignis. Zugänge zu einem theaterpädagogischen Konzept, Baltmannsweiler: Schneider, S.196-222
Wenzel, Karl-Heinz (2005): Theater in B.E.S.T.-Form. Plädoyer für ein anderes Jugendtheater. Weinheim: Deutscher Theaterverlag
Wilhem, Edgar et al (2004): Gestaltungspädagogik in der Sozialen Arbeit, Paderborn: Schöningh
Wartemann, Geesche (1997): Authentische Darstellung nicht-professioneller Schauspieler: Das Berliner Obdachlosentheater ‚Ratten 07'. In: Jan Berg/Hans-Otto Hügel/ Hajo Kurzenberger (Hg.), Authentizität als Darstellung , MuTh, 9 (alte Folge), Hildesheim: Universität Hildesheim, S.86-106
Wartemann, Geesche (2002): Theater der Erfahrung – Authentizität als Forderung und Darstellungsform, Muth, 10 (alte Folge) Hildesheim: Olms
Wartemann, Geesche (2004): Selbstdarstellungen im theaterpädagogischen Feld. In: Korrespondenzen. Zeitschrift für Theaterpädagogik, 44, S.43-49
Weintz, Jürgen (1999): Theaterpädagogik und Schauspielkunst: Ästhetische und psychosoziale Erfahrung durch Rollenarbeit, Butzbach-Griedel: Afra
Weintz, Jürgen (2003): Regenbogen der Wünsche. In: Gerd Koch/Marianne Streisand (Hg.), Wörterbuch der Theaterpädagogik, Uckerland: Schibri, S.240-242
Welzer, Harald (2002): Das kommunikative Gedächtnis. Eine Theorie der Erinnerung, München: Beck
Westphal, Kristin (2004a): Bildungsprozesse durch Theater. Verortung der Theaterpädagogik auf dem Hintergrund ästhetisch-aisthesiologischer Diskurse in der Pädagogik und Philosophie. In: Dies. (Hg.), Lernen als Ereignis. Zugänge zu einem theaterpädagogischen Konzept. Baltmannsweiler: Schneider, S.15-49
Westphal, Kristin (2004b): Einleitung. In: Dies. (Hg.), Lernen als Ereignis. Zugänge zu einem theaterpädagogischen Konzept. Baltmannsweiler: Schneider, S.9-15
Wetzel, Daniel (2006a): Das Leute-Leben-Protokoll. In: Albrecht Hirche/Kathrin Krumbein (Hg.): Der freie Fall. Positionen von Performern, Essen: Klartext, S.98-102
Wetzel, Daniel (2006b): Wege zu einer neuen Authentizität? Strategien der Realitätskonstruktion. Ein Gespräch mit Dirk Cieslak (Lubricat), Annemarie M. Matzke (SheShePop), Arved Schultze (Dramaturg X Wohnungen) und Daniel Wetzel (Rimini Protokoll). In: Fischer-Lichte, Erika/Gronau, Barbara/Schouten, Sabine (Hg.), Wege der Wahrnehmung. Authentizität, Reflexivität und Aufmerksamkeit im zeitgenössischen Theater, Recherchen 33, Berlin: Theater der Zeit, S.14-28
Wiegand, Helmut (1999): Die Entwicklung des Theaters der Unterdrückten seit Beginn der achtziger Jahre, Stuttgart: Ibidem

Wilde Bühne e.V. (1998): Kultur vom Rande der Gesellschaft. Aus der Praxis authentischer Theaterarbeit, Freiburg: Lambertus

Wildt, Beatrix (2003): Psychodrama. In: Gerd Koch/Marianne Streisand (Hg.), Wörterbuch der Theaterpädagogik, Uckerland: Schibri, S.233-234

Wondrak, Joachim (2005): Aspekte von Theaterarbeit mit Unfreiwilligen, Uckerland: Schibri

Wrentschur, Michael (2003): Forumtheater. In: Gerd Koch/Marianne Streisand (Hg.), Wörterbuch der Theaterpädagogik, Uckerland: Schibri

Zückler, Marianne (1998): Vorhang auf – Einblick in die biografisch zentrierte Theaterarbeit. In: Ronald Hirschfeld/Manfred Jurgovsky/Heidemarie Wüst (Berab.), Konzertierte Aktion Weiterbildung. Bundesministerium für Bildung, Wissenschaft, Forschung und Technologie (Hg.), Biografische Arbeit in der Erwachsenenbildung. Beispiele aus der Praxis, Bonn, S.133-148

Videoverzeichnis

Videoaufzeichnung der Produktion ‚Ein Haufen Heimat', Moritz Fink 2001 (Videoarchiv ‚Junge Bühne Bonn')

Videoaufzeichnung der Produktion ‚Café Dutschke' (Videoarchiv ‚Lubricat')

Videoaufzeichnung der Produktion ‚Freundschaft' (Videoarchiv der Schaubühne am Lehniner Platz Berlin)

Videoaufzeichnung der Produktion ‚Deadline' (Videoarchiv ‚Rimini Protokoll')

Videoaufzeichnung der Produktion ‚Herzliches Beileid', freundliche Leihgabe von Frank Matzke (Hildesheim)

Videoaufzeichnung des Zuschauergesprächs zur Produktion Herzliches Beileid' im Rahmen des Senioren-Kultur-Festivals Bielefeld 1991, freundliche Leihgabe von Frank Matzke (Hildesheim)

Videoaufzeichnung der Produktion ‚Portraits 360 sek.' (Videoarchiv des Schauspielhauses Hamburg)

Verzeichnis der Übersichten

Bundesvereinigung
Kulturelle Kinder- und Jugendbildung e.V.

Wir fördern soziale und kreative Kompetenz

Die BKJ ist der Dachverband für kulturelle Kinder- und Jugendbildung in Deutschland. 54 Fachverbände und bundesweit tätige Einrichtungen sorgen in diesem Netzwerk für ein ganzheitliches, künstlerisch-kreatives Bildungsangebot. Vertreten sind die Bereiche Musik, Spiel, Theater, Tanz, bildnerisches Gestalten, Literatur, Zirkus, Medien und kulturpädagogische Fortbildung. Gemeinsam sichern die BKJ und ihre Mitgliedsverbände die Vielfalt und Qualität Kultureller Bildung. Sie beraten und informieren Initiativen, Vereine, Schulen und andere Jugend- und Bildungseinrichtungen über Methoden und Inhalte Kultureller Bildung. Sie geben mit Fachtagungen, Wettbewerben und Modellprojekten Impulse bis in die Einrichtungen und Projekte vor Ort. Sie fördern internationale Vernetzung und Fachaustausch und sind Partner der Jugend, Kultur- und Bildungspolitik.

Wichtige BKJ-Projekte sind: das FSJ Kultur, „Lebenskunst lernen - Mehr Chancen durch Kulturelle Bildung!", der Kompetenznachweis Kultur und MIXED UP – der Bundeswettbewerb für Kooperationen von kulturellen Bildungspartnern und Schule.

Kontakt

BKJ – Bundesvereinigung Kulturelle Kinder- und Jugendbildung e. V.
Küppelstein 34
42957 Remscheid
Fon: 02191.794 390
Fax: 02191.794 389
info@bkj.de
www.bkj.de